国家精品在线开放课程配套教材

高等职业教育经济贸易类专业系列教材

国际贸易实务

GUOJI MAOYI SHIWU

主　编　张　颖　赵　亮

副主编　张　键　黄　锐

新形态
教材

本书另配：教学资源

中国教育出版传媒集团

高等教育出版社·北京

内容提要

本书是高等职业教育经济贸易类专业系列教材之一,是国家精品在线开放课程配套教材。

本书按照经济贸易类专业人才培养目标的要求,根据国际贸易业务工作过程,以项目导向、任务驱动来设计体例,安排教学内容。全书除导论外,共分为交易的准备、交易的磋商和达成、合同条款的制订、合同的履行四个项目。每个项目分解成若干任务,任务内有知识目标、能力目标、案例视窗、小贴士、任务小结、知识拓展、思考与练习、案例分析、技能实训等模块,可以帮助学生更好地学习与掌握国际贸易实务相关知识。为了利教便学,部分学习资源以二维码的形式提供在教材的相关之处,可扫码获取。另外,本书作为国家精品在线开放课程配套教材,另配有慕课(MOOC)视频、教学课件等教学资源供教师教学使用。

本书既可作为高等职业院校经济贸易类专业的基础课程教材,又可作为各类成人相关教育、外经贸企业培训从业人员的通用教材和参考读物,还可供学生和企业经营人员自学、考证使用。

图书在版编目(CIP)数据

国际贸易实务 / 张颖,赵亮主编. —北京:高等教育出版社,2023.5

ISBN 978-7-04-059586-4

Ⅰ.①国… Ⅱ.①张…②赵… Ⅲ.①国际贸易—贸易实务 Ⅳ.①F740.4

中国国家版本馆 CIP 数据核字(2023)第 022591 号

| 策划编辑 | 蒋 芬 宋 浩 | 责任编辑 宋 浩 蒋 芬 | 封面设计 张文豪 |
| 责任印制 | 高忠富 | | |

出版发行	高等教育出版社	网　　址	http://www.hep.edu.cn	
社　　址	北京市西城区德外大街 4 号		http://www.hep.com.cn	
邮政编码	100120	网上订购	http://www.hepmall.com.cn	
印　　刷	上海当纳利印刷有限公司		http://www.hepmall.com	
开　　本	787mm×1092mm　1/16		http://www.hepmall.cn	
印　　张	19			
字　　数	462 千字	版　　次	2023 年 5 月第 1 版	
购书热线	010-58581118	印　　次	2023 年 5 月第 1 次印刷	
咨询电话	400-810-0598	定　　价	40.00 元	

本书如有缺页、倒页、脱页等质量问题,请到所购图书销售部门联系调换

版权所有　侵权必究

物　料　号　59586-00

前　言

"国际贸易实务"作为高等职业教育经济贸易类专业的基础课程,内容涉及面广,实践性强,可以帮助学生了解国际贸易环境,熟悉从事国际贸易的步骤与方法,掌握各种贸易条款及其综合运用,对学生职业能力和职业素养的培养起到重要的支撑作用。

近年来,由于国际形势及新冠疫情的影响,国际贸易环境发生了较大的变化。《国际贸易术语解释通则2020》《联合国关于调解所产生的国际和解协议公约》(新加坡调解公约)、《区域全面经济伙伴关系协定》(RCEP)等国际贸易新制度、新条约相继生效。本教材为适应当前不断变化的外贸新形势进行编写,本书具有以下特点:

1. 课程思政,立德树人

根据党的二十大报告精神,本书结合国际贸易实务课程特点,将爱国、创新、诚信、社会责任和国际视野等要素有机融入教材开发和课程建设中,构建"课程思政＋职业技能"协同育人机制。

2. 与时俱进,内容新颖

本书紧跟国际贸易最新进展与新成果,将新颖的国际贸易案例引入项目任务中,同时也吸收课程教学中师生所反馈的宝贵意见。

3. 理实一体,突出实践

本书的编者拥有多年的外贸岗位任职经验与实践教学经历,充分汲取外贸一线从业人员的宝贵经验,以项目为导向、任务为驱动,真实呈现国际贸易情境,技能操作性强,实践性突出,助力初学者了解和掌握国际贸易业务流程。

4. 资源丰富,利教便学

本书同步配备大量的数字化线上教学资源,学生可以通过移动端实时完成相关教学视频、案例分析、互动讨论、在线测试等学习与训练。本书是国家精品在线开放课程配套教材,课程在线学习平台网址为 http://www.ehuixue.cn/index/detail/index?cid=36883,可供学生自主学习、教师课堂教学使用。为了利教便学本书另配校企教师拍摄的国际贸易慕课(MOOC)视频、教学课件、最新的国际贸易案例、延伸阅读、习题库等,供教师教学使用。

本书是安徽省质量工程项目——高水平跨境电商专业群、重大教学研究项目以及跨境电子商务专业教学团队的建设成果之一。本书由安徽工商职业学院的张颖、赵亮担任主编,张键、黄锐担任副主编。具体编写分工如下:张颖编写导论、项目一(任务二)、项目四(任务一、任务二和任务三);赵亮编写项目二(任务一和任务二)、项目三(任务一和任务二);张键编写项目一(任务一)、项目三(任务三和任务四);黄锐编写项目三(任务五和任务六)。全书最后由张颖教授总纂定稿。

在本书的编写过程中,我们借鉴、参考和引用了许多国内外作者的观点和有关资料,主要参考文献已列于书后,或在文下注明,在此谨向各位作者表示最衷心的感谢。由于编者水平有限,书中疏漏之处在所难免,敬请专家、同仁和广大读者向我们提出宝贵意见,我们一定会及时改进。

编　者

2023 年 4 月

目　录

资源导航

导论　走进国际贸易

【知识目标】

了解国际贸易特点、适用的法律与惯例、应遵循的原则等内容,弄清国际货物买卖合同的构成和主要内容,从总体上把握进出口贸易的一般业务流程,为后续的学习打下良好的基础。

【能力目标】

能够审阅合同条款,并依照国际贸易惯例了解国际货物买卖合同;能够熟知进出口业务流程,如交易前的准备、交易中的磋商、商订和交易后的履行合同等;具备开拓创新、驾驭市场、善于应战与随机应变的能力。

【思政目标】

外贸从业人员应当树立人类命运共同体意识,准确把握经济全球化的脉络,凭借良好的团队沟通协作能力、创新能力和敏锐的市场洞察力,推动中国产品更好地走向世界。

【案例视窗】

国际贸易合同争议案例——羊毛买卖合同

中国某公司（卖方）通过我国香港代理与荷兰某公司（买方）于某年3月5日签订了三份羊毛买卖合同，编号分别为D1、D2和D3。合同中约定了货物数量、价格和装运期，同时还约定了信用证为其支付方式。

签约后，卖方按照合同约定备货，但是买方未按照合同约定开立信用证。买方负责人在与卖方多次电话交谈中声称由于市场变化和流动资金问题不能履行合同，并提出向卖方赔偿100万元人民币。卖方没有接受，并于6月18日和8月21日分别给买方发函，要求其立即开立信用证，但买方始终拒绝履行合同规定的义务。11月12日，卖方通过传真及信件方式向买方发出通知，指出买方不履约的行为给卖方造成了严重的经济损失，要求买方赔偿。买方于11月13日和21日通过信件向卖方作出回复，声明从未与卖方签订过任何羊毛买卖合同，而是仅和一家名为A D F Hong Kong Ltd.（中国香港）的公司签订过购买羊毛的三份合作意向书。但是，卖方认为，本案三份合同明确指出了A D F Hong Kong Ltd.（以下简称香港公司）作为卖方的代理人签署三份合同，并且合同确认书中明确了卖方。

由于双方发生重大争议，卖方遂向中国国际经济贸易仲裁委员会提请仲裁。

一、卖方诉求与买方答辩

（一）卖方诉求

（1）买方赔偿卖方合同价与买方根本违约时市场价的差额损失，共计781397.50美元。

（2）买方赔偿卖方合同价额的利息损失，共计99.29美元。

（3）买方赔偿卖方合同价与市场价之间差价的利息损失，共计11170.60美元。

（4）买方补偿卖方因办理案件所支出的合理费用（根据仲裁规则第五十九条，为索赔金额的10%，即71966.73美元）和仲裁费。

（二）买方答辩

（1）卖方和买方之间不存在合同关系。

卖方未直接和买方订立任何合同和协议，买方仅和自认为是卖方的代理商香港公司之间有一份不完整的《订购确认书》。但是该公司既没有卖方的授权委托书，也没有把《订购确认书》里的内容告知买方，所以该公司不能代表卖方。

（2）卖方和买方之间的交易形式不符合国际贸易惯例。

卖方知道买方无进口权，买方必须通过外贸单位，订立规范合同，由外贸单位发信用证给卖方，才能交易。所以按羊毛交易的惯例，卖方不可以、不可能、也不应该按"订购单"购料备货。

（3）买方确定的《订购确认书》意向是附条件的。

买方在《订购确认书》的意向中关于付款方式明确是附条件的，该条件是在某年6月30日或之前从澳大利亚港装运，而该条件的付款方式是买方应在5月30日前开出不可撤销的即期信用证至卖方处。卖方在买方未在5月30日开出信用证的情况下，仍没有催促以及购料备货的函件。直到进入仲裁程序才提及购货备料以致产生损失，买方不得不怀疑卖方提供了虚假证明和损失。

（4）买方在装运前一个月并未开立不可撤销信用证，卖方不应购料备货，因而不可能造成损失。

由于买方并未开立不可撤销信用证，卖方不应购料备货，因此不应产生损失。根据《联合国国际货物销售合同公约》（以下简称公约）第三十二条第2款、第3款，卖方应有义务安排货物的运输以及自行通知买方办理保险，而卖方或我国香港公司作为卖方在《订购确认书》签订后从未通知过买方采用何种运输方式，所以更能说明买方不可能购料备货。即使《订购确认书》没有附条件而成立的话，卖方也应按照《公约》第七十七条来合理减轻损失。

（5）由我国香港公司与买方签订的《订购确认书》是一份不公平的单方利益的"意向书"。

如果买方将信用证开至卖方处，那么当后期羊毛价格上涨了，卖方完全可能以推说其从未授权香港公司而不供货给买方，香港公司则可以《订购确认书》反面的免责条款说明其无须负责，买方的利益就无法得到保证。

二、仲裁庭意见

（一）适用法律问题

仲裁庭认为，根据两国所承担的《公约》义务，在双方未排除《公约》适用的情况下，《公约》应作为准据法适用于本案合同所发生争议的处理。《公约》未作规定的，鉴于买方所在国和仲裁地均在中国，根据最密切联系原则，应适用中华人民共和国法律。

（二）本案合同的效力问题

买方认为，双方之间不存在合同关系，买方仅与自认为是卖方代理商的香港公司之间有一份不完整的《订购确认单》，香港公司没有授权，且没有将反面内容告知买方，充其量只能是订购意向协议。卖方则主张，三份《订购确认单》均清楚地列明了货物数量、价格、装运期和付款方式等条款，足以构成有效要约，买方的法定代表人签署了三份确认单，表示接受要约，构成有效承诺。依据《公约》第二十三条的规定，作出承诺生效之时，三份合同成立。代理人与被代理人之间是否存在有效授权，卖方认可代理人的代理行为；合同背面条款根本不会影响合同成立。仲裁庭经审理查明以下事实：3月5日，香港公司称其为卖方的代理人与买方签订了下述三份《订购确认单》上清楚地写明货物的名称、规格、数量、价格、装运和付款安排，依据上述《公约》第十四条第1款的规定，这三份《订购确认单》在卖方签字后就构成有效的要约。买方的总经理陈某在构成有效要约的三份《订购确认单》上作为"买方"已签字，并明确写明"我方已接受"的文字，后又传真给了代表卖方的香港公司，香港公司确认收到。仲裁庭认为，买方在构成有效要约的三份《订购确认单》上签字的行为，构成了承诺。依据《公约》第十八条第2款、第二十三条的规定，仲裁庭不支持买方认为双方之间不存在合同关系的主张。

（三）关于本案合同的履行问题

卖方提出，本案合同规定信用证必须在装船期前一个月开出，卖方多次催促，买方始终找借口不开立信用证。卖方按照合同规定备货。买方认为，买方没有进出口经营权无法开具信用证，所以无法履行合同；买方没有收到过卖方催开证的函，卖方应在开具信用证后才去备货；卖方没有备货，未告知装船的船期船名等，卖方已违约。

仲裁庭经过审理查明：在买方未开证构成先期违约的情况下，卖方可选择催开信用证，待收到信用证后再重新约定装运日期，以解除合同。因此在买方未开证构成先期违约的情况下，卖方实际上已不可能依据合同约定的原装运期装运，所以卖方在约定的原装运期前未告知实际上也不可能告知船期船名，卖方并不构成违约，不应承担违约责任。

（四）关于卖方的仲裁请求

卖方要求买方赔偿合同价与卖方根本违约时市场价的差额损失 781397.50 美元，其利息损失 11170.60 美元，以及卖方因本案发生的律师费及其他办案费用 71966.73 美元。

仲裁庭认为，根据《公约》第七十六条的规定，卖方可以取得本案合同约定的价格和买方根本违约之时的市场价格的差额作为赔偿。对于买方关于在装运前一个月未开证卖方不可能造成损失的观点，仲裁庭不予支持。

关于利息损失，仲裁庭认为，在本案中，买方应向卖方支付的款项的实质是违约损害赔偿，并不涉及货款的拖欠，损害赔偿的金额也是在本仲裁裁决中才得以确定的，卖方并无利息损失。因此，仲裁庭对于卖方的此项仲裁请求不予支持。

关于卖方办案费用的补偿，由于卖方的仲裁请求没有得到仲裁庭的全部支持，仲裁庭认为由买方向卖方支付 4000 美元以补偿卖方支出的律师费及办案费用是合理的。

关于本案的仲裁费用，仲裁庭认为应由卖方承担 20%，由买方承担 80%。

（案例来源：根据中国国际经济贸易仲裁委员会官网案例整理）

国际贸易实务是一门主要研究国际商品交换的具体过程及相关活动内容与商务运作规范的学科，也是一门具有涉外商务活动特点、实践性很强的综合性应用学科。经济贸易类专业把该课程作为一门必修的专业基础课程。为了学好这门课程，首先必须对下列几个方面的问题有所了解。

一、国际贸易的特点

国际贸易具有不同于国内贸易的诸多特点，其交易环境、交易条件、贸易做法及所涉及的问题都远比国内贸易复杂，其特点主要表现在下列几个方面。

（一）涉外性

国际贸易既是一项经济活动，也是涉外活动的一个方面。由于国际贸易具有这一特点，故在对外交往中，不仅要考虑经济利益，还应注意配合外交活动，认真贯彻我国的对外方针政策，在履约过程中，应重合同、守信用，注意对外保持良好的形象。

（二）复杂性

国际贸易属于跨国交易，交易情况错综复杂。国际贸易的交易双方处在不同的国家和地区，各国的政治制度、法律体系不同，文化背景各有差异，价值观念也往往有别，在洽商交易和履约过程中，涉及各自不同的政策措施、法律规定、贸易惯例和习惯做法，情况千差万别，错综复杂。

（三）不稳定性

国际贸易容易受国际局势变化的影响，具有不稳定性。国际贸易受到国际政治、经济形势和各国政策及其他客观条件变化的影响,尤其在当前国际局势动荡不定、国际金融市场变化莫测与市场价格瞬息万变的情况下,国际贸易的不稳定性更加明显。

(四)风险性

国际贸易面临的风险远比国内贸易大。在国际贸易中,交易双方的成交量通常都比国内贸易大,而且交易的商品往往需要通过长途运输,在远距离的运输过程中,可能遇到各种自然灾害、意外事件和各种其他外来风险,加之国际市场情况复杂、千变万化,从而更加大了国际贸易的风险程度。

(五)广泛性

国际贸易线长面广,中间环节多。在国际贸易中,交易双方相距遥远,在开展交易过程中,包括许多中间环节,涉及面很广。除了双方当事人外,还涉及各种中间商、代理商以及为国际贸易服务的商检、仓储、运输、保险、金融、车站、港口、海关等部门,若某一个部门或环节出了问题,就会影响整笔交易的正常进行。

(六)竞争性

国际市场商战不止,竞争异常激烈。在国际贸易中,一直存在着争夺市场的激烈竞争,有时甚至达到白热化的程度。竞争的形式虽然表现为商品竞争、技术竞争和市场竞争,但归根到底,竞争的实质还是人才的竞争。因此,我们必须提高竞争意识,提高外经贸人员的整体素质,以期增强竞争能力,并在国际市场竞争中立于不败之地。

上述特点表明,从事国际贸易的要求高,难度大,从业机构和人员情况复杂,故易产生争议和欺诈活动,发生纠纷案件,稍有不慎,即可能上当受骗,甚至蒙受严重的经济损失。这就要求从事国际贸易的人员,不仅必须掌握国际贸易的基本原理、基本知识和基本技能与方法,而且还应具备开拓创新的能力、驾驭市场的能力和善于应战与随机应变的能力。

二、国际货物买卖适用的法律与惯例

在国际货物买卖中,交易双方所处国家不同,须遵守各自所在国的国内法律法规。由于各国法律制度不同,各国对同一问题往往有不同的规定,为了解决这种"法律冲突",一般在国内法中规定冲突规范的办法。《中华人民共和国民法典(合同篇)》(以下简称《民法典》合同篇)第五百九十四条规定,因国际货物买卖合同和技术进出口合同争议提起诉讼或者申请仲裁的时效期间为四年。当事人在订立合同时或者发生争议后,对于合同所适用的法律已有选择的,人民法院在审理该项合同纠纷案件时,应以当事人选择的法律为依据。当事人选择的法律,可以是中国法,也可以是中国港澳地区的法律或者是外国法律。但是当事人的选择必须是经双方协商一致和明示的。在中国境内履行的中外合资经营企业合同、中外合作经营企业合同、中外合作勘探开发自然资源合同,必须适用中国法律,当事人协议选择适用外国法律的合同条款无效。

在国际货物买卖中,还必须遵守国家对外缔结或参加的有关国际贸易、国际运输、商标、专利、工业产权与仲裁等方面的条约和协定,如《联合国国际货物销售合同公约》和同各国签订的双边贸易协定与支付协定等。

此外,公认的国际贸易惯例是在国际贸易长期实践的基础上逐渐形成和发展起来的,是人们从事国际货物买卖活动的行为规范和应当遵守的准则,也是国际贸易法律的重要渊源之一。在当前国际贸易中影响很大和广泛使用的国际贸易惯例有国际商会制订的系列

《国际贸易术语解释通则》(2020年版)和《跟单信用证统一惯例》(UCP600)。当买卖合同中作了与国际贸易惯例相抵触的规定,本着法律优先于惯例的原则,在履行合同和处理争议时,应以买卖合同的规定为准。国际贸易惯例本身虽不是法律,它对合同当事人不具有强制性,但买卖双方如在合同中约定采用某种惯例,则该项惯例就具有强制性,买卖双方都应受其约束。

(一)适用当事人所在国国内的有关法律

进出口合同双方当事人都要分别遵循各自所在国国内的有关法律。由于进出口合同双方当事人所在国的法律制度不同,故对同一问题可能出现不同的法律规定。为解决这种法律冲突,一般是在国内法中规定解决冲突的办法。根据我国有关法律的规定,在我国对外签订的进出口合同中,交易双方可以协商约定处理合同争议所适用的法律,其中,既可以选择买方或卖方所在国的法律,也可以选择买卖双方同意的第三国的法律或有关的国际条约与公约。若买卖双方未在进出口合同中约定解决合同争议适用的法律,则由受理合同争议的法院或仲裁机构依据与合同有最密切联系的国家的法律来处理合同项下的争议。

一文了解《民法典》与外贸活动的紧密关系

(二)适用的国际贸易惯例

国际贸易惯例通常是指由国际组织或商业团体根据国际贸易长期实践中逐渐形成的一般贸易习惯做法而制订成文的国际贸易规则,它是国际贸易法律的重要渊源之一。惯例本身不是法律,也不具有法律效力,但通过各国的立法和国际立法可以赋予其法律效力。许多国家在国内立法中明文规定了国际贸易惯例的效力。在国际立法中,《联合国国际货物销售合同公约》对国际贸易惯例的作用作了充分的肯定。该公约规定:当事人在合同中没有排除适用的惯例,或当事人已经知道或理应知道的惯例,以及在国际贸易中被人们经常使用和反复遵守的惯例,即使当事人未明确同意采用,也可作为当事人默示同意惯例,因而惯例对双方当事人具有约束力。

在当前国际货物贸易中,影响较大且适用范围广泛的国际贸易惯例主要有国际商会修订的《跟单信用证统一惯例》(UCP600)、《托收统一规则》(URC522)、《1998年国际备用信用证惯例》和《2020年国际贸易术语解释通则》以及国际法协会制订的《华沙-牛津规则》等。我国进出口活动的当事人订立、履行进出口合同和处理贸易争议时,都广泛采用上述国际惯例。国内外许多法院和仲裁机构审理国际货物贸易争议案件及其做出判决或裁决时,都参照或援引上述有关惯例。

(三)适用当事人所在国缔结或参加的国际条约

各国政府和一些国际组织为消除国际贸易障碍和解决国际贸易争议,相继缔结和订立了一些双边或多边的国际条约或公约,其中有些已被大多数国家所接受,并且行之有效。因此,进出口合同的订立和履行,以及合同争议的处理,还必须符合合同当事人所在国缔结或参加的与合同有关的多边或双边的国际条约或公约,如贸易协定、支付协定以及有关国际贸易、运输、商标、专利、知识产权和仲裁等方面的条约或公约。

我国对外缔结或参加的有关国际货物贸易方面的双边和多边条约或公约颇多,其中影响最大的无疑是《WTO协定》及其附件所包括的各种协议。我国加入世界贸易组织后,《WTO协定》的有关规定和我国政府曾经做出的承诺是我们进行进出口活动时必须遵循的准则。前面提到的《联合国国际货物销售合同公约》与我们订立、履行进出口合同适用的法律密切相关。我国加入该公约时,曾对扩大该公约的适用范围提出了保留意见,我国只同意该公约的适用范围限于营业地分属于不同缔约国的当事人之间所订立的买卖合同。如果合同争议双方都是该公约成员国,则解决其争议所适用的法律就以该公约的规定为准。此外,我国还参加了联合国国际商事仲裁会议所签订的《承认及执行外国仲裁裁决公约》(简称《1958年纽约公约》)。了解这一公约的内容,可以帮助我们正确地执行仲裁裁决和维护自身权益。

三、国际货物买卖遵循的原则

根据《联合国国际货物销售合同公约》和许多国家国内法规定,在国际货物买卖中,交易双方应在平等互利的基础上,本着"契约自由"和"诚实信用"等原则,依法订立合同、履行合同和处理争议。根据我国《民法典》(合同编)规定,当事人在订立合同、履行合同和处理合同纠纷时,应当遵循下列基本原则:

(一)平等原则

订立、履行合同和承担违约责任时,当事人的法律地位都是平等的,都享有同等的法律保护,任何一方不得将自己的意志强加给另一方,也不允许在适用法律上有所区别。

(二)自愿原则

订立合同应当遵循当事人自愿的原则,即当事人依法享有自愿订立合同的权利,违背当事人真实意思的合同无效,不具有法律效力。但是,应强调指出,实行合同自愿的原则,并不意味着当事人可以随心所欲地订立合同而不受任何限制和约束,当事人必须在法律规定的范围内订立和履行合同。

(三)公平原则

合同当事人应当遵循公平的原则确定各方的权利和义务,即在订立、履行和终止合同时遵循公平的原则,不得有失公平,要做到公正、公允和合情合理,不允许偏向任何一方。

(四)诚信原则

当事人在订立、履行合同和行使权利、履行义务时,应当遵循诚信的原则。此项原则将道德规范与法律规范融合为一体,并兼有法律调节与道德调节双重功能。在这里,需要强调指出,诚信原则是一项强制性规范,不允许当事人约定排除其适用,任何违反诚信原则的行为,都是法律不允许的。

(五)合法原则

只有依法订立的合同,才对双方当事人具有法律约束力。当事人订立、履行合同是一种法律行为,有效的合同是一项法律文件。因此,当事人订立、履行合同,应当遵守法律,尊重社会公德,不得扰乱社会经济秩序,损害社会公共利益。否则,合同就会失去法律效力,就得不到法律的保护。

四、国际货物买卖合同

国际货物买卖合同是确定合同双方当事人权利与义务的法律依据,也是判断合同是否有效的客观依据。订立一个内容明确、完备的合同,有利于实现当事人订立合同的目的,并对减少和防止以及迅速解决合同争议具有重要的意义。关于合同内容,《联合国国际货物销售合同公约》和各国合同法都有规定。根据我国《民法典》(合同编)第四百七十条的规定,一般应包括下列条款:① 当事人的姓名或者名称和住所;② 标的;③ 数量;④ 质量;⑤ 价格或报酬;⑥ 履行期限、地点和方式;⑦ 违约责任;⑧ 解决争议的办法。当事人可以参照各类合同的示范文本订立合同。根据上述规定，卖方的主要义务是按时、按质、按量交付约定的货物，移交与货物有关的单据和转移货物所有权。买方的主要义务是按合同规定支付货物的价款和受领货物。在双方当事人履行合同的过程中，可能出现某些争议，为了便于处理争议，在合同条款中，通常都规定索赔、不可抗力和仲裁条款。

（一）国际货物买卖合同的形式和主要内容

国际货物买卖合同一般由约首、正文和约尾三部分组成。

约首即合同的首部，一般包括合同的名称、编号、签订日期与地点、签约双方的名称和地址等；正文即合同的主体部分，一般以合同条款的形式具体列出各项交易条件，规定双方的权利和义务，通常有品名、品质、数量、包装、价格、支付、运输、保险、争议处理等条款；约尾即合同的尾部，一般包括合同的份数、附件及其效力、使用的文字、合同生效的时间、合同适用的法律、签约双方当事人（法人代表或其授权人）的签字等。

（二）合同的有效成立

合同的有效成立是指合同必须符合法律规范才能有效。只有合法的、有效的合同才对买方和卖方产生约束力。根据《民法典》（合同编）的有关规定，一份有效的国际贸易合同必须具备以下条件：

1. 合同当事人具有行为能力

首先，交易双方在法律上必须具有签订合同的能力和资格；其次，签订合同的企业代表应有行为能力，即签字的自然人必须是企业授权的代表且具有民事行为能力。对合同当事人资格和能力的审核是确保合同有效的一个不可忽视的步骤。

2. 合同当事人的意思表示必须是真实的

合同是当事人按照自愿和真实的原则达成的协议，任何欺诈、胁迫、虚假等非自愿和不真实情况下签订的合同是无效的合同，且自始至终无法律效力。

3. 合同双方互为有偿

所谓互为有偿是指在买卖合同中，双方各自以有偿的权利为目的，一方所享有的权利是以承担相应的义务为基础，一方不履行义务时有向对方赔偿的责任，即法律中所说的"对价"或"约因"。如卖方交出一定数量货物的"对价"是买方付款；买方付款的"约因"是卖方交付符合合同规定的货物。

4. 合同的标的和内容必须合法

合同的标的和内容不违背所在国或地区的法律、法规、政策及国际贸易中的法规、惯例。标的应是政府允许交易的商品，若属政府管制的应持有许可证；合同的内容不违背国家的法律和公共政策。

5. 合同形式应符合法定要求

根据我国《民法典》（合同编）的有关规定，在实际业务中，涉外经济合同的订立、变更或解除都必须采取书面形式，即合同书、信件、电报、传真、电子数据交换和电子邮件等可以有形地表现所载内容的形式。此外，我国法律、行政法规规定应由国家批准的合同，获得批准时合同方为有效。

五、国际贸易的基本做法

（一）进出口贸易的一般业务程序

在进出口贸易中，由于交易方式和成交条件不同，其业务环节也不尽相同。各环节的工作,有的分先后进行,有的先后交叉进行,也有的齐头并进。但是,不论进口或出口交易,一般都包括交易前的准备、商订合同和履行合同三个阶段。现将进出口贸易的业务程序分别简介如下。

1. 出口贸易的业务程序

（1）出口前的准备阶段。出口交易前的准备工作,主要包括下列事项:

① 落实货源和做好备货工作;

② 加强对国外市场与客户的调查研究,选择适销的目标市场和资信好的客户;

③ 制订出口商品经营方案或价格方案,以便在对外洽商交易时胸有成竹;

④ 开展多种形式的广告宣传和促销活动。

（2）对外洽谈阶段。在做好上述准备工作之后,即可通过函电联系或当面洽谈等方式,同国外客户磋商交易。当一方的发盘被另一方接受后,交易即告达成,可以开始订立合同。

（3）出口合同的履行阶段。出口合同订立后,交易双方就要根据重合同、守信用的原则,履行各自承担的义务。如按 CIF 条件和信用证付款方式达成的交易,就卖方履行出口合同而言,主要包括下列各环节的工作:

① 认真备货,按时、按质、按量交付约定的货物;

② 落实信用证,做好催证、审证、改证工作;

③ 及时租船订舱,安排运输、保险,并办理出口报关手续;

④ 缮制、备妥有关单据,及时向银行交单结汇,收取货款。

【小贴士】

按 CIF 条件和信用证付款方式达成交易的出口贸易流程,如图 1 所示。

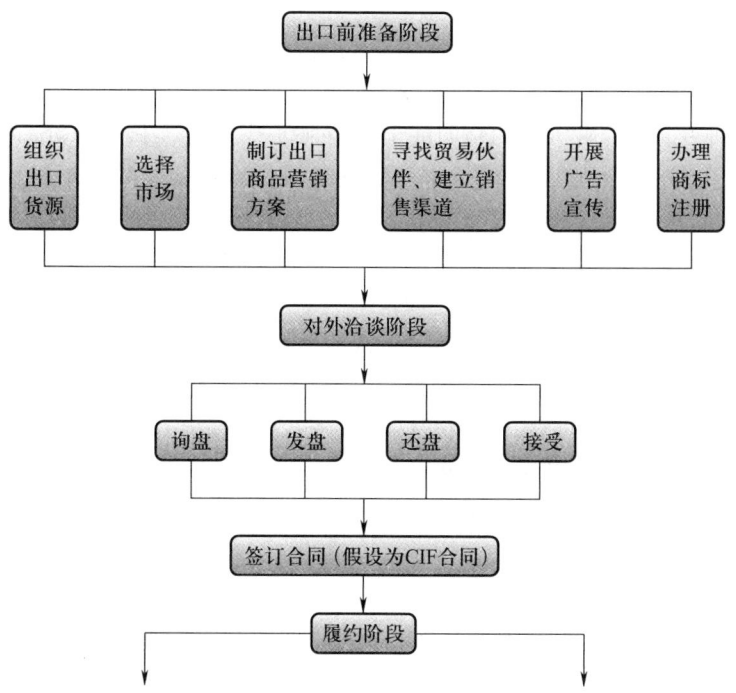

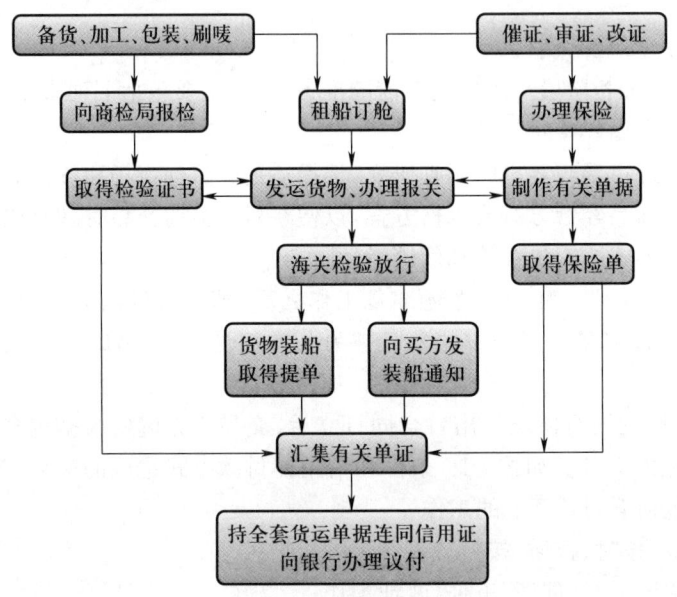

图1　出口贸易流程图

2. 进口贸易的业务程序

（1）进口前的准备阶段。进口交易前的准备工作，主要包括下列事项：

① 制订进口商品经营方案或价格方案，以便在对外洽商交易和采购商品时，做到心中有数，避免盲目行事。

② 在对国外市场和外商资信情况进行调查研究的基础上，并经过货比三家，选择适当的采购市场和供货对象。

（2）对外洽谈阶段。商订进口合同与商订出口合同的程序与做法基本相同，但应强调指出的是，如果属于购买高新技术、成套设备或大宗交易，更应注意选配好洽谈人员，组织一个包括有各种专长的专业人员的精明能干的谈判班子，并切实做好比价工作。

（3）进口合同的履行阶段。履行进口合同与履行出口合同的程序相反，工作侧重点也不一样。如按 FOB 条件和信用证付款方式成交，买方履行合同的程序，一般包括下列事项：

① 按合同规定向银行申请开立信用证；

② 及时派船到出口国（地区）装运口岸接运货物，并催促卖方备货装船；

③ 办理货运保险；

④ 审核有关单据，在单证相符时付款赎单；

⑤ 办理进口报关手续，并验收货物。

【小贴士】

按 FOB 条件和信用证付款方式达成交易的进口贸易流程，如图2所示。

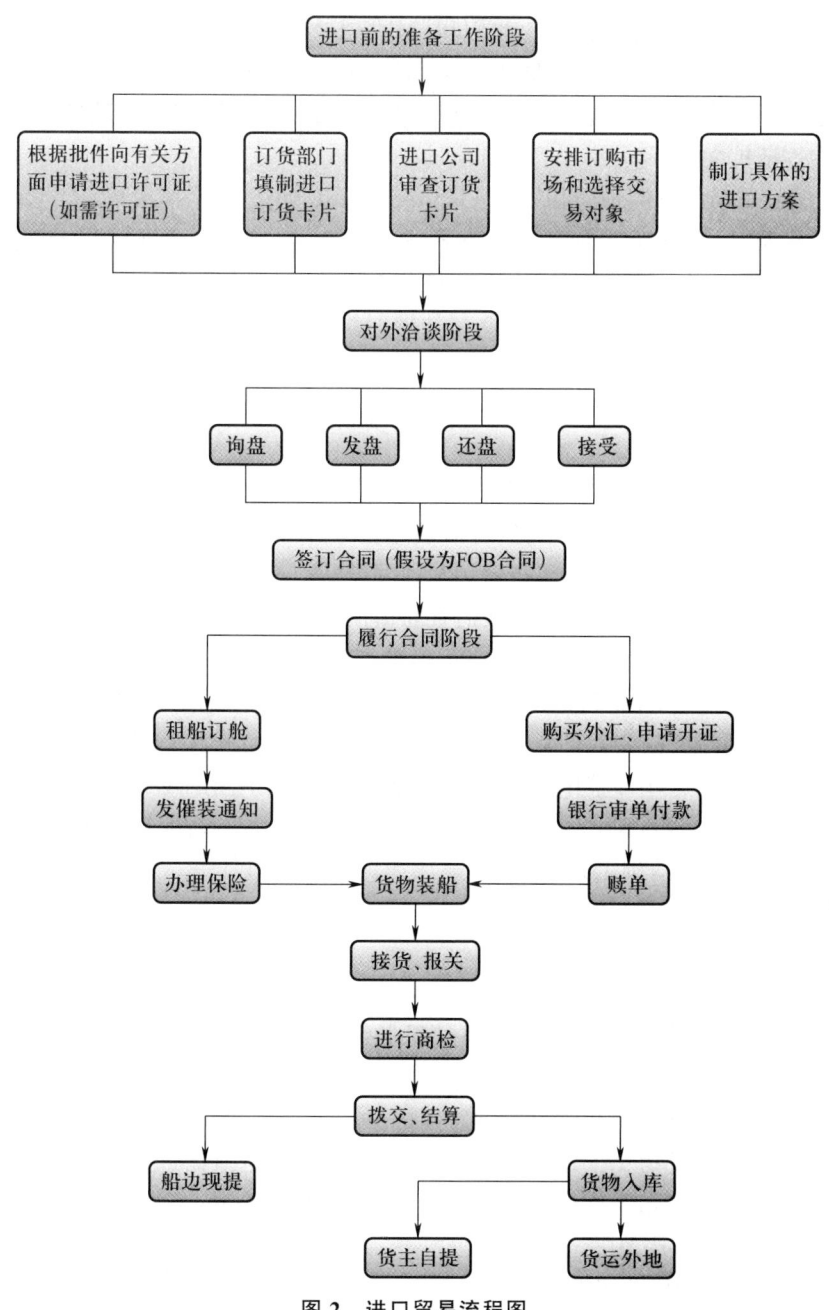

图 2 进口贸易流程图

（二）各种国际贸易方式的运用

在国际贸易中,除上述通常使用的单边进口和单边出口贸易这种逐笔售定的贸易方式外,根据市场环境、商品流通渠道、交易条件和贸易习惯等方面的不同,还可采用其他各种贸易方式,如经销、代理、寄售、展卖、招标与投标、拍卖、期货交易、对销贸易与加工贸易等。近年来,随着电子技术的发展和贸易方式、方法的改变,又兴起了电子商务这种新型的贸易方式。每种贸易方式,都有各自的特点,其具体要求和做法各不相同。因此,了解各种贸易方式的特点,学会灵活运用和结合使用各种贸易方式,对发展对外贸易具有重要意义。例如,为了利用外商的销售渠道,我国生产的轻纺产品、机电产品和工艺品等,采用经销、代理和寄售等方式,有效地扩大了销路。我们利用招标与投标以及对销贸易的方式,既采购了我国急需的建设物资、生产设备和器材,又扩大了我国产品的出口。为了增加外汇收入,我们还开展了各种形式的加工贸易。此外,期货交易和跨境电子商务也相继发展起来,其运用范围正在逐渐扩大。

(三)国际贸易争议的预防和处理

在国际贸易中,无论通过何种贸易方式达成的交易,在订立合同后,如果合同没有履行,或履约当中一方出现违约情况,致使对方蒙受经济损失,则受损害的一方有权采取各种必要的救济方法,这就会产生索赔、理赔与处理纠纷的问题。针对合同订立后可能出现的这些问题,当事人在订立买卖合同时,即约定不可抗力、索赔和仲裁条款,以明确处理争议的依据和办法。

六、本课程的研究对象及其主要内容

国际贸易实务课程的主要任务是,针对国际贸易的特点和要求,从实践和法律的角度,分析研究国际贸易适用的有关法律与惯例和国际商品交换过程的各种实际运作,总结国内外实践经验和吸收国际上一些行之有效的贸易惯例和做法,以便学习并掌握从事国际贸易的"生意经",学会在进出口业务中,既能正确贯彻我国对外贸易的方针政策和经营意图,确保最佳经济效益,又能按照国际规范办事,使我们的贸易做法能为国际社会普遍接受,做到同国际接轨。国际商品交换的具体过程,从一个国家的角度看,具体体现在进出口业务活动的各个环节。在这些环节中,由于存在彼此法律上的不同规定和贸易习惯上的差异,所以在涉及买卖双方的利害关系时,往往会出现矛盾和斗争。研究如何协调这种关系,在平等互利、公平合理的基础上达成交易,完成约定的进出口任务,乃是本课程研究的中心课题。

本课程主要包括以下四个模块:

(一)交易的准备模块

在国际贸易中,贸易双方在进行交易过程中采用具体的交易方法,是贸易双方要考虑的首要问题。出口方通过什么样的渠道向进口方推销商品、利用什么样的方法抵偿货款以及采用什么样方式进行交易和交易双方之间的关系等这些问题都是贸易双方需要考虑的问题。交易双方完成货物交接过程,即货物离开出口国到进口国进口商收到货物为止,货在途中相关的运输及其相关事项、货物运输途中存在的风险由谁来承担,这些都需要选择合适的贸易术语来进行规范。

(二)交易的磋商与达成模块

在国际贸易中,国际贸易合同的成立必须是贸易双方意思表示一致的结果,而双方意思表示一致的过程就是贸易的磋商。交易磋商可以是双方直接洽谈,也可以通过外贸函电或其他方式(如电商平台)。在实际外贸业务中,贸易磋商过程一般分为询盘、发盘、还盘和接受。其中发盘与接受是交易磋商中必不可少的两个程序。通过交易磋商,买卖双方达成一致,从而签订国际贸易合约。

(三)合同的条款模块

合同条款是交易双方当事人在交接货物、收付货款和解决争议等方面的权利与义务的具体体现,也是交易双方履行合同的依据和调整双方经济关系的法律文件。按照各国法律规定,买卖双方可以根据"契约自主"的原则,在不违反法律的前提下,规定符合双方意愿的条款,这就必然导致合同内容的多样性。因此,研究合同中各项条款的法律含义及其所体现的权利与义务关系,乃是本课程最基本的内容。

在国际货物买卖合同中,除订明采用何种贸易术语成交外,应就成交商品的品质数量与包装、国际货物运输、国际货物运输保险、进出口商品的价格、国际贸易货款的收付、商品检验、索赔、不可抗力与仲裁等交易条件做出明确具体的规定。由于这些交易条件的内涵及其在法律上的地位和作用互不相同,故了解各种合同条款的基本内容与其规定办法,有着重要的法律和实践意义。

（四）合同的履行模块

买卖双方通过函电洽商或当面谈判,就各项交易条件达成一致后,交易即告达成,即合同成立。订立合同的过程,可能包括邀请发盘、发盘、还盘和接受各环节。其中发盘和接受是合同成立不可缺少的基本环节和必经的法律步骤。合同订立后,买卖双方应重合同、守信用,各自享有合同规定的权利和承担约定的义务。

合同的履行,是实现货物和资金按约定方式转移的过程。在履约过程中,环节很多,程序繁杂,情况多变,如稍有不慎,或某些环节出问题,或一方违约,都会影响合同的履行,甚至可能引起争议或法律纠纷。因此,外经贸人员不仅要了解合同成立的法律步骤和履行合同的基本程序,而且还应了解如何处理履约当中产生的争议,并掌握违约的解决方法,以保障合同当事人的合法权益。

七、学习本课程的方法和注意事项

根据本课程的性质、特点、任务和基本内容,在学习过程中,必须掌握正确的方法并注意下列事项:

（一）贯彻理论联系实际的原则

在学习本课程时,要以国际贸易基本原理和国家对外方针政策为指导,将"国际贸易""中国对外贸易概论"等先行课程中所学到的基础理论和基本政策,在本学科中加以具体运用,以便理论与实践、政策与业务有效地结合起来,不断提高分析和解决实际问题的能力。

（二）注意业务同法律的联系

国际贸易法律课程的内容同本课程内容关系密切。因为,国际货物买卖合同的成立必须经过一定的法律步骤,国际货物买卖合同是对合同双方当事人有约束力的法律文件,履行合同是一种法律行为,处理履约当中的争议实际上是解决法律纠纷问题。因此在学习本课程时,应同有关法律课程的内容联系起来考虑,即要求从实践和法律两个侧面来研究本课程的内容。

（三）贯彻"洋为中用"的原则

为了适应国际贸易发展的需要,国际商会等国际组织相继制订有关国际贸易方面的各种规则,如《国际贸易术语解释通则》《托收统一规则》《跟单信用证统一惯例》等,这些规则已成为当前国际贸易中公认的一般国际贸易惯例,被人们普遍接受和经常使用,并成为国际贸易界从业人员遵守的行为准则。因此,在学习本课程时,我们必须根据"洋为中用"的原则,结合我国国情来研究国际上一些通行的惯例和普遍实行的原则,并学会灵活运用国际上一些行之有效的贸易方式和惯例做法,以便在国际贸易行为方式上加速同国际市场接轨。

（四）"学"和"用"相结合

由于本课程是一门实践性很强的应用学科，故在学习过程中，要重视案例、实例讨论与分析和操作练习，能配合模拟教学、现场教学活动，加强基本技能的训练，并结合校外参观、认知实习等活动，增加更多的感性认识，从而培养良好的业务素质，提高对国际商务的运作能力，真正做到学以致用。

 **【知识拓展】**

外贸业务员的岗位职责

外贸业务员的岗位职责是每一个刚入职的外贸业务员都需要了解的内容，也是外贸业务员确定工作内容的重要依据。外贸业务员的岗位职责主要有以下几个方面。

一、寻找客户

（一）整理报价

针对不同客户询盘，提供相关报价资料。其中，对于出口产品的报价主要包括：产品的质量等级、产品的规格型号、产品是否有特殊包装要求、所购产品量的多少、交货期的要求、产品的运输方式、产品的材质等内容。所有正式报价单应打印出来，并由经理签字存档。

（二）处理样品

制作详细样品单，向工厂索取样品，以免工厂错误打样。收到样品之后，应核对样品尺寸、质量和照片，确保寄出的样品同报价吻合，可以按照其组织生产。另外，针对样品费用问题同工厂协商，针对寄样费用同客户协商，协商不成可汇报上级，达成解决之道。寄样需记录相关寄件信息，以便及时追踪和后查。

二、合同的确立、签署、执行和跟踪

（一）合同条款的确立

与客户协商、谈判，确立合同项目，包括所购产品的价格、数量、规格、颜色、品牌及其他要求，以及贸易国别、贸易术语、付款方式、唛头、交货期、目的港、配件额度及其他条款。

（二）销售合同 / 形式发票的签署

（1）确认合同条款后，由业务人员开具销售合同 / 形式发票给客户确认并签署回传。

（2）收取订金或信用证。

（3）合同的执行。向工厂下达生产订单，所需文件包括：产品合同执行计划及其他附件。

（4）合同跟踪。备货期间，对订单生产情况进行跟踪，并告知客户生产进度和交货时间。

三、验货

验货主要涉及合同条款的项目，如颜色、数量、规格、唛头、品牌等。进行查验，以保证按时、准确交货。

四、产品发运和交付单证

（一）产品的发运

在货物备妥之前，应提前与船公司或货代联系，填写提货委托单后传真给运输公司和供货方，安排发运事宜。由运输公司持提货委托单到指定地点办理提货、发运事宜。

（二）交付单证

（1）制作好的各种单据，包括箱单、装箱单明细、商业发票、提单及原产地证副本交与客户确认。

（2）催收尾款，并寄发单据正本。

五、售后问题的处理

（一）及时处理索赔问题

因出口产品供货方原因产生的出口产品错发、漏发、质量不合格等导致客户提出质量、数量索赔的，业务人员应及时应对处理。

（二）收集产品反馈信息

收集有关产品质量问题，将市场对产品需求的反馈信息进行归纳与整理，为产品的整改和新产品开发提供意见和建议。

六、现有客户关系维护和新客户开发

（一）现有客户关系维护

（1）处理好订单和索赔问题，保证交货期和产品质量，协调与客户之间的关系。

（2）适时对重点客户制订相应的促销和优惠政策，并提供一定程度的广告宣传支持，塑造良好的企业和品牌形象。

（3）在国外的重要节假日里，需发送电子贺卡以示问候。

（4）及时向客户提供公司最新产品信息和产品目录。

（二）新客户开发

通过展会、网络、走访市场及其他途径努力开拓市场，寻找新的客源。

七、其他相关职责

（1）外事接待。

（2）建立客户档案、产品档案、质量信息反馈表和制订出口货物统计台账，并对每笔订单的技术状态表、形式发票、销售合同及附件进行备份，以备查用。

（3）留意市场动态并收集相关产品和市场信息，统计、整理、归档。

（4）提交月／季度报表和年度总结。

（5）掌握相关产品知识，提高外语语言能力和业务能力。

 【思考与练习】

1. 请列举国际贸易的特点。

2. 请列举国际货物买卖适用的法律和国际贸易惯例。

3. 在国际货物买卖中应当遵循哪些基本原则？

4. 在我国进出口贸易中,为什么要遵循《联合国国际货物销售合同公约》的有关规定？

5. 进口贸易和出口贸易的一般业务程序各包括哪些环节和内容？

 【案例分析】

1. 印度 A 公司向美国 B 公司出口一批黄麻,在合同履行的过程中,印度政府宣布对黄麻实行出口许可证和配额制度。印度 A 公司因无法取得出口许可证而无法向美国 B 公司出口黄麻,遂以不可抗力为由主张解除合同。

想一想:A 公司能否主张这种权利? 为什么?

2. 我国某出口公司向外商出口一批货物,合同规定,一旦在履约过程中发生争议,如果友好协商不能解决,即将争议提交中国国际贸易仲裁委员会,在北京进行仲裁。后来,双方就商品的品质发生争议,对方在其所在地法院起诉我方,对方所在地法院也发来了传票,传我方公司出庭应诉。

想一想:我方公司应如何处理? 为什么?

 【技能实训】

1. 绘制进出口业务流程图。

2. 针对国际贸易实务课程的性质、任务和研究对象等内容,为学好国际贸易实务这门课程制订学习计划。

项目一　交易的准备

【项目目标】

　　了解包销、代理、寄售、拍卖、招投标等传统贸易方式与加工贸易、对销贸易、电子商务等新兴贸易方式,学会在实际工作中灵活运用恰当的贸易方式进行贸易洽谈。了解国际贸易术语的含义和作用,熟知相关的国际贸易惯例,熟练掌握 FOB、CFR、CIF、FCA、CPT、CIP 六种贸易术语,能够在国际贸易中选用合适的贸易术语。

【思政目标】

　　外贸从业人员应当具备国际化视野,具有强烈的规则意识和勤恳的敬业精神,能够运用恰当的贸易方式和贸易术语,在遵守国际贸易惯例的基础上,有理有节地处理各项进出口业务。

1

任务一　贸易方式的确定

【知识目标】

了解传统国际贸易方式和新兴国际贸易方式的含义和特点；知晓包销、代理、寄售、拍卖、招投标等传统贸易方式与加工贸易、对销贸易、电子商务等新兴贸易方式；把握各种国际贸易方式特别是新兴国际贸易方式的操作程序及应该注意的问题。

【能力目标】

能够结合产品特性和营销策略，灵活地进行各种国际贸易方式的选择和组合；能够运用恰当的国际贸易方式进行贸易洽谈。

【案例视窗】

福州 A 公司是一家专业生产运动鞋的企业。为拓展国际业务，扩大销售渠道，3 月，A 公司与温州某轻工进出口 B 公司签订委托代理合同，委托 B 公司代其联系国外客户。美国 M 公司与 B 公司有长期的贸易往来，于是，B 公司向 M 公司介绍了 A 公司的生产销售业务情况。6 月，M 公司派员在 B 公司人员的陪同下考察了 A 公司业务流程以及生产线等情况。8 月，M 公司通过 B 公司同意将一笔加工 7 万双运动鞋的订单下给 A 公司。但在签订的进出口合同中，买方为 M 公司，卖方为 B 公司。A 公司与 B 公司另行签订了代理协议。其后 M 公司将运动鞋的式样图纸通过特快专递直接寄给 A 公司。次年 3 月，由于 A 公司不能按期交货，双方发生纠纷，M 公司作为本案的申请人，按进出口合同中规定的仲裁条款，拟向中国国际贸易仲裁委员上海分会提出仲裁申请。但是在谁是被申请人的问题上发生了争议。

想一想：该案应如何处理？为什么？

案例分析：国际贸易中的销售代理是指出口商（委托人）与国外的代理商达成协议，由出口商作为委托人，授权代理人推销其商品、签订合同，由此而产生的权利和义务直接对出口商发生效力。代理人在出口商授权的范围内行事，不承担销售风险和费用，不必垫付资金，通常按达成交易的数额提取约定比例的佣金而不管交易的盈亏。

本案例涉及对我国外贸代理制和代理法中代理行为的正确理解和区分。B 公司与美国 M 公司签订进出口合同后，实际就成为合同的卖方，要承担履行合同的责任，但 B 公司并没有注意到自身作为进出口合同一方当事人的法律责任和义务，导致其在合同履行过程中出现问题时，未获任何利益，却担负了全部的责任。

在对外贸易活动中，每一笔交易都要通过一定的贸易方式来进行。贸易方式是指国际贸易中买卖双方所采用的各种交易的具体做法，它是在买卖双方交易过程中，伴随着不同商品、不同地区和不同对象，根据双方的需求，适应不同的政治、经济需要而逐渐形成的。在当前国际贸易中存在着各种各样的贸易方式，随着国际贸易的发展，新的贸易方式也在不断涌现。

模块一　传统的对外贸易方式

一、包销

（一）包销的含义

包销（Exclusive Sales）是指供货人（出口人）通过签订包销协议，把一种或某一类商品在某一时间、某一地区的经营权利，单独给予包销人（进口人），由包销人（进口人）定期或不定期地同供货人签订具体的买卖合同，并在约定的期限和地区内，有独家经营（Sole Distribution）或专营（Franchise）的权利。

（二）包销的特点

（1）包销性质上属于售定，双方当事人的行为体现独家专营权，即包销商在一定时期和一定地区内对指定商品享有独家销售的权利，出口人不得直接销售；包销商只能购买出口人指定商品，不得向第三方购买。

（2）从法律上讲，供货人和包销商之间是本人对本人（Principal to Principal）的关系，包销人是以自己的名义购进货物，在规定的区域内转售时，也是以自己的名义进行，货价涨落等经营风险也由包销商自己承担。

（3）当事人双方除签有买卖合同外，还须事先签订包销协议。

（4）购买商品的当地客户与供货人之间不存在合同关系。

包销方式中当事人之间的相互关系，如图1-1所示。

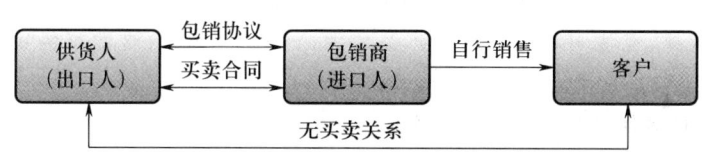

图1-1　包销方式当事人之间相互关系

（三）包销的作用

作为传统的国际贸易方式，包销的积极作用表现在：

（1）包销可以充分利用包销商对当地市场比较熟悉的有利条件，扩大销售网络的渠道。当前，随着卖场对产品销售的强大介入，包销可以使出口人充分运用包销商在海外当地卖场的连锁渠道资源，并促进产品在渠道方面的纵深化发展，拓展新的客户群。

（2）包销商一般都需要向出口人作出销量承诺，在作出销量承诺后，销售积极性就会大大加强，必然对包销的产品加大推广力度。并且，在遇到其他产品竞争销售时，无需供货人出面，包销商便会主动采取措施，设法拓展销量。

（3）包销一般都会有一定的协议有效期，在这段时期内，供货人可以根据包销协议，准确预测销量，有计划地安排生产、组织货源和办理出运工作，降低供货人供应链管理的风险，保证产品销售量。

另一方面，包销的消极作用表现在：

（1）包销方式对供货人存在较大的风险，如果包销商的销售人员销售能力差，或市场发生变化，就有可能出现虽包却不能销、销不动的情况，影响供货人销售计划的完成。如果到期没有完成，供货人收回货品，会带来很大的库存积压，给自己造成较大的销售压力；而如果供货人按照包销协议强行执行,把货品强行推给包销商,包销商为了甩掉包袱,有可能降价销售,严重扰乱供货人的价格体系和品牌形象。

(2)包销模式使得包销商享有独家经营权,因此,在供货人和包销商双方的博弈过程中,包销商占有有利地位,容易发生后者操纵、垄断市场的情况。

(3)包销方式固然可以减少供货人在渠道管理上的工作量,但同时也减少了供货人和其他渠道、消费者沟通的机会,不利于供货人全面了解和掌握市场动态。

针对包销过程中可能发生的对出口人不利的情况,在签订包销协议时,双方应考虑以下几点:

(1)针对第一类问题,双方可以约定试行期限,若在短期试行后,包销商不能如期完成包销数量,厂商有权取消包销协议;但供货人如果在约定的时间内不能如期供货,或供货数量不足,包销商同样也可以不承担完成包销数量的责任。

(2)针对第二类问题,应慎重挑选包销商,充分考虑对方信誉、经营能力等因素,经过适当的考察和评价后再签订正式协议。

(3)在与消费者沟通方面,供货人可以要求包销商提供消费者调查数据,尽量减少包销模式可能给自己带来的信息盲点。

【小贴士】

我国 A 公司与法国 B 公司签订独家经销协议,授予该公司 W 产品独家经销权,但该产品并非 A 公司自产商品,而是由国内 C 公司生产、由 A 公司销往法国 B 公司。C 公司在向 A 公司提供产品的同时,也自营进出口业务,又向另一家法国 D 公司授予了该产品的独家经销权。这样,在法国就有了同种产品的两个独家经销商,这两家经销商得知情况后,向 A 公司和 C 公司提出索赔的要求。

想一想:这起案件应如何处理?为什么?

二、代理

(一)代理的含义

国际贸易中的销售代理,是指委托人授权代理人代表他向第三者招揽生意、签订合同或办理与交易有关的其他事宜,由此而产生的权利与义务直接对委托人产生效力。

(二)代理的特点

(1)代理人与委托人之间的关系是委托代理关系,而不是一般的买卖关系;

(2)代理人一般不以自己的名义,而是以委托人的名义从事业务活动,由委托人支付必要的业务费用;

(3)代理人不管交易中的盈亏,只收取佣金;

(4)代理人只居中介绍生意,招揽订单,但不承担履行合同的责任。

国际贸易代理方式中当事人之间的相互关系,如图 1-2 所示。

(三)代理的种类

代理的种类是指国际贸易中所采用

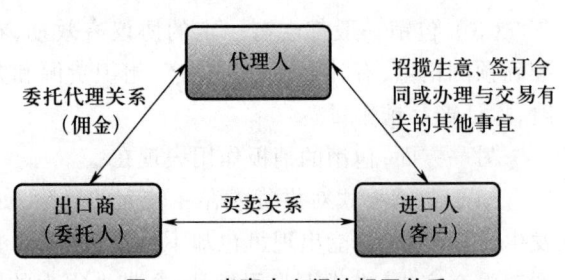

图 1-2　当事人之间的相互关系

的代理方式。按照委托授权的大小,代理可分为总代理、独家代理和一般代理三种。

1. 总代理

总代理是指代理人在指定地区内,作为委托人的全权代表,不仅有权代表委托人从事一切商业活动,还有权代表委托人从事一些非商业性的活动。

2. 独家代理

独家代理是指代理人在指定地区和期限内享有代销指定商品的专营权。委托人在该指定地区内,不得委托其他代理人。为了不损害独家代理人的利益,委托人若直接与代理地区的其他客户达成交易的,也要向独家代理人支付佣金。独家代理人侧重于商业活动,一般不涉及非商业活动。

3. 一般代理

一般代理又称普通代理或佣金代理,不享有专营权的代理。即委托人在同一代理地区和期限内可选定若干个客户为其推销商品,也可直接与该地区的买主达成交易,无须向代理人支付佣金。

(四)代理与包销的区别

(1)包销方式下,包销商与出口商之间的关系是买卖关系;在代理方式下,代理商与出口商之间的关系是委托代理关系。

(2)包销方式下,包销商自筹资金、自担风险和自负盈亏;在代理方式下,销售代理商不垫资金、不担风险和不负盈亏,他只获取佣金。

 【小贴士】

韩国 A 公司与我国 B 公司签订了一份独家代理协议,指定 B 公司为中国的独家代理商。在签订协议时,韩国 A 公司正在试验改进该产品。不久,当新产品试验成功后,A 公司又指定我国另一家公司 C 公司为新产品的经销商。

想一想:A 公司的这种做法是否合法?为什么?

三、寄售

(一)寄售的含义

寄售(Consignment)是一种委托代售的贸易方式。它是指委托方(货主)先将货物运往寄售地,委托国外一个代销人(受委托人),按照寄售协议规定的条件,由代销人代替货主进行,货物出售后,由代销人向货主结算货款的一种贸易做法。在我国进出口业务中,寄售这种贸易方式运用并不普遍。

(二)寄售的特点

(1)寄售是凭实物进行买卖的现货交易。寄售人先将货物运至寄售地,然后经代销人在寄售地向当地买主销售。

(2)寄售人与代销人之间是委托代售关系。代销人只根据寄售人的指示处置货物。货物的所有权在寄售地出售之前仍属寄售人。

(3)寄售货物售出前的一切费用和风险,均由寄售人承担。

(4)寄售货物装运出口后,在到达寄售地前也可使用出售路货的办法,即当货物尚在运输途中,如有条件即成交出售,出售不成则仍运至原定目的地。

国际贸易中寄售方式中当事人之间的相互关系,如图1-3所示。

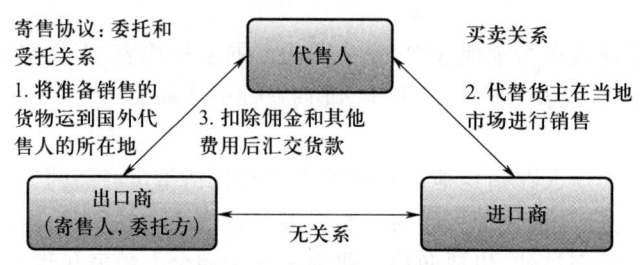

图1-3　当事人之间的相互关系

（三）寄售的作用

1. 有利方面

（1）寄售货物出售前,寄售人持有货物的所有权,有利于随行就市。

（2）寄售方式是凭实物买卖。货物与买主直接见面,有利于促进成交。

（3）代销人不负担风险与费用。寄售一般由寄售人垫资,代销人不占用资金,可以调动其经营的积极性。

2. 不利方面

（1）货物未售出之前发运,售后才能收回货款,资金负担较重。

（2）货物需在寄售地区安排存仓、提货,代销人不承担费用和风险。

（3）万一代销人不遵守协议,比如不能妥善代管货物,或是出售后不及时汇回货款,都将给出口商带来损失。

（4）如果货物滞销,需要运回或转运其他口岸,出口商将遭受损失。

应用寄售方式时应着眼开拓新市场,既销售商品,又树立企业形象,建立客户关系,故而所选商品应优质适销。应选择合适的寄售地点,寄售地点应选择交通便捷的贸易中心或自由港、自由贸易区,以方便货物进出转运,减少成本。要选择合适的代销人,代销人在当地应有良好的信誉,有相关商品的营销经验和推销能力,并有能力代办报关、存仓等业务。应重视安全收汇,在寄售协议中作出相应规定,比如要求代销人开立银行保函,或以承兑交单方式发货。

【小贴士】

某公司新研制出一种产品,为打开该产品的销路,公司决定将产品运往俄罗斯寄售。在代售方出售商品后,该公司收到对方的结算清单,其中包括商品在寄售前所花费有关费用的收据。

想一想:寄售方式下,商品在寄售前花费的有关费用应由谁承担？为什么？

四、拍卖

（一）拍卖的含义

拍卖（Auction）是指从事拍卖的机构在规定的时间和地点,按照一定的规则,将货物向买主公开展示,采用由买主公开叫价竞购的方法,把货物卖给出价最高的买主的一种贸易方式。

（二）拍卖的适用范围

（1）品质、规格不易标准化或难以用科学方法对其品质进行精确检验并难以用文字或语言对其品质、规格进行准确描述的商品，如毛皮、烟草、茶叶、香料、木材等；

（2）价格昂贵且变化较大或难以准确估价的商品，如金银、宝石、首饰、古玩、名人字画等；

（3）容易变质、难以久存的商品，如水果、蔬菜、花卉、观赏鱼类等；

（4）倒闭企业的机械设备和资产的处理。

（三）拍卖的出价方法

1. 增价拍卖

增价拍卖也称淘汰式拍卖，这是最常用的一种拍卖方式。拍卖时，由拍卖者提出一批货物，宣布预定的最低价格，估价后由竞拍者相继叫价，竞相加价，有时规定每次加价的金额额度，直到拍卖人认为无人再出更高价格时，由最后一个出价人买进。

2. 减价拍卖

减价拍卖又称荷兰式拍卖，这种方法先由拍卖者喊出最高价格，然后逐渐减低叫价，直到有某一竞拍者认为已经低到可以接受的价格，表示买进。

3. 密封递价拍卖

密封递价拍卖又称招标式拍卖。采用这种方法时，先由拍卖人公布每批商品的具体情况和拍卖条件等，然后由各方在规定时间内将自己的出价密封递交拍卖人，以供拍卖人进行审查比较，决定将该货物卖给哪一个竞拍者。这种方法不是公开竞买，拍卖人有时要考虑除价格以外的其他因素。有些国家的政府或海关在处理库存物资或没收货物时往往采用这种拍卖方法。

（四）拍卖的一般程序

1. 拍卖的准备

卖主要先将拍卖商品自费运到拍卖行指定的仓库，由拍卖行进行整理、归类、分级并编号，然后按照商品的种类、数量、产地、批号、拍卖时间、地点和交易条件等编印拍卖目录对外公布。有意购货的买主可在拍卖前到指定的仓库看货，必要时可抽样检验，以了解商品的品质。按照惯例，卖主或拍卖行对售出商品不负有品质保证责任。

2. 正式拍卖

在预定的时间和地点进行正式拍卖，买主相互竞价购买，也称为"叫价"，叫价方式有增价拍卖、减价拍卖、密封递价拍卖三种。

3. 付款交货

成交后，拍卖一般要向买主发送成交确认书。成交确认书经买主签字确认后，即成为拍卖合同的书面依据。由买主开具购货确认书，并按规定办理付款和提货手续。

 【小贴士】

某公司在拍卖行参与竞拍获得一批精美瓷器，在商品拍卖时，拍卖条件中规定："无论买方对货物的过目或不过目，卖方对商品的品质概不负责。"该公司在将这批瓷器通过公司所属商行销售时，发现有部分瓷器出现网纹，严重影响这部分商品的销售。该公司因此向拍卖行提出索赔，但遭到拍卖行的拒绝。

想一想：拍卖行的拒绝是否有道理？为什么？

1

五、招标与投标

（一）招标与投标的含义

招标与投标是有组织地在特定地点按照一定条件进行的,是一种竞争性贸易方式的两个方面。招标(Invitation to Tender)指业主或采购者在一定时间、地点发出招标公告或招标单等,提出招标项目和条件,邀请他人投标,最后由招标人选定交易对象订约的一种交易方式。投标(Submission of Tender)是指投标人(卖方)应招标人的邀请,根据招标公告或招标单规定的条件,在规定的时间内向招标人递盘的行为。招标与投标多用于政府采购或国际承包。

（二）招标与投标的特点

（1）不经过磋商,只按照招标人发出的招标公告中所规定的条件,由投标人一次递价成交,没有讨价还价的余地;

（2）具有很强的竞争性,由于有多家投标人同时参加投标,投标人之间的竞争激烈,往往都报出最优惠的交易条件,以争取中标,招标人可以争取到比较有利的条件。

（三）招标与投标的程序

招标与投标的基本程序,如图1-4所示。

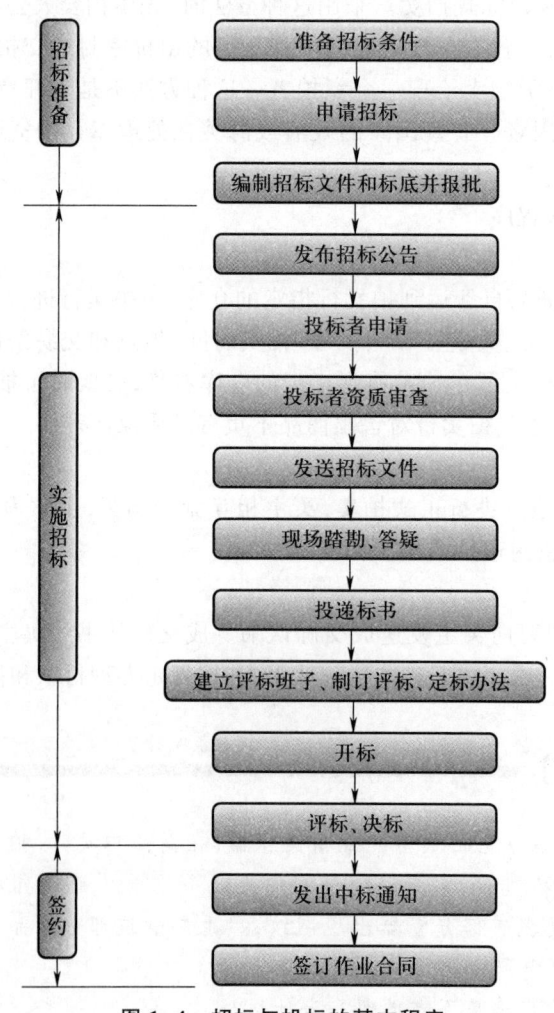

图1-4 招标与投标的基本程序

（四）招标、投标与拍卖的区别

招标与投标属于竞卖方式。众多卖方参与竞争,买方在价格及其他条件上有较多的比较选择;投标人提交投标担保和履约担保,可减少招标人的风险。

拍卖属于竞买方式。竞拍人到场参与竞争使得价格步步攀升,卖主从中受益。公开的现场 / 现货竞买方式,透明度高,相关法律保证其公正性,可减少买方的风险。

 【小贴士】

巴基斯坦某公司公开招标购买电缆 20 千米,我方 S 公司收到招标文件后,为了争取中标,委托当地的一家代理商代为投标。开标后 S 公司中标,除支付代理商佣金外,立即在国内寻找生产电缆的厂家,以便履行交货任务。几经寻找没有一家工厂能提供中标产品,因为中标产品的型号和规格在国内早已过时,要生产这种过时的产品需要重新安装生产线,涉及的费用较大,且仅生产 20 千米势必造成极大的亏损。但是如果 S 公司撤销合同,则要向招标方支付赔款。

想一想:我方 S 公司应从这笔招标业务中吸取什么教训?

模块二 新兴的对外贸易方式

二战后,随着国际资本流动和国际分工的进一步扩大,在传统贸易基础上出现了许多新的贸易方式。

一、加工贸易

（一）加工贸易的含义

加工贸易是指从境外保税进口全部或部分原辅材料、零部件、元器件、包装物料,经境内企业加工或装配后,将制成品再出口的经营活动,主要指对外加工装配、中小型补偿贸易和进料加工贸易。

（二）加工贸易的种类

1. 进料加工

进料加工又称"以进养出",是指用外汇购入国外的原材料、辅料,利用本国的技术、设备和劳力,加工成成品后,销往国外市场。

2. 来料加工

来料加工指加工方由国外另一方提供原料、辅料和包装材料,按照双方商定的质量、规格、款式加工为成品,交给对方,自己收取加工费。

3. 来件装配

来件装配指由一方提供装配所需设备、技术和有关元件、零件,由另一方装配为成品后交货。来料加工和来料装配业务包括两个贸易进程,一是进口原料,二是产品出口。但这两个过程是同一笔贸易的两个方面,而不是两笔交易。原材料的提供者和产品的接受者是同一家企业,交易双方不存在买卖关系,而是委托加工关系,加工方赚取的是劳务费,因而这类贸易属于劳务贸易范畴。

加工贸易的好处是:加工方可以发挥本国劳动力资源丰裕的优势,提供更多的就业机会；可以通过引进国外的先进生产工艺,借鉴国外的先进管理经验,提高本国技术水平和产品质量。但是,来料加工与装配业务只是一种初级阶段的劳务贸易,加工方只能赚取加工费,产品从原料转化为成品过程中的附加价值,基本被对方占有。目前对外加工装配业务在我国开展得比较广泛,获得了较好的经济效益。

（三）加工贸易的操作流程

加工贸易的操作流程,如图 1-5 所示。

图 1-5 加工贸易的操作流程

1. 加工贸易合同备案

合同备案是加工贸易企业持外经贸主管部门核发的加工贸易业务批件、进出口合同或协议等单证到主管海关备案、申请保税并领取《登记手册》或其他准予备案凭证的行为。加工贸易合同备案的程序,如图 1-6 所示。

办理加工贸易合同备案应提交的单证有:《进来料加工手册审批程序表》《加工贸易加工企业生产能力证明》、进口合同、出口合同及委托加工协议、加工贸易业务批准申请表、进口料件申请备案清单、出口制成品及对应进口料件消耗备案清单。

2. 加工贸易货物进出口通关

企业向海关报关时海关通过计算机自动调阅备案合同电子底账,自动核对和核扣,形成以手册为单元的进出口报关单底账,加工贸易货物实际进出口必须和合同备案相一致。

加工贸易进出口货物通关单证包括:《登记手册》或其他准予合同备案的凭证;通关必须有的报关单证,包括报关单、发票、装箱单、提单或装货单;加工贸易货物属于国家管制的进出口商品的,必须提供有关主管部门的许可证。

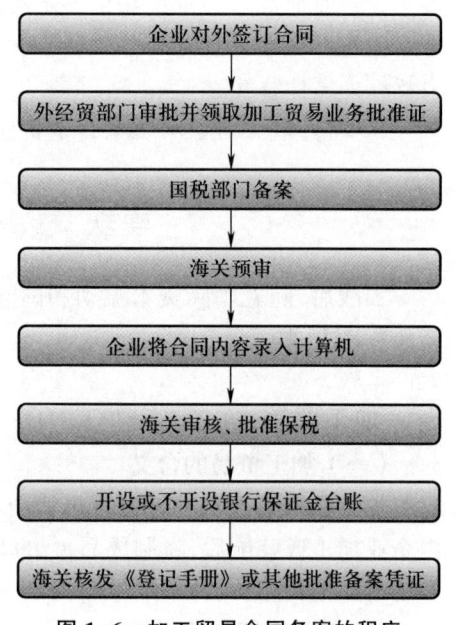

图 1-6 加工贸易合同备案的程序

3. 加工贸易合同核销

来料、来件和加工装配成品均属于保税货物性质,自来料、来件进口,至成品出口之日起均属于海关监管货物。生产单位应在加工装配合同履行完毕后,在合同约定期限或货物出运一个月内,持《登记手册》,按海关要求填写实际用料情况,办理加工贸易合同核销结案手续（图 1-7）。办理加工贸易合同核销时必须做到《登记手册》、纸质报关单和海关电子底账相一致。

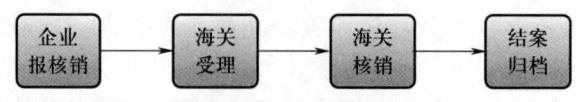

图 1-7 加工贸易合同核销结案手续

加工贸易合同核销需提供的单证有：企业合同核销申请表；《登记手册》；进出口报关单；进料非对口合同进口时已按比例征税的，提供税单复印件；申请内销的，应有外经贸主管部门的批件；其他海关需要的资料。

 **【小贴士】**

2020年7月25日，某加工贸易企业在海关办理一本来料加工手册，进口塑料粒子108吨。2020年12月当事人接到公司内销订单，由于库存内销原料不能满足订单生产需要，当事人遂于2020年12月15日至2021年1月17日间，将登记手册项下的144吨库存ABS-FR染色塑料粒子用于内销产品的生产，并于2020年12月29日将144吨塑料粒子的外销转内销情况向商务部站提出申请并获批准，但未请海关核准并征税。截止海关核查期间，以上共计144吨ABS-FR染色塑料粒子已制成成品入库，其中47.069吨已销往国内。

根据《中华人民共和国海关法》（以下简称《海关法》）第八十六条（十）项及国办发（1999）35号文之规定，当事人被处罚款人民币20万元整，并责令其补缴税款62万元。

想一想：企业开展加工贸易应注意哪些问题？

二、对销贸易

（一）对销贸易的含义

对销贸易（Counter Trade）也称为抵偿贸易、对等贸易或反向贸易等，是指交易双方互为进口人或出口人，把进口与出口有机地结合起来，双方都以自己的出口来全部抵偿或部分抵偿从对方的进口。

对销贸易一般具有以下作用：第一，它可以不动用外汇或少动用外汇来开展对外贸易；第二，通过这种贸易，可以以进口带出口，改善国际收支，还可以打破贸易壁垒，绕过外汇管制扩大出口；第三，在某种情况下，通过对销贸易，可取得国际信贷。

（二）对销贸易的形式

1. 易货贸易

易货贸易（barter）是指单纯的商品或劳务的交换，无须现汇结算。其基本做法是双方签订易货合同，规定双方出口货物和时间，每一方既是自己出口货物的出口人，又是对方出口货物的进口人。双方交换的货物，可以是单项货物的交换，也可以是多种货物的综合易货，即所谓一揽子易货，其基本原则是双方交换货物必须等值。

易货贸易的特点是：它是一次性的交易行为，只有进口人与出口人两个当事人，不涉及其他的第三者；双方只签订一个进出口合同，包括双方交易的货物；双方交换的货物均须明确地在合同上载明。

现在的易货贸易已改为通过贷款支付清算方式，达到货物交换的目的。在货款支付结算上，既可笔笔平衡，也可定期结算，综合平衡；既可付现，也可记账；在时间上，既可进出口同时进行，也可有先有后。总之，易货贸易的操作可以灵活多样。

2. 互购贸易

互购贸易也被称为对购贸易（Reciprocal Trade）或平行交易（Parallel Trade），是最简单、最常用的对等贸易形式。互购是一种现汇交易，是指一方向另一方出口商品或劳务的同时，承担以所得款项的一部分或全部向对方购买一定数量或金额的商品或劳务的义

1

务。互购协定下,交易双方一般要签订两份相互独立的合同。第一份合同,也就是基础合同或主合同,规定出口方出口商品的品质、数量等有关内容。第二份合同则主要规定出口方购买对等贸易商品的义务。这两份合同由互购协定书联结起来。互购协定往往作为一揽子协定的一部分,并且常常与贷款协定、援助计划和部分现金支付方式相结合使用。

3. 转手贸易

转手贸易(Switch Transaction),又称三角贸易(Triangular Trade),是把记账贸易项下的不可兑换的货币转变成硬通货的一种手段。

转手贸易是一种涉及面比较广的贸易方式。简单的转手贸易是用记账贸易项下购进的货物直接转运到国际市场上售出,取得自由外汇。复杂的转手贸易往往表现为低价转让购买权,以换取本来要用自由外汇才能获得的商品。获得购买权的人再在相应的逆差国家选购商品,并在国际市场上转手,收回资金。

4. 抵销

抵销(Offset)是指一方在进口诸如国防、航空或宇航、计算机等设备时,以先期向另一方(出口方)提供的某种产品和/或劳务、资金等抵销一定比例进价款的做法。抵销的方式可以是为生产该设备而提供零部件、投入资金、转让技术以及技术培训、项目研究开发等。抵销贸易兼有互购与补偿贸易的特点,但抵销贸易涉及的余额更大、期限更长,还常常与投资行为结合在一起。抵销贸易自20世纪80年代以来开始盛行,在发达国家与发展中国家的军火交易或大型设备交易中常被采用。抵销贸易已不再是纯粹的商品交易,而是资本国际化的一个途径。

5. 补偿贸易

(1)补偿贸易的含义。

补偿贸易(Compensation Trade)是一方在信贷的基础上进口设备或技术,然后以回销产品或劳务的所得分期偿还进口技术或设备的价款本息。

(2)补偿贸易的特点。

第一,贸易与信贷相结合。补偿贸易是以远期的产品支付设备的价款,不涉及任何外汇支付,这实际上是设备出口方向进口方提供的一种商业信贷。

第二,贸易与生产相联系。补偿贸易的双方是互相联系的,设备提供方往往关心工程项目的进展和产品生产情况,进口方则关心市场的销售情况。

第三,设备进口与产品出口相联系。补偿贸易设备供应方必须承诺购买进口方的产品或劳务,这是补偿贸易的必要条件,补偿贸易使用商品或劳务作为支付手段。

第四,补偿贸易双方是买卖关系。设备进口方不仅承担支付货款的义务,而且要承担付息的责任,对机器设备或其他原材料具有所有权和使用权。

(3)补偿贸易的形式。

补偿贸易的形式和种类甚多,但主要有以下几种:

第一,直接补偿,是指设备进口方用该设备生产出来的产品或相关产品支付设备价款本息。这种补偿贸易的形式一般适用于购买机器设备和技术贸易。

第二,间接补偿,是当进口机器设备或技术制造的产品并非对方需要的,或进口机器设备不是生产有形产品,以及进口方自己国内有较大需求时,双方约定,可以由进口方承诺分期供应一种或几种其他产品进行偿付。这是将信贷与对销贸易结合起来的一种做法。

第三,劳务补偿,设备出口方向进口方提供生产线、相关技术和原材料,进口方则按要求进行生产并以加工费抵偿所欠款项。这是将补偿贸易与来料加工和来件装配相结合的一种做法。

【小贴士】

　　某年3月,我国内地某乡镇企业通过当地贸易公司的介绍,匆匆与香港某厂商签订了加工生产某种轻工产品的补偿贸易合同。合同规定:由港商提供生产设备,某乡镇企业将利用该设备生产的产品返销给港商,以补偿设备价款。补偿期为五年。合同未明确规定设备的型号、产地、生产年代以及技术性能等方面的指标。后港商按期提供生产设备,但经检验,该设备是20世纪70年代末的产品,而且是二手货。由于合同对此未加规定,该乡镇企业只得接受并进行加工生产。五年之后,补偿期满,但设备已接近报废,该企业蒙受了巨大的损失。

　　想一想:该企业的行为存在哪些失误? 通过本案应该吸取哪些教训?

三、电子商务

(一)电子商务的概念

　　电子商务早期的形式是EDI(Electronic Data Interchange)。EDI最初的想法来自美国运输业。1968年,美国运输业的许多公司联合成立了一个运输数据协调委员会(Transportation Data Coordinating Committee,TDCC),研究开发电子通信标准的可行性。这个委员会提出的方案形成了今天EDI的基础。EDI是将业务文件按照一个公认的标准从一台计算机传输到另一台计算机的电子传输方法。由于EDI大大减少了纸张票据,因此,人们也形象地称为"无纸贸易"或"无纸交易"。

　　电子商务(electronic commerce)分为广义和狭义的电子商务。广义的电子商务是指使用各种电子工具从事商务或活动。这些工具包括从初级的电报、电话、广播、电视、传真到计算机、计算机网络,到国家信息基础结构—信息高速公路(NII)、全球信息基础结构(GII)和Internet等现代系统。狭义电子商务是指主要利用Internet从事商务活动。

　　在信息产业向纵深发展的同时,发展迅速的国际贸易迫切要求实现全球贸易运作的信息化,节约社会成本和贸易成本,电子商务的发展正好满足了这种需求。在传统贸易方式下,国际贸易流程从买方准备一份购物清单到登记应收款账户冲账,需要经历20多个环节,而电子商务方式下却只需要8个环节就可完成。电子商务帮助国际贸易企业改革国际贸易流程,实现国际贸易管理的电子化、信息化、自动化、规模化,形成新的有效率的国际贸易流程管理模式,推动国际贸易方式创新,实现对以纸面贸易单据的流转为主体的传统国际贸易流程和交易方式的变革。

(二)电子商务的模式

1. B2B

　　B2B(Business to Business)即商家(泛指企业)对商家的电子商务,是指企业与企业之间通过互联网进行产品、服务及信息的交换。通俗的说法是指进行电子商务交易的供需双方都是商家(或企业、公司),使用了Internet的技术或各种商务网络平台,完成商务交易的过程。B2B的典型是中国供应商、阿里巴巴、中国制造网、敦煌网等。B2B按服务对象可分为外贸B2B及内贸B2B,按行业性质可分为综合B2B和垂直B2B。

2. B2C

B2C（Business to Customer）即企业通过互联网为消费者提供一个新型的购物环境——网上商店，消费者通过网络在网上购物、在网上支付。这种模式节省了客户和企业的时间和空间，大大提高了交易效率，节省了宝贵的时间。

3. C2C

C2C（Consumer to Consumer）同 B2B、B2C 一样，都是电子商务的模式之一。不同的是 C2C 是用户对用户的模式，C2C 商务平台就是通过为买卖双方提供一个在线交易平台，使卖方可以主动提供商品上网拍卖，而买方可以自行选择商品进行竞价。C2C 的典型是淘宝网等。

4. B2M

B2M（Business to Manager）相较于以上三种电子商务模式有着本质的不同，其本质的区别在于目标客户群的性质不同，前三者的目标客户群都是作为一种消费者的身份出现，而 B2M 所针对的客户群是该企业或者该产品的销售者或者为其工作者，而不是最终消费者。企业通过网络平台发布该企业的产品或者服务，职业经理人通过网络获取该企业的产品或者服务信息，并且为该企业提供产品销售或者提供企业服务，企业通过经理人的服务达到销售产品或者获得服务的目的。职业经理人通过为企业提供服务而获取佣金。

5. B2A

B2A（Business to Administration）即商业机构对行政机构的电子商务，指的是企业与政府机构之间进行的电子商务活动。例如，政府将采购的细节在国际互联网络上公布，通过网上竞价方式进行招标，企业也要通过电子商务的方式进行投标。

6. C2A

C2A（Consumer to Administration）即消费者对行政机构的电子商务，指的是政府对个人的电子商务活动。这类的电子商务活动目前还没有真正形成。

（三）电子商务在国际贸易中的应用

1. 物色贸易伙伴

在开展国际贸易之前，准确和清晰地物色贸易伙伴是提高企业经济效益的有效措施。电子商务作为现今企业发展中较为重要的因素，在物色贸易伙伴的时候，不会因为地域和时间的因素而有所影响，因此可以在一定程度上节约大量的人力和物力。此外，企业还可以建立属于自己的网站，并利用电子商务这样一个有效的平台，来把本企业的基本信息和产品向全球的客户展现，从中获取相应的合作伙伴，也可以在其中选择自己满意的贸易伙伴来开展贸易合作关系。

2. 网上咨询与洽谈

每一笔国际贸易都不可能洽谈一次就成功，需要合作商之间反复地沟通、咨询，这也是构成一笔国际贸易所必须具备的条件。随着信息化技术的不断发展，电脑已经成为千家万户实现信息交流的有效手段，国际贸易也不例外。企业可以运用因特网来实现国际商务之间的咨询和洽谈。运用邮件或者新闻组的作用可以使买卖双方对市场的动态了解得一清二楚，如果买卖双方在交流过程中，需要对产品信息作进一步了解，可以运用远程视像来进行面对面的交流，由此可见，电子商务给国际贸易带来了许多的便捷服务。

3. 网上订购与支付

电子商务可以运用网站中的信息来了解订购商品的基本情况，了解清楚后可以实现网上订购,客户可以通过网上支付来完成货物的订购,当客户填写完订购单以后,系统就会用交易确认信息来保证整个订购信息,并且订购的信息具备加密功能,这样就可以很好地保护商家和客户之间的商业信息。除此之外,在国际贸易中网上订购可以快速、便捷地传递客户所需的无形产品,例如软件、音像等,这样就可以极大程度地节约时间和节省人员的开销。

【任务小结】

国际贸易方式是指国际贸易中买卖双方所采用的各种交易的具体做法,它是在买卖双方交易过程中随着不同商品、不同地区和不同对象,根据双方的需求,适应不同的政治、经济需要而逐渐形成的。传统的国际贸易方式有包销、代理、寄售、拍卖、招标与投标。新兴的国际贸易方式有加工贸易、对销贸易和电子商务。在本任务的学习过程中应注意了解当前国际贸易领域交易方式的发展变化,在实际业务中应根据产品特性和营销策略,结合不同贸易方式的利弊,灵活地选择各种不同的贸易方式,并注意各种贸易方式的结合使用。

【知识拓展】

全球主流外贸电商平台

一、环球资源网

通常企业加入环球资源网的年费在 10 万元到 20 万元之间,主要靠线下展会、杂志、光盘宣传,最有优势的行业是电子类和礼品类。该平台对买家的审核很严格,针对的客户群以大企业为主,小企业谨慎选择。

二、阿里巴巴

阿里巴巴是最大的 B2B 平台,平台上的中国供应商以中小企业为主。供应商选择这样的平台比较划算,其续签率也非常高。但是,阿里巴巴平台的中国卖家太多,加之阿里平台允许买家群发询盘,导致价格竞争激烈,因此该平台成交的订单利润率偏低。从某种角度说,阿里巴巴是国外客户衡量中国供应商价格的平台。

三、中国制造网

中国制造网的域名很有特色,上口、好记。中国的制造大国地位也正好印证了这个网站必将给国外客户留下深刻的印象。此网站广告投放的力度不大,在国内外主要靠口碑相传,搜索引擎优化排名也不错。

四、eBay

eBay 上除了 C2C 以外,B2C 和 B2B 交易也相当活跃。eBay 的每个分类里都有一个批发专区,可以刊登批发信息,而且 eBay 中的不少超级卖家(Power Seller)采购量大得惊人,他们经常在 eBay 采购,然后在 eBay 零售,规模上一点也不亚于环球资源(Global Sources)中的国际买家。通过 eBay 首页底部的全球站导航,可以在 26 个国家刊登批发信息。

五、敦煌网

敦煌网(DHgate)是一个新兴的外贸 B2B 平台,由原卓越网 CEO 建立,面向中国中小企业。卖家注册全免费,可以任意刊登产品,国外买家选购商品后先用 PayPal 付款给敦煌网,敦煌网通知中国供应商发货,买家收到货后检查没有问题,通知敦煌网放款给中国供应商,大大

1

降低了国际采购商受欺诈的风险。在交易中,敦煌网向买家收取 10% 的交易费。

(资料来源:根据相关资料整理)

【思考与练习】

1. 包销情况下可能产生哪些不利因素?

2. 独家代理与一般代理的区别是什么?

3. 对销贸易有哪些形式?

4. 对外加工装配与来料加工的区别有哪些?

5. 电子商务的基本模式是什么?

【案例分析】

1. 中国香港 A 公司与日本 B 公司签订一份独家代理协议,指定中国香港 A 公司为独家代理。订立协议时,日本 B 公司正试验改进现有产品。不久,日本 B 公司试验成功,并把这项改进后的同类产品指定中国香港另一家公司作独家代理。

想一想:日本 B 公司有无这种权利?为什么?

2. 我国某公司提供空气清新机,现有以色列客商拟购买我方产品,但是觉得该产品的过滤网中的一个组件不太好,于是要求我方公司换成他们的供应商提供的组件。我方公司用他们免费提供过来的组件组装成过滤网连同空气清新机一起出口。该组件含有从美国进口的部件,而他们的供应商是香港公司,这家香港公司的工厂又设在广东东莞。

想一想:这样的情况对于我方公司来说是来料加工还是一般贸易?香港公司让他们在内地的工厂提供组件给我方组装,我方公司是组件进口方吗?

【技能实训】

1. 假设你是外贸业务员,根据寄售业务流程,进行寄售业务模拟。

2. 假设你是外贸业务员,根据拍卖业务流程,进行拍卖业务模拟。

3. 假设你是外贸业务员,根据招投标业务流程,进行招投标业务模拟。

4. 假设你是外贸业务员,根据跨境电子商务相关知识,策划一个商品的出口方案。

任务二 国际贸易术语的选择

【知识目标】

了解国际贸易术语的含义和作用,熟知相关的国际贸易惯例,能够学会在对外贸易中按规则办事;能够在对外磋商中熟练运用 FOB、CFR、CIF 三种常用的适合水运的贸易术语和 FCA、CPT、CIP 三种常用的适合任何运输方式的贸易术语;能够根据 EXW、FAS、AP、DPU、DDDP 五种术语中对买卖双方责任与义务划分的不同,结合实际工作选用恰当的贸易术语。

【能力目标】

掌握国际商会《国际贸易术语解释通则2020》中的11种贸易术语,能够熟练运用国际贸易术语,进行交易磋商;能够结合贸易实际,选择合适的国际贸易术语,规避国际贸易风险。

【案例视窗】

2018年11月,我国黑龙江省某进出口公司与巴西某公司签订一份出口油籽的合同。合同采用FOB术语,买方需于2019年2月份派船到大连港接货。合同还规定:"如果在此期间内不能派船接货,卖方同意保留28天,但仓储、利息、保险等费用皆由买方承担。"

3月1日,卖方在货物备妥后电告买方尽快派船接货。但是直到3月28日,买方仍未派船接货。于是卖方向买方提出警告,声称将撤销合同并保留索赔权。买方在没有与卖方进行任何联系的情况下,直到2019年5月5日才将船只派到大连港。这时卖方拒绝交货并提出损失赔偿,买方则以未订到船只为由拒绝赔偿损失,双方争议不能和解,卖方遂起诉到法院。法院经取证调查,认为买方确实未按合同规定的时间派船接货,因此法院判决:卖方有权拒绝交货,并提出赔偿请求。后经双方协商,卖方交货,但由买方赔偿仓储、利息、保险等费用。

案例分析:本案例涉及FOB术语下船货衔接的问题。按照国际商会《国际贸易术语解释通则2020》规则,FOB术语成交的合同属于装运合同,这类合同中卖方的一项基本义务是按照规定的时间和地点完成装运。然而,由于FOB条件下是由买方负责安排租船订舱,因此就会存在船货衔接问题,若处理不当,自然会影响到合同的顺利执行。根据有关法律和惯例,如果买方未能按时派船,卖方有权拒绝交货,而且由此产生的各种损失均由买方负担,因此,在FOB术语下成交的合同,对于装运期和装运港要慎重规定,订约之后,有关备货和派船事宜,双方要加强联系,密切配合,保证船货衔接。

在此案例中,我方作为卖方尽到了自己的责任。在装运期临近时,卖方电告催促买方派船接货,但买方仍没有及时派船接货。根据《联合国国际货物销售合同公约》的规定,卖方有解除合同的权利,可以要求买方赔偿损失。本案中我方公司据理力争,维护自身合法权益的做法是值得提倡的。后来从有利于交易的角度出发,我方公司未行使解除合同之权而继续履行合同义务也是适当的。如果行情发生了变化或其他原因使合同给我方带来损失时,我方可行使解除合同的权利。

在国际贸易中,确定一种商品的成交价,不仅取决于其本身的价值(成本),还要考虑商品从生产地运至目的地的过程中有关的货运手续、货运风险以及相关责任、费用等一系列问题。出口方承担的责任不同、费用不同、风险不同,其向进口方的报价自然不同。国际贸易术语一方面确定了货物的价格,另一方面也界定了交易双方如何交接货物,如何划分责任、费用与风险。

模块一　国际贸易术语与国际贸易惯例

一、贸易术语的含义

贸易术语(trade terms)是在长期的国际贸易实践中产生的,用来说明商品的价格构

1

成,说明交易双方在交接货物过程中有关责任、费用和风险划分的专门术语。

国际贸易术语表现形式为英文缩写,例如,CIF 这个贸易术语,是 Cost, Insurance and Freight 的缩写,翻译为成本、保险费加运费价,CIF SHANGHAI 含义主要是指卖方承担从装运港到目的港的运费,运输保险费。卖方负责办理出口报关,提供出口许可证。买方负责办理进口报关。货物在运输途中的风险则自货物在出口地装船后即由卖方转移给买方。这样,在买卖双方的权利、义务和费用划分清楚的情况下,有利于双方履行合同。因此,国际贸易术语的内涵有三点:买卖双方的交货地点、商品的价格构成以及买卖双方交接货物过程中产生的风险、责任和费用的划分。

二、贸易术语的作用

(一)简化交易手续,节约费用开支

由于每种贸易术语都有其特定的含义,而且一些国际组织对各种贸易术语也作了统一的解释和规定,所以无论我们交易的对象是哪个国家的人,我们对贸易术语都可以达成一致的认识,因此贸易双方按商定的贸易术语成交时,即可明确彼此在交接货物方面所应承担的责任、费用和风险,这就简化了贸易手续,缩短了洽商交易的时间,从而有利于贸易双方迅速达成交易和订立合同。

(二)有利于买卖双方核算价格和成本

由于贸易术语是表示商品价格构成的因素,所以,买卖双方确定成交价格时,必然要考虑采用的贸易术语中包含哪些从属费用,如运费、保险费、装卸费、关税、增值税和其他费用,这就有利于买卖双方进行比价和加强成本核算。

(三)有利于双方妥善解决贸易争端

贸易双方商订合同时,若对合同条款考虑欠周,某些事项规定不明确或不完备,将使履约当中产生的争议不能依据合同的规定解决。在此情况下,可以援引有关贸易术语的一般解释来处理,因为贸易术语的一般解释,已成为国际贸易惯例,并被国际贸易界从业人员和法律界人士所理解和接受,是国际贸易中公认的一种类似行为规范的准则。

三、关于国际贸易术语的国际贸易惯例

目前有关国际贸易术语的国际贸易惯例,按照制订机构以及国际影响力主要有三类,如表 1-1 所示。

表 1-1　有关国际贸易术语的国际贸易惯例

制订机构	惯例名称	生效时间	贸易术语情况
国际法协会	《1932 年华沙-牛津规则》	1932 年	1 种贸易术语
美国商业团体	《1941 年美国对外贸易定义修订本》	1941 年	6 种贸易术语
国际商会	《国际贸易术语解释通则 2000》	2000 年	13 种贸易术语
	《国际贸易术语解释通则 2010》	2010 年	11 种贸易术语
	《国际贸易术语解释通则 2020》	2020 年	11 种贸易术语

 **【小贴士】**

国际贸易惯例是指在国际贸易实践中逐渐自发形成的,某一地区、某一行业中普遍接受和经常遵守的任意性行为规范。国际贸易惯例本身并不是法律,不具备法律的强制性,贸易双方当事人有权在合同中达成不同于惯例规定的贸易条件。

在下列情况中,国际贸易惯例对当事人有约束力:第一,当事人在合同中明确表示选用某项国际惯例;第二,当事人没有排除对其已知道或应该知道的某项惯例的适用,而该惯例在国际贸易中为同类合同的当事人所广泛知道并经常遵守,则应视为当事人已默示同意采用该项惯例。

想一想:如果我们所签订的国际贸易合同与相关的惯例不符合,应当如何处理?

(一)《1932 年华沙 - 牛津规则》(*Warsaw–Oxford Rules 1932*)

该规则是由国际法协会(International Law Association)所制订的。该协会于1928 年在华沙举行会议,制订了关于 CIF 买卖合同的统一规则,共 22 条,称为《1928 年华沙规则》。后又经过 1930 年纽约会议、1931 年巴黎会议和 1932 年牛津会议修订为21 条,定名为《1932 年华沙 - 牛津规则》(*Warsaw–Oxford Rules 1932*,简称 W.O.Rules 1932)。

本规则是为了对那些愿按 CIF 条款进行货物买卖但目前缺乏标准合同格式或共同交易条件的人们提供一套可在 CIF 合同中易于使用的统一规则。

(二)《1941 年美国对外贸易定义修订本》(*Revised American Foreign Trade Definition 1941*)

1919 年美国九个大商业团体以英国贸易上惯用的 FOB 契约条件为基础制订了"美国出口报价及其缩写条例",1941 年在美国第 27 届全国对外贸易会议上对它作了修订,改称为《1941 年美国对外贸易定义修订本》,在同年为美国商会、美国进口协会和全国对外贸易协会所组成的联合委员会所采用。这一修订本对内陆交货,装运港船上交货,装运港船边交货,成本加运费,成本加保险费、运费,目的港码头交货等六种价格术语作了解释,如表 1-2 所示。

表 1-2 《1941 年美国对外贸易定义修订本》

序号	中文含义	英文含义
1	原产地交货	Ex(Point of Origin)
2	运输工具旁边交货	FAS(Free Along Side)
3	运输工具上交货六种	FOB(Free On Board)
4	成本加运费	C & F(Cost And Freight)
5	成本加保险费、运费	CIF(Cost, Insurance And Freight)
6	码头交货	Ex Dock

《1941 年美国对外贸易定义修订本》不仅在美国使用,在加拿大和一些拉丁美洲国家也有一定影响。由于它在 FOB 术语的解释上与其他国际贸易惯例有所不同,因此,我国外贸企业在与美洲国家进行贸易时,应当特别加以注意。

1

（三）国际商会与《国际贸易术语解释通则》

国际商会为统一各种贸易术语的不同解释，于1936年制订了《国际贸易术语解释通则》。随后，为适应国际贸易实践发展的需要，国际商会先后于1953年、1967年、1976年、1980年和1990年、2000年、2010年、2019年进行过多次修订和补充。

1.《国际贸易术语解释通则2000》

进入21世纪，为使贸易术语更进一步适应世界上无关税区的发展、交易中使用电子讯息的增多以及运输方式的变化，国际商会再次对《国际贸易术语解释通则》进行修订，并于1999年7月公布《国际贸易术语解释通则2000》，2000年1月1日正式生效。《国际贸易术语解释通则2000》按卖方承担责任、费用和风险由小到大依次分为E组、F组、C组和D组13种贸易术语，如表1-3所示。

表1-3　《国际贸易术语解释通则2000》

组别	贸易术语	英文含义	中文含义
E组	EXW	Ex Works	工厂交货
F组	FCA	Free Carrier	货交承运人
	FAS	Free Alongside Ship	装运港船边交货
	FOB	Free On Board	装运港船上交货
C组	CFR	Cost and Freight	成本加运费
	CIF	Cost, Insurance and Freight	成本加保险费加运费
	CPT	Carriage Paid To…	运费付至……
	CIP	Carriage and Insurance Paid To…	运费保险费付至……价
D组	DAF	Delivered At Frontier	边境交货
	DES	Delivered Ex Ship	目的港船上交货
	DEQ	Delivered Ex Quay	目的港码头交货
	DDU	Delivered Duty Unpaid	未完税交货
	DDP	Delivered Duty Paid	完税后交货

2.《国际贸易术语解释通则2010》

随着全球交通运输方式的巨大改变，集装箱运输规模的扩大，多式联运的蓬勃发展，大批航线的开通，使得以往《国际贸易术语解释通则2000》中的贸易术语在实际业务中已不能运用自如。另外，各国经济不断开放，国际分工进一步明显，区域经济一体化进程不断加快，国际贸易方式也发生了重大改变，这都对《国际贸易术语解释通则2000》中的贸易术语提出了更精确、更加具有可操作性的要求。

为了适应国际贸易实务领域的快速发展和新变化，国际商会决定对当时的2000版本进行修订，历经两年半的时间，终于在2010年9月推出了《国际贸易术语解释通则2010》（以下简称《INCOTERMS 2010》），新版本于2011年1月1日正式生效，取代实施了长达11年之久的《国际贸易术语解释通则2000》，如表1-4所示。

表 1-4 《INCOTERMS 2010》对国际贸易术语的分类表

适用于任何运输方式类（Any Mode of Transport）		
EXW	Ex Works	工厂交货
FCA	Free Carrier	货交承运人
CPT	Carriage Paid To	运费付至
CIP	Carriage and Insurance Paid To	运费和保险费付至
DAT	Delivered At Terminal	指定终端交货
DAP	Delivered At Place	指定目的地交货
DDP	Delivered Duty Paid	完税后交货
仅适用于水运类（Sea and Inland Waterway Transport Only）		
FAS	Free Alongside Ship	装运港船边交货
FOB	Free On Board	装运港船上交货
CFR	Cost and Freight	成本加运费
CIF	Cost, Insurance and Freight	成本加运费和保险费

3.《国际贸易术语解释通则 2020》（INCOTERMS 2020）

随着国际贸易中跨境电子商务的蓬勃发展以及国际物流出现的新变化，国际商会于 2016 年 10 月 14 日在法国巴黎正式启动《国际贸易术语解释通则》的修订工作，并于 2019 年 9 月 10 日正式公布了 2020 版的《国际贸易术语解释通则》。新修订的《国际贸易术语解释通则》自 2020 年 1 月 1 日起生效。此次公布的《国际贸易术语解释通则》由国际商会起草小组进行修订，该起草小组的八名成员分别来自中国、美国、欧盟成员国、澳大利亚和土耳其。与 2010 版的《国际贸易术语解释通则》相比，新修订的版本主要在以下六个方面进行了改动，但总体的贸易术语数量不变，分类方法也没有变化，如表 1-5 所示。

表 1-5 《INCOTERMS 2020》对国际贸易术语的分类表

适用于任何运输方式类（Any Mode of Transport）		
EXW	Ex Works	工厂交货
FCA	Free Carrier	货交承运人
CPT	Carriage Paid To	运费付至
CIP	Carriage and Insurance Paid To	运费和保险费付至
DAP	Delivered At Place	指定目的地交货
DPU	Delivered At Place Unloaded	指定卸货地交货
DDP	Delivered Duty Paid	完税后交货

1

续表

仅适用于水运类（Sea and Inland Waterway Transport Only）		
FAS	Free Alongside Ship	装运港船边交货
FOB	Free On Board	装运港船上交货
CFR	Cost and Freight	成本加运费
CIF	Cost, Insurance and Freight	成本加运费和保险费

这里需要注意的是,由于国际商会所指定的系列《国际贸易术语解释通则》为国际贸易惯例,修订后的《国际贸易术语解释通则》实施后,以往的各版本仍然具有使用效用。因此,在国际贸易实践中,使用国际贸易术语一定要注释《国际贸易术语解释通则》的版本,本书将以《INCOTERMS 2020》来进行讲解。

【小贴士】

国 际 商 会

当人们一提到《国际贸易术语解释通则》就不可避免地会联想到国际商会。这是因为,长期以来,不同国家和地区对于国际贸易术语有多种不同的解释,而国际商会则把国际贸易术语解释予以统一规范、制订、普及和推广使用。

国际商会(International Chamber of Commerce,ICC)是具有重要影响的世界性民间商业组织,于1920年在法国巴黎成立,现总部设在法国巴黎,下设商业惯例委员会、银行委员会、仲裁院等专业委员会和专门机构。国际商会是为世界商业服务的非政府间组织,是联合国等政府间组织的高级咨询机构,其设立的目的是为开放的国际商业交流服务,在经济和法律领域里以有效的行动促进国际贸易和投资的发展。目前,国际商会的会员已扩展到140多个国家和地区,由数万个具有国际影响力的商业组织和企业组成,已在59个国家中成立了国家委员会或理事会,组织和协调国际范围内的商业活动。

想一想:我国与国际商会有什么样的渊源?

模块二　适用水运的贸易术语

一、FOB 术语

（一）FOB 的含义

FOB 的全文是 Free On Board(...named port of shipment),即装运港船上交货(……指定装运港)。此术语是指卖方在约定的装运港将货物交到买方指定的船上。按照《INCOTERMS 2020》规定,FOB 只能适用于海运和内河航运。

（二）买卖双方义务

按《INCOTERMS 2020》对 FOB 贸易术语的解释,买卖双方各自承担的基本义务如表 1-6 所示。

表 1-6　FOB 术语买卖双方义务表

事项	卖方义务	买方义务
交接货物与运输事项	在合同规定的时间或期限内,自负风险与费用将合同规定的货物运往装运港,在装运港,按照习惯方式将货物装上买方指派的船上,并及时通知买方	负责装运港到目的港之间的运输(租船订舱),支付运费,并给予卖方关于船名、装船地点和要求交货时间的充分的通知
投保事项	无	卖方已装船通知买方,买方负责向保险公司投保并支付国际货运保险费
风险转移	负担货物在装运港装上船之前的一切费用和风险	负担货物在装运港装上船之后的一切费用和风险
清关手续	取得出口许可证或其他官方批准证件,办理货物出口所需的一切海关手续	自负风险和费用取得进口许可证或其他官方批准的证件,办理货物进口以及经由他国过境的一切海关手续,并支付有关费用及过境费
单据交接与货款收付	提供货物已交至船上的运输单据及其他相关单据。如果买卖双方约定采用电子通信,则所有单据均可被具有同等效力的电子数据交换(EDI)信息所代替	接受卖方提供的有关单据,受领货物,并按合同规定支付货款

【小贴士】

贸易术语惯例中的风险转移

在《1941 年美国对外贸易定义修订本》中,把 FOB 笼统地解释为在某处某种运输工具上交货,其适用范围很广。因此,在同美国、加拿大等国的商人按 FOB 订立合同时,除必须标明装运港名称外,还必须在 FOB 后加上"船舶"(Vessel)字样。例如:如果指定为"FOB San Francisco"而漏写"Vessel"字样,则卖方只负责把货物运到旧金山城内的任何处所,不负责把货物运到旧金山港口并交到船上。在风险划分上,不是以装运港船舷为界,而是以船舱为界,即卖方负担货物装到船舱为止所发生的一切丢失与损坏。在费用负担上,规定买方要支付卖方因协助提供出口单证的费用以及出口税和因出口而产生的其他费用。

在《国际贸易术语解释通则 2000》中,FOB,CFR 和 CIF 三个术语中的风险划分点是以越过船舷为界;而在《国际贸易术语解释通则 2010》中将其改成将货物装运上船则风险转移,这个改变更准确地反映了现代商业现实,避免了以往风险围绕船舷这条虚拟垂线来回摇摆而发生货物的损失或纠纷。《INCOTERMS 2020》继承了《INCOTERMS 2010》风险转移的划分。

想一想:天津某公司与美国商人签订进口合同,术语为 FOB San Francisco,适用不同惯例,买卖双方风险怎么划分?

（三）FOB 的船货衔接问题

按照《INCOTERMS 2020》对 FOB 术语的解释,买方负责从装运港到目的港之间的运输(租船订舱),支付运费,并给予卖方关于船名、装船地点和要求交货时间的充分的通知,以便卖方交货。另外卖方在货物装船后要及时通知买方，以便买方及时向保险公司投保。

在 FOB 术语中涉及两个通知。在第一种情况下，若买方未给予充分通知，指定的船舶未按时到达或未能按时受载货物，或比规定的时间提前停止装货，由此产生的货物灭失或损失应由买方承担。在第二种情况下，由于风险是在货物装上船时由卖方转移给买方，因此卖方在货物装船时必须通知买方，以便买方投保，否则由此造成的损失，卖方应当负责。

 【小贴士】

我国某公司与外商达成了一笔按 FOB 术语成交的进口合同。后因战争爆发使原定航线被禁运，该公司船只只能绕道行驶，以至于未能如期到装运港接货，这时，卖方以该公司未按期接货为由，要求该公司赔偿其增加的仓储费。

想一想：该公司该如何处理此事？为什么？

（四）FOB 术语装船费用问题

按照《INCOTERMS 2020》对 FOB 术语的解释，按 FOB 术语成交时，卖方要负责支付货物装上船之前的一切费用。但各国对于"装船"的概念没有统一的解释，有关装船的各项费用由谁负担，各国的惯例或习惯做法也不完全一致。如果采用班轮运输，船方管装管卸，装卸费计入班轮运费之中，自然由负责租船的买方承担；而采用程租船运输，船方一般不负担装卸费用。这就必须明确装船的各项费用应由谁负担。

为了说明装船费用的负担问题，双方往往在 FOB 术语后加列附加条件，这就形成了 FOB 的变形。主要包括以下几种。

1. FOB Liner Terms（FOB 班轮条件）

按照 FOB 班轮条件成交，是指装货费按班轮办法处理，并不是指 FOB 成交的货物一定要用班轮装运。买卖双方商订合同时，若卖方不愿负担装货费，可以在 FOB 后要求加"Liner Terms"字样，以明确卖方不负担装货费，至于装货费究竟由买方还是船方负担，则取决于买方租船时采用何种租船条件。

2. FOB Under Tackle（FOB 吊钩下交货）

按照此条件成交，卖方仅将货物交到买方指定船舶的吊钩所及之处，之后的装货费用，卖方不予负担，至于以后的装货费用究竟由买方或由船方负担，则取决于租船合同的规定。按此术语成交时，若载货船舶因港口吃水浅而不能靠岸时，则卖方应将货物驳运到载货船舶的吊钩所及之处，凡属驳运货物的费用，仍由卖方负担。这一术语，在实际业务中使用的不多。

3. FOB Stowed（FOB 理舱费在内）

为了使船上装载的货物放置妥善和分布合理，货物装船后，需要进行垫隔和整理，此项作业叫做理舱。理舱费用由谁负担，各国港口有不同的规定和解释。为了明确责任和避免引起争议，买卖双方商订合同时，应对理舱费由谁负担作出明确规定；若买方不愿负担装运费和理舱费，则可按 FOB Stowed 条件成交。按此条件成交，卖方不仅应负担装货费，而且还要将装到船上的货物堆好、码好并进行垫隔和整理，即还需要负担理舱费；若在 FOB 后未加"Stowed"字样，而租船合同又规定船方不负担装货费时，则理舱费由买方负担。

4. FOB Trimmed（FOB 平舱费在内）

货物装船后，为了保持船舶承受压力均衡和航行安全，对成堆装入船舱的散装货物，如煤炭、粮谷等，需要进行调动和平整，这项作业叫平舱。按此条件成交，装货费和平舱费，一概由卖方负担。按一般惯例，若在 FOB 后未加"Trimmed"字样，则卖方不负担平舱费用，平舱费用究竟由买方抑或船方负担，则取决于租船合同的规定，当租船合同规定船方不负担装货费时，则平舱费由买方支付。

5. FOB Stowed and Trimmed（FOB 理舱费和平舱费在内）

当装到船上的货物既有理舱又有平舱时，应该明确这两项费用由谁负担。凡在 FOB 后加列"Stowed and Trimmed"字样，则卖方不仅要负担装货费，而且要负担理舱和平舱的费用。按一般惯例，凡 FOB 后未加"Stowed and Trimmed"字样者，则理舱和平舱的费用，卖方不予负担。

在许多标准合同中，为表明由卖方承担包括理舱费和平舱费在内的各项装船费用，常采用 FOBST（FOB Stowed and Trimmed）方式。

FOB 的上述变形术语，只是为了表明装船费用由谁负担而产生的，并不改变 FOB 的交货地点以及风险划分的界限。

（五）交货性质问题

按照《INCOTERMS 2020》对 FOB 术语的解释，按 FOB 术语成交时，卖方只需要在合同规定的时间和期限内，将合同规定的货物装上买方指定的船上，就完成交货义务，而货物装上船之后的风险由买方承担，卖方不需要向买方保证到货。买方凭卖方提交的单据付款，这种方式称为象征性交货。

所谓象征性交货（Symbolic Delivery）是指卖方按合同规定在装运港将货物装上船并提交全套合格单据，就算完成了交货义务，而无须保证到货。即使货物在运输途中全部灭失，卖方也无须承担责任，买方持保险单与保险公司或其他有关的机构洽商索赔事宜。

 **【小贴士】**

美国出口商与中国进口商签订了一份 FOB 合同，合同规定由卖方出售 2000 公吨小麦给买方。小麦在装运港装船时是混装的，共装运了 5000 公吨，准备在目的地由船公司负责分拨 2000 公吨给买方。但载货船只在途中遭遇高温天气，小麦发生变质，共损失 2500 公吨。卖方声称其出售给买方的 2000 公吨小麦在运输途中全部损失，并认为根据 FOB 合同，风险在装运港装上船时已经转移给买方，故卖方对损失不负责任，买方则要求卖方履行合同。双方发生争议后，将争议提交仲裁机构裁决。

想一想：仲裁机构将如何裁决？为什么？

二、CFR 术语

（一）CFR 的含义

Cost and Freight（...named port of destination），即成本加运费（……指定目的港）。此术语是指卖方必须在合同规定的装运期内，在装运港将货物运至指定目的港的船上，负担从货物装上船为止的一切费用和货物灭失或损坏的风险，并负责租船或订舱，支付抵达目的港的正常运费。在《INCOTERMS 2020》中，明确规定 CFR 术语只能适用于海运和内河航运。

（二）买卖双方义务

按《INCOTERMS 2020》对 CFR 术语的解释，买卖双方各自承担的基本义务，如表 1-7 所示。

1

表1-7 CFR术语买卖双方义务表

事项	卖方义务	买方义务
交接货物与运输事项	签订从指定装运港承运货物运往指定目的港的运输合同,在合同规定的时间和港口,将货物装上船并支付至目的港的运费,装船后及时通知买方	无
投保事项	无	卖方已装船通知买方,买方负责向保险公司投保并支付国际货运保险费
风险转移	负担货物在装运港装上船之前的一切费用和风险	负担货物在装运港装上船之后的一切费用和风险
清关手续	取得出口许可证或其他官方批准证件,办理货物出口所需的一切海关手续	自负风险和费用取得进口许可证或其他官方批准的证件,办理货物进口以及经由他国过境的一切海关手续,并支付有关费用及过境费
单据交接与货款收付	提供货物已交至船上的运输单据及其他相关单据。如果买卖双方约定采用电子通信,则所有单据均可被具有同等效力的电子数据交换(EDI)信息所代替	接受卖方提供的有关单据,受领货物,并按合同规定支付货款

(三)CFR的装船通知问题

按照《INCOTERMS 2020》对CFR术语的解释,卖方在货物装船后要及时通知买方,以便买方及时向保险公司投保。在这种情况下,由于风险是在货物装上船时由卖方转移给买方,因此卖方在货物装船时必须通知买方,以便买方投保,否则由此造成的损失,应当由卖方负责。

(四)CFR术语卸货费用的负担问题

按照《INCOTERMS 2020》对CFR术语的解释,按CFR术语成交时,卖方要负责支付货物从装运港至目的港的运输费用,而货物到达目的港后由卖方还是买方负担卸货费用没有说明。因此为了解决货到目的港后由卖方还是买方负担卸货费用问题,产生了CFR术语的变形术语。

货到目的港后由谁负担卸货费用是需要买卖双方考虑的问题。如果采用班轮运输,运费中已包括了装卸费用,因此在装卸费的负担问题上不会引起争执。而在采用程租船运输的情况下,船方通常不负担装卸费用,这就需要双方在合同中订明卸货费用由谁负担,以避免争议。为解决大宗货物的租船运输中的卸货费用负担问题,产生了CFR的变形。业务中常见的变形有以下四种。

1. CFR Liner Terms(CFR班轮条件)

这是指卸货费按班轮办法处理,即卖方负责卸货,买方不负担卸货费。

2. CFR Landed(CFR卸到岸上)

这是指由卖方负担卸货费,其中包括驳运费在内。

3. CFR Ex Tackle(CFR吊钩下交货)

这是指卖方负责将货物从船舱吊起卸到船舶吊钩所及之处(码头上或驳船上)的费用。在船舶不能靠岸的情况下,租用驳船的费用和货物从驳船卸到岸上的费用,一概由买方负担。

4. CFR Ex Ship's Hold（CFR 舱底交货）

这是指货物运到目的港后，由买方自行启舱，并负担货物从舱底卸到码头的费用。

CFR 术语的以上变形只是为了解决卸货费用的负担问题，一般来讲，它们并不改变交货地点和风险划分的界限，但如果双方有相反的意思，应在合同中做出明确的规定。

（五）交货性质问题

按照《INCOTERMS 2020》对 CFR 术语的解释，按 CFR 术语成交时，卖方只需要在合同规定的时间和期限内，将合同规定的货物装上船，就完成交货义务，而货物装上船之后的风险由买方承担，卖方不需要向买方保证到货。买方凭卖方提交的单据付款，所以 CFR 术语也属于象征性交货。

 【小贴士】

我国某公司按 CFR 术语与英国某客户签约成交，合同规定保险由买方自理。我方于 9 月 1 日凌晨两点装船完毕，受载货轮于当日下午起航。因 9 月 1 日至 9 月 2 日是周末，我方未及时向买方发出装船通知。9 月 3 日工作日收到买方急电称：货轮于 9 月 2 日下午四时遇险沉没，货物灭失，要求我方赔偿全部损失。

想一想：对方的赔偿要求合理吗？为什么？

三、CIF 术语

（一）CIF 的含义

Cost, Insurance and Freight（...named port of destination），即成本、保险费加运费（……指定目的港）。此术语是指卖方必须在合同规定的日期或期间内在装运港将货物交至运往指定目的港的船上，负担货物装上船为止的一切费用和货物灭失或损坏的风险，负责租船订舱，支付从装运港到目的港的正常运费，并负责办理货运保险，支付保险费。在《INCOTERMS 2020》中，明确规定 CIF 术语只能适用于海运和内河航运。

（二）买卖双方义务

按照《INCOTERMS 2020》对 CIF 术语的解释，买卖双方各自承担的基本义务如表 1-8 所示。

表 1-8　CIF 术语买卖双方义务表

事项	卖方义务	买方义务
交接货物与运输事项	签订从指定装运港承运货物运往指定目的港的运输合同，在合同规定的时间和港口，将货物装上船并支付至目的港的运费，装船后及时通知买方	无
投保事项	卖方负责向保险公司投保并支付国际货运保险费	无
风险转移	负担货物在装运港装上船之前的一切费用和风险	负担货物在装运港装上船之后的一切费用和风险

事项	卖方义务	买方义务
清关手续	取得出口许可证或其他官方批准证件,办理货物出口所需的一切海关手续	自负风险和费用取得进口许可证或其他官方批准的证件,办理货物进口以及经由他国过境的一切海关手续,并支付有关费用及过境费
单据交接与货款收付	提供货物已交至船上的运输单据及其他相关单据。如果买卖双方约定采用电子通信,则所有单据均可被具有同等效力的电子数据交换(EDI)信息所代替	接受卖方提供的有关单据,受领货物,并按合同规定支付货款

 【小贴士】

我国某公司按 CIF 条件向欧洲某国出口一批草编制品,向中国人民保险公司投保了一切险,并规定按信用证方式支付。我方出口公司在规定的期限、指定的我国某港口装船完毕,船公司签发了提单,然后去中国银行议付款项。第二天,出口公司接到客户来电,称装货的海轮在海上失火,草编制品全部烧毁,客户要求我公司出面向中国人民保险公司提出索赔,否则要求我公司退回全部货款。

想一想:我方公司对客户的要求该如何处理? 为什么?

(三)CIF 术语卸货费用的负担问题

按照《INCOTERMS 2020》对 CIF 术语的解释,按 CIF 术语成交时,卖方要负责支付货物从装运港至目的港的运输费用,而货物到达目的港后由卖方还是买方负担卸货费用没有说明。因此为了解决货到目的港后由卖方还是买方负担卸货费用问题,产生了 CIF 术语的变形术语。

货到目的港后由谁负担卸货费用,是买卖双方需要考虑的问题。如果采用班轮运输,运费中已包括了装卸费用,所以在装卸费的负担问题上不会引起争执。而在采用程租船运输的情况下,船方通常不负担装卸费用,这就需要双方在合同中订明卸货费用由谁负担,以避免争议。为解决大宗货物租船运输中的卸货费用负担问题,产生了 CIF 的变形术语,由于 CIF 术语与 CFR 术语变形术语都是围绕卸货费用的分担问题,所以两者变形术语是相同的。

1. CIF Liner Terms(CIF 班轮条件)

这是指卸货费按班轮办法处理,即卖方负责卸货,买方不负担卸货费。

2. CIF Landed(CIF 卸到岸上)

这是指由卖方负担卸货费,其中包括驳运费在内。

3. CIF Ex Tackle(CIF 吊钩下交货)

这是指卖方负责将货物从船舱吊起卸到船舶吊钩所及之处(码头上或驳船上)的费用。在船舶不能靠岸的情况下,租用驳船的费用和货物从驳船卸到岸上的费用,一概由买方负担。

4. CIF Ex Ship's Hold(CIF 舱底交货)

这是指货物运到目的港后,由买方自行启舱,并负担货物从舱底卸到码头的费用。

CIF 术语的以上变形只是为了解决卸货费用的负担问题,一般来讲,它们并不改变交货地点和风险划分的界限,但如果双方有相反的意思,应在合同中做出明确的规定。

(四)交货性质问题

按照《INCOTERMS 2020》对 CIF 术语的解释,按 CIF 术语成交时,卖方只需要在合同规定的时间和期限内,将合同规定的货物装上船,就完成交货义务,而货物装上船之后的风险由买方承担,卖方不需要向买方保证到货。买方凭卖方提交的单据付款,所以 CIF 术语也属于象征性交货。

(五)使用 CIF 术语的注意事项

在我国出口贸易中,按 CIF 条件成交的较为普遍,为了正确运用 CIF 术语,应特别注意下列事项。

1. 必须认真核算运费

按 CIF 条件成交时,由于货价构成因素中包括运费,故卖方对外报价时,应认真核算运费,把运费因素考虑到货价中去。卖方核算运费时,主要应考虑下列因素:

(1)运输距离的远近。同一种货物,如运输距离不同,其运输费用必然有差别,所以在按 CIF 条件成交时,应当核算运输成本,以体现地区差价。

(2)是否需要转船。一般来说,直达运输比中途转船运输的费用低。所以按 CIF 条件成交时,应考虑是否需要转船,如在成交量小而双方无直达班轮运输的情况下,货物必须中途转船运输,这势必增加一笔转船的费用,此项费用,也应计入运输成本。

(3)运价变动的趋势。买卖双方按 CIF 条件成交时,在确定货价的同时,应考虑市场运价变动趋势以及各种附加费,把运价变动的风险放到货价中去。

2. 必须正确理解和处理风险与保险的关系

风险和保险是既有联系又有区别的两个不同的概念。如上所述,在 CIF 条件下买方应承担货物在运输途中的风险,买方为了转嫁风险,本应向保险公司办理保险。但买方为了省事,在洽商交易时,要求卖方代办保险,并商定保险费计入货价中。卖方为买方利益所进行的这种保险,纯属代办性质,如果事后发生承保损失,由买方凭卖方提交的保险单直接向保险公司索赔。如果双方未在合同中规定应投保的险别,则由卖方按惯例投保最低的险别,保险金额一般是在合同价格的基础上加成 10%。

3. 必须做好单证工作

CIF 属于象征性交货,卖方负有向买方提交约定的装运单据的义务,买方则负有凭装运单据付款的义务。也就是说,在 CIF 条件下,即使在卖方装船以后至交单这段时间内,货物发生灭失或损坏,只要其提交的单据符合要求,买方就不得拒收和拒付货款,而只能先付款赎单,然后凭所取得的有关单据向船方或保险公司提出索赔,追回损失。由此可见,CIF 实际上是一种单据买卖,装运单据具有特别重要的意义,应重视和搞好单证工作。

【小贴士】

有一份出售小麦的 CIF 术语合同。合同规定:“CIF 汉堡,卖方必须提交提单、保险单和商品检验证书三项单据,买方凭单据付款。”事后卖方向买方提交上述三项单据,但买方发现提单和检验证书有擦改的痕迹,买方提出异议并暂停付款。事后查明,擦改的是配舱的舱位号,并且是在单据签字前擦改的。

想一想:在上述情况下,买方能否坚持拒收单据和拒付货款?为什么?

1

四、FAS 术语

（一）FAS 术语含义

FAS 的全文是 Free Alongside Ship（…named port of shipment），即船边交货（……指定装运港）。FAS 术语仅适用于海运和内河运输。

"装运港船边交货"是指卖方在指定装运港将货物交到买方指定的船边（例如码头上或驳船上），即完成交货。若买方所派船只不能靠岸，卖方应负责用驳船把货物运至船边，卖方在船边完成交货义务。

在 FAS 术语与 FOB 术语中，买卖双方的责任义务、费用、风险等划分基本相同，仅在装运港交货方式不同，FOB 术语，卖方必须将货物装上船即完成交货义务，而 FAS 术语，卖方只负责驳船把货物运至船边，卖方在船边完成交货义务。买卖双方的风险划分，一个在装运港的船上，一个在装运港的船边。装船费用划分也不同。在国际贸易中，由于买方都要求卖方在装运港将货物完整地装上船完成交货义务，所以除大宗商品买卖外，一般买卖双方都选择采用 FOB 术语成交。

（二）买卖双方义务

按《INCOTERMS 2020》对 FAS 术语的解释，买卖双方各自承担的基本义务如表 1-9 所示。

表 1-9　FAS 术语买卖双方义务表

事项	卖方义务	买方义务
交接货物与运输事项	在合同规定的时间或期限内，自负风险与费用将合同规定的货物运往指定的装运港，并及时通知买方	负责装运港到目的港之间的运输（租船订舱），支付运费，并负责装船
投保事项	无	卖方及时通知买方，买方负责向保险公司投保并支付国际货运保险费
风险转移	负担货物在装运港交货至船边之前的一切费用和风险	负担货物在装运港交货至船边之后的一切费用和风险
清关手续	取得出口许可证或其他官方批准证件，办理货物出口所需的一切海关手续	自负风险和费用取得进口许可证或其他官方批准的证件，办理货物进口以及经由他国过境的一切海关手续，并支付有关费用及过境费
单据交接与货款收付	提供货物的运输单据及其他相关单据。如果买卖双方约定采用电子通信，则所有单据均可被具有同等效力的电子数据交换（EDI）信息所代替	接受卖方提供的有关单据，受领货物，并按合同规定支付货款

（三）船货衔接问题

买方要及时将船名和要求装货的具体时间、地点通知卖方，以便卖方按时做好备货出运工作。卖方也应将货物交至船边的情况及时通知买方，以利于买方办理装船事项。

如果买方指派的船只未按时到港接收货物，或者比规定的时间提前停止装货，或者买方未能及时发出派船通知，只要货物已被清楚地划出，由此而产生的风险和损失均由买方承担。

（四）驳船费用的负担

如果买方所派的船不能靠岸，仍在船边交货物，卖方要负责用驳船把货物运至船边，但期间的责任和费用由买方负担。

 **【小贴士】**

我国某公司按照 FAS 条件从加拿大某木材商进口一批木材，在装运完成后，国外卖方来电要求该公司支付货款，并要求支付装船时的驳船费。

想一想：该公司对卖方的要求应如何处理？如果采用的是 FOB 术语呢？

五、FOB、CFR、CIF、FAS 术语比较

（一）FOB、CFR、CIF 的具体比较

1. 相同点

（1）这三种术语的风险都是指货物装上船之前应由卖方负责，货物装上船之后应由买方负责。

（2）这三种术语都是出口国装运港交货价。虽然 CFR 和 CIF 卖方还要负责运费和保险，但是这种运费和保险费纯属代理性质。三种价格术语都是在出口国装运港交货，绝对不能认为 CFR 和 CIF 卖方要负责运往目的港的运费和保险费，就误认为是货到目的港交货价。

（3）这三种术语都是象征性交货方式。所谓象征性交货，是指卖方按合同规定在装运港将货物装上船并提交全套合格单据，就算完成了交货义务，而无须保证到货。即使货物在运输途中全部灭失，卖方也无须承担责任，买方持保险单与保险公司或其他有关的机构洽商索赔事宜。因而 CIF 是一种单据的买卖，卖方凭单交货，收取货款，买方则凭单付款，收取货物。

三种术语的比较如表 1-10a、表 1-10b 所示。

表 1-10a FOB、CFR、CIF 异同一览表

比较项		卖方	买方
相同点		装货 办理出口手续 交单	接货 办理进口手续 受单、付款
		运输方式相同，都仅适合于海洋和内河运输 风险划分相同，都是以货物装船为界 交货地点相同，都是装运港交货 交货性质相同，都是象征性交货	
不同点	FOB	无	租船订舱、支付运费 办理保险、支付保险费
	CFR	租船订舱、支付运费	办理保险、支付保险费
	CIF	租船订舱、支付运费 办理保险、支付保险费	无

1

表 1-10b　FOB、FAS 的具体比较

比较项	卖方	买方
相同点	装货 办理出口手续 交单	接货 办理进口手续 受单、付款 负责租船订舱、支付运费 办理保险、支付保险费
	运输方式相同,都仅适合于海洋和内河运输 交货性质相同,都是象征性交货	
不同点	风险划分不同:FOB 装运港船上,FAS 装运港船边 交货地点不同:虽然都在装船港,船边与船上有区别 装船费用不同:FOB 术语有变形术语、FAS 术语装船费用买方承担	

2. 主要不同点

（1）术语的价格构成不同,CFR 价等于 FOB 价加上运费,CIF 价等于 CFR 价加上保险费。

（2）办理运输的责任方不同,CIF 和 CFR 下由卖方办理运输,FOB 下由买方办理。

（3）办理保险的责任方不同,CIF 下由卖方办理保险,FOB 和 CFR 下由买方办理保险。

模块三　适用一切运输方式的贸易术语

一、FCA 术语

（一）FCA 的含义

FCA 的全文是 Free Carrier(…named place),即货交承运人(……指定地点)。

采用这一交货条件时,买方要自费订立从指定地点启运的运输契约,并及时通知卖方。如果买方有要求,或者根据商业习惯,买方又没有及时提出相反意见,卖方也可代替买方按通常条件订立运输契约,但费用和风险要由买方承担。卖方在规定的时间、地点把货物交给买方指定的承运人或其他人如运输代理人,并办理了出口手续后,就算完成了交货义务。

FCA 术语适用于各种运输方式,包括公路、铁路、江河、海洋、航空运输以及多式联运。无论采用哪种运输方式,卖方承担的风险均于货交承运人时转移。风险转移之后,与运输、保险相关的责任和费用也相应转移。

（二）买卖双方义务

按《INCOTERMS 2020》对 FCA 术语的解释,买卖双方各自承担的基本义务如表 1-11 所示。

表 1-11　FCA 术语买卖双方义务表

事项	卖方义务	买方义务
交接货物与 运输事项	在合同规定的时间、地点,将合同规定的货物置于买方指定的承运人控制下,并及时通知买方	签订从指定地点承运货物的合同,支付相关的运费,并将承运人名称及有关情况及时通知卖方

续表

事项	卖方义务	买方义务
投保事项	无	卖方及时通知买方,买方负责向保险公司投保并支付国际货运保险费
风险转移	承担将货物在出口国交给承运人控制之前的一切费用和风险	承担受领货物之后所发生的一切费用和风险
清关手续	取得出口许可证或其他官方批准证件,办理货物出口所需的一切海关手续	自负风险和费用取得进口许可证或其他官方批准的证件,办理货物进口以及经由他国过境的一切海关手续,并支付有关费用及过境费
单据交接与货款收付	提交商业发票或具有同等作用的电子信息,并自费提供通常的交货凭证	根据买卖合同的规定受领货物并支付货款

(三)使用 FCA 术语应注意的问题

1. 关于承运人交货地点

在 FCA 条件下,通常是由买方安排承运人,与其订立运输合同,并将承运人的情况通知卖方。该承运人可以是拥有运输工具的实际承运人,也可以是运输代理人或其他人。按照《INCOTERMS 2020》的解释,交货地点的选择直接影响装卸货物的责任划分问题。如果双方约定的交货地点是在卖方所在地,卖方负责把货物装上买方安排的承运人所提供的运输工具即可;如果交货地点是在其他地方,卖方就要将货物运交给承运人,在自己所提供的运输工具上完成交货义务,而无须负责卸货。如果在约定地点没有明确具体的交货点,或者有几个交货点可供选择,卖方可以从中选择为完成交货义务最适宜的交货点。

2. FCA 条件下风险转移的问题

在采用 FCA 术语成交时,买卖双方的风险划分是以货交承运人为界。由于 FCA 与 F 组其他术语一样,通常情况下是由买方负责订立运输契约,并将承运人名称及有关事项及时通知卖方,卖方才能如约完成交货义务,并实现风险的转移。而如果买方未能及时给予卖方上述通知,或者他所指定的承运人在约定的时间未能接受货物,其后的风险是否仍由卖方承担呢?《INCOTERMS 2020》的解释是,自规定的交付货物的约定日期或期限届满之日起,由买方承担货物灭失或损坏的一切风险,但以货物已被划归本合同项下为前提条件。可见,在 FCA 条件下,风险转移的界限问题也不能简单片面地理解为一概交于承运人处置货物时转移。因为在一般情况下,货交承运人时,风险由卖方转移给买方,但如果由于买方的原因,使卖方无法按时完成交货义务,只要货物已被特定化,那么风险转移的时间可以前移。

3. 有关责任和费用的划分问题

FCA 适用于包括多式联运在内的各种运输方式,卖方交货的地点也因采用的运输方式不同而异。有时,卖方须在出口国的内陆,如车站、机场或内河港口,办理交货。不论在何处交货,根据《INCOTERMS 2020》的解释,卖方都要自负风险和费用,取得出口许可证或其他官方批准证件,并办理货物出口所需的一切海关手续。这一规定对一些在出口国的内地口岸就地交货和交单结汇的做法是十分适宜的。

按照 FCA 术语成交,一般是由买方订立从出口国指定地点到进口国的货物运输合同。

但是如果买方提出要求,并在买方承担风险和费用的情况下,卖方也可以代替买方指定承运人并订立运输合同。当然,卖方也可以拒绝买方的要求,如果拒绝应立即通知买方,以便买方另行安排。

4. 卖方提交单据问题

新修订的《INCOTERMS 2020》中 FCA 术语下就提单问题引入了新的附加机制。根据该新引入的附加选项,买方和卖方同意买方指定的承运人在装货后将向卖方签发已装船提单,然后再由卖方向买方做出交单(可能通过银行)。根据《INCOTERMS 2010》的FCA 术语中存在的一个主要问题是该术语的效力在货物装船前就已经随货交承运人而截止,这就导致卖方无法获得已装船提单。但是在一般情况下,已装船提单是银行在信用证项下的常见单据要求,因此《INCOTERMS 2020》对 FCA 规则的修订充分考虑到这一市场上的实际情况。

 【小贴士】

我方按 FCA 贸易术语从意大利进口布料一批,双方约定最迟的装运期为 4 月 12 日。由于我方业务员的疏忽,导致意大利出口商在 4 月 15 日才将货物交给我方指定的承运人。当我方收到货物后,发现部分货物有水渍,据查是因为货物交承运人的前两天被大雨淋湿所致。据此,我方向意大利出口商提出索赔,但遭到拒绝。

想一想:我方进行索赔是否合理?为什么?

二、CPT 术语

(一)CPT 的含义

CPT 的全文是 Carriage Paid To(…named place of destination),即运费付至(……指定目的地)。此术语是指卖方支付货物运至指定目的地的运费。在货物被交由承运人保管时,货物灭失或损坏的风险,以及由于在货物交给承运人后发生的事件而引起的额外费用,即从卖方转移至买方。CPT 术语适用于各种运输方式,包括多式联运。

(二)买卖双方义务

按《INCOTERMS 2020》对 CPT 术语的解释,买卖双方各自承担的基本义务如表 1-12 所示。

表 1-12 CPT 术语买卖双方义务表

事项	卖方义务	买方义务
交接货物与运输事项	订立将货物运往指定目的地的运输合同,并支付有关运费 在合同规定的时间、地点,将合同规定的货物置于承运人控制之下,并及时通知买方	无
投保事项	无	卖方及时通知买方,买方负责向保险公司投保并支付国际货运保险费
风险转移	承担将货物在出口国交给承运人控制之前的一切费用和风险	承担受领货物之后所发生的一切费用和风险

续表

事项	卖方义务	买方义务
清关手续	取得出口许可证或其他官方批准证件,办理货物出口所需的一切海关手续	自负风险和费用取得进口许可证或其他官方批准的证件,办理货物进口以及经由他国过境的一切海关手续,并支付有关费用及过境费
单据交接与货款收付	提交商业发票或具有同等作用的电子信息,并自费提供通常的交货凭证	根据买卖合同的规定受领货物并支付货款

（三）使用 CPT 术语应注意的事项

1. 风险划分的界限问题

按照 CPT 术语成交,虽然卖方要负责订立从启运地到指定目的地的运输契约,并支付运费,但是卖方承担的风险并没有延伸至目的地。按照《INCOTERMS 2020》的解释,货物自交货地点至目的地的运输途中的风险由买方承担,卖方只承担货物交给承运人控制之前的风险。在多式联运情况下,卖方承担的风险自货物交给第一承运人控制时即转移给买方。

2. 责任和费用的划分问题

采用 CPT 术语时,由卖方指定承运人,自费订立运输合同,将货物运往指定的目的地,并支付正常运费。正常运费之外的其他有关费用,一般由买方负担。

卖方将货物交给承运人之后,应向买方发出货物已交付的通知,以便于买方在目的地办理货运保险和受领货物。如果双方未能确定买方受领货物的具体地点,卖方可以在目的地选择最适合其要求的地点。

 【小贴士】

菲律宾某进口公司与我国江西某出口公司签订了买卖工程陶瓷的合同,合同中规定采用 CPT 术语,价格为 20 元/只。由于启运地距港口较远,不得不先采用汽车运输,再用海洋运输。在海洋运输途中由于波浪太大,造成部分货物受损。货到目的地后,买方发现货物残损,要求我方承担损失费用。

想一想:损失费用应由哪方承担? 请陈述理由。

三、CIP 术语

（一）CIP 的含义

CIP 的全文为 Carriage and Insurance Paid To(...named place of destination),即运费保险费付至(……指定目的地)。此术语是指卖方支付货物运至目的地的运费,并对货物在运输途中灭失或损坏的风险进行保险,订立保险合同,并支付保险费,在货物被交由承运人保管时,货物灭失或损坏的风险,以及由于在货物交给承运人后发生的事件而引起的额外费用,即从卖方转移至买方。CIP 术语适用于各种运输方式,包括多式联运。

（二）买卖双方义务

按《INCOTERMS 2020》对 CIP 贸易术语的解释,买卖双方各自承担的基本义务如表 1-13 所示。

表1-13　CIP 术语买卖双方义务表

事项	卖方义务	买方义务
交接货物与运输事项	订立将货物运往指定目的地的运输合同,并支付有关运费。在合同规定的时间、地点,将合同规定的货物置于承运人控制之下,并及时通知买方	无
投保事项	卖方负责向保险公司投保并支付国际货运保险费	无
风险转移	承担将货物在出口国交给承运人控制之前的一切费用和风险	承担受领货物之后所发生的一切费用和风险
清关手续	取得出口许可证或其他官方批准证件,办理货物出口所需的一切海关手续	自负风险和费用取得进口许可证或其他官方批准的证件,办理货物进口以及经由他国过境的一切海关手续,并支付有关费用及过境费
单据交接与货款收付	提交商业发票或具有同等作用的电子信息,并自费提供通常的交货凭证	根据买卖合同的规定受领货物并支付货款

（三）使用 CIP 术语应注意的事项

1. 正确理解风险和保险问题

按 CIP 术语成交的合同,卖方要负责办理货运保险,并支付保险费,但货物从交货地运往目的地的运输途中的风险由买方承担。所以,卖方的投保仍属于代办性质。保险金额与 CIF 相似。

2. 应合理确定价格

与 FCA 相比,CIP 条件下卖方要承担较多的责任和费用,应负责办理从交货地至目的地的运输,承担有关运费;办理货运保险,支付保险费。卖方在对外报价时,要认真核算成本和价格。在核算时,应考虑运输距离、保险险别、各种运输方式和各类保险的收费情况,并要预计运价和保险费的变动趋势等。从买方来讲,也要对卖方的报价进行认真分析,做好比价工作,以免接受不合理的报价。

3. 最低保险问题

为了保障买方利益,新修订的《INCOTERMS 2020》对 CIF 和 CIP 术语中的保险有所规定。CIF 术语继续要求卖方购买符合 LMA/IUA《协会货物保险条款》（C）条款要求的货物保险。但是,在适用 CIP 术语的贸易中,最低保险范围已经提高到《协会货物保险条款》（A）条款的要求（即"一切险",不包括除外责任）。

 【小贴士】

两组贸易术语的对比

"新三种"FCA、CPT、CIP 贸易术语,分别是在"老三种"FOB、CFR、CIF 贸易术语的基础上发展起来的,其责任划分原则相同,但也有区别,主要表现在以下几个方面。

一、适用的运输方式不同

"老三种"仅适用于海洋和内河运输,其承运人一般只限于船运公司。而"新三种"则不仅适用于海洋和内河运输,也适用于陆运、空运等各种运输方式,以及两种或两种以上不同运输方式相结合的多式联运。其承运人可能是船公司、铁路当局、航空公司,也可能是安排多式联运的联合运输经营人等。

二、交货和风险转移地点不同

"老三种"的交货地点均为装运港,风险则以货物在装运港装上船后从卖方转移至买方;而"新三种"的交货地点,则须视不同的运输方式和不同的约定而定。它可以是卖方所在的承运人提供的运输工具上,也可以是在铁路、公路、航空、内河、海洋运输承运人或多式联运承运人的运输站,或其收货点的卖方的送货运输工具上。至于货物灭失或损坏的风险,也于卖方将货物交给承运人时转移给买方。

三、使用的运输单据不同

在"老三种"贸易术语下,提交的已装船提单是物权凭证。而在"新三种"贸易术语下,提交的运输单据则视不同的运输工具而定,如在铁路、公路、航空运输方式下,则应分别提供铁路运单、公路运单、航空运单,后者往往不是物权凭证。

想一想:如何填写下表?

比较项目	FOB、CFR、CIF	FCA、CPT、CIP
运输方式		
承运人		
交货地点		
风险转移界限		
运输单据		
装卸货费用		

四、EXW 术语

EXW 的全文为 EX Works(…named place),即工厂交货(……指定地点)。EXW 术语适合于所有运输方式。

"工厂交货(……指定地点)"是指当卖方在其所在地或其他指定的地点如工厂、车间或仓库等将货物交给买方处置时,即完成交货义务。

EXW 是卖方承担责任最小的术语。卖方不需要办理出口清关手续,不负责将货物装上任何运输工具。买方必须承担在卖方所在地受领货物的全部费用和风险。

在 EXW 条件下,应特别注意以下两个方面的问题:

(1)卖方对买方没有装货的义务,如果卖方装货,也是由买方承担相关风险和费用。当卖方想装货时,FCA 一般更合适,因为该术语要求卖方承担装货义务以及与此相关的风险和费用。

（2）买方需要注意，在以 EXW 成交的条件下，卖方只有在买方要求下，才有义务协助买方办理出口通关手续。因此，如果买方不能直接或间接地办理出口清关手续时，不建议使用该术语。

【小贴士】

有一份出售茶叶的合同，按 EXW 贸易术语成交，数量为 10 公吨，总值为 2.5 万美元。合同规定买方应于 10 月份提取货物。卖方于 10 月 10 日已将提货单交给了买方，买方也付清了货款。但是买方直到 11 月 1 日尚未提走货物，于是卖方将货物转移至另一地方存放。由于茶叶与牛皮存放在同一地方，当买方于 11 月 10 日提取货物时，发现有 20% 的茶叶已与牛皮串味而失去销售价值，双方因此发生争议。

想一想：该案例中的责任归属是在哪一方？

EXW 术语流程

五、DPU 术语

DPU（Delivered at Place Unloaded）是《INCOTERMS 2020》在《INCOTERMS 2010》中 DAT 术语的基础上修改而来，即在指定的卸货地点交货。

"卸货地交货"是指卖方在进口国指定卸货地点将货物卸离运输工具，并将货物交给买方处置，即完成交货。卖方承担将货物运送到进口国指定卸货地点的一切风险与费用。DPU 要求卖方办理出口清关手续，但是卖方无义务办理进口清关、支付任何进口税或办理任何进口海关手续。

在 DPU 条件下，应特别注意以下两个方面的问题：

（1）正确理解卸货地点的含义。卸货地点是买卖双方在进口国约定的地点，例如码头、仓库、集装箱堆积场或公路、铁路、空运货站。卖方承担将货物送至指定港口或目的地的卸货地并将其卸下的一切风险。

（2）由于卖方承担在特定地点卸货完成前的一切风险，特别建议买卖双方尽可能确切地约定卸货地。

六、DAP 术语

DAP 的全文是 Delivered At Place，即目的地交货。

"目的地交货"是指卖方在指定目的地将仍处于抵达的运输工具之上，且已作好卸载准备的货物交由买方处置时，即为交货。卖方承担将货物运送到指定地点的一切风险。DAP 要求卖方办理出口清关手续，但是卖方无义务办理进口清关、支付任何进口税或办理任何进口海关手续。注意 DAP 术语与 DPU 术语的区别是，DAP 术语下，卖方在进口国目的地不需要承担卸货责任与费用，而 DPU 术语下，卖方需在进口国卸货地点将货物卸载完毕交给买方处置。

在 DAP 条件下，应特别注意以下两个方面的问题：

（1）由于卖方承担在特定地点交货前的风险，特别建议买卖双方尽可能清楚地约定指定目的地内的交货地点。建议卖方取得完全符合该选择的运输合同。如果卖方按照运输合同在目的地发生了卸货费用，除非双方另有约定，卖方无权向买方要求偿付。

（2）如果双方希望卖方办理进口清关、支付所有进口关税，并办理所有进口海关手续，则应当使用DDP术语。

七、DDP术语

DDP的全文是Delivered Duty Paid（…named place of destination）即完税后交货（……指定目的地）。"完税后交货"是指卖方在指定目的地将仍处于抵达的运输工具上，但已完成进口清关，且已作好卸载准备的货物交由买方处置时，即为交货。卖方承担将货物运至目的地的一切风险和费用，并且有义务完成货物出口和进口清关，支付所有出口和进口的关税和办理所有海关手续。

与EXW相反，DDP是卖方承担的义务最多的贸易术语。在DDP条件下，应特别注意以下两个方面的问题：

（1）如卖方不能直接或间接地完成进口清关，则不要使用DDP。

（2）除非买卖合同中另行明确规定，任何增值税或其他应付的进口税款由卖方承担。

模块四　贸易术语的选择

在国际贸易中，贸易术语是确定合同性质、决定交货条件的重要因素，选定适当的贸易术语对促进合同的订立和履行，提高企业的经济效益具有重要的意义。作为交易的当事人，在选择贸易术语时应主要考虑以下因素。

一、使用的运输方式

国际贸易中可供选用的贸易术语有多种，据统计，各国使用贸易术语频率较高的主要有FOB、CIF和CFR等术语。近年来，随着国际贸易的发展和运输方式的变化，FOB、CIF和CFR术语只适用海洋运输和内河运输，而不适用空运、铁路和公路运输。如买卖双方拟使用空运、铁路和公路运输，则应选用FCA、CPT和CIP术语。在我国，随着使用集装箱运输和多式联运方式的不断扩大和发展，为适应这种发展趋势，可以适当扩大使用FCA、CPT和CIP术语。采用FCA、CPT和CIP术语对卖方有两个优势：一是货交承运人风险即转移买方，减轻卖方责任；二是可提前取得运输单据，缩短交单收汇时间，加快资金周转速度和减少利息支出。

二、运费、保险费的因素

一般来说，在出口贸易中，我方应争取选用CIF或CFR术语。在进口贸易中，应争取选用FOB术语。对FCA、CPT和CIP术语的选用也应按上述原则掌握。这样有利于节省运费和保险费的外汇支出，并有利于促进我国对外运输事业和保险事业的发展。在选用贸易术语时，还应注意运费变动的趋势。当运费看涨时，为避免承担运费上涨的风险，出口时应选用FOB术语，进口时应选用CIF或CFR术语。如因某种原因，采用由我方安排运输的贸易术语时，则应对货价进行调整，将运费上涨的风险考虑到货价中去。

三、成交货物的特点

在国际贸易中，进出口货物的品种繁多，不同类别的货物具有不同的特点，对运输方面的要求各不相同,运费开支的大小也有差异。有些货物价值较低,但运费占货价的比重较大,对这类货物,出口应选用 FOB 术语,进口选用 CIF 或 CFR 术语。此外,成交量的大小,也涉及运输安排的难易和经济核算的问题,当成交量太小,又无班轮通航的情况下,负责安排运输的一方势必会增加运输成本,故选用贸易术语时也应予以考虑。

四、办理进出口货物结关手续有无困难

在国际贸易中,关于进出口货物的结关手续,有些国家规定只能由结关所在国的当事人安排或代为办理,有些国家则无此项限制。因此,当某出口国政府规定,买方不能直接或间接办理出口结关手续,则不宜按 EXW 条件成交,而应选用 FCA 条件成交;若进口国当局规定,卖方不能直接或间接办理进口结关手续,此时则不宜采用 DDP,而应选用 DPU 或者 DAP 术语成交。

五、国外港口装卸条件和港口习惯

各国港口的装卸条件不同,收费标准各异,港口的装卸作业习惯也有差别。对于装卸条件较差、装卸费用较高和习惯上须由买方承担装船费、卖方承担卸货费的港口,我国进口时应采用 FOB Stowed 或 FOB Trimmed 或 FOBST 贸易术语,出口时应采用 CIF Ex ship's hold 或 CFR Ex ship's hold 贸易术语。

总之,随着我国对外开放的扩大和对外贸易的发展,可以采用更加灵活的贸易做法。除上述所提到的经常使用的贸易术语外,也可视不同的交易情况选择其他贸易术语。

 【任务小结】

本任务主要涉及新修订的《INCOTERMS 2020》中的 11 种贸易术语,其中需重点掌握 FOB、CFR、CIF 与 FCA、CPT 和 CIP 六种术语。对每一种贸易术语的掌握主要从交货地点、风险转移界限、办理运输和保险的义务及相关费用的负担、进出口报关的责任及费用的负担和适用的运输方式等方面进行考虑。注意在实务中灵活运用各种贸易术语。

 【知识拓展】

《国际贸易术语解释通则 2020》的六大关键改动

国际商会(ICC)正式公布了《国际贸易术语解释通则 2020》。这是现行《国际贸易术语解释通则》自 2010 年生效以来进行的第一次修订。新修订的《国际贸易术语解释通则》已自 2020 年 1 月 1 日起生效。

《国际贸易术语解释通则》对采用国际贸易术语(如 CIF 和 FOB)订立的合同中各方主体的义务、风险和费用成本的承担进行了详细地解释。值得注意的是,《国际贸易术语解释通则》中对国际贸易术语的解释和普通法下的解释有所不同,只有在明确约定适用《国际贸易术语解释通则》的情况下,《国际贸易术语解释通则》中的贸易术语才会适用。

此次公布的《国际贸易术语解释通则》由 ICC 起草小组进行修订,该起草小组的八名成员分别来自中国、美国、欧盟成员国、澳大利亚和土耳其。与《国际贸易术语解释通则 2010》相比,新修订的版本主要对以下六个方面进行了改动。

一、FCA 术语下就提单问题引入了新的附加机制

修订后的《国际贸易术语解释通则》中 FCA 术语下就提单问题引入了新的附加机制。根据新引入的附加选项,买方和卖方同意买方指定的承运人在装货后将向卖方签发已装船提单,然后再由卖方向买方做出交单(可能通过银行链)。现行的 FCA 术语中存在的一个主要问题是该术语的效力在货物装船前就已经随货交承运人而截止,这就导致卖方无法获得已装船提单。但是在一般情况下,已装船提单是银行在信用证项下的常见单据要求,因此对 FCA 规则的修订充分考虑到了这一市场上的实际情况。

二、每一个贸易术语都提供了"一站式费用清单"

各个贸易术语项下买卖双方的费用承担在 A9(卖方承担)和 B9(买方承担)中详细载明,该部分为每一个贸易术语都提供了"一站式费用清单"。也就是说除了在具体规定有关义务的条款中对承担该义务产生的费用成本进行分配以外,还新加入将买方卖方各自承担的费用成本一并汇总的部分。例如,在 FOB 贸易术语项下,取得交付或运输相关单据产生的成本除在说明该项义务的 A6/B6 部分载明外,在汇总费用承担的 A9/B9 部分也有载明。

三、CIF 和 CIP 术语中的最低保险范围的规定也有所不同

CIF 和 CIP 术语中的最低保险范围的规定也有所不同。CIF 术语继续要求卖方购买符合 LMA/IUA《协会货物保险条款》(C)条款要求的货物保险。但是,在适用 CIP 术语的贸易中,最低保险范围已经提高到《协会货物保险条款》(A)条款的要求(即"一切险",不包括除外责任)。

四、买卖双方可以使用自有运输工具

当采用 FCA、DAP、DPU 和 DPP 术语进行贸易时,买卖双方可以使用自有运输工具,而不再像《国际贸易术语解释通则 2010》那样推定使用第三方承运人进行运输。

五、DAT 术语被重命名为 DPU

DAT(Delivered At Terminal)术语已被重命名为 DPU(Delivered At Place Unloaded)。这是为了反映作为目的地的交货地点可以是任何地方而不仅仅是终点。

六、A4 和 A7 明确规定了与安全有关的义务分配规则

每个国际贸易术语项下的 A4 和 A7 部分都明确规定了与安全有关的义务的分配规则,为履行该义务产生的费用的承担方式也在 A9/B9 部分载明。例如,FOB 术语项下的 A4 部分载明"卖方必须遵守任何与运输安全有关的要求,直至交付"。这些规定反映了当前国际贸易领域对安全问题日益增长的关注。

新版《国际贸易术语解释通则》中其余部分的规定较现行版本并未有实质性变化。在此次修订中,国际商会旨在通过对各个贸易术语项下规则的介绍性和解释性说明,以及对排版和术语排列顺序的变化使各个术语的内容更加清晰明确,进而鼓励使用者根据其所从事的贸易采用最合适的贸易术语,尤其是避免在非海运贸易中使用海运术语。

【思考与练习】

1. 为什么 FOB 术语是典型的象征性交货。
2. 简述 FOB、CFR、CIF 与 FCA、CPT、CIP 的异同点。

3. 简述 DPU 与 DAP 术语的异同点。

4. 当买方要求卖方将货物交到进口国的内陆地点时,应选用何种贸易术语成交?请说明相关贸易术语之间的区别。

 【案例分析】

1. 某出口公司按照 CIF London 向英商出售一批核桃仁,由于该商品季节性较强,双方在合同中规定:买方须于 9 月底前将信用证开到,卖方保证运货船只不得迟于 12 月 2 日驶抵目的港。如货轮迟于 12 月 2 日抵达目的港,买方有权取消合同。如货款已收,卖方须将货款退还买方。

想一想:该合同的到货要求是否符合 CIF 合同性质?若一定要卖方保证到货时间,则应选用何种贸易术语?

2. 我国某公司按每公吨 242 美元 FOB Vessel New York 进口 200 公吨钢材,我方如期开出 48400 美元的信用证,但美商来电要求增加信用证金额至 50000 美元,不然,有关出口捐税及签证费用应由我方另行电汇。

想一想:美方此举是否合理?为什么?

3. 美国出口商与韩国进口商签订了一份 CFR 合同,合同规定由卖方出售 2000 公吨小麦给买方。小麦在装运港装船时是混装的,共装运了 5000 公吨小麦,准备在目的地由船公司负责分拨 2000 公吨小麦给买方。但载货船只在途中遇高温天气小麦发生变质,共损失 2500 公吨小麦。卖方声称其出售给买方的 2000 公吨小麦在运输途中全部损失,并认为根据 CFR 合同,风险在装运港越过船舷时已经转移给买方,故卖方对损失不负责任。买方则要求卖方履行合同。双方发生争议,后将争议提交仲裁机构裁决。

想一想:仲裁机构应如何裁决?为什么?

4. 某公司以 FOB 条件出口一批冻鸭。合同签订后接到买方来电,称租船较为困难,委托我方公司代为办理租船,有关费用由买方负担。为了方便合同履行,我方公司接受了对方的要求。但时至装运期我方公司在规定装运港无法租到合适的船,且买方又不同意改变装运港。因此,到装运期满时货仍未装船,买方因销售季节即将结束便来函以我方公司未按期履行交货义务为由撤销合同。

想一想:我方公司应如何处理?为什么?

5. 我某出口公司与外商按 CIF 某港即期信用证方式付款达成交易。出口合同和来证均规定不准转运。卖方按约定时间装运交货,船只为直航目的地班轮,并以直运提单办理了付议。但承运船只在途经某港时,船公司为接载其他货物,擅自将卖方托运货物卸下,换装其他船只继续驶往目的港。该船只中途的耽搁,加之设备陈旧,达到目的港的时间比正常直达船到达的时间晚了两个多月,影响买方对货物的使用。为此,买方向卖方出口公司提出索赔,理由是卖方提交的是直达提单,而实际为转船运输,是弄虚作假的行为。卖方业务人员也认为,合同用的是 CIF 术语,船舶的舱位虽然是卖方租定的,但是风险应由买方承担,于是拒绝向买方赔偿。

想一想,卖方这样做是否合理,为什么?

6. 我国某进出口公司向新加坡某贸易公司出口香料 15 吨,对外报价为每公吨 2500 美元 FOB 湛江,装运期为 10 月份,集装箱装运。我方公司于 10 月 16 日收到买方的装运通知,为及时装船,公司业务员于10月17日将货物存于湛江码头仓库,不料货物因当夜仓库发生火灾而全部灭失,以致货物损失由我方公司承担。

想一想:该笔业务中,我方公司的做法有何不当之处?为什么?

7. 我某外贸企业向国外客户订购一批初级产品,按CFR中国某港口、即期信用证付款条件达成交易,合同规定由卖方以程租船方式将货物运交我方。我方开证银行也凭国外议付行提交的符合信用证规定的单据付了款。但装运船只一直未到达目的港,后经多方查询,发现承运人原是一家小公司,而且在船舶启航后不久已宣告倒闭,承运船舶是一条旧船,船、货均告失踪,此系卖方与船方互相勾结进行诈骗,导致我方公司蒙受重大损失。

想一想,我方公司应从该案例中吸取哪些教训?

 **【技能实训】**

我国某公司和日本客商洽谈一项出口合同,计划货物由乌鲁木齐运往横滨,我方公司不愿意承担从乌鲁木齐至装运港天津新港的货物风险,日本客商则坚持由自己办理运输。如此,采用何种贸易术语能使双方都满意?

项目二　交易的磋商和达成

【项目目标】

掌握交易磋商工作经历的四个环节,理解询盘、发盘、还盘和接受的法律效力以及构成发盘和接受的要件;认知国际货物买卖合同的含义和特征,理解国际货物买卖合同的成立条件,了解合同的形式,熟悉合同的条款。能够准确熟练使用外贸函电同外商进行交易磋商,并根据交易磋商的内容正确缮制一份国际货物买卖合同。

【思政目标】

外贸从业人员应当具有正确的价值观、诚信观、职业观,在与国外客户洽谈磋商时,能够以诚待人、以义取利、以信接物,签订合同时能够合规合法、守信。

任务一　交易磋商

【知识目标】

掌握交易磋商经历的四个环节,理解询盘、发盘、还盘和接受的法律效力以及构成发盘和接受的要件。

【能力目标】

能够正确进行交易磋商,把握好交易磋商的每一个环节。

【案例视窗】

2019年1月,阿根廷某公司(以下简称阿方公司)应中国某公司(以下简称中方公司)的请求,报出镁矿石初级产品200公吨,每公吨2150美元,即期装运的报价。中方公司接到阿方公司报价未作同意,而是一再请求阿方公司增加数量,降低价格,并延长有效期,阿方公司将数量增到350公吨,每公吨价格为2100美元CIF上海,有效期经三次延长,最后延长至9月25日,中方公司于9月20日去电表示接受报价。

阿方公司接到中方公司来电时恰逢国际市场镁矿石价格上扬,于是决定拒绝成交,随后向中方公司发电称:"由于国际市场镁矿石价格发生变化,货物已于接到你方来电时售出。"中方公司对此拒绝接受,认为其是在报价有效期内接受了阿方公司报价,坚持要求按报价的条件执行合同,阿方公司如不执行合同,则要赔偿中方公司的损失,即差价25万美元每公吨。

想一想:中方公司9月20日去电表示接受的阿方公司报价是否有效?此时双方的合同关系是否成立?

案例分析:发盘,又称报价,即民法上所称的"要约",是指一方当事人向一个以上特定的当事人提出的订立合同的建议。一项有效的要约必须具备以下条件:① 向一个或一个以上特定的人发出。② 内容中必须十分明确、肯定。一经对方接受,合同即告成立。明确即需要写明货物名称并明示或默示地规定数量和价格或规定如何确定数量和价格。如果要约中伴随着要约人的保留条件,就不算是有效的要约,而只能是要约邀请,即使对方表示了承诺,合同仍然不能成立。③ 要约要送达受约人。接受,又称"承诺",是指受盘人(受要约人)愿意根据报价人所列的条件订立合同的意思表示。一项有效的承诺必须满足以下条件:① 承诺要由受要约人作出才发生效力。② 与要约的条件保持一致。③ 承诺应在要约的有效期间内作出。④ 承诺必须通知要约人才发生效力。因此,如果一方当事人向对方提出一项要约之后,对方对该项要约无条件予以承诺,双方当事人之间就达成协议,从而成立了一项对双方当事人都具有法律效力的合同。

在本案中,卖方在发盘后,经3次延长有效期后,合同中的实质性条款完整、肯定、明确,而且规定了有效期为9月25日,由此看出卖方发出的是有确定意义的发盘,因此,此发盘为真实有效。按照约定必须信守原则,阿方发出的发盘,受盘人在有效期限内作出接受的意思表示,即承诺后,双方合同关系即告成立,就应履行各自的权利和义务。本案中,发盘方向受盘方提出有效期是9月25日,而受盘方9月20日就发电表示接受,发盘方也于9月20日接到受盘方的电函,因此,在9月20日,此货物销售合同已经成立,在双方当事人之间形成了合同约定的权利义务关系,一方违反合同规定的条款,即构成违约,应当承担违约责任。因此,本案中的销售合同在9月20日已成立。

国际货物买卖合同是当事人之间意思表示一致的结果,是通过一方提出要约、另一方对要约表示承诺而成立的。要约一经受要约人承诺,合同即成立,当事人双方就应履行各自的权利和义务。

本任务包括交易磋商的概述,询盘、发盘、还盘、接受等内容。其中发盘和接受是达成交易、订立合同不可缺少的两个基本环节。

模块一　交易磋商概述

在与客户建立了关系后,买卖双方可以就具体的商品发询盘函或报盘函,进入交易磋商阶段。交易磋商是指在国际贸易中,买卖双方为达成合同就买卖商品的交易条件进行的协商。交易磋商是进出口贸易工作的重要环节,交易磋商的好坏直接关系到交易能否达成以及将来买卖双方之间的权利、义务和经济利益等。为此,外贸业务人员不仅要有认真负责的工作态度,熟悉掌握国际货物买卖合同的条款和国际贸易政策、法规、惯例,而且还能够灵活应用交易磋商的策略技巧。

一、交易磋商的形式

交易磋商在形式上可分为口头和书面两种。

口头磋商主要是指在谈判桌上面对面的谈判。如参加各种交易会、洽谈会以及贸易小组出访、邀请客户来华洽谈交易等。此外,还包括双方通过国际长途电话进行的交易磋商。口头磋商方式由于是面对面的直接交流,便于了解对方的诚意和态度,并根据进展情况及时调整策略,以达到预期的目的。口头磋商比较适合谈判内容复杂、涉及问题较多的业务。

书面磋商是指通过信件、电报、电传等通讯方式来洽谈交易。随着现代通信技术的发展,书面洽谈越来越简便易行、费用低廉。采用书面方式磋商时,语言应当正确清晰、简洁明了,无需过多客套或拐弯抹角的内容。同时为了与客户保持长期的业务联系,采用正式而礼貌的用语是非常必要的。

 **【小贴士】**

面对面外贸沟通的小学问

知己知彼,百战不殆。交谈前最好将对方的基本情况摸清楚,了解对方诉求,这样在交谈的时候就可以有的放矢,轻松上手了。

要有耐心,懂得运用智慧。在与人沟通交流的过程中,情商、智商并重,缺一不可。对于对方提出的问题,要懂得巧妙而又不失礼貌地回答。

充满自信。与人交流的过程中要体现出自己的自信,当别人感受到你的自信的时候,事情就基本上谈成了一半了。

学会恭维别人。在交流的过程中观察对方的言行和打扮,对于对方比较突出的特点要懂得恰如其分地赞扬。

懂得服软。如果与你沟通的人是一个比较强势的人,在交流的过程中很可能会咄咄逼人。这时候要懂得服软,不要跟他针锋相对,要学会以柔克刚,慢慢说服他。

直截了当,开门见山。与人交流虽然需要有前期的铺垫,但是也不要铺垫的时间过长,否则就会偏离主题。最好稍微铺垫以后,直奔主题,提高效率。

不要带着情绪沟通。与人交流沟通的时候,切忌带着情绪。要想与人有效沟通,就得先把自己的情绪控制好,不要出现任何带有负面情绪的行为。

事先亮出自己的想法。每个人交谈都是具有一定目的性的,在与对方进行交谈的时候,为了提高双方交谈的效率,一定要首先亮出自己的想法和看法,让对方明白你交谈的目的。

勇于承认错误。在交流过程中,如果自己出现问题,或者提出的看法不合理,要主动向对方道歉,勇敢地承认自己的错误,比如说"我错了,是我考虑不周"等都很不错的。

同一个话题不要讲太久。即便是两个人都喜欢的话题,也不要一直在这个话题上不停交流意见,时间长了会让对方感觉到厌烦。

找到共同话题。古人云,话不投机半句多。要与人有效交流,就要先找到共同话题作切入点,这样谈话效果会更好些。

面带笑容,语态温和。所有人都喜欢与面带笑容、语态温和的人谈话,这会让人感到亲切和舒坦,有和他继续说下去的冲动。

想一想:如果你作为一名外贸业务员需要接待一位来自阿根廷的客户,应事先做哪些准备? 磋商过程中应注意哪些问题?

二、交易磋商的内容

一般来讲,交易磋商的内容包括合同的各项交易条件,即货物的品名、品质、数量、包装、价格、运输、保险、支付、检验、索赔、不可抗力和仲裁等。其中品名、品质、数量、包装、价格、装运、支付等七项为主要内容或主要交易条件。买卖双方欲达成交易、订立合同,必须至少就这七项交易条件进行磋商并取得一致意见。至于其他交易条件检验、索赔、不可抗力和仲裁,它们虽不是成立合同不可缺少的内容,但是为了提高合同履约率,防止和减少争议的发生以及便于解决可能发生的争议,买卖双方在交易磋商时也不容忽视。

模块二 询 盘

一、询盘的含义

询盘(inquiry)又称询价,是指在国际贸易中,交易的一方打算出售或者购买某一商品而向对方询问买卖该项商品的有关交易条件,或者就该项交易提出带有保留条件的建议。询盘内容可繁可简,可以涉及商品的品质、规格、数量、包装、成交价格等,但多数是询问成交价格。

询盘实例:

We are one of the leading importers of toys in the UK. We have seen your toys displayed at the Guangzhou Trade Fair. we are very interested in your products. Will you please send us catalogue by airmail and quote us the lowest price C.I.F. Manchester, inclusive of our 5% commission. Should your price be found competitive, we will purchase in large quantities. We look forward to hearing from you soon.

二、询盘的类型

（一）买方询盘

买方主动发出的向国外厂商询购所需货物的函电，又叫递盘（bid）。在实际业务中，询盘一般多由买方向卖方发出。在实际业务中，买方询盘的常用语有：

Please advise...　请告……

Please offer...　请发盘……

Please quote...　请报价……

Interested in...please　对……有兴趣，请

买方询盘过程中应注意的问题是：

（1）对多数大路货商品，应同时向不同地区、国家和厂商分别询盘，以了解国际市场行情，争取最佳贸易条件。

（2）对规格复杂或项目繁多的商品，不仅要询问价格，也应注意询问其他交易条件，争取获得比较全面的交易信息或条件。

（3）对垄断性较强的商品，应提出较多品种，要求对方一一报价，以防对方趁机抬价。

（4）询盘对发出人虽无法律约束力，但买方要尽量避免询盘而无购买诚意的做法，否则容易丧失己方信誉。

（二）卖方询盘

卖方主动向买方发出的征询其购买意见的函电，又叫索盘（Selling Enquiry）。在实际业务中，卖方询盘的典型用语如：

we can supply..., please book/order/bid

卖方询盘过程中应注意的问题是：

（1）卖方应尽可能使用多种方法和途径询盘，如：邮件、电话、传真等，探听市场虚实、选择成交时机。

（2）无论对方是否真正购买，卖方均应及时处理与答复，以示尊重对方。

（3）询盘可以同时向一个或几个交易对象发出，但不应在同时期集中对外询盘，以免暴露己方售货心切的意图。

三、询盘的性质

询盘往往是一笔交易的起点，但不是交易磋商的必经步骤。如果交易双方彼此都了解情况，不需要向对方探询成交条件或交易的可能性，则不必使用询盘，可直接向对方作出发盘。同时，询盘只是探询交易的可能性，不具有法律上的约束力。询盘对买卖双方均无法律约束力，接受询盘的一方可给予答复，亦可不作回答。

 【小贴士】

如何识别客户询盘的价值

首先，从询盘内容来看。专业的、有诚意的买家对所需产品的描绘会比较具体，不是需

要一个类别的产品而是某个具体的产品,并且对产品的称谓是行业内人士的常用称谓。

其次,如果客户要求就某一种产品报价,同时具体到数量、规格、包装、产地、质量标准、交货时间、提供相关证书、到货港口等,这样的询盘真实的可能性非常大。

值得一提的是,当客户提出你方公司网站或产品目录里是否有相近产品的款式、规格、颜色等其他方面的信息,对此要特别重视。原因在于客户发这类询盘时往往是因为以前供应商无法满足其要求,这对你而言就是一个很好的机会;即便你最后没有得到这份订单,你还是可以了解到新产品的市场需求和各项技术指标,而这是平时花大价钱也很难了解到的。

最后,可以从署名和网址上看。比较专业、有诚意的买家会留下完整的联系方式,尤其是网址,让你去了解他们。专业买家一般会用自己公司的邮件地址,如果用 hotmail 等邮件地址,该客户通常非假即小。

想一想:如何在交易过程中针对客户询盘进行有效应答?

模块三 发 盘

一、发盘的含义

发盘(Offer)又称发价或报价,在法律上称为"要约",是买卖双方中的一方向对方提出各项交易条件,并愿意按照这些条件达成交易、订立合同的一种承诺。根据《联合国国际货物销售合同公约》第十四条第1款的规定:"凡向一个或一个以上的特定的人提出的订立合同的建议,如果其内容十分确定并且表明发盘人有在其发盘一旦得到接受就受其约束的意思,即构成发盘。"

发盘实例:

We are in receipt of your letter dated 1st August, and are willing to enter into business relations with you on the basis of mutual benefit.

We are pleased to make you a special offer as follows:

Name of commodity: Westlake brand color TV set 21 inches

Quantity: 1000 sets

Unit price: USD 150 per set CFR Vancouver

Payment should be made by Irrevocable Sight L/C and shipment will be made within one month after the receipt of L/C.

Our color TV sets are of top quality and reasonable price. All TV sets are guaranteed for one year, and we can also provide spare components and after sales services to customers.

We hope that the above quote will be accepted and assure you of our best services at any time.

【小贴士】

询盘与发盘

询盘是己方要求对方提出交易条件,发盘是己方向对方正式提出交易条件。

询盘中即使有自己提出的交易条件,但所提出的交易条件是不足以使合同成立的,因此,询盘没有法律约束力。

发盘中提出的交易条件是合同的主要交易条件,足以使合同成立,且对方无异议接受该发盘,通常具有法律效力。

想一想:从业务进程来看,发盘与询盘有哪些不同之处?

二、发盘的类型

(一)实盘(firm offer)

实盘是指在一定时期内对发盘人具有约束力的发盘。

实盘必须同时具备几个条件:实盘内容必须完整、明确、无保留;发盘人有肯定的意思表示,即发盘人愿意按照提出的各项交易条件同受盘人订立合同。实盘必须规定有效期,一经受盘人在有效期内接受,发盘人便受其约束,不得变更或反悔,否则将承担违约的法律责任。比如:

Subject to your reply here within five days.

Subject to your reply here by 6 p.m. our time Friday, November 20.

(二)虚盘(non-firm offer)

虚盘是发盘人有保留地愿意按一定条件达成交易的一种表示。

虚盘内容不肯定,交易条件不完善、不明确,附有保留条件。虚盘对发盘人和受盘人没有约束力,发盘人可以随时撤回或修改虚盘的内容。受盘人对虚盘表示接受之后,仍需发盘人确认后才发生效力,才能成为一项对双方都有约束力的合同。

虚盘一般会加上"以我方最后确认为准"或"以我货物未先售出为准"。比如:

Subject to our final confirmation.

Subject to goods being unsold an offer without engagement.

 【小贴士】

1月18日,英商急需A商品,随向中方某企业询盘,并询问供货情况,中方于1月19日上午10点以电邮方式向英商发盘出售A商品,A商品价格为每件25英镑CIF伦敦,当时库存数量约2500件,具体供货数量以买卖双方签订合约为准。英商收到中方答复后遂复电同意中方报价,并订货2500件。中方收到对方接受的来电后,随即清点库存,发现库存数量不足2500件,并且由于临近春节放假,工厂无法组织生产,特向英商说明此情况,而英商坚持中方必须交货2500件。

想一想:该案例应该如何解决?

三、构成发盘的要件

(一)向一个或一个以上的特定人提出

特定的人,即有名有姓的公司或个人。向特定的人提出是为了把发盘同普通商业广告及向广大公众散发的商品价目单等行为区别开来。对广大公众发出的商业广告是否构成发盘的问题,各国法律规定不一。大陆法规定,发盘需向一个或一个以上特定的人提出,凡向公众发出的商业广告,不得视为发盘。如北欧各国认为,向广大公众发出的商业广告,原则上不能作为发盘,而只是邀请看到广告的公众向登广告的人提出发盘。英美法的规定则与此相反,如英国有的判例认为,向公众做出的商业广告,只要内容确定,在某些场合下也可视为发盘。

《联合国国际货物销售合同公约》对此问题持折衷态度,该公约第十四条第 2 款规定:"非向一个或一个以上特定的人提出的建议,仅应视为邀请发盘,除非提出建议的人明确地表示相反的意向。"根据此项规定,商业广告本身并不是一项发盘,通常只能视为邀请对方提出发盘。但是,如果商业广告的内容符合发盘的条件,而且登此广告的人明确表示它是作为一项发盘提出来的,如在广告中注明"本广告构成发盘"或"广告项下的商品将售给最先支付货款或最先开来信用证的人"等,则此类广告也可作为一项发盘。

鉴于《联合国国际货物销售合同公约》对发盘的上述规定既原则又具体,且有一定的灵活性,加之世界各国对发盘又有不同的理解,因此,在实际应用时要特别小心。我方对外作广告宣传和寄发商品价目单,不要让对方理解成我方有"一经接受,即受约束"的含义。在寄发商品价目单时,最好在其中注明"可随时调整,恕不通知"或"需经我方最后确认"等字样。

（二）发盘内容必须十分确定

构成一项发盘应包括的内容,各国的法律规定不尽相同。有些国家的法律要求对合同的主要条件,如品名、品质、数量、包装、价格、交货时间与地点以及支付办法等,都要有完整、明确肯定的规定,并不得附有任何保留条件,以便受盘人一旦接受即可签订一项对买卖双方均有约束力的合同。

根据《联合国国际货物销售合同公约》第十四条第 1 款的规定,发盘的内容必须十分确定。所谓十分确定,是指在提出的订约建议中,至少应包括下列三个基本要素:

（1）清楚标明货物的名称。

（2）明示或默示地规定货物的数量或规定数量的方法。

（3）明示或默示地规定货物的价格或规定确定价格的方法。

凡包含上述三项基本因素的订约建议,即可构成一项发盘。如该发盘被对方接受,买卖合同即告成立。《联合国国际货物销售合同公约》关于发盘内容的上述规定,只是构成发盘的起码要求。在实际业务中,如发盘的交易条件太少或过于简单,会给合同的履行带来困难,甚至容易引起争议。因此,在对外发盘时,最好将品名、品质、数量、包装、价格、交货时间、地点和支付办法等主要交易条件一一列明。

（三）表明一旦经受盘人接受发盘人即受约束的意思

发盘是订立合同的建议,这个建议应当体现在发盘之中,如果发盘人只是就某些交易条件同对方进行磋商,而根本没有受其约束的意思,则此项建议不能被认为是一项发盘。例如,发盘人在其提出的订约建议中加注诸如"仅供参考（Just for your information）""须以我方最后确认为准（Subject to our final confirmation）"或其他保留条件,这样的订约建议就不是发盘,而只是邀请对方发盘。

在此需要指出,我国《民法典》（合同篇）对发盘及构成要件的规定同上述《联合国国际货物销售合同公约》的规定与解释基本上是一致的。我国《民法典》（合同篇）第四百七十二条规定:要约是希望与他人订立合同的意思表示,该意思表示应当符合下列条件:内容具体确定;表明经受要约人承诺,要约人即受该意思表示约束。

四、发盘的有效期

在通常情况下,采用函电成交时,发盘人一般都明确规定发盘的有效期,作为对方表示

接受的时间限制。超过发盘规定的时限,发盘人即不受约束。发盘的有效期的规定方法有以下几种:

（一）规定最迟接受的期限

例如,"发盘限9月10日复到我方"。当规定限9月10日复时,按有些国家的法律解释,受盘人只要在当地时间9月10日24点以前将表示接受的通知投邮或向电报局交发即可。但在国际贸易中,由于交易双方所在地的时间大多存在差异,所以发盘人往往采取以接受通知送达发盘人为准的规定方法。按此规定,受盘人的接受通知不得迟于9月10日内送达发盘人。

（二）规定一段接受的期限

例如,"发盘有效期为6天,或发盘限8天内复"。采用这种方法存在一个如何计算"一段接受期间"的起讫问题。按《联合国国际货物销售合同公约》第二十条规定,应从电报交发时刻或信上载明的发信日期起算。如信上未载明发信日期,则从信封所载日期起算。采用电话、电传发盘时,则从发盘送达受盘人时起算。如果由于时限的最后一天在发盘人营业地是正式假日或非营业日,则应顺延至下一个营业日。

（三）未规定明确有效期

如果发盘未明确规定有效期时,应理解为在合理时间（reasonable time）内有效。何谓"合理时间",需根据具体情况而定。对所谓的合理时间,在国际上并无统一明确的解释,也无明确的标准,伸缩性很大,在实际业务中,还是以明确规定发盘的有效期为妥。

【小贴士】

国外A公司应我国B公司的请求,报出铜矿石的实盘。B公司接到A公司报盘后,未作还盘,而是一再请求其增加数量,降低价格,并延长报盘的有效期。A公司随后满足了B公司的要求,有效期最后延至3月31日,B公司于3月28日来传真表示接受该盘。A公司接到该传真时,得知国际市场铜矿石价格上涨,于是向B公司发传真表示拒绝出售。而B公司拒绝接受,认为在发盘有效期内接受了A公司的发盘,坚持要求按发盘的条件执行合同。

想一想:该发盘是否有效成立?为什么?

五、发盘的生效

对于以口头方式做出的发盘,如未特别说明,其法律效力自对方了解发盘内容时生效;以书面形式做出的发盘,关于其生效时间,英美法与大陆法存在着严重分歧。英美法系采取投邮主义,即认为发盘人将发盘发出的同时,发盘就生效;大陆法系采取到达主义,即认为发盘必须到达受盘人时才生效。根据《联合国国际货物销售合同公约》规定,发盘送达受盘人时生效。我国《民法典》（合同编）中关于发盘生效时间的规定同《联合国国际货物销售合同公约》的规定是一致的,即也采取到达主义。

此外,我国《民法典》（合同篇）第四百七十四条、第一百三十七条对采用数据电文方式的到达时间如何确定作出了具体规定:"以非对话方式作出的意思表示,到达相对人时生效。以非对话方式作出的采用数据电文形式的意思表示,相对人指定特定系统接收数据电文的,该数据电文进入该特定系统时生效;未指定特定系统的,相对人知道或者应当知道该数据电文进入其系统时生效。当事人对采用数据电文形式的意思表示的生效时间另有约定的,按照其约定。"

【小贴士】

　　一法国商人于某日上午走访我国外贸企业洽购某商品。我方口头发盘后,对方未置可否,当日下午法商再次来访表示无条件接受我方上午的发盘,那时,我方已获知该项商品的国际市场价格有趋涨的迹象。

　　想一想:我方应如何处理? 请说明理由。

六、发盘的撤回与撤销

(一) 发盘的撤回

　　发盘的撤回是指发盘人将尚未被受盘人收到的发盘予以取消的行为。

　　根据《联合国国际货物销售合同公约》的规定:一项发盘,即使是不可撤销的,如果撤回的通知在发盘到达受盘人之前或同时到达受盘人,也可以撤回。因此,如果发盘人发盘内容有误或因其他原因想改变主意,可以用更迅速的通讯方法,将发盘的撤回或更改通知赶在受盘人收到该发盘之前或同时送达受盘人,则发盘即可撤回或修改。

　　假如想撤回或修改已经发出的发盘,就必须要有准确的时间概念,例如发盘是何时发出的,预计何时可送达对方,然后再考虑采取最快的通讯方法是否可以撤回或修改发盘。

　　在实际业务中,发盘的撤回只有在使用信件或电报向国外发盘时才适用。如果发盘是使用电传或电子邮件等方式,则不存在撤回发盘的可能性。

(二) 发盘的撤销

　　发盘的撤销是指发盘人将已经被收盘人收到的发盘予以取消的行为。

　　关于发盘能否撤销的问题,英美法与大陆法存在严重的分歧。英美法认为,在受盘人表示接受之前,即使发盘中规定了有效期,发盘人也可以随时予以撤销,这显然对发盘人片面有利。这种观点,在英美法国家中也不断受到责难。有的国家在制订或修改法律时,实际上已在不同程度上放弃了这种观点。大陆法系国家对此问题的看法相反,认为发盘人原则上应受发盘的约束,不得随意将其发盘撤销。例如,德国法律规定,发盘在有效期内,或没有规定有效期,则依通常情况在可望得到答复之前不得将其撤销。法国的法律虽规定发盘在受盘人接受之前可以撤销,但若撤销不当,发盘人应承担损害赔偿的责任。

　　为了调和上述两大法系在发盘可否撤销问题上的分歧,《联合国国际货物销售合同公约》采取了折中的办法,《联合国国际货物销售合同公约》第十六条规定,在发盘已送达受盘人,即发盘已经生效,但受盘人尚未表示接受之前这一段时间内,只要发盘人及时将撤销通知送达受盘人,仍可将其发盘撤销。如一旦受盘人发出接受通知,则发盘人无权撤销该发盘。

　　此外,《联合国国际货物销售合同公约》还规定,并不是所有的发盘都可撤销,下列两种情况下的发盘,一旦生效,则不得撤销:

　　(1) 在发盘中规定了有效期,或以其他方式表示该发盘是不可撤销的,如有注明 firm,irrevocable 等。

　　(2) 受盘人有理由信赖该发盘是不可撤销的,并本着对该发盘的信赖采取了行动。

【小贴士】

　　我方于周一上午 10 点以电讯的方式向英商发盘,公司原定价格为每公吨 2000 英镑 CIF 伦敦,由于经办人员失误,错报为每公吨 2000 美元 CIF 伦敦。

　　想一想:

　　(1)如果发盘发出后就发现了问题,该如何处理?

　　(2)如果当天下午 5 点发现问题,而客户已收到发盘,未作出答复,该如何处理?

　　(3)如果第二天下午 5 点,我方收到了对方客户的接受通知,该如何处理?请按照《联合国国际货物销售合同公约》的规定进行解释(假设发盘传至对方需要 6 小时)。

七、发盘的失效

　　任何一项发盘,其效力均可在一定条件下终止。发盘的失效,一般有以下几个原因:

　　(1)发盘规定的有效期届满。

　　(2)收盘人还盘。

　　(3)发盘人依法撤回或撤销发盘。

　　(4)发盘人发盘之后,发生了不可抗力事件,如政府禁令或限制措施。

　　(5)发盘人或受盘人在发盘被接受前丧失行为能力(如得精神病等)。

【小贴士】

　　中国 A 公司于 8 月 10 日向荷兰 B 公司发盘:"可供花生油 5000 公吨,CIF 鹿特丹 695 美元 / 公吨",该发盘于 8 月 14 日送达 B 公司。8 月 13 日 A 公司收到 B 公司来电:"欲向贵方购买 5000 公吨花生油,CIF 鹿特丹 690 美元 / 公吨。"

　　想一想:A 公司向 B 公司的发盘是否成立?为什么?

模块四　还　　盘

一、还盘的含义

　　还盘(counter offer)又称还价,在法律上称为反要约,是指受盘人不同意或不完全同意发盘提出的各项条件,并提出了修改意见,建议原发盘人考虑,即还盘是对发盘条件进行添加、限制或其他更改的答复。

　　还盘实例:

　　We are in receipt of your letter of April 20 offering us 100 sets of the captioned goods at USD 585 per set. While appreciating the quality of your computers, we find your price is too high. Some computers of similar quality from other countries have been sold here at a level about 30% lower than yours. Should you be ready to reduce your limit by 10%, we might come to terms with you. It is hoped that you would seriously take this matter into consideration and let us have your reply soon.

二、还盘的性质

在贸易谈判中,一方在发盘中提出的条件与对方能够接受的条件不完全吻合的情况经常发生,特别是在大宗交易中,很少有一方一发盘即被对方无条件全部接受的情况。因此,虽然从法律上讲,还盘并非交易磋商的必经环节,但在实际业务中,还盘的情况还是很多,有时一项交易须经过还盘、再还盘等多次讨价还价,才能达成。

还盘既是受盘人对原发盘的拒绝,原发盘即失去效力,原发盘人不再受其约束;同时,还盘也是受盘人以发盘人地位向原发盘人提出的一项新的发盘。根据《联合国国际货物销售合同公约》的规定,受盘人对货物的价格、付款、品质、数量、交货时间与地点、一方当事人对另一方当事人的赔偿责任范围或解决争端的办法等条件提出添加或更改,均作为实质性变更发盘条件。

三、还盘应注意的问题

在进出口业务中,针对还盘应注意以下问题:

(1)还盘可以针对价格,也可以针对交易商品的品质、数量、装运及支付等。

(2)在还盘时,一般只针对原发盘提出不同意见和需要修改的部分,已同意的内容在还盘中可以省略。

(3)接到还盘后要与原发盘进行核对,找出还盘中提出的新内容,结合市场变化情况和销售意图认真对待和考虑。

【小贴士】

还盘的技巧

为了促进早日成交,还盘要给出适当的理由,选择适当的角度,提出适当的条件。

技巧一:"要求降价"的还盘思路。

"要求降价"的还盘一般是买方要求卖方降低其所售商品的价格。这样的还盘买方要注意表明降价的理由,例如:市场疲软;商品正处在销售淡季;报价高于当地市价;可以用较低的价格获得同样质量的商品;可以从别的供应商处以较低的价格购入等。

技巧二:"拒绝降价"的还盘思路。

"拒绝降价"的还盘一般是卖方否定买方提出的降价条件。这样的还盘卖方要注意强调坚持原价,无法降价的理由。例如:商品的质量上乘;正处在销售旺季;已收到对方所在地区进货商的大量订单;销售利润已低至极限等。或者推荐对方购买与所要求价格相近的,质量较低的替代商品。

技巧三:"作出降价让步"的还盘思路。

"作出降价让步"的还盘一般是卖方对买方提出的价格有条件地进行减让。这样的还盘要注意坚持原报价的合理性、突出给予降价让步的动机和意愿。例如:原报价符合市价;考虑到以前双边的贸易关系;今后发展与对方的业务等。还要明确降价的幅度和实现降价的附带条件,例如数量折扣。

技巧四:"要求提价"的还盘思路。

"要求提价"的还盘一般是卖方对双方曾经同意的某种商品的价格上调。这样的还盘一定要注意说明提价的客观性,存在一些突然的不利因素:商品市价在上扬、材料价格上涨、运输费用提高、劳动力工资上涨等。

想一想:在实际业务中,如何巧用还盘的技巧?

模块五　接　　受

一、接受的含义

接受(acceptance),在法律上称为"承诺",是交易的一方无条件地接受对方在发盘中提出的各项交易条件,并愿意按这些条件与对方达成交易、订立合同的一种意思的表示。发盘一经接受,交易达成,合同即告订立,对双方当事人具有约束力。

接受实例:

The cost of raw material is increasing sharply these days. However, in order to make the ball rolling, we accept your price for candles in 10-pc boxes at USD 0.145/box CIF London. Please find the attached S/C No. D2005PA100, and sign and return one copy for our file.

Also enclosed is our banking information. Please open the covering L/C as soon as possible.

We are glad to have concluded this initial transaction with you. We hope this would mark the beginning of a long-standing and steady business relationship between us.

二、接受的构成条件

(一)接受必须由特定的受盘人做出

发盘是向特定的人提出的,因此只有特定的人才能对发盘做出接受。由第三者做出的接受,不能视为有效接受,只能作为一项新的发盘。

(二)接受必须表示出来

接受的实质是对发盘表示同意。这种同意,通常应以某种方式向发盘人表示出来。根据《联合国国际货物销售合同公约》的规定,受盘人对发盘表示接受,既可以通过口头形式或书面形式向发盘人发表声明的方式接受,也可以通过其他实际行动来表示接受,例如卖方发运货物,卖方支付价款。沉默或不行为本身,并不等于接受,如果受盘人收到发盘后,不采取任何行动对发盘做出反应,而只是保持缄默,则不能认为是对发盘表示接受。

(三)接受必须是同意发盘所提出的交易条件

从原则上讲,接受必须无条件地与发盘相符。但在实际业务中,常有这种情况,受盘人在表示接受的同时,又对发盘的内容作了增加、限制或修改,这在法律上称为有条件的接受。例如:

Yours 10th accepted but D/P sight instead of sight L/C.

Yours 15th acceptable subject to import license to be obtained.

Yours 15th accepted but buyer shall have the right to reinspect the goods.

有条件的接受是否有效,主要取决于内容的变更是否属于实质性的。

实质性变更(Material Alteration),如对货物的价格、付款,货物的质量和数量,交货的时间或地点,一方当事人对另一方当事人赔偿责任范围或解决争端等的添加、限制或更改。《联合国国际货物销售合同公约》规定对发盘条件提出实质性变更,不能构成有效接受,而只能视作还盘。

非实质性变更(Non-material Alteration),如要求增加重量单、装箱单、原产地证明或某些单据的份数,提供样品,刷制唛头等非实质性的添加、限制和更改。《联合国国际货物销售合同公约》规定对发盘条件提出的非实质性变更是否有效取决于发盘人是否反对。

《联合国国际货物销售合同公约》还规定:除非发盘人在不过分迟延的时间内表示反对其间的差异外,仍可构成有效的接受,从而使合同得以成立。合同的条件就以该项发盘的条件以及接受其中所提出的某些更改为准。

 【小贴士】

(1)我国某公司向法国一客户发盘,后者很快回复接受,但数量增加50公吨,我方未予理睬,而是以高价卖给了其他客户,法国商人坚持合同有效。

(2)我国某公司向美国一客户发盘,后者很快回复接受,但要求提供产地证明,我方未予理睬,而是以高价卖给了其他客户,美国商人坚持合同有效。

想一想:以上两种情况如果诉诸法律,结果会怎样?

(四)接受必须在发盘规定的时效内做出

当发盘规定了接受的时限时,受盘人必须在发盘规定的时限内做出接受,方为有效。如发盘没有规定接受的时限,则受盘人应在合理时间内表示接受。对何谓"合理时间",往往有不同的理解。为了避免争议,最好在发盘中明确规定接受的具体时限。

 【小贴士】

S公司8月12日向其客户A公司寄出一份商品目录,介绍了S公司经营的各式男女手套,并附有精美的图片。8月20日A公司回电表示对其中的货号为308A、309B、311B的女式手套很感兴趣,每个货号订购100打,并要求大、中号各半,10月份交货,请S公司报价。

8月22日S公司发盘如下:报女式羊毛手套300打,货号308A、309B、311B各100打,大、中号各半,每双12美元CIF旧金山,纸箱装,10月份装运,即期不可撤销信用证支付,8月30日复到有效。8月28日A公司回电:你方8月22日电悉。价格过高,每双10美元CIF旧金山可接受。次日S公司去电:你方28日电悉。最低价每双11美元CIF旧金山,9月5日复到有效。

9月3日S公司收到A公司的电开信用证,其中单价为每双11美元,包装条款中注明纸箱装,每箱15打,其他与发盘相符。S公司审证时发现了A公司对包装条款所作的添加。S公司的习惯包装是每箱10打。考虑到交货期临近,若提请修改,恐怕难以按时交货。但到9月20日,储运部门通报,公司库存中没有可装15打手套的纸箱,现有纸箱一种为可装10打的习惯包装,另一种可装20打。S公司随即与纸箱厂联系,该厂不能供应,附近的几个纸箱厂也如此答复。在此情况下,S公司一边四处落实箱源,一边于9月10日去电A公司,表示包装条款不能接受,要求改为每箱装10打或20打。

想一想:该接受是否有效?为什么?

三、接受生效的时间

在接受生效的时间问题上，英美法与大陆法同样存在着严重分歧。英美法采用"投邮生效"的原则，即接受通知一经投邮或交电报局发出，则立即生效；大陆法系采用"到达生效"的原则，即接受通知必须送达发盘人时才能生效。《联合国国际货物销售合同公约》第十八条第2款明确规定，接受送达发盘人时生效。如接受通知未在发盘规定的时限内送达发盘人，或者发盘没有规定时限，且在合理时间内未曾送达发盘人，则该项接受称作逾期接受。按各国法律规定，逾期接受不是有效的接受。由此可见，接受时间对双方当事人都很重要。

此外，接受还可以在受盘人采取某种行为时生效。《联合国国际货物销售合同公约》第八条第3款规定，如根据发盘或依照当事人业已确定的习惯做法或惯例，受盘人可以做出某种行为来表示接受，并须向发盘人发出接受通知。例如，发盘人在发盘中要求"立即装运"，受盘人可做出立即发运货物的行为对发盘表示同意，而且这种以行为表示的接受，在装运货物时立即生效，合同即告成立，发盘人就应受其约束。

四、逾期接受

逾期接受又称迟到的接受，是指接受的通知超过发盘规定的有效期，或者发盘未规定有效期但是超过合理的时间才到达发盘人。各国法律和《联合国国际货物销售合同公约》都认为逾期接受是无效的，只能视为一项新的发盘。但是《联合国国际货物销售合同公约》又根据实际情况提出灵活处理的方法，规定逾期接受在下列两种情况下仍具有效力：

如果发盘人毫不迟延地用口头或书面形式通知对方，该逾期接受仍然有效，合同仍可于接受通知送达发盘人时候订立。

如果载有逾期接受的信件或其他书面文件表明，它在传递正常的情况下是能够及时送达发盘人的，那么这项逾期接受仍具有接受的效力，除非发盘人毫不迟延地用口头或书面形式通知受盘人，认为该发盘已经失效。

因此，对于逾期接受的态度主要还是看原发盘人的态度，主动权在原发盘人手中。

 【小贴士】

我国某出口企业对意大利某商人发盘限10日复到有效，9日意大利商人用电报通知我方接受该发盘。由于电报局传递延误，我方于11日上午才收到对方的接受通知，而我方在收到接受通知前获悉市场价格已上涨。

想一想：我方应如何处理？为什么？

五、接受的撤回或修改

《联合国国际货物销售合同公约》第二十二条规定："如果撤回通知于接受原发盘应生效之前或同时送达发盘人，接受得予撤回。"由于接受在送达发盘人时才产生法律效力，故撤回或修改接受的通知，只要先于原接受通知或与原接受发盘通知同时送达发盘人，则接受可以撤回或修改。如接受已送达发盘人，即接受一旦生效，合同即告成立，就不得撤回接受或修改其内容,因为这样做无异于撤销或修改合同。

需要指出的是,在当前通信设备非常发达和各国普遍采用现代化通信的条件下,当发现接受中存在问题而想撤回或修改时,往往已经来不及了。为了防止出现差错和避免发生不必要的损失,在实际业务中,应当审慎行事。采用传真、EDI、电子邮件等形式订立合同,发盘和接受都不可能撤回。

 【任务小结】

在国际贸易中,国际贸易合同的成立必须要经过交易双方的贸易磋商。交易磋商分为口头磋商与书面洽谈两种方式。在实际外贸业务中,贸易磋商过程一般分为询盘、发盘、还盘和接受。其中发盘与接受是交易磋商中必不可少的两个程序。通过交易磋商,买卖双方达成一致,从而签订国际贸易合约。

 【知识拓展】

交易磋商存在的问题及对策

当前的外贸业务一般来说先进行网上磋商,有意向之后再进行现场磋商签订合同。但若业务员在磋商的过程中不注意细节、不分析条款、不了解对手、不把握时机,有可能会在谈判中处于劣势,从而给公司外贸业务带来不利影响。

一、交易磋商存在的问题

交易磋商过程是一个很复杂的过程,企业在交易磋商过程中应注意以下几个方面。

1. 忽视合同中某些条款文字表述的准确性

由于谈判成功与否直接关系着外贸业务的顺利开展,往往会给业务员带来紧张的心态,从而影响相关交易条件表述的准确性,如交易时间不确定、交易对象不清晰等,这样往往会给交易过程带来麻烦。

2. 忽视自认为不太重要的细节问题

以工艺品为例,企业在做产品时,很多客人会用自己的产品设计,尤其是相框的相纸。一般的客户都会提供色卡号,工厂负责做电子稿给客户确认,客户确认了之后才安排生产。但工厂生产部的人经常为了赶交期,只要客户电子稿一确认,客户还没有回复大货确认样是否可行就将所有的产品相纸一起做出来了,想当然地认为只要相纸的颜色符合色卡号就可以了,没有考虑到客人会对相纸与相框的匹配度做一定的调整,最终导致相纸不能用。

3. 忽视对谈判对方心理状态的揣摩研究和谈判时机的把握

在与外商进行谈判时,由于口语和英文表达能力的限制,加之目前外贸行业买方市场居多,若一味只想达成合作,不能很好地揣摩对方的心理,把握好谈判的时机,很有可能"欲速则不达",错失良机。

4. 忽视对谈判对手特点的充分了解

不同国家的历史文化背景、商业惯例等差异会给交易磋商带来障碍。很多进出口公司的产品较多,销售到世界各地,因此来企业工厂、样品间参看、洽谈业务的外国客商很多,导致业务员只关注合同的主要条款的磋商,对对方心理以及生活习惯等细节没有多加揣摩,没有营造谈判气氛，由此使得谈判经常陷入僵局，从而导致谈判的破裂与失败，最终失去了交易机会。

二、交易磋商应对措施

1. 明确合同中某些条款的具体文字表述

在国际贸易中，合同条款文字表述的具体明确是事关以后解决交易纠纷的重要依据，业务员在跟客户签订合约的时候要保持良好的心理素质和业务素质，控制紧张情绪，条款表述一定要明确具体，不能模棱两可，特别是关键条款，不然在交易过程中很容易产生纠纷。例如，在涉及支付条款时这么描述："采用信用证付款，买方在2022年10月18日前给卖方开立信用证。"乍一看没有问题，但是仔细分析会发现存在以下问题：2022年10月18日是北京时间还是伦敦时间？这一天包括18日吗？给卖方开立信用证这一天是到达卖方还是邮寄出去呢？因为大陆法系是到达生效，英美法系是投邮生效，很容易产生纠纷。此处应改为"采用信用证付款方式，买方须于北京时间2022年10月18日前将信用证开到卖方"。

2. 关注交易磋商中的细节问题

一般而言，交易磋商涉及品名、品质、数量、包装、价格、保险、装运、保险、支付方式、商品的检验、不可抗力、仲裁与索赔等交易条件。但在实际业务中，业务员只关注品名、品质、数量、包装、价格、保险、装运、支付方式等七个主要交易条件，却忽略了检验、不可抗力、仲裁与索赔等条件，认为客户都知道这些一般交易条件，无须磋商。实际情况是：在履行合同的过程中纠纷往往来自于这三个条件。例如，在与日本客户的一次塑料相框交易中，双方对检验条款未进行磋商，也未在合同中明确写入。事后发生了纠纷，客户认为该企业的货物不符合合同规定，提出了索赔。虽然企业在商品出口前已经在商检局进行了品质检验并取得品质证书，上面声明该企业商品质量与合同相一致，但是客户就是要索赔，就是不承认检验结果，试想如果事先双方写清楚检验时间与地点、检验机构与证书、复验方式等内容，这个纠纷就不会发生了。该事例说明业务员在磋商的过程中应关注每一个环节，不能想当然地忽视某个条件，导致产生潜在的纠纷问题。

3. 科学分析谈判时机和心理

在交易磋商的过程中，谈判是需要技巧的，对于业务员来说需要科学分析对方的心理，从而抓住时机。曾有一日本商人与一家外贸企业业务员洽谈迪斯尼系列的丝印相框，为了提高销售额，企业给日本客户提供了很多优惠条件，但客户面对企业给出的优惠条件却久拖不决。两三个月时间过去了，市场发生了变化，这款产品在日本市场上大量出现，已经供大于求，价格下跌严重。此时日本客户提出了降价的要求。由于该产品专供日本市场，存货很多，最终企业不得不接受日本客户降价的要求，亏损巨大。通过该次交易，企业业务员发现在磋商时一定要分析对方的心理，分析对方的交易特点，从而把握时机。例如日本客商喜欢在谈判时拖延时间，则我方需要适时出击，让自己站在交易的有利位置。

4. 要分析谈判对手的特点

每个国家都有自己的文化背景、贸易惯例和宗教信仰，在交易磋商过程中，我们要注意分析谈判对手特点，积极地顺应和调适文化差异，注重对谈判气氛的营造，注意谈判对手的文化背景、习俗等的了解。正如前文所述，日本客户具有较强的忍耐力，善于利用拖延战术来分析谈判对手的真实意图，从而有针对性地提出有利于自己的谈判要求。三年前瓶装伞在国际市场上非常畅销,这个技术最先是在日本发展起来的,我方某公司在礼品行业有一定的地位,因此想进口一些瓶装伞来做主打产品,于是派代表前往日本谈判。日商先了解企业的返程时间,得知办事人员将在日本待两周的时间。他们并没有在第一时间与之进行谈判,而是每天陪办事人员到处游玩,晚上天天安排宴席,直到办事人员返程前三天才带领办事人员去考察市场,但考察时间很短,每天都很早安排办事人员返回酒店休息。最后一天才与我方坐下来谈判,最终由于该企业没有足够的时间谈判而不得不答应对方条件而签订协议。其实日商在拖延的这段时间里会分析客户的特点,如果发现对方急于求成,就会乘机抬价或压价,使对方不得不答应。当然日商不仅仅会拖延,他们会在谈判之前就广泛搜集对方的信息,据此作出决策。因此在与日商谈判时,要注意做好商业保密工作,并根据对方的特点,搞清楚对手有多大的权力、能做出什么决定。与其谈判时,要明确委婉陈述理由,注意谈判策略。

英国客户喜欢吃西餐和甜点,与他们在一起要保持一定的距离,他们一直以来非常具有时间观念,与他们谈判时切记不能迟到。美国客户则非常关注细节,如果出了差错,一定要道歉并说明原因,而且公私分明。德国客户爽快,比较直接,但对质量要求很高,待人诚恳,与他们谈判最好出具产品的认证证书。法国客户则是比较浪漫,在营造谈判氛围时要考虑这一点。中东和非洲客户相比于产品质量更关注价格,他们会在价格上与你斤斤计较,对产品质量要求不是很严格所以谈判让步策略要做好。

细节决定成败,在交易磋商这个复杂的沟通过程中,一个细小的环节也许就会影响一桩交易的成败。对于不同的客人,特别是不同国籍的客人,在谈判之前,我们一定要先了解他们的生活习性,只有这样我们才能更好地揣摩对方的磋商习惯和方式,避免犯一些低级的错误。这就要求业务员要提升自身的职业素养和业务能力,遇事沉着冷静,积极分析对手的意图,有效避免各类风险。

【思考与练习】

1. 交易磋商一般要经过哪些环节?这些环节各自的含义是什么?
2. 没有具体规定有效期的发盘可否为对方所接受而成立合同?
3. 一项法律上有效的发盘必须具备哪些条件?
4. 一项有效的接受必须具有哪些条件?
5. 在什么情况下,逾期接受仍然具有接受效力?

【案例分析】

1. 我国某出口公司于5月10日向外商发盘某商品每公吨 USD 200 CFRShanghai,有效期至5月17日。5月12日收到该外商发来电传称:"接受 USD180 CFRShanghai。"我方未予答复。5月14日,该商品价格大涨。外商于5月15日又向我方公司电传表示"接受你方5月10日发盘,信用证已开出"。

想一想:此项交易是否达成?我方公司应如何处理?为什么?

2. 我国某外贸企业向国外购买某商品,不久接到外商3月20日的发盘,有效期至3月26日。我方于3月22日电复:"如能把单价降低5美元,可以接受。"对方没有反应。

后因用货部门要货心切，又鉴于该商品行情看涨，我方随即于3月25日又去电表示同意对方3月20日发盘所提出的各项条件。

想一想：此项交易是否达成？

3. 我国某出口公司于3月1日向外商A发盘某商品，限3月8日复到。由于传递过程中的延误，外商A表示接受的电传于3月9日上午送到我方。我方认为答复逾期，未予理睬。这时，该商品国际市场价格已上涨，我方公司以较高价格将该商品出售给另一客商。22日，外商A来电称："信用证已开出，请立即装运。"我方公司复电"逾期接受合同不成立"。而外商A坚持认为合同已成立。

想一想：根据《联合国国际货物销售合同公约》的解释，合同是否成立？为什么？

4. A公司有大量库存设备出售，便向国外B公司发盘，并在发盘中规定有效期为6月底。B公司认为发盘条件合适，决定接受，但未立即发出接受通知，而是派专人到A公司营业处办理具体购买手续和安排接运货物事宜。但在6月中旬前几天，一家急欲采购此种设备的C公司前来A公司洽谈，双方一拍即合，当场达成交易，便立即将设备买走。当国外B公司代表于6月20日赶到A公司时，A公司已无货可供，于是B公司就此提出索赔。

想一想：B公司是否有权向A公司索赔？

5. 香港某中间商A就某商品以电传方式邀请我方发盘，我方于6月8日向A方发盘并限6月15日复到有效。12日我方收到美国B商按我方发盘规定的各项条件开来的信用证，同时收到中间商A的来电称："你方8日发盘已转美国B商。"经查该商品的国际市场价格猛涨，于是我方将信用证退回开证行，再按新价格向美国B商发盘，而美国B商以信用证于发盘有效期内到达为由，拒绝接受新价格，并要求我方按原价发货，否则将追究我方的责任。

想一想：对方的要求是否合理？为什么？

 【技能实训】

1. 判断以下情形分别是交易磋商中的哪个环节？

（1）Your eighteenth accept provided USD1.50 CIF L/C at sight pls confirm.

（2）Interested in "Changhong" brand color TV, please offer.

（3）Yours tenth lowest USD200 subject reply fourteenth here.

（4）Yours fifth we accept.

（5）Pls quote as requested in our inquiry sheet your lowest price and state earliest delivery date.

（6）Offer firm until Dec. fifteenth our time 255 mt LDPE in bag US Dollars nine hundred and forty per mt CFR Guangdong Jan. shipment O/A.

2. 上海进出口贸易公司是一家大型的国际贸易公司，该公司经营的主要产品有玩具、服装等轻工业产品，销往日本、欧美等国际市场，出口商品和服务质量在国际社会上享有一定的声誉。在本年度华交会上获悉日本高田商社对该公司的玩具感兴趣。

请根据上述信息以上海进出口贸易公司业务员的身份给日本高田商社写一封建立业务函，要求格式正确、内容完整、语句诚恳热情。

任务二 交易合同的订立

【知识目标】

能认知国际货物买卖合同的含义和特征,理解国际货物买卖合同的成立条件,了解合同的形式,熟悉合同的条款,正确缮制一份国际货物买卖合同。

【能力目标】

根据交易磋商的内容正确缮制一份国际货物买卖合同。

【案例视窗】

某年 2 月 10 日,中国某粮食出口公司电告日本某商贸公司,欲以 CIF 条件向日本出口一批丝绸,总价款为 50 万美元,以不可撤销跟单信用证支付价款。2 月 16 日收到日本商贸公司复电,同意购买,但要求降低到 48 万美元。中国出口公司于 2 月 19 日电告对方同意其要求,日本商贸公司于 2 月 20 日收到此电报,随后,出口公司将货物运至上海港,交由中国某远洋运输公司承运,整批货物分装在三个集装箱内。3 月 10 日承运船舶在公海航行时,由于船员的疏忽,船上发生火灾,出口公司托运的一个集装箱被火焚毁,其余两个则完好无损。3 月 15 日货物运至东京港,但日本商贸公司拒绝接受货物,并向中国出口公司提出索赔,双方诉至上海某法院。

想一想:

(1)根据《联合国国际货物销售合同公约》规定,该合同于何时成立?为什么?

(2)货物在海上受到损毁,日本商贸公司能否要求中国出口公司给予赔偿?

案例分析:根据《联合国国际货物销售合同公约》的规定,该合同在 2 月 20 日成立。根据《联合国国际货物销售合同公约》规定:合同按照规定在对发盘价的接受生效时订立,买方 2 月 19 日表示承诺,卖方 2 月 20 日收到,此时合同成立。运输保险应由卖方中国出口公司办理,保险费也由卖方支付。根据 CIF 术语,卖方必须办理在运输途中应由买方承担的货物灭失或损坏风险的海运保险。卖方订立保险合同并支付保险费。根据 CIF 术语,货物灭失或损坏的风险以及货物装船后发生时间所产生的任何额外费用,自货物于装运港越过船舷时起即从卖方转由买方承担。日本商贸公司无权要求我国出口公司赔偿货物损失。

本任务涉及国际货物买卖合同的含义和特征、国际货物买卖合同成立的时间和条件、国际货物买卖合同的形式和内容。

模块一 国际货物买卖合同的含义和特征

一、国际货物买卖合同的含义

按照《联合国国际货物销售合同公约》的规定,国际货物买卖合同是指营业地处于不同国家的当事人所订立的货物买卖合同。国际贸易买卖合同的缔结与履行不仅是一种经济行为,而且是一种法律行为,它不仅体现着缔约双方的经济关系,而且体现着当事人双方的法律关系。

二、国际货物买卖合同的特征

与国内货物买卖合同相比,国际货物买卖合同具有下列特征:

(1)合同当事人的营业地分别处在不同的国家。营业地分别处在不同国家的当事人之间签订的货物买卖合同应属国际货物买卖合同。如果当事人没有营业地则以惯常住所地来确定。

(2)复杂性。由于国际货物买卖是跨越一国国界的贸易活动,合同所涉及的交易数量和金额通常都比较大,合同的履行期限也比较长,又采用与国内买卖不同的结算方式,故相比国内货物买卖合同要复杂得多。

(3)风险性。在进出口活动中,双方当事人要与运输公司、保险公司或银行发生法律关系,长距离运输会遇到各种风险,使用外汇支付货款和采用国际结算方式,可能发生外汇风险。此外,还涉及有关政府对外贸易法律和政策的改变。因此,国际货物买卖合同是当事人权利、义务、风险责任的综合体。

(4)在国际货物买卖中,买卖双方面临着法律适用多样性的问题。国内货物买卖合同中一般只适用本国法即可,而国际货物买卖合同从签订到履行要涉及国内法、外国法、国际法等一系列的法律规范。

模块二　国际货物买卖合同成立的时间和条件

一、国际货物买卖合同成立的时间

在国际贸易中,合同成立的时间是一个十分重要的问题。根据《联合国国际货物销售合同公约》的规定,合同成立的时间为接受生效的时间,而接受生效时间,又以接受通知到达发盘人或按交易习惯及发盘要求做出接受的行为为准。由此可见,国际货物买卖合同成立的时间有两个判断标准:一是有效接受的通知到达发盘人时,合同成立;二是受盘人做出接受行为时,合同成立。

此外,在实际业务中,有时双方当事人在洽商交易时约定,合同成立的时间以订约时合同上所写明的日期为准,或以收到对方确认合同的日期为准。

二、国际货物买卖合同成立的条件

根据各国法律的规定,一项合同除买卖双方就交易条件通过发盘和接受达成协议后,还需具备以下要件才是一项有效的合同,才能得到法律上的保护。

(一)合同当事人必须具有签约能力

按各国法律的一般规定,自然人签订合同的行为能力,是指精神正常的成年人才能订立合同;未成年人、精神病人、禁治产人订立合同必须受到限制。关于法人签订合同的行为能力,各国法律一般认为,法人必须通过其代理人在法人的经营范围内签订合同,即越权的合同不能发生法律效力。我国《民法典》关于民事法律行为效率的规定:"自然人从出生时起到死亡时止,具有民事权利能力,依法享有民事权利,承担民事义务。"由此可见,在订立合同时,注意当事人的缔约能力和主体资格问题是十分重要的。

(二)合同当事人的意思表示必须真实

意思表示真实是指意思表示的行为人的表示行为应当真实反映其内心的效果意思,即当事人的内在意志和外在意思一致即为真实。各国法律都认为,合同当事人的意思表示必须是真实的才能成为一项有约束力的合同,否则这种合同无效。任何一方以欺诈、胁迫、趁人之危、威逼利诱等手段签订的合同自始至终都是无效的。

（三）合同必须有对价或约因

英美法认为,对价是指当事人为了取得合同利益所付出的代价。法国法认为,约因是指当事人签订合同所追求的直接目的。按照英美法和法国法的规定,合同只有在有对价或约因时,才是法律上有效的合同,无对价或无约因的合同,是得不到法律保障的。

（四）合同内容必须合法

许多国家往往从广义上解释合同内容必须合法,其中包括不得违反法律、不得违反公共秩序或公共政策,以及不得违反善良风俗或道德三个方面。根据我国《民法典》（合同编）相关规定,当事人订立、履行合同应当依照法律、行政法规,尊重社会公德,不得扰乱社会经济秩序,损害社会公共利益。

（五）合同的形式必须符合法律规定

世界上大多数国家,只对少数合同才要求必须按法律规定的特定形式订立,而对大多数合同,一般不从法律上规定应当采取的形式。根据我国《民法典》（合同编）的有关规定,在实际业务中,涉外经济合同的订立、变更或解除都必须采取书面形式,即合同书、信件、电报、传真、电子数据交换和电子邮件等可以有形地表现所载内容的形式。

此外,根据我国《民法典》关于合同无效情形的规定,有下列情形之一的,合同无效。

（1）无民事行为能力人实施的民事法律行为无效。

（2）行为人与相对人以虚假的意思表示实施的民事法律行为无效。

（3）违反法律、行政法规的强制性规定的民事法律行为无效。但是,该强制性规定不导致该民事法律行为无效的除外。

（4）违背公序良俗的民事法律行为无效。

（5）行为人与相对人恶意串通,损害他人合法权益的民事法律行为无效。

（6）当事人超越经营范围订立的合同的效力,应当依照《民法典》有关规定确定,不得仅以超越经营范围确认合同无效。

【小贴士】

买卖双方订有长期贸易协议,协议规定:卖方必须在收到买方订单后15天内答复,若未答复则视为已接受订单。11月1日卖方收到买方订购2000件服装的订单,但直到12月25日卖方才通知买方不能供应2000件服装,买方认为合同已经成立,要求供货。

想一想:双方的合同是否成立? 为什么?

模块三　国际货物买卖合同的形式和内容

一、国际货物买卖合同的形式

合同的形式是合同当事人内在意思的外在表现形式。在国际贸易中,交易双方订立合同有下列几种形式。

（一）口头形式

采用口头形式订立的合同,即指当事人之间通过当面谈判或通过电话方式达成协议而订立的合同。采用口头形式订立合同,有利于节省时间、简便行事,对加速成交起着重要作用。但是,因无文字依据,空口无凭,一旦发生争议,往往造成举证困难,不易分清责任。这是导致有些国家的法律、行政法规强调必须采取书面合同的最主要的原因。

(二)书面形式

根据国际贸易的一般习惯做法,交易双方通过口头或书面形式达成协议后,多数情况下还应签订一定格式的书面合同。采用书面形式订立的合同,既可以作为合同成立的证据,也可以作为履行合同的依据,还有利于加强合同当事人的责任心,使其依约行事。即使履约中发生纠纷,也便于举证和分清责任,故书面合同成为合同的一种主要形式。鉴于采用书面形式订立合同有许多好处,故有些国家的法律或行政法规甚至明文规定必须采用书面形式。

关于书面合同的名称,并无统一规定,其格式的繁简也不一致。书面合同的形式包括合同(Contract)、确认书(Confirmation)和协议书(Agreement)等。从形式上看,不同的只是格式条款项目和内容的繁简有所差异,确认书和协议书都是合同的简化形式。从法律效力来看,这三种形式的书面合同没有区别,都是交易双方履行权利和义务的依据。在我国进出口贸易实践中,书面合同通常一式两份,由双方合法代表分别签字后各执一份,作为合同订立的证据和履行合同的依据。

(三)其他形式

这是指上述两种形式之外的订立合同的形式,即以行为方式表示接受而订立的合同。例如,根据当事人之间长期交往中形成的习惯做法,或发盘人在发盘中已经表明受盘人无需发出接受通知,可直接以行为做出接受而订立的合同,均属此种形式。

上述订立合同的三种形式,从总体上来看,都是合同的法定形式,因而均具有相同的法律效力,当事人可根据需要,酌情做出选择。根据我国《民法典》(合同编)第四百六十九条规定:"当事人订立合同,可以采用书面形式、口头形式和其他形式。"法律、行政法规规定采用书面形式的,应当采用书面形式,当事人约定采用书面形式的,应当采用书面形式。所以当事人签订合同时,究竟采用什么形式,应根据有关法律、行政法规的规定和当事人双方的意愿行事。

 **【小贴士】**

我国某公司就某商品的进口事宜与国外某客户进行洽谈,经过双方多次的往来函电,最终交易达成,但未签订正式的书面合同。根据双方的往来函电表明,对方应于2020年12月前向我方提供该商品,而直至2021年1月,对方仍未向我方提供该商品。我方曾多次要求对方履行合约,对方却以未签订正式书面合同为由否认合同已达成。

想一想:双方的交易是否已达成?为什么?

二、国际货物买卖合同的基本内容

书面合同不论采取何种格式,其基本内容通常包括约首、基本条款和约尾三个组成部分。

(一)约首部分

约首部分一般包括合同名称、合同编号、缔约双方名称和地址、电报挂号、电传号码等多项内容。约首要写明双方订立合同的意愿和执行合同的保证。该序言对双方均具有约束力。

（二）基本条款

基本条款是合同的主体部分,详细列明各项交易条件。

（1）合同的标的:包括货物的名称、质量、数量、包装、运输和保险等。

（2）货物的价格:包括货物的单位价格和总价,或如何确定价格的方法。

（3）卖方的义务:何时何地以何种方式交付货物,移交与货物有关的单据和转移货物的所有权。

（4）买方的义务:何时何地以何种方式支付货物价款和收取货物。

（5）争议的预防与处理:包括商品检验、索赔、不可抗力、仲裁等事项的规定。

（三）约尾部分

约尾部分一般包括订约日期、订约地点和双方当事人签字等多项内容。

为了提高履约率,在规定合同内容时应考虑周全,力求使合同中的条款明确、具体、严密和相互衔接,且与磋商的内容一致,以利于合同的履行。

 【小贴士】

合同样本 Specimen Contract
（中英文）

No.

签约地（Signed at）: _____　　日期（Date）: _____

卖方（Seller）: _____

地址（Address）: _____

电话（Tel）: _____　　传真（Fax）: _____

电子邮箱（E-mail）: _____

买方（Buyer）: _____

地址（Address）: _____

电话（Tel）: _____　　传真（Fax）: _____

电子邮箱（E-mail）: _____

买卖双方经协商同意按下列条款成交:(The undersigned Seller and Buyer have agreed to close the following transactions according to the terms and conditions set forth as below:)

1. 货物名称、规格和质量（Name，Specifications and Quality of Commodity）:

2. 数量（Quantity）:

3. 单价及价格条款（Unit Price and Terms of Delivery）:

除非另有规定,贸易术语均应依照国际商会制订的《2020 年国际贸易术语解释通则》办理。(The trade terms shall be subject to International Rules for the International of Trade Terms 2020 provided by International Chamber of Commerce unless otherwise stipulated herein.)

4. 总价（Total Amount）:

5. 允许溢短装（More or Less）: _____%。

6. 装运期限（Time of Shipment）:

收到可以转船及分批装运之信用证_____天内装运。(Within _____ days after receipt of L/C allowing transshipment and partial shipments.)

7. 付款条件 (Terms of Payment):

买方须于_____前将保兑的、不可撤销的、可转让的、可分割的即期付款信用证开到卖方,该信用证的有效期延至装运期后_____天在中国到期,并必须注明允许分批装运和转船。(By Confirmed, Irrevocable, Transferable and Divisible L/C to be available by sight draft to reach the Seller before_____and to remain valid for negotiation in China until _____ after the Time of Shipment. The L/C must specify that transshipment and partial shipments are allowed.)

买方未在规定的时间内开出信用证,卖方有权发出通知取消本合同,或接受买方对本合同未执行的全部或部分,或对因此遭受的损失提供赔偿。(The Buyer shall establish the covering L/C before the above stipulated time, failing which, the Seller shall have the right to rescind this Contract upon the arrival of the notice at Buyer or to accept whole of and part of this Contract non fulfilled by the buyer, or to lodge a claim for the direct losses sustained if any.)

8. 包装 (Packing):

9. 保险 (Insurance):

按发票金额的_____% 投保_____险,由_____负责投保。(Covering_____ Risks for _____% of invoice value to be effected by the _____.)

10. 品质 / 数量异议 (Quantity/Quantity discrepancy):

如买方提出索赔,凡属品质异议须于货到目的口岸之日起30天内提出,凡属数量异议须于货到目的口岸之日起15天内提出。对所装货物所提任何异议属于保险公司、轮船公司、其他有关运输机构或邮递机构所负责的,卖方不负任何责任。(In case of quality discrepancy, claim should be filed by the Buyer within 30 days after the arrival of the goods at port of destination, While for quantity discrepancy, claim should filed by the Buyer within 15 days after the arrival of the goods at port of destination. It is understood that the Seller shall not be liable for any discrepancy of the goods shipped due to causes for which the Insurance Company, Shipping Company, other Transportation Organization or Post office are liable.)

11. 由于发生当事人不能预见、不可避免或无法控制的不可抗力事件,致使本合约不能履行,部分或全部商品延误交货,卖方概不负责。(The Seller shall not be held responsible for failure or delay in delivery of the entire lot or a portion of the goods under this Sales Contract in consequence of any Force Majeure incidents which may occur. Force Majeure as referred to in this contract means unforeseeable, unavoidable and insurmountable objective conditions.)

12. 仲裁 (Arbitration):

凡因本合同引起的或与本合同有关的任何争议,均应提交中国国际贸易仲裁委员会,按照申请仲裁时该会现行有效的仲裁规则进行仲裁。仲裁裁决是终局的,对双方均有约束力。(Any dispute arising from or in connection with this Contract shall be submitted to China International Economic and Trade Arbitration Commission for arbitration which shall be conducted in accordance with the commission's arbitration rules in effect at the time of applying for arbitration. The arbitral awards is final and binding upon both parties.)

13. 通知（Notice）：

所有通知用_____文写成，并按照如下地址用传真／快件送达给各方。如果地址有变更，一方应在变更后_____内书面通知另一方。(All notices shall be written in _____ and served to both parties by fax/courier according to the following address within _____ days after the change.)

14. 本合同为中英文两种文本，两种文本具有同等效力。本合同一式_____份。自双方签字（盖章）之日起生效。(This Contract is executed in two counterparts each in Chinese and English, each of which shall be deemed equally authentic. This Contract is in _____ copies effective since being signed/sealed by both parties.)

卖方签字：　　　　　　　　　　买方签字：
The Seller:　　　　　　　　　　The Buyer:

日期：
Date：

 【任务小结】

国际货物买卖合同是营业地处于不同国家的当事人所订立的货物买卖合同。合同的形式有口头合同、书面合同等。合同成立后，双方当事人都要按照合同的约定履行合同，任何一方当事人违约都会给另一方当事人造成损失，违约方要承担相应的法律责任。

 【知识拓展】

贸易合同的风险与防范

一、贸易合同风险

进出口贸易合同风险根据引起风险的原因来划分，可以分为贸易合同法律效力风险、交货与合同不符风险以及利用合同条款进行欺诈的风险。

（一）贸易合同法律效力风险

进出口贸易双方对合同的成立与否存在不同的理解从而产生纠纷，引起贸易合同法律效力风险。可以分为：

（1）与对方签订合同后，由于合同主体不合法引起合同无效产生的风险。

（2）由于合同成立程序不合法引起合同无效产生的风险。

（3）合同的目的和约定的合同内容违反了法律的强制性或禁止性规定，或侵害了社会公共利益，引起合同无效的风险。

（二）交货与合同不符风险

贸易合同中规定了货物品质、规格、交货数量、包装、交货地点等条款，在实际履行合同过程中，因买卖双方对条款的理解差异或履行能力的不足等，导致交货与合同不符，引起合同纠纷而产生的风险。如：货物品质与合同规定不一致；交货数量与合同规定不一致；货物的包装与合同不符；货物规格与合同不同；交货地点纠纷等。

（三）利用合同条款进行欺诈的风险

合同欺诈可以分为两种类型：

（1）合同当事人（欺诈方）没有履约能力的欺诈。在这种欺诈类型中，合同的一方当事人往往是虚构的，或者确实有这么一个当事人，但这个当事人是一个注册资本很低的有限公司，他所担负的只是有限责任，被欺诈的一方要想追回损失，是非常困难的。

（2）合同当事人（欺诈方）有履约能力的欺诈。欺诈方主要是利用合同条款进行欺诈，特别是合同中品质条款、违约条款、担保条款和索赔条款常常被欺诈者利用。

二、出口贸易合同风险主要防范环节及基本做法

（一）加强对买卖合同的管理

在企业内部加强对买卖合同或其他经济合同的管理，就能帮助企业按照合同科学安排各项相关工作，及时解决合同签订和履行中存在的问题，防范不法分子利用合同进行欺诈。管理工作包括：

（1）设置必要的买卖合同管理机构，有主要领导挂帅，有专职的合同管理人员。其主要任务是负责检查、监督和指导、审核各类合同的签订、履行，参与每份买卖合同的可行性研究，审批对外签订的重大买卖合同等。

（2）制订科学完善的买卖合同管理制度。包括：各类相关人员和部门的工作责任制度，签约审查制度，监督检查制度，考核归档制度等。

（3）其他买卖合同的管理工作还包括买卖合同示范文本的管理，合同专用章的管理等。

（二）签订买卖合同前的反欺诈

这期间反欺诈的审查是对签订买卖合同的主体的审查。主要应该做好四个方面的审查：从公民和法人两方面审查对方有无民事行为能力，审查对方的信誉，审查对方的履约能力，以及对合同承办人的资格审查。

（三）签订买卖合同时的反欺诈

这一阶段反欺诈的主要任务是对合同的形式、合同的主要条款、合同的签字盖章、合同的担保及有关手续的审查。

供方在履行买卖合同中反欺诈的主要任务就是确保供方能在交付货物转移货物的所有权之后顺利获取需方支付的价款。一般情况下，都是由供方先交付货物，需方在验收货物之后才支付货款。供方在履行买卖合同中反欺诈应注意以下问题：

（1）采取托收承付结算方式的，需方拒付货款，应当按照人民银行结算办法的拒付规定办理。如果需方无理由拒付货款，供方可申请对方开户银行进行说服。经对方开户银行说服无效，银行强制扣款。

（2）在交货时，根据合同约定供方要求需方提供担保。需方不提供担保的，供方拒绝交付货物。因为供方一旦交付货物，就失去了对货物控制的权利。

（3）申请仲裁或向法院起诉。当事人在买卖合同中约定申请仲裁的，供方不得先向人民法院起诉，而必须先申请仲裁。当事人在买卖合同中约定向人民法院起诉的，供方可在供方所在地法院、需方所在地法院、标的物所在地法院、合同签订地法院、合同履行地法院之中选择一个法院，提起诉讼。

（四）履行买卖合同中的需方反欺诈

需方在履行合同中反欺诈的主要任务就是确保取得依照合同约定供方交付的货物,其应注意的问题如下:

（1）根据合同规定,在供方先行交付货物,需方然后才支付货款的情况下,如果供方不先行交付货物,需方就不必支付货款。如果供方迟延交货,需方可根据合同规定,要求供方承担违约责任。如果供方拒绝交付货物,则根据不履行规则要求供方承担违约责任。

（2）根据合同规定,在需方支付货物价款之后,供方才履行交货义务的情况下,如果供方在签订合同后履行合同前,其财产状况恶化,有可能在将来需方支付货款之后仍不能交付货物,需方有权要求供方先行交货或提供担保,否则,需方拒绝履行自己支付货款的义务。如果供方提供担保,则需方就须先行支付货款。供方提供担保后在货物的交付期限届满仍不能履行交货义务的,需方可就供方提供的担保执行,要求供方承担违约责任。需方还可以基于情势变更规则要求解除双方的买卖合同。

（3）根据合同规定,在供方先行交付货物而后需方才支付货款的情况下,如果供方提供的货物质量有缺陷,需方应视不同情况采取相应措施,以维护其合法权益。如:同意利用,降低货物价格;交付替代货物;拒收或退货,并要求承担违约责任,等等。

（4）如果供方本无履约能力或根本不准备履约,以欺诈手法诱引需方签订买卖合同,从而骗取定金或预付款的,需方要及时向人民法院起诉,并适时申请财产保全。供方骗款后出逃的,需方要及时向公安机关报案,收集提供供方进行欺诈的线索和证据。

（5）无论在哪一种情况下,供方不履行或不适当履行、迟延履行或拒绝履行,需方都可以根据实际情况与供方协商,要求供方承担违约责任。如协商不成,需方可以根据双方在买卖合同中的约定,或申请仲裁,或向人民法院起诉。

【思考与练习】

1. 国际货物买卖合同与国内货物买卖合同有什么不同?

2. 合同成立的要件有哪些?

3. 外贸合同的基本内容包括哪些?

【案例分析】

1. 某年我国某外贸公司出售一批核桃给数家英国客户,采用 CIF 术语,凭不可撤销即期信用证付款。由于核桃的销售季节性强,到货时间的迟早会直接影响货物的价格,因此,在合同中对到货时间作了以下规定:"10月份自中国装运港装运,卖方保证载货轮船于12月2日抵达英国目的港。如载货轮船迟于12月2日抵达目的港,在买方要求下,卖方必须同意取消合同,如货款已经收妥,则须退还买方。"合同订立后,我国外贸公司于10月中旬将货物装船出口,凭信用证规定的装运单据(发票、提单、保险单)向银行收妥货款。不料,轮船在航运途中,主要机件损坏,无法继续航行。为保证如期抵达目的港,我国外贸公司以重金租用大马力拖轮拖带该轮船继续前进。但因途中又遇大风浪,致使该轮船抵达目的港的时间,相较合同限定的最后日期晚了数小时。适遇核桃市价下跌,多数英国客户要求取消合同。我国外贸公司最终因这笔交易遭受重大经济损失。

想一想：我国外贸公司与英国客户所签订的合同是真正的 CIF 合同吗？是或不是，均请说明理由。

2. 某年 2 月 1 日巴西大豆出口商向我国某外贸公司报出大豆价格，在发盘中除列出各项必要条件外，还表示"编织袋包装运输"。在发盘有效期内我方复电表示接受，并称："用最新编织袋包装运输。"巴西方收到上述复电后即着手备货，并准备在双方约定的 7 月份装船。之后 3 月份大豆价格从每吨 420 美元暴跌至 350 美元左右。我方对对方去电称："我方对包装条件作了变更，你方未确认，合同并未成立。"而巴西出口商则坚持认为合同已经成立，双方为此发生了争执。

想一想：此案应如何处理？请简述你的理由。

 **【技能实训】**

某进出口贸易公司与日本高田商社通过贸易磋商，达成了一份关于玩具的外贸交易。假设你是某进出口贸易公司的业务员，请拟定一份出口玩具的外贸交易合约。

项目三 合同条款的制订

【项目目标】

通晓进出口合同条款的主要内容,掌握进出口合同中商品品名、品质、数量、包装、价格、运输、保险、支付、检验、索赔、不可抗力、仲裁等条款的制订方法,能够制作一份规范的进出口合同。

【思政目标】

外贸从业人员应当具备全球视野和战略眼光,坚持国家利益至上,充分认识中国从品牌大国走向品牌强国、从制造大国走向制造强国、从经济大国步入经济强国的重大意义,树立中国品牌意识,助力中国优质产品在海外市场的推广。

任务一　明确商品的品名、品质、数量和包装

【知识目标】

了解商品命名方法、品质的表示方法、商品数量的确定方法、运输包装的标志等基本知识，掌握商品品名、品质、数量和包装条款的内容、规定方法及注意事项。

【能力目标】

能够订立国际货物买卖合同中的品名条款、品质条款、数量条款和包装条款。

【案例视窗】

我国某出口公司向英国出口一批大豆，合同规定："水分最高为 14%，杂质不超过 2.5%。"在成交前，该出口公司曾向买方寄过样品，订约后该出口公司又电告买方成交货物与样品相似。当货物运至英国后买方提出货物与样品不符，并出示了当地检验机构的检验证书，证明货物的品质比样品低 7%，但未提出品质不符合合同的品质规定。买方以此要求该出口公司赔偿其 15000 英镑的损失。

请问：该出口公司是否该赔？本案例给我们什么启示？

案例分析：该出口公司没有充分的理由拒绝赔偿。因为卖方行为已经构成双重保证。在国际贸易中，凡是既凭样品买卖，又凭说明买卖时，卖方所交货物必须既符合样品要求，同时又符合说明要求，否则，买方有权利拒收货物。本案中，合同规定水分为 14%，杂质不超过 2.5%。以此来看，双方是凭说明进行买卖，卖方所交货物只要符合合同规定就算履行义务。但是，卖方在成交前向买方寄送过样品，并且没有注明"参考样品"字样，签约后又电告买方所出运货物与样品相似，买方有理由认为这次业务既凭样品又凭说明进行交易。买方检验货物与样品不符，因而有权索赔。

3

模块一　商品的品名和品质

由于商品品质对商品的效用、市场价格和市场销路有重大影响，买卖双方为了保证交易商品符合一定的质量要求，都要在协商一致的基础上，在买卖合同中订立品名品质条款，就商品的品质及双方当事人在这方面的权利和义务做出具体规定，作为卖方交货和买方验收的依据。

掌握买卖合同中订立品名品质条款的重要性和基本方法，明确商品品质的重要性，以及从总体上把握好关于商品品质条款及其作用，是我们做好国际贸易的重要技能。

一、商品的品名

商品的品名（Name of Commodity）即商品的名称，是指能使某种商品区别于其他商品的一种称呼或概念。品名描述是双方交接货物的基本依据，关系到双方的权利和义务。品名条款是合同的主要条款。

（一）约定商品品名的意义

从业务角度看，品名或说明的规定是双方交易的物质内容，是交易赖以进行的物质基

础和前提条件。因此买卖双方在磋商和签订进出口合同时,一定要明确、具体地订明商品的品名,并尽可能使用国际上通用的名称,避免履约的麻烦。

从法律角度看,在合同中规定标的物的具体名称,关系到买卖双方在货物交接方面的权利。在国际货物买卖业务中,如果卖方所交货物不符合约定的品名规定,则买方有权提出索赔,甚至拒收货物或撤销合同。

(二)约定商品品名条款的内容

国际货物买卖合同中的品名条款,并无统一的要求和格式,通常由买卖双方协商确定。品名条款的内容一般比较简单,通常都是在"商品名称"或"品名"的标题下,列明交易双方成交商品的名称。有时为了省略起见,也可不加标题,只在合同的开头部分,列明交易双方同意买卖某种商品的文句。另外,有些商品还出现了品名和品质条款合并的情况。

(三)商品的命名方法

商品的名称在一定程度上体现了商品的自然属性、用途,以及主要性能特征。在国际贸易中,很少是一手交钱一手交货,即看货成交。买卖双方在贸易洽谈和签订合同时,通常不能见到具体的商品,一般是凭借对商品做出的描述和名称达成交易。可见对商品准确、恰当地命名至关重要。常见商品的命名方法,如表3-1所示。

表3-1　常见的商品命名方法

命名方法	命名意义	例子
以其主要用途命名	便于消费者按其需求购买	旅游鞋
以其所使用的主要成分与原料命名	反映商品的质量和内涵	洋参丸
以其外观造型命名	有利于消费者了解商品特征	平底锅
以其褒义词命名	突出商品的使用性能、对象和特征	青春宝、营养快线
以地名、古迹、人物名字命名	引起消费者注意与兴趣	西湖龙井茶
以制作工艺命名	增强消费者信心	脱脂奶粉

(四)商品的命名注意事项

品名条款是国际货物买卖合同中的主要条款,因此,在规定此项条款时,应注意以下事项:

要尽可能使用国际上通行的名称——《联合国国际贸易标准分类SITC》中的名称。如:我们常称的一些药品如病毒唑,而国际通用名称为利巴韦林。国际上为了便于对商品的统计征税时有共同的分类标准,海关合作理事会主持制订了《协调商品名称及编码制度》(The Harmonized Commodity Description and Coding System,简称H.S.编码制度)。该制度于1988年1月1日起正式实施,我国于1992年1月1日起采用该制度。

必须实事求是,合理描述成交的商品,切实反映商品的实际情况。如:品名为优质红茶,大家对优质的理解各不相同,就不宜使用。

内容应当清楚、明确、具体,能反映商品的性能、特点和用途,利于合同的履行,避免空泛、笼统或含糊的规定。如:品名为大米,就不够具体,应标明东北大米,或其他产地的大米。

应恰当选择商品的不同名称以降低关税、方便进出口,不同的商品可能存在同一商品因名称不同而支付的关税和运费不同,所受到的进出口限制也可能不同。

（五）商品品名条款

"威尔士"牌足球,货号 WS18,5 号球,真皮手缝,国际足联认可。WELSON BRAND FOOTBALL ART. NO. WS18, SIZE 5, GENUINE LEATHER, HAND-SEWN, FIFA APPROVED.

 **【小贴士】**

某年 9 月初,我国某公司对外签订了一份合同,合同规定:商品品名为"手工制造书写纸"（HANDMADE WRITING PAPER）,买方收到货物后,经检验发现货物部分制造工序为机械操作,而我方提供的所有单据均表示为手工制造,对方要求我方赔偿,而我方拒赔,主要理由是:

（1）该商品的生产工序基本是手工操作,而且关键工序完全采用手工;

（2）该交易是经买方当面先看样品成立的,并且实际货物品质又与样品一致。因此,应认为所交货物与商定品质一致。

想一想:责任方是否在我方? 为什么?

二、商品的品质

在国际贸易中,商品的品质是最为重要的问题,商品的品质优劣直接影响商品使用价值和价格,这往往是买方最为关心的。根据《联合国国际货物销售合同公约》的规定,若卖方的交货不符合约定的品质条件,买方有权要求损害赔偿,也可要求修理或交付替代货物,甚至拒收货物或撤销合同。

（一）商品品质的含义

商品的品质（Quality of Goods）是商品满足消费者一定需要的内在素质和外观形态的综合。内在素质一般是指商品的化学成分、物理和机械性能、生物特性等,需要借助仪器、设备进行分析测试获得;外观形态一般是指商品的外形、结构、色泽、味觉等,可以通过感觉器官直接获得。

品质的优劣不仅影响商品的价格、销售数量和市场份额,而且关系到商品信誉、企业信誉甚至整个国家形象。在当前国际市场竞争日趋激烈的情况下,许多国家都把提高商品质量,作为非价格竞争的一个重要组成部分。

（二）商品品质的要求

对商品品质的要求:"以质取胜""质量第一,信誉第一",如表 3-2 所示。

表 3-2 商品品质的要求

对出口商品的品质要求	对进口商品品质的要求
适应进口国的有关法令和要求 发展适销对路的商品出口 严把出口质量关 建立行之有效的产品质量环境管理体系 交货品质必须符合合同规定	严把进口质量关,不进口质量低劣的商品 从实际需要出发,实事求是 签订合同时,应注意品质要求的严密性,避免因疏忽而造成损失;货物到达后,及时检验,杜绝不合格商品进入国门

（三）商品品质的表示方法

既然商品的品质至关重要,买卖双方在进行贸易洽谈时,应当对成交的商品品质约定明确,这就要解决一个重要的问题,即通过什么方法来表明商品的品质。在国际贸易中,由于商品种类繁多,特点各异,表示商品品质的方法也各不相同。主要有以下几种。

1. 看货买卖

看货买卖是指买卖双方根据成交货物的实际品质进行交易。这种方法多半用于拍卖、寄售和展卖业务中,尤其适用于具有独特性质的商品,如珠宝、首饰、字画、雕刻及特定工艺制品。

看货买卖必须具备三个条件:即卖方有足够的现货;有存货和交易的场所;买方或其代理人必须亲临现场。只要卖方交付的是买方验看过的商品,买方就不得对品质提出异议。

2. 凭样品买卖

样品通常是指从一批货物中抽出来的或由生产、使用部门设计加工出来的,足以反映和代表整批货物品质的少量实物。凭样品买卖就是用样品表示货物质量并以此作为交货依据的交易,多适用于工艺品、服装、土特产品、轻工业品等商品的交易。

样品可以由卖方或者买方提供,无论由哪一方提供,一旦双方凭证成交便成为履行合同时交接货物的质量依据,卖方承担交付的货物质量与样品完全一致的责任,否则买方有权提出索赔甚至拒收货物。

(1)凭卖方样品买卖。成交样品由卖方提供,称为“凭卖方样品买卖”。若样品由卖方提供,卖方选择样品时,应注意样品品质必须具有充分的代表性。若提供样品的质量高于整批货物的质量,可能会引起买方提出质量异议;若低于整批货物的质量,会使成交价格受影响。

卖方取样送交买方的同时,应保留与送交样品质量完全一致的另一样品,即留有复样,以备将来组织生产,交货或处理质量纠纷时做核对使用。对留样的保存要妥善,要注明编号、取样以及交样日期,针对不同商品的样品要采取密封、防潮、防污染、防虫害等保护措施。

(2)凭买方样品买卖。成交样品由买方提供,称为“凭买方样品买卖”。在实际操作中,为避免发生分歧,卖方在接到买方提供的样品后,进行仿制或选择质量相近的子产品的样品提交买方确认,这称为对等样品(Counter Sample)。对等样品经买方确认,即成为双方交易的品质依据。这种做法比较谨慎,可以将买方样品变成卖方样品,变被动为主动。

(3)凭样品买卖应注意的事项。

① 提供的样品要有代表性。应在大批货物中选择中等的实物作为样品,避免由于样品与日后所交货物品质不一致,引起纠纷,造成经济损失。

② 以样品表示品质的方法,只能酌情采用。凡能用科学的指标表示商品质量时,就不宜采用此法。

③ 应留存一份或数份同样的样品,作为复样,留有编号和日期,以备将来组织生产、交货或处理品质纠纷之用。

④ 卖方交货品质必须与样品完全一致,若对品质无把握时,可在合同条款中规定,“品质与样品大致相同”(Quality shall be about equal to the sample)或“品质与样品相似”(Quality is nearly same as the sample)。

3. 凭文字说明买卖

(1)凭规格买卖。规格是指用以反映商品质量的若干主要指标,如成分、含量、纯度、容量、性能、大小、长短、粗细等。买卖双方进行洽谈交易时,应提供具体规格来说明商品的基本品质状况,并在合同中订明。

例如:

东北大豆,

水分(max):14%;

含油量(min):18%;

杂质(max):1%;

不完善率(max):7%。

用规格表示商品品质的方法简单易行、明确具体,而且可以根据每批货物的具体情况进行灵活调整,所以它在国际贸易中的应用非常广泛。

(2)凭等级买卖。等级指同一类商品,按其规格上的差异,分为品质优劣不同的若干级别,用文字、数字或符号所做的分类。如特级、一级、二级等。商品的等级,通常是由制造商根据长期的生产经验,在掌握其具体品质的基础上制订出来的,它有助于满足各种不同的需要,也有利于根据不同需要来安排生产加工。

例如:

一级铁观音。

皮蛋按重量大小分为奎、排、特、顶、大五级。

核桃仁按大小分为头路、二路、三路。

 【小贴士】

某出口公司与国外公司成交红枣一批,合同与信用证上列明的是三级品,但到发货装船时才发现三级红枣库存告罄,于是改用二级品交货,并在发票上加注:"二级红枣仍按三级计价。"

想一想:这种做法合理吗?为什么?

(3)凭标准买卖。标准指商品的规格和等级的标准化,商品的标准一般由标准化组织、政府机关、行业团体、商品交易所制订并予以公布。

在国际贸易中,对一些已经被广泛接受的标准,一般倾向于按该项标准进行交易。根据标准适用的范围和地域的不同可分为国际标准、国家标准、行业标准和企业标准。

从法律角度看,并非所有标准对各国进出口贸易都有约束力。目前,被广泛认同,影响最大的是国际标准化组织(ISO)制订的 ISO 9000 系列(质量管理体系)和 ISO 14000 系列(环境管理体系)。

我国在制订国家标准体系时也尽量参照了 ISO 9000 系列和 ISO 14000 系列。实施ISO 的这两个一体化管理体系有助于改善和提高我国企业和产品在国内外消费者及客户中的形象,降低经营及管理成本,使我国产品适应国际市场对于产品在质量上的新需求,提高我国产品的国际竞争能力。

采用标准的注意事项:

① 出口商品一般应以我国标准为依据,如有可能和把握,可酌情采用外国标准;

② 进口商品,一般采用国际标准并结合本国实际情况采用;

③ 采用标准,应注明版本年号。

此外,在进出口贸易中,有些农副土特水产品的品质变化很大,难以确定统一标准,一般采用良好平均品质和上好可销品质来表示。

"良好平均品质"（Fair average Quality，FAQ）是指一定时期内某地出口货物的平均品质水平。一般指中等货物，在我国也叫"大路货"，是和"精选货"相对而言的。合同中除了表明"F. A. Q"外，最好写有具体规格指标。

例：中国桐油良好平均品质，游离脂肪不超过 4%。

"上好可销品质"（Good Merchantable Quality，GMQ）是指品质上好，适合销售。这在实际操作中难以把握，在国际贸易中很少使用，只适用于无法利用样品或无国际公认标准可循的货物买卖，如：木材、冷冻鱼虾。

 【小贴士】

某公司从英国进口一批青霉素油剂，合同规定该商品品质"以英国药局 1953 年标准为准"，但货到目的港后，发现商品有异样，于是请商检部门进行检验。经反复查明，在英国药局 1953 年版本内没有青霉素油剂的规格标准，结果商检人员无法检验，从而使某公司对外索赔失去了依据。

想一想：从该案例中应该吸取什么教训？

（4）凭品牌或商标买卖（Sale by Brand or Trade Mark）。品牌是指厂商或销售商对所生产或销售的商品惯用的名称或牌号，以便区别于其他企业的同类产品。一个品牌可用于一种商品，如"桑塔纳"；也可以用于企业的系列产品，如"海尔"。

商标是特定商品的标志，品牌的图案化，它通常由文字、图形组成。商标属于知识产权，商标与牌号受商标法保护，必须注册，防止侵权。

在国际市场上，产品质量稳定，知名度高、信誉好，并且为消费者所熟知和喜爱的产品，买卖双方在贸易洽谈时，可以凭品牌或商标来规定商品的质量。例如，小米手机、海尔电视、雅戈尔衬衫等。

需要注意的是，若国外客户要求定牌生产，注意该品牌是否合法，以免运往国外触犯进口国家的商标法而引起纠纷。

（5）凭说明书和图样买卖（Sale by Descriptions and Illustrations）。说明书是指详细说明商品构造、性能、用材以及使用方法的文字资料，它包括必要的图样和图片。在进出口贸易中，如机电产品、仪器仪表、大型成套设备等技术密集型产品，由于其构造和性能复杂，安装、使用和维修有一定操作规程，无法用样品、商标或几项指标来确定其质量。在这种情况下，必须使用说明书并附以图样、照片、分析表来确定商品的品质。

（6）凭原产地名称买卖（Sale by Name of Origin）。有些产品因其独特的自然条件或特有的传统加工工艺，使其品质具有独特的风格和特色。如景德镇陶瓷、金华火腿、北京烤鸭、法国香水、慕尼黑啤酒，等等。对于这类产品，一般用产地名称来表示其品质，以此显示这些产品具有特殊品质或品味。

（四）商订商品品质条款的规定及注意事项

1. 商品品质条款的基本内容

商品品质条款是合同中的一项主要条款，它是买卖双方对商品质量、规格、等级、标准、商标、牌号等的具体规定，基本内容是商品的品质、规格、等级、标准和商标、牌号等。在凭样品买卖时，应列明样品的编号和寄送日期，有时还加列交货品质与样品一致或相符的说

3

明。在凭标准买卖时,一般应列明所采用的标准及标准版本的年份。

卖方应以双方约定的品质交货,否则买方有权提出索赔或拒收货物,以至撤销合同。合同中的品质条款也是商检机构进行品质检验、仲裁机构进行仲裁和法院解决品质纠纷案件的依据。

2. 规定品质条款的注意事项

(1)对某些商品可规定一定的品质公差或品质机动幅度。在国际贸易中,卖方所交货物的质量必须和合同规定相符合。但是,某些产品由于存在自然损耗,或受生产工艺、产品本身特点的影响,无法保证极为准确的指标数据,这就需要在签订合同时对商品的品质规定一定的品质公差或品质机动幅度。

品质公差(Quality Tolerance)是指国际上公认的产品品质的误差,允许卖方交付货物的特定质量指标有公认的误差。国际上公认的误差标准,买卖双方可以不在合同中明确规定,国际上没有公认的误差标准或需要扩大差异范围,买卖双方可在合同中具体规定质量公差的内容,即买卖双方共同认可的差异。一般不另行计价,即按合同价格计收。

例如:

出口手表,允许每48小时误差1秒。

出口棉布,每匹可有0.1米的误差。

品质机动幅度(Quality Latitude)是指卖方所交货物的品质指标在一定幅度内可以机动,只要在幅度范围内,货物即符合合同要求。品质机动幅度的标示有三种方法,如表3-3所示。

表3-3　品质机动幅度标示方法

方法	含义	例子
规定范围	允许品质指标差异的范围	棉布幅阔35/36英寸,即布的幅阔在35到36英寸之间都符合要求
规定极限	对品质的指标规定出上限或下限,通常使用最大、最小、最多、最少、最高或最低来表示	芝麻水分最高7%,杂质最多3%
规定上下差异	允许品质指标上下变动幅度	鸭绒的含绒量为80%,允许±1%

(2)正确运用各种表示品质的方法。在实际业务中,应视商品的特性选用表示商品品质的方法,尽量采用一种方法表示商品品质,避免对所交货物品质承担双重担保义务。一般来说,凡能用科学的指标说明其质量的商品,则适用于凭规格、等级或标准买卖;有些难以规格化和标准化的商品,则适用于凭样品买卖;有些质量好,并具有一定特色的名优产品,适用于凭商标或品牌买卖;有些性能复杂的机器、电器和仪表,适用于凭说明书和图样买卖;有些具有地方风味和特色的产品,可凭产地名称买卖。

 【小贴士】

我国某公司出口纺织原料一批,合同规定水分最高15%,杂质不超过3%,但在成交前曾向买方寄过样品。货到后,买方提出货物的质量比样品低7%的检验证明,并要求我方赔偿损失。

想一想：我方是否应该赔偿？为什么？

（3）品质条件要有科学性和合理性。在商订合同品质条款时，要考虑到生产加工、供货的可能性。特别是在进行文字描述时，一定要注意重要指标不能漏、次要指标少订、无关紧要的指标不订。

（4）品质条款要合法合规。买卖双方在商订合同品质条款时要尊重对方的贸易权利，了解进口国风俗习惯，适应进口国的有关法律与条例的规定。

（五）商品品质条款示例

Alaska Pollock fishmeal（鳕鱼）

Protein：65％，Min. Fat：10％，Max.Ash：22％，Max.Moisture：10％ Max.

This fishmeal should be fresh, typical of fishmeal flavor, suitable to make eel（鳗鱼）fish feed, no decayed, no blocks, fine enough, not having thick bones.

模块二　商品的数量

一、约定商品数量的意义

商品的数量（Quantity of Goods）是指以一定的度量衡单位表示的商品的重量、个数、长度、面积、体积、容积等的多少。

商品的数量是国际贸易合同中不可缺少的主要条件之一，买卖双方的交易总是针对一定数量的商品。数量是买卖双方交接货物的依据。卖方交付货物的数量必须与合同规定的数量相符合，否则，买方有权提出索赔，甚至拒收货物。

《联合国国际货物销售合同公约》第三十五条规定，按约定的数量交付货物是卖方的一项基本义务，如卖方交付的货物数量大于合同规定的数量，买方可以收取也可以拒收多交部分的货物；如卖方交付的货物数量少于约定的数量，卖方应在规定的交货期届满前补交，但不得使买方遭受不合理的不便或承担不合理的开支。即使如此，买方也有保留要求赔偿的权利。因此，定好合同的数量条款，约定切实可行的成交数量，具有十分重要的意义。

【小贴士】

我国某公司向国外某客商出口 70 吨小麦，卖方实际交货时多交了 1 吨。

想一想：买方可做出的决定是（　　　　）。

A. 收取 71 吨货物　　　　　　　　　　B. 收取多交货物中的半吨

C. 拒收 71 吨货物　　　　　　　　　　D. 拒收多交的 1 吨货物

二、计量单位和计量方法

在进出口贸易中，由于商品的种类繁多，特性各异，所以计量单位和计量方法也多种多样。加上各国所采用的度量衡制度也不相同，所以，在进出口业务中，了解各种度量衡制度，熟悉各种计量单位和计量方法十分重要。

（一）国际贸易中常用的度量衡制度

目前，国际上通常使用的度量衡制度有四种，如表3-4所示。

表 3-4   度量衡制度

序号	度量衡	内容
1	公制 （Metric System）	以十进位制为基础，"度量"与"衡"之间有内在的联系,相互之间的换算比较方便
2	英制 （British System）	在世界上有较大影响,特别是在纺织品等交易中。但使用不方便
3	美制 （U. S. System）	以英制为基础,多数计量单位的名称与英制的名称相同,但含义有差别,主要体现在重量单位和容量单位中
4	国际单位制 （International System of Units,简称 SI）	有利于计量单位的统一,标志着计量制度日趋国际化和标准化

　　我国采用的是以国际单位制为基础的法定计量单位。《中华人民共和国计量法》第三条中明确规定："国家采用国际单位制。国际单位制计量单位和国家选定的其他计量单位,为国家法定计量单位。"

（二）计量单位

　　国际市场上商品的计量单位很多,选择什么单位计量主要取决于商品的种类和特点,以及交易的计量习惯。通常使用的计量单位,如表 3-5 所示。

表 3-5   常见计量单位表

类别	适用范围	计量单位
重量 （weight）	农副产品、矿产品和一些工业制成品	公吨（metric ton）　长吨（long ton）　短吨（short ton） 千克（kilogram, kg）　克（gram, g） 磅（pound）　盎司（ounce）　公担（quintal） 1 长吨 ＝1016.0 千克　1 短吨 ＝907.2 千克
数量 （number）	大多数工业制成品,尤其是日用消费品、工业品、机械产品,以及一部分土特产品	件（piece）　双（pair）　套（set）　罗（gross） 打（dozen）　卷（roll）　令（ream）　头（grass） 辆（unit）　包（bale）　袋（bag）　桶（drum）　箱（case） 1 罗 ＝12 打　1 打 ＝12 件　1 令 ＝480 张
长度 （length）	金属绳索、丝绸、布匹等商品	米（meter）　厘米（centimeter）　张（plate） 英尺（feet）　英寸（inch）　码（yard） 1 英尺 ＝12 英寸 ＝30.48 厘米　1 码 ＝3 英尺 ＝0.914 米
面积 （area）	适用于玻璃板、地毯、皮革等商品	平方码（square yard）　平方米（square meter） 平方英尺（square foot）　平方英寸（square inch）
体积 （volume）	用于木材、天然气和化学气体等商品	立方米（cubic meter）　立方码（cubic yard） 立方英尺（cubic foot）　立方英寸（cubic inch）
容积 （capacity）	各种谷物和流体货物如酒类、汽油、石油等商品	公升（liter）　加仑（gallon）　蒲式耳（bushel） 1 加仑 ＝4.546 升（美）　1 加仑 ＝3.785 升（英）

（三）重量的计量方法

　　在进出口贸易中,很多商品的数量是按重量来计量的,而在实际业务操作中,以重量计量又有不同的计量方法。

1. 毛重（Gross Weight）

毛重是指商品本身的重量加上包装的重量。有些单位价值不高的商品常常采用毛重计量，即以毛重作为计算价格的基础。这种方式被称为"以毛作净"（gross for net）。

$$毛重 ＝ 净重 ＋ 皮重（包装的重量）$$

2. 净重（Net Weight）

净重是指商品本身的重量，即毛重除去包装的重量。很多商品在按重量计价时，即以商品的净重为准来计量。因为很难对包装一件件称重，买卖双方可事先在合同中商定，按照什么方法除去包装的重量。若合同未注明是按净重还是毛重计价时，应以商品的净重来计价。

采用净重计重时，对于如何计算包装物重量，国际上有下列几种做法：

（1）按实际皮重（Actual Tare）计算，即各种商品的包装材料逐件过磅所得的重量总和。

（2）按平均皮重（Average Tare）计算，即从全体成交商品中抽出其中若干件包装材料，按其重量的平均数计。

（3）按习惯皮重（Customary Tare）计算，指某些商品的包装方式和包装材料在习惯上已有一定的标准，只要将习惯上已认定的皮重乘以该商品的总件数，即可得到这批商品的皮重。

（4）按约定皮重（Computed Tare）计算，指买卖双方预先商定以某种重量作为每件商品的皮重，或由同类装运的货物推定其皮重。推定出的皮重乘以总件数，即可得到这批商品的皮重。

3. 公量（Conditioned Weight）

对于羊毛，生丝，棉纱等经济价值较高而含水量极不稳定的商品，可采取计算公量的方法。即先用科学的方法计算，从商品中抽出所含水分，然后加入标准水分而得出的重量。

计算公式：

$$公量 ＝［商品净重 \times（1＋ 标准回潮率）］\div（1＋ 实际回潮率）$$

其中：

$$实际回潮率 ＝（实际含水量 \div 商品干净重）\times 100\%$$
$$标准回潮率 ＝（标准含水量 \div 商品干净重）\times 100\%$$

4. 理论重量（Theoretical Weight）

理论重量适用于固定规格、固定体积、重量大体相同的货物，以其单个重量乘以其件数而得出的重量，所以一般可以从其件数就能推算出总重量。如钢板，马口铁等。

5. 法定重量（Legal Weight）

法定重量是商品重量加上直接接触商品的包装物料的重量。按照一些国家海关法的规定，在征收从量税时，商品的重量是以法定重量计算的。

 【小贴士】

我国某出口公司向日本出口驴肉一批，合同规定：每箱净重 18.5 千克，共 1500 箱，合

3

计 27.75 吨。但货物到达国外后,经日本海关查验,每箱净重并非 18.5 千克而是 20 千克,计 1500 箱,合计 30 吨,结果被海关扣押。

想一想:日本海关为何扣押我方出口商品?你认为其做法合理吗?

三、合同中约定商品数量条款的注意事项

(一)数量条款的基本内容

数量条款作为合同重要条款之一,主要包括成交商品的数量的多少和计量单位的选择。按重量成交的商品,还需在合同中订明计算重量的方法。

如:中国大米,500 公吨,5% 溢短装,由卖方选择。

China rice, 500 M/T, with 5 % more or less at seller's option

(二)订立数量条款的注意事项

1. 正确掌握好成交的进出口数量

对于出口数量,应注意国内外市场供求情况,价格变动情况,国外客户资信及经营能力等;对于进口数量要看国内实际需要,实际支付能力,市场行情变化。

2. 数量条款应当明确具体

例如"东北大米 500 公吨、单层新麻袋装,以毛作净"。合同中一般不宜采用大约、近似、左右(Approximately or About)等字样,因为"约"数的含义在国际贸易中有不同解释,容易引起纠纷。如果买卖双方一定要使用"约"数条款时,双方应事先在合同中明确允许增加或减少的百分比,否则不宜采用。根据《跟单信用证统一惯例》规定:凡大约、近似、左右等类似意义的词语用于涉及信用证金额或信用证规定的数量或单价时,应解释为允许有关金额、数量或单价可有不超过 10% 的增减幅度。

3. 合理规定数量机动幅度

在大宗商品如散装谷物、粮食、矿砂的交易中,它们存在着自然耗损,由于商品特性、生产条件、船舱容量、装载技术和包装方式等因素的影响,交货数量难以符合合同约定的某一具体数量。

为便于合同履行,减少争议,双方在合同中规定数量条款时,确定一个机动幅度,即通常采用溢短装条款的方式,允许卖方交货数量可以在一定的范围内灵活变动。

溢短装条款(More or Less Clause)就是在规定具体数量的同时,再在合同中规定允许多装或少装一定的百分比。卖方交货只要在允许增减的范围内,即为符合合同规定的数量。

例如:500 M/T, with 5% more or less at seller's option.

买卖双方约定成交数量 500 公吨,卖方可溢装或短装 5%。按此规定,卖方交货数量的范围为 475 公吨 ~525 公吨。

规定溢短装条款应注意的问题:

(1)数量机动幅度的大小要适当,通常都以百分比表示。

(2)机动幅度选择权的规定要合理。

数量机动幅度根据实际情况可由卖方选择,也可由买方选择,还可由船方选择。大多数情况下,由卖方决定;买方派船装运时,由买方决定;租船运输时,由承运人决定。

(3)溢短装数量的计价方法要公平合理。

对机动幅度范围内的多装和少装部分,一般按合同价格结算。但为防止对方利用数量

机动幅度条款和行市的变化获得好处,可以在合同中规定,多装和少装部分按装船时或到货时的市价结算,以示公平。

【小贴士】

一笔出口矿砂的合同规定:"200 M/T,2% more or less at seller's option." 卖方准备交货时,矿砂的国际市场价格突然上涨。

想一想:

1. 作为卖方,应交付多少? 为什么?

2. 如果你是买方,在磋商合同条款时,应注意哪些方面?

模块三　商品的包装

一、约定商品包装的意义

商品的包装是指按一定的技术方法,采用一定的包装容器、材料及辅料捆扎货物。

在国际贸易中,除少数裸装商品外,绝大多数商品都需要有适当的包装。许多商品只有经过包装才能进入市场。良好的包装不仅能有效地保护商品品质完好和数量完整,还能宣传和美化商品,提高商品价格,吸引顾客,扩大销路,并在一定程度上显示出口国家的科技、文化艺术水平。所以包装在商品的生产和销售中起着举足轻重的作用。

按照一些国家的法律解释,如果一方违反了所约定的包装条件,另一方有权提出索赔,甚至可以拒收货物。可见,包装条件是买卖合同中的重要交易条件。

《联合国国际货物销售合同公约》规定,卖方须按照合同规定的方式装箱或包装;如果合同未规定,货物按照同类货物通用方式装箱或包装,如果没有此种通用方式,则按照足以保全和保护货物的方式装箱或包装。

【小贴士】

在英国伦敦某一市场上有茶叶一批,黄色竹制罐装的,竹罐的一面刻有中文"中国茶叶"四字,另一面刻有我国古装仕女图,看上去精致美观,颇具民族特点和中国特色,但国外消费者少有问津。

想一想:国外消费者对我国此批茶叶少有问津的原因何在?

二、包装的种类

商品的包装,按其在流通领域中所起的作用的不同,分为运输包装和销售包装。此外,还有中性包装与定牌等。

(一)运输包装(外包装,Outer Packing)

运输包装又称为外包装或大包装,主要作用在于保护商品,便于装卸,储存,运输和统计。

1. 运输包装的类型与要求

运输包装的类型与要求,如表3-6所示。

表 3-6　运输包装的类型与要求

分类方法	包装具体类型
包装方式	单件运输包装有箱、包、桶、袋、罐、篓、瓶 集合运输包装（成组化运输包装）有集装箱、托盘、集装袋等
包装的造型	箱、袋、桶、捆
包装的材料	纸制包装、金属包装、木制包装、塑料包装、麻织品包装、玻璃制品包装、陶瓷制品包装以及竹、柳、草制品包装等
包装的质地	软性包装、半硬性包装和硬性包装

对运输包装的要求：

（1）必须适应商品的特性和各种不同运输方式的要求；

（2）必须考虑有关国家的法律规定和客户的具体要求；

（3）要便于运输物流各环节有关人员进行操作，便于对商品进行运输、装卸、搬运、储存、保管、清点和检查；

（4）在保证包装牢固的前提下节省费用。

　2. 运输包装的标志

在许多家货物同时进入车站或码头，装载同一运输工具的情况下，为了装卸、运输、交接工作顺利进行，以保证货物安全、迅速、准确地运交收货人，就需要在运输包装上书写、刷制有关标志，以识别和提醒人们注意操作。包装标志可分为运输标志、指示性标志和警告性标志，其中运输标志是运输包装标志中最重要的标志，在实际业务中使用较多。

（1）运输标志（Shipping Mark）。运输标志又叫"唛头"，是在运输过程中，为便于有关人员辨认和识别货物，便于核对单证，防止错发、错运，在货物的运输包装上书写、压印或刷制的字母、图形、文字和数字的标志，使货物能顺利和安全地运抵目的地。

为方便运输标志的使用，联合国欧洲经济委员会简化国际贸易程序工作组，在国际标准化组织和国际货物装卸协调协会的支持下，制订了一项标准运输标志向各国推荐使用。该标准运输标志，如图 3-1 所示。

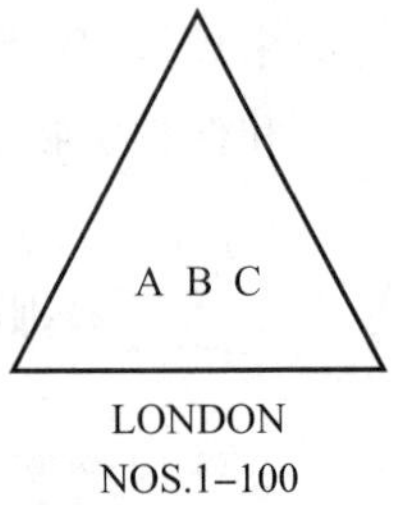

LONDON
NOS.1-100

图 3-1　唛头

收货人：买方名称的英文缩写字母或简称，例如：ABC。

参考号：运单号、订单号、发票号，例如：1234。

目的地：货物最终目的地或目的港的名称，例如：LONDON。

件号（批号）：包装货物的每件货物的顺序号和总件数均需标上，例如：1/25。

（2）指示性标志（Indicative Mark）。根据商品的特性，对一些容易破碎、残损、变质的商品，提示人们在搬运、装卸、运输和存放保管过程中需要注意的事项，一般都是以简单、醒目的图形和文字在包装上标出。如小心轻放（Handle With Care）、向上（This Way Up）等，如图 3-2 所示。

（3）警示性标志（Warning Mark）。又称危险货物包装标志，凡在运输包装内装有爆炸品、易燃物品、有毒物品、腐蚀物品、氧化剂和放射性物资等危险货物时，都必须在运输包装上标明用于各种危险品的标志，以示警告，便于装卸、运输和保管人员按货物特性采取相应的防护措施，以保护运输物资和人身的安全。如有毒气体、自燃物品等，现列举几种常见警告性标志，如图 3-3 所示。

图 3-2　常见指示性标志图

图 3-3　常见警示性标志图

（二）销售包装（内包装，Inner Packing）

销售包装又称小包装或内包装，是直接接触商品并随商品进入零售网点和消费者直接见面的包装。销售包装除具有保护商品的作用外，还要具有便于消费者识别、选购、携带和使用等功能。

1. 条形码

条形码（Bar Code）是由一组配有数字的黑白及粗细间隔不等的平行条纹所组成，它是一种利用光电扫描阅读设备为计算机输入数据的特殊代码语言。

在国际上通用的包装上的条形码有两种：一种是由美国、加拿大组织的统一编码委员会编制，其使用的物品标识符号为 UPC 条形码（Universal Product Code）；一种是由欧洲

12国组成的欧洲物品编码协会编制,该协会之后改名为国际物品编码协会(International Article Numbering Association),其使用的物品标识符号为EAN条码(European Article Number)。目前,EAN-13条形码国际上使用最广泛,前3位数字为国别码,中间4位数字为厂商代码,后5位数字为产品代码,最后一位为校验码。

1991年7月我国正式加入国际物品编码协会,该协会分配给我国的国别号为"690",凡标有"690""691""692"条形码的商品,即表示为中国出产的商品。

2.中性包装

中性包装(Neutral Packing)是指在商品本身及其包装上不注明生产国别、地名和厂商名称,也不标明原有商标或牌号的包装。

中性包装包括无牌中性包装和定牌中性包装两种。前者是指包装上既无生产地名和厂商名称,又无商标、品牌;后者是指包装上仅有买方指定的商标或品牌,但无生产地名和出口厂商的名称。

采用中性包装,可以打破某些进口国家与地区的关税和非关税壁垒以及适应某些交易(如转口销售等)的特殊需要,使我国商品能顺利进入这些国家和地区市场,是扩大商品出口的一种竞争手段。

3.定牌

定牌(Brand Designated by The Buyer)指卖方按买方要求在商品包装上采用买方指定的式样做商标或牌号。具体做法如下:

(1)只用买方指定的商标或品牌,而不加注生产国别和出口厂商的名称,即定牌中性包装;

(2)在定牌生产的商品或包装上,标明我国的商标或品牌,同时也加注国外买方商标或品牌的标记;

(3)接受国外商人指定的商标,但在商标牌号下标明"中国制造"。

 【小贴士】

2002年世界杯期间,日本某进口商为了促销运动饮料,向中国出口商订购T恤衫,要求以红色为底色,并印制"韩日世界杯"字样,此外不需要印制任何标识,以在世界杯期间作为促销手段随饮料销售赠送现场球迷。合同规定2002年5月20日为最后装运期,我方组织生产后于5月25日将货物按质按量装运出港,并备齐所有单据向银行议付货款。然而货到时由于日本队止步于16强,日方估计到可能的积压损失,以单证不符为由拒绝赎单。在多次协商无效的情况下,我方只能将货物运回以便在国内销售减少损失,但是在货物途径海关时,海关认为由于"韩日世界杯"字样及英文标识的知识产权为国际足联所持有,而我方外贸公司不能出具真实有效的商业使用权证明文件,因此海关以侵犯知识产权为由扣留并销毁了这一批T恤衫。

想一想:海关的处理是否正确?为什么?

三、国际货物买卖合同中的包装条款

(一)包装条款的基本内容

进出口贸易合同中,包装条款内容一般包括包装材料、包装方式、包装规格、包装标志和包装费用负担等内容。

每件装一塑料袋,半打为一盒,十打装一木箱。

PACKING:EACH PIECE IN A POLYBAG,HALF DOZ. IN A BOX AND 10 DOZEN IN A WOODEN CASE.

单层新麻袋,每袋约 100 千克。

PACKING:IN NEW SINGLE GUNNY BAGS OF ABOUT 100 KG EACH.

(二)订立包装条款注意事项

商品的包装条件会涉及买卖双方利益,包装方式对进口商在市场上的销售有一定的影响。故买卖双方洽谈交易时必须对包装问题谈妥,并在合同中订立明确。

1.要考虑商品的特点和运输方式,适应不同运输方式的要求

进出口贸易商品大多需要远洋运输,一般要求包装能防止泄漏,防止盗窃,适应气候变化,同时要根据具体商品的特点实施相应包装。

2.对包装的规定必须明确具体

买卖双方在洽谈时,经充分意见交流,合同中有关包装条件明确具体,不要使用"海运包装(Seaworthy Packing)""习惯包装(Customary Packing)"等笼统术语。这种术语内容不明确,各国理解不一,应避免使用。例如,某种商品包装条款商订为"进口纸箱包装,内塑料袋,每箱净重 10 千克",这种规定太过笼统,不宜采用。

3.运输标志的使用

按国际贸易习惯,运输标志一般由卖方确定,但也有买方要求由他自己确定。若由买方确定时,应在合同中具体规定运输标志的式样和内容,买方提供的时间;同时规定,逾期未收到买方通知时由卖方自定。

4.由谁负担包装费用

包装费用一般包括在货价内,不另计收,在包装条款中无须说明。但是,买方若要求特制包装,导致包装费用超出正常程度,使产品成本增加时,则需要明确超出的费用由谁负担。

5.要考虑进口国相关的政治、文化、法律等

要考虑有关国家的法律规定、消费水平、消费习惯和客户的具体要求,图案和色彩应适应有关国家的民族习惯和爱好。如美国禁止利用干草、稻草作为包装填充材料;大象在英国和印度受到不同礼遇。

3

 【任务小结】

商品的品名、品质、数量和包装是国际货物买卖合同中的主要条款之一。本项目主要介绍了合同中品名、品质、数量和包装条款的基本内容、规定办法以及订立商品品质、数量、包装条款时的注意事项。要求重点掌握商品品质表示方法、溢短装条款、运输标志,以及合同中有关商品品质、数量、包装条款的写作技巧。

 **【知识拓展】**

建设贸易强国的重大意义与基本内涵

习近平总书记在党的二十大报告中指出:"推动货物贸易优化升级,创新服务贸易发展机制,发展数字贸易,加快建设贸易强国。"这是以习近平同志为核心的党中央站在新的

历史起点上,统筹中华民族伟大复兴战略全局和世界百年未有之大变局作出的重大战略安排,为新时代新征程贸易强国建设指明了前进方向,提供了根本遵循。

一、深刻领会加快建设贸易强国的重大意义

党的十八大以来,以习近平同志为核心的党中央把握时代大势,顺应历史潮流,统筹国内国际两个市场两种资源,推进高水平对外开放,我国对外贸易取得历史性成就。我国货物贸易、服务贸易分别跃居全球第一位和第二位,货物与服务贸易总额连续两年位居全球第一位,贸易大国地位进一步巩固,贸易结构不断优化,贸易效益显著提升,正在向贸易强国迈进。过去我国经济腾飞离不开贸易带动作用,未来贸易仍将是我国经济高质量发展的重要动力。建设贸易强国是全面建设社会主义现代化国家的必然要求,具有重大而深远的意义。

这是加快构建新发展格局的重要任务。习近平总书记强调,新发展格局绝不是封闭的国内循环,而是开放的国内国际双循环。构建新发展格局,要求以国内大循环为主体、国内国际双循环相互促进,一方面内循环牵引外循环,塑造我国参与国际经济合作和竞争新优势;另一方面外循环促进内循环,在参与国际循环中提升国内大循环效率和水平,实现内外循环的顺畅联通。对外贸易是我国开放型经济的重要组成部分,是经济增长的"三驾马车"之一,是畅通国内国际双循环的关键枢纽。加快建设贸易强国,就是要更好发挥贸易对商品和要素流动的载体作用,促进市场相通、产业相融、创新相促、规则相联,推进高水平科技自立自强,提升产业链供应链韧性和安全水平,提高综合竞争力,深度参与全球产业分工和合作,在更高开放水平上形成良性循环,更好服务构建新发展格局。

这是满足人民美好生活需要的客观要求。习近平总书记指出,江山就是人民,人民就是江山。我国社会主要矛盾已发生变化,人民群众对美好生活的需要日益增长,由"有没有"转向"好不好"。无论是货物贸易还是服务贸易、出口还是进口,都与人民生活息息相关。外贸主体直接和间接带动就业超过1.8亿人,增加了居民收入。2021年我国进口超过17万亿元,占全球比重已提高到11.9%。大量优质消费品、先进技术设备、关键零部件和能源资源进口,既满足了产业升级的需要,也满足了消费升级的需要。加快建设贸易强国,就是要坚持把满足人民美好生活需要作为出发点和落脚点,通过提高出口质量效益,更好发挥对外贸易在稳就业、稳经济上的重要作用;通过扩大优质产品和服务进口,满足人民多层次多样化消费需求,提升人民生活品质,不断增强人民群众的获得感和幸福感。

这是应对世界百年未有之大变局的主动作为。习近平总书记指出,当前,世界之变、时代之变、历史之变正以前所未有的方式展开。国际经济格局持续演变,全球治理体系深刻重塑,单边主义、保护主义抬头,经济全球化遭遇逆流。有关研究表明,十年来"世界开放指数"不断下滑,全球开放共识弱化。近年来,全球产业链供应链呈现本土化、区域化、短链化趋势,新冠病毒传播和乌克兰危机后这一趋势加剧。一些国家推动脱钩断链,把世界经济政治化、工具化、武器化。国际经贸往来是推动经济全球化持续向前的正能量,是维护全球产业链供应链安全的稳定器。加快建设贸易强国,就是要拉紧与世界各国的利益纽带,发挥好经贸"压舱石"作用,扩大开放合作,促进互利共赢,化解风险挑战,增加回旋余地,赢得战略主动,更好地应变局、育新机、开新局。

这是推动构建人类命运共同体的务实举措。习近平总书记指出,人类生活在同一个地球村里,生活在历史和现实交汇的同一个时空里,越来越成为你中有我、我中有你的命运共同体。自古以来,和平发展往往伴随着贸易繁荣,贸易繁荣又促进了世界各民族友好交往,

比如古代丝绸之路是一条贸易之路，更是一条友谊之路。当前，新一轮科技革命和产业变革深入发展，各国经济深度融合，各国相互联系和彼此依存比过去任何时候都更频繁、更紧密，和平发展、合作共赢已成为时代潮流。加快建设贸易强国，就是要坚定奉行互利共赢的开放战略，不断以中国新发展为世界提供新机遇，通过进出口满足各国人民生产生活需要，让全世界分享中国大市场，推动各国特别是发展中国家产业发展和工业化进程，促进共同发展，为世界经济注入新动力，推动开放型世界经济建设，推动构建人类命运共同体。

二、准确把握加快建设贸易强国的基本内涵

党的二十大报告提出加快建设贸易强国，内涵丰富，为我国贸易发展方向提供了明确指引。我们要深入学习领会党的二十大精神，推进高水平对外开放，加快建设贸易强国，更加注重自主创新，更加注重高质量发展，推动内需和外需、进口和出口、货物贸易和服务贸易、贸易和双向投资、贸易和产业协调发展，牢牢把握发展和安全的主动权，开创开放合作、包容普惠、共享共赢的国际贸易新局面。

（一）强化开放引领，夯实贸易强国基础

对外开放是我国的基本国策，是当代中国的鲜明标识，是国家繁荣发展的必由之路。开放水平提高有利于增强贸易综合实力。党的十八大以来，我们实行更加积极主动的开放战略，贸易高质量发展迈出了新步伐，货物出口占全球比重从 11.1% 跃升至 15.1%，高新技术产品进出口占我国外贸比重达 30%。当前，我国开放水平仍有较大提升空间。加快建设贸易强国，要求我们扩大高水平对外开放，对标高标准国际经贸规则，稳步扩大制度型开放，推动贸易规模稳定、结构优化、质量提高，加快从贸易大国迈向贸易强国。

（二）加快创新驱动，提升贸易强国动力

创新是建设贸易强国的第一动力。党的十八大以来，我国深入推进对外贸易创新发展，积极培育新业态新模式，顺应全球数字经济发展新趋势和可持续发展新要求，不断提高贸易数字化、绿色化水平，以创新为高水平开放和高质量发展打开新空间。当前，我国贸易创新能力仍待提高，创新发展空间依然较大。加快建设贸易强国，要求我们坚持创新驱动，扩大国际合作，深化科技创新、制度创新、业态和模式创新。

（三）突出均衡发展，培育贸易强国优势

一国要成为贸易强国，应同时做到贸易强、投资强、产业强、市场强。党的十八大以来，我国推动对外贸易平衡发展，协同推进强大国内市场和贸易强国建设，加快建设全国统一大市场，促进内外贸一体化发展，不断提升全球配置资源能力。同时，我国贸易发展相关领域不平衡不充分问题仍然存在。加快建设贸易强国，要求我们更加注重结构优化，进口和出口协调、货物和服务并重、贸易和投资融合、贸易和产业联动，促进国际收支基本平衡，促进要素自主有序流动，提高要素配置效率，提升国际竞争力。

（四）深化合作共赢，拓展贸易强国空间

贸易强国应是国际经贸合作的重要引领者、全球经济治理的重要参与者。党的十八大以来，我国积极参与全球经济治理体系改革和建设，坚持真正的多边主义，高质量共建"一带一路"，加快构建面向全球的高标准自由贸易区网络。我国经贸伙伴已有 230 多个，是 140 多个国家和地区的主要贸易伙伴，与 26 个国家和地区签署 19 个自贸协定，2021 年与自贸伙伴贸易额占比达 35%。当前，我国日益走近世界舞台中央，国际社会对我国期待普遍提升。加快建设贸易强国，要求我们进一步深化多双边和区域合作，积极参与国际经贸规则制订，贡献更多中国倡议、中国方案。

3

（五）统筹发展和安全，筑牢贸易强国保障

习近平总书记强调，安全是发展的保障，发展是安全的目的。党的十八大以来，我国坚持独立自主与对外开放相统一，建立出口管制合规体系，健全产业损害预警体系，丰富贸易救济等政策工具，贸易安全保障能力明显提升。当前，全球各种安全威胁层出不穷，国际贸易环境面临诸多不稳定不确定因素。加快建设贸易强国，要求我们贯彻总体国家安全观，敢于斗争、善于斗争，筑牢贸易安全屏障，主动在开放中谋安全，在更高层次上维护国家经济安全。

 【思考与练习】

1. 什么是溢短装条款？约定溢短装条款需要注意哪些方面？

2. 什么是中性包装？国际贸易中为何会出现中性包装？

3. 运输包装与销售包装有何不同？

4. 如何结合商品的特点，合理选择和运用各种表示品质的方法？

5. 标准运输标志包括哪些内容？

6. 何谓"条形码"？在我国出口商品包装上使用条形码标志的意义何在？

7. 何谓"中性包装"？在国际贸易中为什么会出现中性包装？

 【案例分析】

1. A公司按凭样品成交的方式，从国外B公司进口当饲料用的谷物，由于B交货品质太好，使A公司的国家海关误以为是供人食用的谷物而课以重税，使A商增加了税收负担。因此，A要求B赔偿因交货品质与样品不同而造成的关税差额损失。

想一想：如果上诉到法院，该如何判决？请说明理由。

2. 中国A公司曾向B外商出售一批农产品。成交前，该公司给外商寄送过样品。签约时，在合同品质条款中规定了商品的具体规格。签约后，卖方经办人员又主动电告买方，确认"成交商品与样品相似"。在货物装运前，国家出入境检验检疫局进行了检验并签发了品质规格合格证书。但该批货物运到目的地后，买方认为，所交货物品质比样品低，要求减价。卖方认为，合同并未规定凭样成交，而且所交货物，经检验符合约定的规格，故不同意减价。于是买方便请当地检验机构检验，出具了交货品质比样品低7％的证明，并据此提出了索赔要求，卖方拒赔。由于合同中未规定仲裁条款，而发生争议后，双方又达不成仲裁协议，买方遂请中国仲裁机构协助处理解决此案争议。鉴于签约前卖方给买方寄送过样品。签约后，卖方又主动确认"交货与样品相似"且存样已经遗失，故在仲裁机构的协调下，由卖方赔付买方品质差价的办法了结此案。

想一想：中国仲裁机构这样处理的原因何在？我方应该吸取哪些教训？

3. 某外贸公司出售2000打纺织品给加拿大某商人，买方依约定开来L/C，证中规定不准分批装运。卖方发运时，发现有部分货物品质较差，故未予交足，只装运1900打。卖方认为，少装100打是可以的，其依据是，《UCP600》……在所支付款项不超过信用证金额的条件下，货物数量允许有5％的增减幅度……。银行工作人员在审单过程中也忽略了这点而漏了过去，直到单据寄到开征行时，遭到拒付。后经卖方与开证人交涉，并说明情况,开证人员最后虽然接受了单据,但卖方却遭受晚收货款 1 个月的利息损失。

想一想:开证行拒付的主要原因是什么? 我们应该吸取哪些教训?

4. 我国内地某公司按 L/C 付款方式向香港某公司出售一批货物,买方开来的信用证中,指定包装运输标志为三角形中一个"東"字,卖方刷制包装唛头时,使用了简体"东"字,开证行以包装唛头与 L/C 不符为由拒绝付款,后经卖方向开证行说明"东"是"東"的简体,并经开证人与开证行联系后才予以付款,结果遭受晚收货款 30 天的利息损失。

想一想:我们从中应该吸取哪些教训?

5. 我方出口风扇 1000 台,国外来证规定不许分批装运。装船时发现有 40 台包装破裂,风罩变形或开关脱落。为保证质量,发货方认为:《UCP600》有规定,即使不许分批装运,数量上可以有 10% 的溢短装。于是少装 40 台,但却遭到议付行的拒付。

想一想:议付行的拒付是否有理,为什么?

6. 我方向国外出口纯毛纺织品数批,买方收货后未提出任何异议。但数月后买方寄来服装一批,声称是用我方面料制作,服装有严重的色差,难以销售,要求赔偿。

想一想:我方应如何处理?

7. 国外某商人拟购买我方"菊花"牌扳手,但要求改为"鲨鱼"牌,并不得注明"Made in China"。

想一想:我方可否接受? 应注意什么问题?

8. 我方出口冰冻黄花鱼一批 20 公吨,每公吨 400 美元 FOB 上海。合同规定数量可以有 10% 的增减,国外来证规定:总金额 8000 美元,数量约 20 公吨。我方装出 22 公吨,到银行议付时却遭到议付行的拒付。

想一想:议付行拒付的原因何在?

 **【技能实训】**

1. 请为面粉、自行车、绒毛玩具这 3 项产品拟写合同中的商品品质条款。

2. 假设你是进口商,需要向出口商提供某批货(箱数为 200 件)的唛头,请设计该唛头。

3. 试根据以下资料拟定英文版包装条款:

(1)纸箱装,每箱净重 50 千克。

(2)国际标准茶叶纸箱装,10 箱一托盘,10 托盘一集装箱。

(3)木箱装,每箱 30 匹,每匹 40 码。

(4)塑料袋包装,25 磅装一袋,4 袋装一密封的木箱,木箱用金属条加固。包装费用由卖方承担。

任务二 核算商品的价格

【知识目标】

了解进出口商品价格的作价原则、作价方法和价格构成,掌握成本核算的几个重要指标和主要贸易术语间的价格换算,合理进行计价货币的选择,掌握佣金与折扣的计算方法。

【能力目标】

能够正确履行出口合同,把握好每一个环节。能够运用恰当的价格术语进行报价和成本核算;能够利用货币保值条款规避外汇风险;能够根据客户要求报含佣价与含折扣价;能够正确订立进出口合同中的价格条款。

【案例视窗】

中国某出口公司按 CIF 价格条件和信用证付款的方式向中东地区某商人出售一批服装。该公司寄出的结算单据遭开户行拒付,其理由是,在商业发票上所列价格条件仅标明目的港名称,而其前面却漏打"CIF"字样。经与议付行洽商并由议付行向开证行交涉,说明提单上注明"运费已付",又有保险单证明已投保货运险,就整套单据而言是符合 CIF 价格条件的,但开证行仍然坚决拒付,并将不符点通知开证人。开证人则以市况不佳为由,要求减价 15% 才接受单据。几经交涉之后,开证行通知议付行:"买方只能按 90% 付款赎单。"议付行就此与出口公司联系后,先按 90% 收汇,未收部分则继续与开证行交涉,但终未成功。

案例分析:本案既然是按 CIF 价格条件和信用证付款方式达成交易的,则价格条件就是商业发票内的主要项目,贸易术语是商品单价的一个组成部分。制单人不应该在发票的单价项下漏打"CIF"字样。而且在信用证付款条件下,银行是凭单据付款,制单人漏打"CIF"字样,使单据表面上与信用证规定不符,开证行有权拒绝付款。

模块一　合理选择计价货币

一、对计价货币进行分类

计价货币是指合同中规定用来计算价格的货币。如合同中的价格是用一种双方当事人约定的货币(如美元)来表示的,没有规定用其他货币支付,则合同中规定的货币,既是计价货币,又是支付货币。如在计价货币之外,还规定了其他货币(如英镑)支付,则英镑就是支付货币。

一般进出口合同都是采用可兑换的、国际上通用的或双方同意的支付手段进行计价和支付(表 3-7)。但是这些货币的软硬程度并不相同,发展趋势也不一致。出口业务中,应尽可能争取使用硬币;进口业务中,应尽可能争取使用软币。所谓硬币,是指汇率相对稳定而且具有升值潜力的货币,出口企业应尽量争取硬币结算。软币是指汇率波动幅度大,且具有贬值趋势的货币,进口付汇及债务支付,都应尽量选择软币。当然,软与硬是个相对概念,在某一特定时期,某种货币表现为硬币,但另一时期它又表现为软币,二者的地位变化,关键要立足于准确的汇率预测和分析。软硬币的选择还与贸易条件有关,当某一时期市场以买方为主时,进口商占据有利条件,可以选择有利货币;如果是卖方市场,则出口商有权选择有利货币。

 【小贴士】

表 3-7　国际贸易中常用的计价货币名称表

货币符号	货币名称	货币符号	货币名称
USD	美元	EUR	欧元
CNY	人民币	GBP	英镑
JPY	日元	CAD	加拿大元
DEM	德国马克	AUD	澳大利亚元
CHF	瑞士法郎	NZD	新西兰元
HKD	港元	SGD	新加坡元

想一想：

1. 人民币是自由可兑换货币吗？

2. 欧元是怎么来的？欧元取代了多少种货币？

二、选择计价货币的原则

在一般的国际货物买卖合同中,价格都表现为一定量的特定货币(如每公吨为 300 美元),通常不再规定支付货币。根据国际贸易的特点,用来计价的货币,可以是出口国家货币,也可以是进口国家货币或双方同意的第三国货币,由买卖双方协商确定。由于世界各国的货币价值并不是一成不变的,特别是在世界许多国家普遍实行浮动汇率的条件下,通常被用来计价的各种主要货币的币值更是严重不稳。通常国际货物买卖的交货期都比较长,从订约到履行合同,往往需要一段时间。在此期间,计价货币的币值很有可能发生变化,甚至会出现大幅度的起伏,其结果必然直接影响进出口双方的经济利益。

因此,如何选择合适的计价货币就具有重大的经济意义,是买卖双方在确定价格时必须注意的问题。在计价货币的选择上,应考虑以下几个原则。

(一)选用本国货币计价

在国际贸易结算中,交易风险是一种相对风险,如果选用本国货币计价,交易风险由对方承担;如果选用对方国货币计价,交易风险由本国企业承担;如果选用第三国货币计价,双方均要承担交易风险。因此,如果能够在国际贸易和非贸易交易中选用本国货币计价,无论汇率如何变动,对本国企业来说都不存在交易风险问题。同时,选择本国货币计价不仅能够避免外汇风险,而且有利于企业的稳定经营,企业经营计划不会直接因为汇率波动的进口成本上升和出口价格下跌而受到冲击。这对一国企业的稳定发展是十分重要的。

(二)只能选用外币计价

(1)选择可自由兑换货币。可自由兑换货币的流动性较好,其风险自然也相对较小。可自由兑换货币,是指对国际上经常往来的付款和资金转移不施加限制、不施行歧视性货币措施或多种货币汇率,在另一国要求下随时有义务换回对方在经常往来中所结存的本国货币。使用可自由兑换货币,有利于调拨和运用,也有助于在必要时转移货币汇价风险。

3

当然，在使用可自由兑换货币时还要考虑其安全性和稳定性。

（2）在出口业务中，一般应尽可能争取多使用从成交至收汇这段时期内汇价比较稳定且呈上浮趋势的货币，即所谓"硬币"，这样在结算时可以换回更多的本币。在进口业务中，一般应尽可能使用币值不稳定且具有下浮趋势的"软币"，这样在结算时可以少付本币就能买到合同商品。

（3）如果在合同中对方坚持要求使用对我方不利的货币，我方可调整价格。如出口时使用"软币"应提高价格，进口时使用"硬币"应压低价格，以弥补损失。

（4）要注意订立外汇保值条款，以减少外汇汇兑风险。

 【小贴士】

某公司出口一批货物以港元为结算货币，总金额为 7500 港元。为避免因港元贬值减少收汇，在合同中订立了保值条款："如计价币值发生波动，本合同签约时 USD1＝HKD15，发票和汇票均须以美元开立。"或"如计价币值发生波动，本合同项下港元金额按合同订立日中国银行公布的牌价比例 USD1＝HKD15 计算，总计 500 USD，在议付时，将应付的全部美元按中国银行当天公布的港元和美元的牌价折算成港元支付"。假如议付货款时 USD1＝HKD20，可见此时港元已经贬值，但由于订立了保值条款，就可避免汇率变动带来的风险。

算一算：按此合同规定有哪两种收取货款的方法？是否可有效避免汇率变动带来的风险？

解：

（1）按订立合同时美元与港元的比价，计算美元金额；

7500÷15＝500（美元）（与现行汇价无关）。

（2）按现行的美元与港元的比价，计算港元金额；500×20＝10000（港元）。

计算结果表明，由于订立了外汇保值条款，避免了 2500 港元的损失。

三、计价货币的汇率折算

汇率是用一个国家的货币折算成另一个国家的货币的比率。在外汇市场上，汇率的标价有两种方法：直接标价法和间接标价法。

（一）直接标价法

直接标价法是以一定单位的外国货币为标准，折算成若干单位的本国货币（例如，某日我国挂牌 100 美元等于 683.55 元人民币），外国货币的数额固定不变。如果需要比原来更多的本国货币才能兑换这一固定数额的外币，叫做外汇汇率上涨，说明外国货币币值上升，本国货币币值下降。

（二）间接标价法

间接标价法是以一定单位的本国货币为标准，折算成若干单位的外国货币，本国货币的数额固定不变。如果一定数量的本国货币兑换比原来较少的外币，叫做外汇汇率上涨，说明外币币值上升，本币币值下降。

这两种汇率的标价方法，虽然基础不同，但所表示的一国货币对外币汇率的高低，意义并无不同。除了英国、美国、澳大利亚和新西兰等国之外，世界上绝大多数国家，包括我国在内，都采用直接标价法来表示汇率。

【小贴士】

外汇有多种分类法,按其能否自由兑换,可分为自由和记账外汇;按其来源和用途,可分为贸易外汇和非贸易外汇;按其买卖的交割期,可分为即期外汇和远期外汇。在我国外汇银行业务中,还经常要区分外币现钞和外币现汇。外币现钞是指外国钞票、铸币。外币现钞主要由境外携入。外币现汇是指其实体在货币发行国本土银行的存款账户中的自由外汇。所谓自由外汇,是指在国际金融市场上可以自由买卖,在国际结算中广泛使用,在国际上可以得到承认,并可以自由兑换成其他国家货币的外汇。外币现汇主要是由国外汇入,或由境外携入、寄入的外币票据,经银行托收,收妥后存入。各种外汇的标的物,一般只有转化为货币发行国本土银行的存款账户中的存款货币即现汇后,才能进行实际上的对外国际结算。

外国钞票不一定都是外汇。外国钞票是否称为外汇,首先要看它能否自由兑换,或者这种钞票能否重新回流到它的国家,而且可以不受限制地存入该国的任意一家商业银行的普通账户上,并在其需要时可以任意转账,这样才能称为外汇。

想一想:外汇有哪些分类? 全球主要外汇市场有哪些?

(三)汇率的折算

外汇牌价一般分买入价、卖出价两栏。买入价是银行买入外汇的价格,卖出价是银行卖出外汇的价格。在直接标价法下,是买入价 / 卖出价(例如:我国银行公布的100美元＝683.55/683.65元人民币,前者是银行买入外币的价格,后者是银行卖出外币的价格)。在间接标价法下,是卖出价 / 买入价。

1. 在实际业务中,将本币折算成外币用买入价

出口商在对外报价时,必须知道要把多少外汇卖给银行才能换回所需的本币。因此,出口商应采用银行买入价进行外币与本币的换算。

【小贴士】

我国某服装厂出口西服原报价10000.00元 / 套,现外国进出口商要求改报美元价,当时外汇牌价为1美元＝6.7847元人民币 /6.7881元人民币。

算一算:应向外商报美元价多少?

解:10000元人民币 ÷6.7847元人民币 / 美元≈1473.90美元

2. 将外币折算成本币用卖出价

在进口业务中,企业需向银行购买外汇,因此,要用银行的卖出价来进行进口价格的核算。在有些出口业务中,出口商原报价为外币,现根据进口商的要求改报本币,也同样要用银行的卖出价将本币与外币进行核算。

【小贴士】

1. 某公司进口一批价值10000美元的货物,当时美元兑人民币外汇牌价为6.7847/6.7881。

算一算:付汇时需向银行支付多少人民币?

解:10000×6.7881＝67881(元)

2. 我国香港出口机床原报价为 20000 美元,当时美元兑港元汇率为 7.7910/7.7950,现外商要求改报港元价。

算一算:应报港元价多少?

解:港元报价 ＝20000×7.7950＝155900(港元)

3. 将一种外币折算成另一种外币

在业务中,有时需将一种外币折算成另一种外币。例如,当我国出口商报出某种外币(设为 A 国货币)时,国外进口商可能要求出口商改为其所希望的货币报价(设为 B 国货币)。这时出口商应遵循的原则是:按照外汇市场牌价(用买入价则均用买入价)将两种外币折算成人民币,然后间接算出两种外币的兑换率。

 【小贴士】

我国某出口商,对外报价为每公吨 400 英镑 CIF 纽约,外商现要求改报美元价,当时外汇市场上美元兑人民币的汇率是 6.7847/6.7881,英镑兑人民币的汇率为 8.2043/8.2074。

算一算:应报多少美元?

解:

1. 将该英镑报价折算成人民币,用银行英镑买入价:400×8.2043＝3281.72(元)。

2. 将算出的人民币报价折算成美元,用银行美元买入价:3281.72÷6.7847≈483.69(美元)。

四、合理防范外汇风险

按国际上的一般习惯做法,如两种货币的汇率是按付款时的汇率计算,则不论计价和支付用的是什么货币,都可以按计价货币的量收回货款。对卖方来说,如果计价货币是硬币,支付货币是软币,基本上不会受损失,可起到保值的作用;如果计价货币是软币,支付货币是硬币,他所收入的硬币就会减少,这对卖方不利,而对买方有利。

因此,对进出口企业来讲,能否有效防范外汇风险直接关系到其盈利的多少。在业务中,主要采用以下几种防范方法。

(一)货币保值措施

货币保值措施主要是指货币保值条款。这种方法是在合同中规定"一篮子货币"作为保值货币,预先规定支付货币与各保值货币的汇率和调整幅度。到结算日,如果汇率变动在调整幅度内,则按原定汇率计价;若超过调整幅度,则按当日汇率折算成支付货币。这种方法属于狭义弥补法,它是用"一篮子货币"对支付货币进行保值。支付货币对"一篮子货币"的汇率变动反映了支付货币对"一篮子货币"的各成分货币的平均汇率变动水平,因此,其汇率风险应小于支付货币对某种货币的汇率风险。但采用此种方法防范风险,应将本国货币计入"一篮子货币"或以本国货币为支付货币,否则其效果将大打折扣。

此外,货币保值措施还有黄金保值条款和硬货币保值条款。这两种方法是用黄金或硬货币对支付货币进行保值,其原理与上述货币保值条款相同。

（二）提前或延期结汇法

提前或延期结汇法，是根据结算货币与本国货币汇率的变动趋势，通过调整货款收付日期以避免外汇风险或希望从汇率变动中获得收益的方法。具体做法是：在从国外进口商品时，若预测计价货币的汇率看涨，应尽量提前进口和提前付汇；反之，若计价货币看跌，则尽量推迟进口和付汇。在向国外出口商品时，若用软货币计价，应尽量提前出口和收汇；反之，以硬货币计价则尽量延缓收汇日期。

（三）远期交易法

利用远期交易防范外汇风险，即通过预卖或预买某种外汇以便同这种外汇的预期收入或支出，或者是债权或债务相抵来避免外汇风险。常用的防范远期汇率变动的方法有远期外汇合同、外汇期权交易和外汇期货交易。

模块二　商品作价与成本核算

一、商品作价原则

国际市场价格受供求变化的影响而上下波动，有时甚至出现瞬息万变的情况，因此，在确定成交价格时，必须考虑供求状况和价格变动的趋势。当市场商品供不应求时，国际市场价格就会呈上涨趋势；反之，当市场商品供过于求时，国际市场价格就会呈下降趋势。由此可见，切实了解国际市场供求变化状况，有利于对国际市场价格的走势做出正确判断，也有利于合理地确定进出口商品的成交价格，该涨则涨，该降则降，避免价格掌控上的盲目性。

（一）按照国际市场价格水平作价

国际市场价格是以国际价值为基础，反映国际市场供求关系，在市场竞争中形成并为交易双方所接受的价格。

（二）结合购销意图，以高于或低于市场价格作价

就出口商品来讲，库存积压、滞销商品或有待打开销路的新产品，可采取较低价格推销；独一无二的高科技产品或紧俏产品可略高于市场价格水平。

（三）确定进出口商品价格

除遵循上述原则外还应考虑下列因素：

1. 交货地点和交货条件

在国际贸易中，由于交货地点和交货条件不同，买卖双方承担的责任、费用和风险也不同，在确定进出口商品价格时，必须首先考虑这一因素。例如，在同一距离内成交的同一商品，按 CIF 条件成交与按 DES（目的港船上交货）条件成交，其价格应当不同。

2. 运输距离

国际商品买卖，一般都要经过长途运输，运输距离的远近直接关系到运费和保险费的多少，从而影响商品价格。因此，在确定商品价格时，必须核算运输成本，做好比价工作。

3. 商品的品质和档次

在国际市场上，一般都是按质论价，即优质高价，劣质低价。品质的优劣，包装装潢质量的好坏，款式的新旧程度，商标、品牌的知名度都会影响商品价格。

4. 季节因素

在国际市场上，某些节令性商品，如赶在节令前到货，抢先应市，即能卖上好价。过了节令，商品往往售价很低，甚至会以低于成本的价格出售。因此，应充分利用节令因素，争

取以有利的价格成交。

5. 成交量

按照国际贸易的习惯做法,成交量大小直接影响价格。成交量大,在价格上应给予适当优惠,也可采用数量折扣办法。反之,成交量小,可适当提价。

6. 支付条件和汇率变动的风险

支付条件是否有利和汇率变动风险的大小,都会影响到商品的价格。例如,在其他条件相同的情况下,采取预付货款同采取凭信用证付款方式,其价格应有区别。同时,确定商品价格时,一般应采用对自身有利的货币成交,如采用对自身不利的货币成交,应把汇率风险考虑到商品价格中去。

二、商品作价方法

(一)固定价格

固定价格是指在交易磋商过程中,买卖双方将价格确定下来之后,任何一方不得擅自改动。这是业务中的常见做法,它意味着双方都要承担从订约到交货付款期间国际市场价格变动的风险。

(二)非固定价格

非固定价格,即业务上所说的"活价"。具体分为以下三种:

1. 具体价格待定

有两种做法:一是规定定价时间和定价方法,例如,装运月份前 50 天,参照当地及国际市场价格水平,确定正式价格;二是只规定作价时间,例如,双方在 ×××× 年 ×× 月 ×× 日协商确定价格。

2. 暂定价格

订立一个初步价格,作为开证和初步付款的依据,双方确定最后价格之后再进行清算,多退少补。

3. 部分固定价格,部分非固定价格

近期交货的商品采用固定价,远期交货的商品采用非固定价,可以在交货前一定期限内由双方另行商定。这种方法主要用于分期分批交货或者外商长期包销商品。相对于固定价格来说,非固定价格是先订约后作价。

(三)价格调整条款

价格调整条款是按照原料价格和工资的变动来计算合同的最后价格,若最后价格与初步价格之间差额不超过约定的范围(如 5%),初步价格可不作调整。例如,如果卖方与其他客户的成交价高于或低于合同价格的 5%,对本合同未执行的数量,双方可协商调整价格。此种做法旨在把价格变动的风险固定在一定的范围内。联合国欧洲经济委员会已将此项条款订入一些标准合同,且应用范围已从加工周期较长的机械设备交易扩展到一些初级产品交易。

三、商品成本核算

出口业务工作的基本任务是组织商品出口,换取外汇,因此应特别注意成本的核算。成本核算主要有三种:出口商品换汇成本的计算、出口商品盈亏率的计算以及外汇增值率的计算。

(一)出口总成本与出口销售净收入

出口总成本是指出口商品的进货成本加上出口前的一切费用和税金。

出口总成本 = 进货成本 + 出口前的一切费用和税金

出口销售外汇净收入是指出口商品按 FOB 价出售所得的外汇净收入。

出口销售人民币净收入是指出口商品的 FOB 价按当时外汇牌价折成人民币的数额。

根据出口商品成本的这些数据,可以计算出口商品盈亏率、出口商品换汇成本和出口创汇率。

(二)出口盈亏额和出口盈亏率

出口盈亏额是指出口销售人民币净收入与出口总成本的差额。前者大于后者为盈利;反之为亏损。其计算公式如下:

$$出口盈亏额 = 出口销售人民币净收入 - 出口总成本$$

出口盈亏率是指出口盈亏额与出口总成本的比率。其计算公式如下:

$$出口盈亏率 = \frac{出口销售人民币净收入 - 出口总成本}{出口总成本} \times 100\%$$

【小贴士】

某公司向新加坡 A 公司出售一批货物,出口总价为 20 万美元 CIF 新加坡。其中从大连港到新加坡的海运运费为 8000 美元,保险按 CIF 总价的 110% 投保一切险,保险费率为 1%。这批货物的出口总成本为 114 万元人民币。结汇时,银行外汇买入价为 1 美元 = 6.78 元人民币。

算一算:该商品的出口盈亏额和出口盈亏率分别是多少?

解:出口销售外汇净收入(即按 FOB 价计算的外汇净收入)

= CIF - F - I = 200000 - 8000 - 200000 × 110% × 1% = 189800(美元)

出口销售人民币净收入 = 189800 × 6.78 = 1286844(元人民币)

出口盈亏额 = 出口销售人民币净收入 - 出口总成本

= 1286844 - 1140000 = 146844(元人民币)

出口盈亏率 = 出口盈亏额 ÷ 出口总成本 × 100%

= 146844 ÷ 1440000 × 100% = 10.20%

答:该商品的出口盈亏额是 146844 元人民币,出口盈亏率是 10.20%。

(三)出口商品换汇成本

出口商品换汇成本是用来反映出口商品盈亏的一项重要指标,它是指以某种商品的出口总成本与出口所得的外汇净收入之比,得出用多少人民币换回一美元。换汇成本越低,出口的经济效益越好,出口商品换汇成本如高于银行的外汇牌价,则出口为亏损。出口商品换汇成本的计算公式如下:

$$出口商品换汇成本 = \frac{出口总成本(人民币)}{出口销售外汇净收入(美元)}$$

【小贴士】

外贸公司出口某商品 1000 箱,该商品每箱收购价 100 元人民币,国内费用为收购价的

3

15%。出口后每箱可退税 7 元人民币,外销价每箱 19 美元 CFR 曼谷,每箱货应付海运运费 1.20 美元。

算一算:如何计算该商品的换汇成本?若当时的外汇市场牌价是 1 美元 = 6.78 元人民币,该笔交易的出口效益如何?

解:出口总成本 = 1000×100×(1+15%)−1000×7 = 108000(元人民币)

出口销售外汇净收入(即按 FOB 价计算的外汇净收入)

= 1000×(19−1.2) = 17800(美元)

换汇成本 = 出口总成本 ÷ 出口销售外汇净收入

= 108000÷17800 ≈ 6.067(元人民币 / 美元)

答:该商品的换汇成本是 6.067 元人民币 / 美元,即出口该商品时,需用 6.067 元人民币才能换回 1 美元的外汇收入。由于它低于当时的外汇市场牌价 1 美元 = 6.78 元人民币,该笔交易的出口效益较好。

(四)成品出口创汇率

成品出口创汇率是指加工后成品出口的外汇净收入与原料外汇成本的比率。如原料为国内产品,其外汇成本可按原料的 FOB 出口价计算。如原料是进口的,则按该原料的 CIF 价计算。通过出口的外汇净收入和原料外汇成本的对比,则可看出成品出口的创汇情况,从而确定出口成品是否有利。特别是在进料加工的情况下,核算出口创汇率这项指标,更有必要。其计算公式如下:

$$成品出口创汇率 = \frac{成品出口外汇净收入 − 原料外汇成本}{原料外汇成本} × 100\%$$

 【小贴士】

某公司进口塑料一批,每公吨 1250 元人民币 CIF 广州。可加工塑料鞋 100 打,出口价为每打 24 元人民币 CIF 新加坡。广州至新加坡运费为每打人民币 0.40 元,保险费率为 5‰,汇率为 USD1=RMB7.00。

算一算:该商品的出口创汇率是多少?

解:成品出口外汇净收入 = (24−0.40−24×0.005)×0.144 ≈ 3.381(美元)

原料外汇成本 = 1250÷100×0.144 = 1.800(美元)

出口创汇率 = (3.381−1.800)÷1.800×100% ≈ 87.83%

答:该商品的出口创汇率是 87.83%,表明在进料加工情况下,出口成品有利于创汇。

此外,在出口商品价格的掌握上,还要防止盲目坚持高价或随意削价竞销的偏向。在这方面,我们是有教训的。出口商品价格过高,不仅会削弱我国出口商品的竞争能力,而且还会刺激其他国家发展生产,或增加代用品来同我国产品竞销,从而产生对我国不利的被动局面。反之,不计成本,削价竞销,盲目出口,不仅在外销价格方面会出现混乱,造成肥水外流,给国家带来经济损失,而且还会使一些国家借此对我国出口产品采取限制措施,致使反倾销案件增多。在当前形势下,主要应防止后一种偏向。

模块三　合理运用佣金与折扣

一、佣金

（一）佣金的含义

在国际贸易中，有些交易是通过中间代理商进行的。因中间商介绍生意或代买代卖而需收取一定的酬金，此项酬金叫佣金（commission）。凡在合同价格条款中，明确规定佣金的百分比，叫做"明佣"。如果不标明佣金的百分比，甚至连"佣金"字样也不标示出来，有关佣金的问题由双方当事人另行约定，这种暗中约定佣金的做法，叫做"暗佣"。佣金直接关系到商品的价格，货价中是否包括佣金和佣金比例的大小，都影响商品的价格。显然，含佣价比净价要高。正确运用佣金，有利于调动中间商的积极性和扩大交易。

（二）佣金的规定方法

1. 以文字来说明

例如："每公吨 200 美元 CIF 旧金山，包括 2% 佣金"（US $200 Per M/T CIF San Francisco including 2% commission）。

2. 在贸易术语后加注佣金的缩写英文字母"C"和佣金的百分比来表示

例如："每公吨 200 美元 CIFC2% 旧金山"（US $200 per M/T CIF San Francisco including 2% commission）。"

3. 用绝对数来表示

例如："每公吨付佣金 25 美元。"中间商为了从买卖双方获取"双头佣金"或为了逃税，有时要求在合同中不规定佣金。而另按双方暗中达成的协议支付。

佣金的规定应合理，其比率一般为 1%～5%，不宜偏高。

（三）佣金的计算方法

在国际贸易中，计算佣金的方法不一，有的按成交金额约定的百分比计算，也有的按成交商品的数量来计算，即按每一单位数量收取若干佣金计算。在我国进出口业务中，计算方法也不一致，按成交金额和成交商品的数量计算的都有。在按成交金额计算时，有的以发票总金额作为计算佣金的基数，有的则以 FOB 总值为基数来计算佣金。如按 CIFC 成交，而以 FOB 值为基数计算佣金时，则应从 CIF 价中减去运费和保险费，求出 FOB 值，然后以 FOB 值乘佣金率，即得出佣金额。

关于计算佣金的公式如下：

$$佣金额 ＝ 含佣价 × 佣金率$$
$$净价 ＝ 含佣价 － 佣金额 ＝ 含佣价 × （1 － 佣金率）$$

假如已知净价，则含佣价的计算公式应为：

$$含佣价 ＝ 净价 ÷ （1 － 佣金率）$$

在这里，值得注意的是，如在洽商交易时，我方报价为 10000 美元，对方要求 3% 的佣金，在此情况下，我方改报含佣价，按上述公式算出应为 10309.3 美元，这样才能保证实收 10000 美元。

3

 【小贴士】

某公司就某商品对外报 CIF 价 1200 美元,外商要求改报含佣价 CIFC4%。

算一算:我方应报含佣价多少?

解:含佣价 = 净价 ÷ (1 - 佣金率) =1200 ÷ (1-4%) =1250 (美元)

其中:佣金 =1250×4% =50 (美元),净价 =1250-50=1200 (美元)。

佣金的支付一般有两种做法:一种是由中间代理商直接从货价中扣除佣金;另一种是在委托人收清货款之后,再按事先约定的期限和佣金比率,另行付给中间代理商。在支付佣金时,应防止错付、漏付和重付等事故发生。

按照一般惯例,在独家代理情况下,如委托人同约定地区的其他客户达成交易,即使未经独家代理过手,也得按约定的比率付给其佣金。

二、折扣

(一)折扣的含义

折扣是指卖方按原价给予买方一定百分比的减让,即在价格上给予适当的优惠。国际贸易中使用的折扣,名目很多,除一般折扣外,还有为扩大销售而使用的数量折扣、为实现某种特殊目的而给予的特别折扣以及年终回扣等。凡在价格条款中明确规定折扣率的,叫做"明扣";凡交易双方就折扣问题已达成协议,而在价格条款中却不明示折扣率的,叫做"暗扣"。折扣直接关系到商品的价格,货价中是否包括折扣和折扣率的大小,都影响商品价格,折扣率越高,则价格越低。折扣如同佣金一样,都是市场经济的必然产物,正确运用折扣,有利于调动采购商的积极性和扩大销路,在国际贸易中,它是加强对外竞销的一种手段。

(二)折扣的规定方法

在国际贸易中,折扣通常在合同价格条款中用文字明确表示出来。例如:"CIF 伦敦每公吨 200 美元,折扣 3%"(US $ 200 per Metricton CIF London including 3% discount)。此例也可这样表示:"CIF 伦敦每公吨 200 美元,减 3% 折扣"(US $ 200 Per metric ton CIF 伦敦 Less 3% discount)。此外,折扣也可以用绝对数来表示。例如:"每公吨折扣 6 美元"。

在实际业务中,也有用"CIFD"或"CIFR"来表示 CIF 价格中包含折扣。这里的"D"和"R"是"Discount"和"Rebate"的缩写。鉴于在贸易往来中加注的"D"或"R"含义不清,可能引起误解,故最好不使用此缩写语。

交易双方采取暗扣的做法时,则在合同价格中不予规定。有关折扣的问题,按交易双方暗中达成的协议处理。这种做法属于不公平竞争。公职人员或企业雇佣人员拿"暗扣",应属贪污受贿行为。

(三)折扣的计算方法

折扣通常是以成交额或发票金额为基础计算出来的。例如,CIF 伦敦,每公吨 2000 美元,折扣 2%,卖方的实际净收入为每公吨 1960 美元。其计算方法如下:

$$货物折扣额 = 原价(或含折扣价)× 折扣率$$
$$卖方实际净收入 = 原价 - 货物折扣额$$

折扣一般是在买方支付货款时预先予以扣除。也有的折扣金额不直接从货价中扣除,而按暗中达成的协议另行支付给买方,这种做法通常在给"暗扣"或"回扣"时采用。

**【小贴士】**

某公司出口某种商品数量为 10000 件,单价为 CIF 利物浦每件 12 美元。含 3% 的折扣。

算一算:如何计算单位商品的折扣额和卖方的实际净收入?

解:

单位货物折扣额 ＝ 原价 × 折扣率 ＝12×3%＝0.36(美元)

单位净收入 ＝ 原价 － 单位货物折扣额 ＝12－0.36＝11.64(美元)

卖方的实际净收入 ＝11.64×10000＝116400(美元)

答:单位商品的折扣额为 0.36 美元,卖方的实际净收入总额为 116400 美元。

模块四　商品价格的核算

一、出口商品报价核算

(一)出口商品的价格构成

在国际货物买卖中,出口商品的价格包括成本、费用(人民币费用、外币费用)和预期利润三方面。

1. 成本

主要是指进货成本。它是贸易商向供货商采购商品的价格或者对于生产型外贸企业而言的产品出厂价。它在出口价格中所占比重最大,是价格的主要组成部分。

(1)收购价(含税进货价):收购价就是出口商从国内工厂购货的总采购成本(单价 × 采购数量)。

(2)出口退税:指出口商在货物出口后能获得的出口退税收入。

出口退税收入 ＝ 收购价 ÷(1＋增值税率)× 出口退税率。

(3)实际采购成本:实际采购成本 ＝ 收购价 － 出口退税收入。

2. 费用

出口商品价格中的费用主要是指商品流通费。费用内容繁多,且计算方法不相同,是价格核算中较为复杂的因素。费用主要有如下几种:

(1)商检费。出口商品检验机构根据国家有关规定或出口商的请求对货物进行检验所发生的费用。商检费通常为一定的手续费率,因此:商检费 ＝ 对外报价 × 报检手续费率。

(2)报关费。出口企业委托进出口企业报关时所发生的费用。如果出口企业自理报关,则不存在该笔费用。

(3)出口税。商品出口时缴纳的出口税。出口税 ＝FOB 或 FCA 价 ÷(1＋出口关税税率)× 出口关税税率。

(4)银行手续费。进出口交易中需要向银行缴纳的费用。银行费用 ＝ 对外报价 × 入账手续费率。

(5)国际运输费。使用 C 组术语时,由出口商承担的国际运输费用。

(6)国际保险费。使用 CIF 或 CIP 术语时,由出口商承担的国际保险费。保险费 ＝ 保险金额 × 保险费率。

（7）其他费用。

认证费：出口商办理出口许可、配额、产地证以及其他证明所支付的费用。

业务费用：出口商经营过程中发生的有关费用，也称经营管理费，如通讯费、交通费、交际费等。出口商可根据商品、经营、市场等情况确定一个费用率，这个比率为 5%～15%。

3. 预期利润

预期利润是指出口商的收入，是经营好坏的主要指标。

（二）出口商品报价

$$CIF/CIP\ 报价 = \frac{（实际采购成本 + 报关费 + 其他 + 出口运费）×（1+ 预期盈亏率）}{1-（1+ 预期盈亏率）×（报检手续费率 + 银行手续费率 + 保险费率 × 投保加成）}$$

$$CFR/CPT\ 报价 = \frac{（实际采购成本 + 报关费 + 其他 + 出口运费）×（1+ 预期盈亏率）}{1-（1+ 预期盈亏率）×（报检手续费率 + 银行手续费率）}$$

$$FOB/FCA\ 报价 = \frac{（实际采购成本 + 报关费 + 其他）×（1+ 预期盈亏率）}{1-（1+ 预期盈亏率）×（报检手续费率 + 银行手续费率）}$$

二、进口商品价格核算

（一）国际成本

1. 采用 FOB 或 FCA 成交

如果进出口采用的是 FOB 或 FCA 的术语，成本包括：① 成交价格。② 国际运费。③ 国际保费。

$$保险费 = 保险金额 × 保险费率$$
$$保险金额 = CIF/CIP\ 价格 ×（1+ 投保加成率）。$$

2. 采用 CFR 或 CPT 成交

如果进出口采用的是 CFR 或 CPT 的术语，成本包括：① 成交价格。② 国际保费。

3. 采用 CIF 或 CIP 成交

如果进出口采用的是 CIF 或 CIP 的术语，成本是 CIF 或 CIP 的成交价格。

（二）进口税

进口商品通常要征收进口关税、增值税或消费税。

$$进口关税 = 该项商品 CIF/CIP\ 总价 × 进口关税税率$$
$$消费税 =（CIF/CIP\ 总价 + 进口关税税额）× 消费税税率 ÷（1- 消费税税率）$$
$$增值税 =（该项商品 CIF/CIP\ 总价 + 进口关税税额 + 消费税税额）× 增值税税率$$

（三）费用

费用主要包括商检费、报关费、银行费用等。计算方法同出口商品报价核算。

（四）总成本

$$总成本 = 国际成本 + 进口税 + 进口费用$$

（五）核算进口盈亏

$$盈亏额 = 国内市场销售收入 - 总成本$$

盈亏额为正,说明对进口商而言,当前出口商的报价有利可图;盈亏额为负,说明出口商的报价对进口商而言是亏损的,进口商需要依据核算结果要求出口商调整报价。

三、常用贸易术语的价格换算

(一)FOB、CFR 和 CIF 三种术语的换算

在国际贸易中,不同的贸易术语表示其价格构成因素不同,即包括不同的从属费用。例如:FOB 术语中不包括从装运港至目的港的运费和保险费;CFR 术语中则包括从装运港至目的港的通常运费;CIF 术语中除包括从装运港至目的港的通常运费外,还包括保险费。在对外洽商交易过程中,有时一方按某种贸易术语报价时,对方要求改报其他术语所表示的价格,如一方按 FOB 报价,对方要求改按 CIF 或 CFR 报价。为了把生意做活和有利于达成交易,也可酌情修改报价,这就涉及价格的换算问题。了解贸易术语的价格构成及其换算方法,乃是从事国际贸易人员所必须掌握的基本知识和技能。

1. FOB 价换算为其他价

$$CFR = FOB + F$$
$$CIF = (FOB + F) \div (1 - 投保加成 \times 保险费率)$$

2. CFR 价换算为其他价格

$$FOB = CFR - F$$
$$CIF = CFR \div (1 - 投保加成 \times 保险费率)$$

3. CIF 价换算为其他价格

$$CFR = CIF \times (1 - 投保加成 \times 保险费率)$$
$$FOB = CIF \times (1 - 投保加成 \times 保险费率) - F$$

注:投保加成 = (1 + 投保加成率)

 【小贴士】

某公司出口货物一批,原报价为每公吨 1940 美元 CIFC 科威特,客户要求改报 CFR 科威特价。查原报价保险险别为水渍险并附加钩损险,其费率分别为 0.8% 和 0.4%,按 CIF 价加成 10% 投保。

算一算:如何向客户报 CFRC5% 科威特价?

解:CFR = CIF × (1 − 投保加成 × 保险费率)
    = 1940 × [1 − (1 + 10%) × (0.8% + 0.4%)] = 1914.392(美元)

答:该公司最终对外报价 CFRC5% 科威特每公吨 1914.392 美元。

 【小贴士】

天亿公司收到澳大利亚某客户来电,询购 1000 只睡袋,要求按下列条件报出每只睡袋的 C1FC3% 悉尼的美元价格:睡袋国内购货成本为每只 50 元人民币,国内其他费用总计为 5000 元人民币,天亿公司的预期利润为 10%。该睡袋为纸箱装,每箱 20 只。从装运港

至悉尼的海运运费为每箱 20 美元。海运出口保险按 CIF 价加成 10% 投保一切险及战争险,费率为 0.8%(注:人民币兑美元汇率为 7 元人民币兑换 1 美元)。

算一算:如何向客户报 CIFC3% 悉尼价?

解:

FOB= 成本 + 费用 + 利润

　　=(50+5000÷1000)×110%=60.50(元/只),折算为 8.64(美元/只)

运费 F=20÷20=1(美元/只)

CFR=FOB+F=8.64+1=9.64(美元/只)

CIF=CFR÷(1- 投保加成 × 保险费率)

　　=9.64÷(1-110%×0.8%)≈9.73(美元/只)

CIFC3%=CIF÷(1- 佣金率)=9.73÷(1-3%)≈10.03(美元/只)

答:每只睡袋的 CIFC3% 价为 10.03 美元。

(二)FCA、CPT 和 CIP 三种术语的换算

1. FCA 换算为其他价(FCA= 进货成本价 + 国内费用 + 净利润)

$$CPT=FCA+F$$
$$CIP=(FCA+F)÷(1- 投保加成 × 保险费率)$$

2. CPT 换算为其他价(CPT= 进货成本价 + 国内费用 + 国外运费 + 净利润)

$$FCA=CPT-F$$
$$CIP=CPT÷(1- 投保加成 × 保险费率)$$

3. CIP 换算为其他价(CIP= 进货成本价 + 国内费用 + 国外运费 + 国外保险费 + 净利润)

$$FCA=CIP×(1- 投保加成 × 保险费率)-F$$
$$CPT=CIP×(1- 投保加成 × 保险费率)$$

3

【小贴士】

我国某外贸公司以每箱 10000 英镑 CIP 伦敦(按加成 10% 投保,保险费率为 1%),向英商报盘出售一批货物。该外商拟自行投保,要求改报 CPT 价。

算一算:应报 CPT 伦敦价多少?

解:CPT=CIP×(1- 投保加成 × 保险费率)=10000×(1-110%×1%)

　　=9890(英镑)

答:我方报价应为每箱 9890 英镑 CPT 伦敦。

模块五　国际贸易合同中的价格条款

一、约定合理的价格条款

国际贸易合同中的价格条款,一般包括商品的单价和总值两项基本内容。在进出口业务中使用的单价要比国内贸易中使用的单价复杂些,它通常由四个部分组成,即包括计量单位（如公吨）、单位价格金额（如200）、计价货币（如美元）和贸易术语（如CIF伦敦）。例如，在价格条款中可规定："每公吨200美元，CIF伦敦"（USD 200 per M/T CIF London）。总值是指单价同成交商品数量的乘积，即一笔交易的货款总金额。

 【小贴士】━━━━━━━━━━━━━━━

价格条款实例如下：

1. HKD 5.00 per dozen net CIF Hong Kong.

每打5港元CIF香港净价。

2. USD 40 per set FOB Dalian including your commission 3% on FOB basis.

每套40美元FOB大连，在FOB的基础上包含3%的佣金。

3. Exchange risks, if any, for buyer's account.

如果有任何汇率风险，则由买方承担。

4. USD 5000.00 per M/T FOB Shanghai including 5% commission. The commission shall be payable only after the seller has received the full amount of all payment due to the seller.

想一想：该条款的中文含义。

5. The seller reserves the right to adjust the contracted price, if prior to delivery, there is any variation in the cost of labor or raw material or component parts.

想一想：该条款的中文含义。

二、规定价格条款的注意事项

为了使价格条款的规定明确合理，必须注意下列事项：

（1）合理确定商品的单价，防止作价偏高或偏低。商品应以国际市场价格为基础按质论价。本着"质优价优，质次价低"的原则随行就市。另外，在交易过程中还应根据成交数量的多少确定价格。若对方购买数量多，可考虑给予一定的数量折扣，适当降低价位；若购买数量少，则可适当提价。

（2）根据经营意图和实际情况，在权衡利弊的基础上选用适当的贸易术语。贸易术语不同，计价的基础就不同。CIF价要高于CFR价，CFR价比FOB价高。交易双方要根据自己的经营意图和船源、货源等实际情况选择适合自己的贸易术语。

（3）争取选择有利的计价货币，以免遭受币值变动带来的风险，如采用不利的计价货币时，应当加订保值条款。计价货币的软硬程度，直接影响到出口商的利润。因此在定价时应争取有利的货币计价。当采用软币定价时，应适当提高价格，并加列货币保值条款，如以软币计价硬币保值或以软币计价黄金保值等。

（4）灵活运用各种不同的作价办法，以避免价格变动的风险。对于即期交货的商品，可采用固定作价法；对于远期交货的商品可采用非固定作价法，或订立价格调整条款。

（5）参照国际贸易的习惯做法，注意佣金和折扣的合理运用。

（6）交货品质和数量约定有一定的机动幅度，则对机动部分的作价也应一并规定。一般来说，对溢短装部分按合同价格计算，但为避免当事人趁市价涨落之机故意少装或多装，也可规定溢短装部分按装运时的市价计算。

（7）如包装材料和包装费另行计价时，对其计价办法也应一并规定。

3

（8）单价中涉及的计量单位、计价货币、装卸地名称，必须书写正确、清楚，以利合同的履行。在选用计量单位以及计价货币时，一定要使用国际规范的标准单位。不能把"公吨"仅写成"吨"，也不能把"美元""日元"等仅写成"元"。如果港口名称在国际上有重名港，一定要注明国别，防止在履行合同中出现争议。

【小贴士】

天喜公司向英国 D 公司出口中国产绿茶 10000 包，装运港为上海，目的港为伦敦，请根据上述业务分别按 FOB、CFR 和 CIF 模拟订立合同中价格条款。（条款描述与要求：合同价格条款，要包括单价和总值，以及佣金、折扣等内容。）

分析：在进出口合同中价格条款是合同的要件，必须具体明确。合同的价格条款包括单价和总值，单价由四个部分组成。此例中的绿茶价格可采用固定作价的方法。操作步骤如下：

单价：85.5 USD Per Box FOB Shanghai；总值：USD 855000.00。

单价：87.8 USD Per Box CFRC2 London；总值：USD 878000.00。

单价：90.6 USD Per Box CIFC2 London；总值：USD 906000.00。

【任务小结】

本项目主要介绍了国际贸易商品价格的相关知识。国际贸易商品在作价时可采用不同的作价方法，如固定价格、非固定价格和价格调整条款。同时，为了避免汇率波动给进出口当事人造成风险，可采用货币保值措施、提前或延期结汇法、远期交易法来规避和防范风险。对外报价时要考虑不同贸易术语的价格构成，根据不同贸易术语合理报价，必要时进行不同贸易术语之间的价格换算。另外，也要考虑到佣金和折扣因素对报价的影响。国际贸易的当事人要综合上述所有因素订立价格条款。

【知识拓展】

全球主要外汇市场

目前，世界上大约有 30 多个主要的外汇市场，它们遍布于世界各大洲的不同国家和地区。根据传统的地域划分，可分为亚洲、欧洲、北美洲等三大部分，其中，最重要的有伦敦、纽约、东京、新加坡、法兰克福、苏黎世、香港、巴黎、洛杉矶、悉尼等。另外，一些新兴的区域性外汇市场如巴拿马、开罗和巴林等，也大量涌现，并逐渐走向成熟。

20 世纪 70 年代以来，由于亚太地区的中国香港、新加坡等外汇市场的兴起，从时差上使世界各地外汇市场的营业时间相互衔接，加上现代化通信设备和电子计算机大量应用于国际金融业，从而使全球外汇市场一天 24 小时都在开放，可以连续不断地进行交易，形成一个统一的市场。

每个市场都有其固定和特有的特点，但所有市场都有共性。各市场被距离和时间所隔，它们敏感地相互影响又各自独立。一个中心每天营业结束后，就把订单传递到别的中心，有时就为下一市场的开盘定下了基调。这些外汇市场以其所在的城市为中心，辐射周边的其他国家和地区。由于所处的时区不同，各外汇市场在营业时间上此开彼关，相继挂牌营业,它们相互之间通过先进的通信设备和计算机网络连成一体,市场的参与者可以在世界各地进行交易,外汇资金流动顺畅,市场间的汇率差异极小,形成了全球一体化运作、全天候运行的统一的国际外汇市场。

具体讲,由于英国与欧洲各国的格林威治时间改为欧洲标准时间,英国与欧洲各国间的一小时时差消失,从而欧洲各国形成了一个大规模的统一市场。从欧洲早上九点开始营业起,至欧洲时间下午两点,纽约外汇市场开始营业。以后是旧金山、东京、中国香港、新加坡、孟买、中东外汇市场陆续开业,每天东京、香港外汇市场即将收盘时,伦敦等欧洲外汇市场又重新开市了。如此周而复始,世界外汇市场形成一个遍布全球各地的相互间有机联系的巨大网络,使国际外汇市场获得空前的拓展。由于电子通信技术的现代化,世界各地的外汇市场都能畅通无阻地进行交易。只要拨出对方的电传号码,就可以立即与对方国家的银行进行交易,更可以通过电脑操作传递行情。这样,一个外汇市场的汇率变动就会立即波及其他市场。

伦敦外汇市场的参与者主要是经营外汇业务的银行及外国银行分行、外汇经纪商、其他经营外汇业务的非银行金融机构和英格兰银行。伦敦外汇市场交易时间为16:30—23:30(夏时制);17:30—00:30(冬令时)。伦敦外汇市场上的交易货币几乎包括所有的可兑换货币,规模最大的是英镑对美元的交易,其次是英镑对欧元及日元的交易。

纽约外汇市场的参与者主要是在纽约的美国大商业银行,外国银行在纽约的分支行以及一些专业的外汇经纪商。纽约外汇市场不仅是美国国内外汇交易的中心,同时也是重要的国际性外汇市场。纽约外汇市场交易时间为20:00—03:00(夏时制);21:00—04:00(冬令时)。纽约外汇市场是除美元以外所有货币的第二大交易市场,这些货币所占的交易比重依次是欧元、英镑、加拿大元和日元等。

东京外汇市场的参与者主要是外汇银行、外汇经纪商、非银行客户以及日本银行。东京外汇市场交易时间为08:00—14:30(夏时制);8:00—14:30(冬令时)。东京外汇市场的交易货币比较单一,主要是日元兑美元和欧元的交易。

【思考与练习】

1. 进出口商品的作价原则是什么? 在确定进出口商品价格时应考虑哪些因素?
2. 我国进出口货物的作价办法有哪几种? 在选用各种作价办法时应注意什么问题?
3. 在进出口贸易中为什么要正确选择计价货币?
4. 进出口合同中的价格条款包括哪些内容? 规定此条款时应注意什么问题?

【案例分析】

1. 中国某出口公司按CFRC5%的价格条件出售一批货物,合同总金额为52500美元。外商开来的信用证金额为49875美元,并注明"议付时扣5%系给某中间商的佣金"。由于卖方审单时,忽视核对信用证金额,故在缮制发票和汇票时,都以合同金额52500美元为准。议付时,中国银行扣除5%的佣金,即按49875美元借记开证行北京账户。开证行接单后,以发票金额超过信用证金额为由拒付。后经与开证行及中间商多次交涉无效,只好在信用证有效期内另行按信用证金额49875美元,再扣除5%的佣金,赶制发票与汇票,结果重复支付了一笔佣金。

想一想:通过本案应吸取什么教训?

3

2. 我国某出口公司拟向中东某国出口化妆品。正好该国某中间商主动来函与该出口公司联系,表示愿意为推销化妆品提供服务,并要求按每笔交易的成交金额给予佣金5％。不久,经该中间商与当地进口商达成 CIFC5％ 总金额 50000 美元的交易,装运期为订约后2个月内从中国港口装运,并签订了销售合同。合同签订后,该中间商随即来电要求我方出口公司立即支付佣金 2500 美元。我方出口公司复电称:佣金需待货物装运并收到全部货款后才能支付。于是双方发生了争议。

想一想:这起争议发生的原因是什么? 我出口公司应接受什么教训?

 **【技能实训】**

1. 我国某进出口公司外销某种商品,对外报价为每箱 450 美元 FOB 大连,后外商要求改报 CIF 汉堡。问我方报价应改为多少?(运费每箱 50 美元,保险费率为 0.8％,投保加成率 10％)

2. 我方某公司对外报 FOB 价 500 美元,外商来电要求改报 CIF 纽约含佣金3％,保险费合计为 0.8％,国外运费 60 美元,请计算我方应如何报价。

3. 我国甲公司某商品对外报价为每箱 CIF100 美元,佣金率5％,英方要求改报 FOB 大连,佣金率不变。已知每箱货物运费为 10 美元,投保加 1 成,保险费率为 0.5％,请问甲公司应如何报价?

4. 我国某公司对某种商品报价为:CIF 鹿特丹每公吨人民币 1950 元。应荷兰某公司请求,改报美元,应报多少?(汇率为 US$100＝RMB676.68/679.54)

5. 某公司出口商品,价格为每公吨 USD500 CIFC3％ 鹿特丹。货物装运后,卖方按照合同的规定向中间商支付佣金。请问卖方应支付多少佣金?

6. 某公司出口某种商品,数量为 10000 件,单价为 CIF 利物浦每件 12 美元,含3％的折扣,请计算单位商品的折扣额和卖方的实际净收入。

任务三　实施货物的运输

【知识目标】

了解各种国际货物运输方式及特点,掌握国际货物买卖合同中的各项装运条款的意义,通晓主要运输单据的缮制要点。

【能力目标】

能够计算运输成本,并能根据实际情况选择合适的运输方式;能够正确缮制海运提单等主要运输单据;正确订立国际货物买卖合同中的装运条款。

【案例视窗】

南京 A 公司在 2019 年 4 月与美国 B 公司签订了一笔进口美国车厘子的购货合同,合同约定 3200 箱车厘子由 1 个 20 英尺的冷藏集装箱装运,每箱装 5 千克,货物价格为每箱 50 美元 CIF 上海,总计货款 160000 美元,装船日期为 2019 年 5 月 20 日之前,不允许转运和分批装运,以信用证方式结算货款。

由于两公司之前有过合作,出于对美国 B 公司的信任,在合同签订后,南京 A 公司就向中国银行南京支行(开证行)申请开立了不可撤销的即期付款信用证,要求 B 公司在指定装船日期之前将货物装船并发送装船通知,B 公司可以在交单后向指定议付行提交正本单据进行交单议付。经南京 A 公司确认无误后,开证行将开立的信用证发送给了美国 B 公司并获得确认。随后,美国 B 公司委托美国 C 货运代理公司代办各项业务,包括租船订舱、代理报关报检等。接受委任后,美国 C 货运代理公司随即安排向美国 D 轮船有限公司(船公司)租船订舱,但是由于美 B 公司没有很好地组织货源,直到 2019 年 5 月 28 日才将货物全部备妥,并于当日装到美国 C 轮船有限公司的“S. S. Hawaiian Progress”轮 9843 航次。美国 B 公司为了能够按信用证顺利结汇,向美国 C 货运代理公司出具倒签提单保函,请求其按 2019 年 5 月 20 日的装船日期签发提单。美国 C 货运代理公司考虑按正常情况货物在 6 月 10 日之前能够到达上海港,遂接受美国 B 公司的保函,在没有美国 D 轮船有限公司指示的情况下,签发了装船日期为 2019 年 5 月 20 日的提单。

由于“S. S. Hawaiian Progress”轮在海上遭遇了风浪,致使该轮班期向后延期了一周时间,货物直到 2019 年 6 月 17 日方运抵上海港,由于长时间的耽搁,车厘子已出现了颜色变深、表皮发皱等不新鲜的现象,货物已经严重贬值。南京 A 公司在开箱验货过程中发现了这一问题,随即查验已收到的海运提单,发现提单签发的装船日期为 2019 年 5 月 20 日,为此南京 A 公司对提单上的装船日期产生了怀疑,遂申请有关部门查阅“S. S. Hawaiian Progress”轮的航海日志,由此得知该批货物的实际装船日期是 2019 年 5 月 28 日,即在合同约定最迟装船日期后仍推迟了 8 天。为此,南京伦宇公司两次电告美国 B 公司拒绝接受倒签提单,并要求其根据市场情况将每箱车厘子的价格降低 10 美元,否则拒收货物。美国 B 公司对此不予理睬,并且在 2019 年 6 月 10 日就已凭上述提单和信用证要求的其他单据到银行取得了全部货款。而货物一直堆放在上海港港口仓库,为避免更大的损失,南京 A 公司无奈之下于 2019 年 6 月 21 日付款赎单,取得了货物。经降价销售后损失达 354000 元人民币。

思考:中国进口商南京 A 公司应如何挽回自己的损失?在这笔交易中应吸取哪些教训?

国际贸易中的商品流通是通过国际物流实现的,国际货物运输是国际物流系统中的核心,是实现商品从发货人到收货人空间位移的实际操作阶段,是完成出口、实现安全收汇的关键。国际货物运输是国内运输的跨国延伸和扩展,又是衔接出口国货物运输与进口国货物运输的桥梁和纽带。

国际货物运输的主体是承运人、进出口货物收发货人和货运代理企业,这三方面的业务构成了国际货物运输的整体业务。从广义角度看三者关系,进出口收发货人在国际货物运输中举足轻重,因为他们既是货主,又是托运人。货运代理是货主与承运人之间的桥梁和纽带,有时候也是货物托运人。从狭义角度看三者关系,进出口收发货人和货运代理都属于托运人的范畴,国际货运关系就是托运人与承运人之间的关系。因为承运人既接受进出口收发货人的直接托运,也接受进出口收发货人所委托的货运代理的间接托运。

相对于国内运输,国际货物运输要复杂得多,国际货物运输路线长、港口多、涉及国际国内操作环节多、单证多,要求也越来越高。

模块一　国际货物运输方式

在国际贸易中,货物从卖方国家转移到买方国家必须通过运输来实现。国际货物运输是指在国家与国家、国家与地区之间的货物运输。国际货物运输包括国际贸易物资运输和国际非贸易物资(如:展览品、援外物资、行李物品等)运输。其中国际贸易物资运输占据主要地位,而国际非贸易物资运输往往只是贸易物资运输部门的附带业务。因此,国际货物运输通常又称为"国际贸易运输"。

国际货物运输有多种方式,其中包括海洋运输、铁路运输、公路运输、航空运输、邮政运输、管道运输、集装箱运输及由各种运输方式组合的国际多式联运等,每种运输方式都有其各自的特点。在实际业务中,应根据进出口货物的性质、货运量大小、距离远近、风险程度、运费高低、自然条件和装卸港口的具体情况等因素,合理地选择运输方式和工具,安全、快捷、高效地完成进出口货物的交付。

一、海洋运输

(一)海洋运输的含义与特点

海洋运输是指使用船舶通过海上航道在不同的国家和地区的港口之间运送货物的一种运输方式。这是一种发展较早的运输方式。由于海洋运输有其自身的优点,因而至今在国际货物运输中仍占据着重要地位。

海洋运输具有以下特点。

1. 运输量大

国际货物运输是在全世界范围内进行的商品交换,地理位置和地理条件决定了海洋运输是国际货物运输的主要方式。国际贸易总运量的 75% 以上是利用海洋运输来完成的,有的国家的对外贸易运输,海运占总运量的 90% 以上。主要原因是船舶向大型化发展,如50 万吨~70 万吨的巨型油船,16 万吨~17 万吨的散装船,以及集装箱船的大型化,船舶的载运能力远远大于火车、汽车和飞机,是运输能力最大的运输工具。

2. 通过能力大

海洋运输利用天然航道四通八达,不像火车、汽车要受轨道和道路的限制,因而其通过能力要超过其他各种运输方式。如果因政治、经济、军事等条件的变化,还可随时改变航线驶往有利于装卸的目的港。

3. 运费低廉

船舶的航道天然构成,船舶运量大,港口设备一般均为政府修建,船舶经久耐用且节省燃料,所以货物的单位运输成本相对低廉。据统计,海运运费一般约为铁路运费的 $\frac{1}{5}$,公路汽车运费的 $\frac{1}{10}$,航空运费的 $\frac{1}{30}$,这就为低值大宗货物的运输提供了有利的竞争条件。

4. 对货物的适应性强

由于上述特点使海洋运输基本上适应各种货物的运输。如石油井台、火车、机车车辆等超重大货物,其他运输方式是无法装运的,船舶一般都可以装运。

5. 运输速度慢

由于货轮体积大,水流阻力大,加之装卸时间长等各种因素的影响,导致货物的运输速度比其他运输方式慢。较快的班轮航行速度也仅每小时 30 英里左右。

6. 风险较大

由于船舶海上航行受自然气候和季节性影响较大,海洋环境复杂,气象多变,随时都可能遇上狂风、巨浪、暴风、雷电、海啸等人力难以抗衡的海洋自然灾害,遇险的可能性比陆地、沿海要大。同时,海洋运输还存在着社会风险,如战争、罢工、贸易禁运等因素的影响。为转嫁损失,海上运输的货物、船舶保险尤其应引起重视。

（二）海洋运输的作用

1. 海洋运输是国际贸易运输的主要方式

国际海洋运输虽然存在速度较慢、风险较大的不足,但是由于它的通过能力大、运量大、运费低,以及对货物适应性强等优点,加上全球特有的地理条件,使它成为国际贸易中主要的运输方式。由于集装箱运输的兴起和发展,不仅使货物运输向集合化、合理化方向发展,而且节省了货物包装用料和运杂费,减少了货损货差,保证了运输质量,缩短了运输时间,从而降低了运输成本。

2. 海洋运输是国家节省外汇支付,增加外汇收入的重要渠道之一

在我国,运费支出一般占外贸进出口总额的 10% 左右,尤其是大宗货物的运费占的比重更大,贸易中若充分利用国际贸易术语,争取我方多派船,不但可以节省外汇的支付,而且还可以争取更多的外汇收入。目前,世界各国,特别是沿海的发展中国家都十分重视建立自己的远洋船队,注重发展海上货物运输。一些航运发达国家,外汇运费的收入成为这些国家国民经济的重要支柱。

3. 发展海上运输业有利于改善国家的产业结构和国际贸易出口商品的结构

海洋运输是依靠航海活动的实践来实现的,航海活动的基础是造船业、航海技术和掌握技术的海员。造船工业是一项综合性的产业,它的发展又可带动钢铁工业、船舶设备工业、电子仪器仪表工业的发展,促进整个国家产业结构的改善。海上运输业的发展,不仅能改善国家产业结构,而且还会改善国际贸易中的商品结构。

4. 海上运输船队是国防的重要后备力量

海上远洋运输船队历来在战时都被用作后勤运输工具。美、英等国把商船队称为"除陆、海、空之外的第四军种",原苏联的商船队也被西方国家称为"影子舰队"。可见,它对战争的胜负所起的作用。正因为海洋运输占有如此重要的地位,世界各国都很重视海上航运事业,通过立法加以保护,从资金上加以扶植和补助,在货载方面给予优惠。

 **【小贴士】**

中国主要海运航线

1. 近洋航线

（1）港澳线——到香港、澳门地区。

（2）新马线——到新加坡、马来西亚的巴生港（PORTKELANG）、槟城（PENANG）和马六甲（MALACEA）等港。

（3）暹罗湾线,又可称为越南、柬埔寨、泰国线——到越南海防,柬埔寨的磅逊和泰国的曼谷等港。

（4）科伦坡、孟加拉湾线——到斯里兰卡的科伦坡和缅甸的仰光,孟加拉国的吉大港

和印度东海岸的加尔各答等港。

（5）菲律宾线——到菲律宾的马尼拉港。

（6）印度尼西亚线——到爪哇岛的雅加达、三宝垄等。

（7）澳大利亚新西兰线——到澳大利亚的悉尼、墨尔本、布里斯班和新西兰的奥克兰、惠灵顿。

（8）巴布亚新几内亚线——到巴布亚新几内亚的莱城、莫尔兹比港等。

（9）日本线——到日本九州岛的门司和本州岛神户、大阪、名古屋、横滨和川崎等港口。

（10）韩国线——到釜山、仁川等港口。

（11）波斯湾线，又称阿拉伯湾线——到巴基斯坦的卡拉奇，伊朗的阿巴斯、霍拉姆沙赫尔，伊拉克的巴士拉，科威特的科威特港，沙特阿拉伯的达曼。

2. 远洋航线

（1）地中海线——到地中海东部黎巴嫩的贝鲁特、的黎波里，以色列的海法、阿什杜德，叙利亚的拉塔基亚，地中海南部埃及的塞得港、亚历山大，突尼斯的突尼斯；阿尔及利亚的阿尔及尔、奥兰，地中海北部意大利的热那亚，法国的马赛，西班牙的巴塞罗那和塞浦路斯的利马索尔等港。

（2）西北欧线——到比利时的安特卫普，荷兰的鹿特丹，德国的汉堡、不来梅，法国的勒弗尔，英国的伦敦、利物浦，丹麦的哥本哈根，挪威的奥斯陆，瑞典的斯德哥尔摩和哥德堡，芬兰的赫尔辛基等。

（3）美国加拿大线——包括到加拿大西海岸港口温哥华，美国西岸港口西雅图、波特兰、旧金山、洛杉矶，加拿大东岸港口蒙特利尔、多伦多，美国东岸港口纽约、波士顿、费城、巴尔的摩、波特兰和美国墨西哥湾港口的莫比尔、新奥尔良、休斯顿等港口。美国墨西哥湾各港也属于美国东海岸航线。

（4）南美洲西岸线——到秘鲁的卡亚俄，智利的阿里卡、伊基克、瓦尔帕莱索、安托法加斯塔等港。

（三）海洋船舶的营运方式

海洋运输按经营方式不同，可分为租船运输和班轮运输两种。

1. 租船运输

租船运输又称不定期船运输，是指包租整船或部分舱位进行运输。租船方式主要有定期租船和定程租船两种。

（1）定期租船。定期租船又称期租船，是指按一定期限租赁船舶的方式，即由船东（船舶出租人）将船舶出租给租船人在规定期限内使用，在此期限内由租船人自行调度和经营管理。租期可长可短，短则数月，长则数年。定期租船的特点是：在租赁期内，船舶由租船人负责经营和管理；一般只规定船舶航行区域而不规定航线和装卸港；除另有规定外，可以装运各种合法货物；船东负责船舶的维修和机械的正常运转；不规定装卸率和滞期速遣条款；租金按租期每月（或30天）每载重吨计算；船东和租船人双方的权利和义务以期租船合同为依据。

（2）定程租船。定程租船又称程租船或航次租船，是指按航程租赁的方式。定程租船的特点是：无固定航线、固定装卸港口和固定航行船期，而是根据租船人（货主）的需要和船东的可能，经双方协商，在程租船合同中规定；程租船合同需规定装卸率和滞期、速遣费条款；运价受租船市场供需情况的影响较大，租船人和船东双方的其他权利、义务一并在程租船合同中规定。定程租船以运输货值较低的粮食、煤炭、木材、矿石等大宗货物为主。

2. 班轮运输

班轮运输又称定期船运输,简称班轮,是指船舶在固定航线上和固定港口之间按事先公布的船期表和运费率往返航行,从事客货运输业务的一种运输方式。班轮运输比较适合于运输小批量的货物。

(1)班轮运输的特点。

① "四定"。即固定航线、固定港口、固定船期和相对固定的运费率。

② "一负责"。即货物由班轮公司负责配载和装卸,运费内已包括装卸费用,班轮公司和托运人双方不计滞期费和速遣费。

③ 班轮公司和货主双方的权利、义务和责任豁免均以班轮公司签发的提单条款为依据。

(2)班轮运费。

班轮运费是班轮公司为运输货物而向货主收取的费用。其中包括货物在装运港的装货费、在目的港的卸货费以及从装运港至目的港的运输费用和附加费用。

① 基本运费。基本运费是指货物从装运港到目的港所应收取的费用,其中包括货物在港口的装卸费用,它是构成全程运费的主要部分。其计算标准主要有 6 种:

A. 按货物的毛重计收。即以重量吨计收,在运价表中以"W"表示。

B. 按货物的体积计收。即以尺码吨计收,在运价表中以"M"表示。

按重量吨或尺码吨计收运费的单位统称运费吨。

C. 按货物的价格计收,又称从价运费。在运价表中以"A.V."或"Ad Val."表示。一般按货物 FOB 价值的一定百分比收取。

D. 按收费高者计收。选择较高的一种作为计算运费的标准。例如在运价表上注有"W/M or A.V."或"W/M"的,指在重量吨或尺码吨或从价运费三种,或在重量吨与尺码吨两种标准中,选择高的收费。此外,还有使用"W/M Plus A.V."的,是指先按货物重量吨或尺码吨从高计收后,另加收一定百分率的从价运费。

 【小贴士】

FOB 价值为 20000 美元的货物由甲地运往乙地,基本费率为每吨运费 30 美元或从价费率 1.5%。体积为 6.8 立方米,毛重为 7 公吨,以 W/M or Ad Val. 选择法计费,以 1 立方米或 1 公吨为 1 运费吨。

算一算:如何计算运费?

解:

(1)按"W"计算的运费为:30 美元 ×7=210 美元。

(2)按"M"计算的运费为:30 美元 ×6.8=204 美元。

(3)按"Ad Val."计算的运费为:20000×1.5%=300(美元)。

三者比较,按"Ad Val."计算的运费最高,故实收运费为 300 美元。

E. 按货物的件数计收。如车辆按辆,活牲畜按头。

F. 由船、货双方议定。临时议定运价的办法,适用于运量较大、货价较低、装卸方便而快速的诸如粮食、矿石等货物的运输。临时议定的运费一般比较低。

② 附加费。班轮运费中的附加费是指针对某些特定情况或需作特殊处理的货物在基本运费之外加收的费用。附加费名目很多,主要有:超重附加费、超长附加费、直航附加费、

转船附加费、港口拥挤附加费、选港附加费。此外,还有港口附加费、燃油附加费、变更卸货港附加费、绕航附加费,等等。

（3）班轮运费的计算方法:

当附加费为绝对值时:班轮运费 ＝ 基本费率 × 运费吨 ＋ 附加费。

当附加费是百分比时:班轮运费 ＝ 基本费率 × 运费吨 ×（1＋ 附加费百分比）。

① 从有关运价表中查出该货物的计费标准及运价等级;

② 找出该等级货物的基本费率;

③ 找出各附加费的费率及计算方法;

④ 据以上内容,按班轮运费计算公式进行计算。

班轮运费
计算步骤

【小贴士】

2023 年 3 月 16 日 9 时许,一列满载汽车配件、建材、家电、铜版纸、布料、服装、家居等货物的中欧班列从北京平谷马坊站驶出。该班列是从北京地区首发的中欧班列,共 55 个 40 英尺集装箱,将经由满洲里铁路口岸出境,一路向西直达俄罗斯首都莫斯科,全程约 9000 公里,预计运行 18 天左右抵达。

中国铁路北京局集团有限公司介绍,北京地区直通欧洲货运班列的开行,是践行"一带一路"倡议、融入国内国际双循环发展格局、加快北京"两区"建设和国际消费中心城市建设的主动作为,为整个首都区域外向型经济发展开辟了快捷高效的国际贸易新通道。至此,北京平谷马坊、天津新港、新港北和石家庄高邑四个中欧班列开行基地将有力支撑京津冀地区经济一体化发展,对加快融入"一带一路"建设,实现高水平对外开放具有重要意义。

二、铁路运输

（一）铁路运输的含义

铁路运输是仅次于海运的一种主要运输方式。运量较大,速度较快,运输风险明显小于海洋运输,能常年保持准点运营。

1. 国际铁路联运

国际铁路联运,发货人由始发站托运,使用一份铁路运单,铁路方面便根据运单将货物运往终点站交给收货人。在由一国铁路向另一国铁路移交货物时,不需收、发货人参加,亚欧各国按国际条约承担国际铁路联运的义务。

我国通往欧洲的国际铁路联运线有两条:一条是利用俄罗斯的西伯利亚大陆桥贯通中东、欧洲各国;另一条是由中国江苏连云港经中国新疆维吾尔自治区与哈萨克斯坦铁路连接,贯通俄罗斯、波兰、德国至荷兰的鹿特丹。后者称为新亚欧大陆桥,运程比海运缩短 9000 千米,比经由西伯利亚大陆桥缩短 3000 千米,进一步推动了我国与欧亚各国的经贸往来,也促进了我国沿线地区的经济发展。

【小贴士】

2022 年春节,对于刚刚建成通车的中老铁路来说,表现不俗,成绩亮眼。2022 年 1 月 31 日至 2 月 6 日,中老铁路国内段共发送旅客 10.2 万人次,发送货物 2 万吨,为满足人民群众出行需求和保障节日物资供应贡献了积极力量。

在做好客运工作的同时,铁路部门全力以赴保障中老铁路国际货运列车安全高效运行。围绕疫情防控、安全卡控、口岸通关、服务质量提升、货运增收上量等重点工作,铁路部门坚持清单化抓落实,保障国际货运列车"春节不打烊",让来自国内昆明、重庆、南京、义乌、深圳等地的出口商品以及来自东南亚等地的进口货物畅运快卸,着力服务国内国际双循环。据悉 2022 年 1 月 31 日至 2 月 6 日,中国铁路昆明局集团有限公司磨憨铁路口岸共交接中老铁路国际货运列车 37 列。

2. 对港澳地区的铁路运输

对港澳地区的铁路运输按国内运输办理,但又不同于一般的国内运输。货物由内地装车至深圳中转和香港卸车交货,为两票联运,由外运公司签发"货物承运收据"。京九铁路和沪港直达通车后,内地至香港的运输更为快捷。由于香港特别行政区系自由港,故货物在内地和香港间进出,需办理进出口报关手续。对澳门地区的铁路运输,是先将货物运抵广州南站再转船运至澳门。

(二)铁路运输的特点

(1)铁路运输的准确性和连续性强。铁路运输几乎不受气候影响,一年四季可以不分昼夜地进行定期的、有规律的、准确的运转。

(2)铁路运输速度比较快。铁路运输速度每昼夜可达几百千米,一般货车可达每小时 100 千米左右,远远高于海洋运输。

(3)运输量比较大。铁路一列货物列车一般能运送 3000~5000 吨货物,远远高于航空运输和汽车运输。

(4)铁路运输成本较低。铁路运输费用仅为汽车运输费用的几分之一到十几分之一;运输耗油约是汽车运输的二十分之一。

(5)铁路运输安全可靠,风险远比海洋运输小。

(6)初期投资大。铁路运输需要铺设轨道、建造桥梁和隧道,建路工程艰巨复杂;需要消耗大量钢材、木材;占用土地,其初期投资大大超过其他运输方式。

另外,铁路运输由运输、机务、车辆、工务、电务等业务部门组成,要具备较强的准确性和连贯性,各业务部门之间必须协调一致,这就要求在运输指挥方面实行统筹安排,统一领导。

(三)铁路运输的作用

1. 有利于发展同欧亚各国的贸易

通过铁路把欧亚大陆连成一片,为发展中国家、近东和欧洲各国的贸易提供了有利的条件。自 20 世纪 50 年代以来,我国与朝鲜、蒙古、越南、苏联的进出口货物,绝大部分仍然是通过铁路运输来完成的;我国与西欧、北欧和中东地区一些国家也通过国际铁路联运来进行进出口货物的运输。

2. 有利于开展同港澳地区的贸易,并通过香港进行转口贸易

铁路运输是我国联系港澳地区,开展贸易的一种重要的运输方式。港澳地区所需的食品和生活用品多由内地供应,随着内地对该地区出口的不断扩大,其运输量逐年增加。做好对港澳地区的运输工作,达到优质、适量、均衡、应时的要求,在政治上和经济上都非常重要。为了确保该地区的市场供应,从内地开设了直达地区的快运列车,对繁荣稳定港澳市场,以及该地区的经济发展起到了积极作用。

3. 对进出口货物在港口的集散和各省、市之间的商品流通起着重要作用

我国幅员辽阔,海运进口货物大部分利用铁路从港口运往内地的收货人,海运出口货物大部分也是由内地通过铁路向港口集中,因此铁路运输是我国国际货物运输的重要集散方式。至于国内各省市和地区之间调运外贸商品、原材料、半成品和包装物料,主要也是通过铁路运输来完成的。我国国际贸易进出口货物运输大多都要通过铁路运输这一环节,铁路运输在我国国际货物运输中发挥着重要作用。

4. 利用欧亚大陆桥运输是必经之道

大陆桥运输是指以大陆上铁路或公路运输系统为中间桥梁,把大陆两端的海洋连接起来的集装箱连贯运输方式。我国目前开办的西伯利亚大陆桥和新欧亚大陆桥的铁路集装箱运输具有安全、迅速、节省的优点。这种运输方式对发展我国与中、近东及欧洲各国的贸易提供了便利的运输条件。为了适应我国经济贸易的发展需要,利用这两条大陆桥开展铁路集装箱运输也是必经之道,这将会促进我国与这些国家和地区的国际贸易发展。

三、公路运输

公路运输也是陆上运输的一种基本运输方式。公路运输指的是汽车运输,不仅可以直接运进或运出对外贸易货物,还是车站、港口和机场集散进出口货物的重要手段。尤其在目前"门到门"的运输业务中,公路运输发挥着不可替代的作用。公路运输也是现代交通运输体系中不可缺少的重要组成部分,任何一种货物运输方式,都离不开公路运输作为衔接。由于我国幅员辽阔,在陆地上与许多国家相邻,所以在我国边疆地区与邻国的进出口贸易中,公路运输占有重要地位。

公路运输在短途货物集散运转上,比铁路、航空运输具有更大的优越性,但公路运输也有一定的局限,如载重量小,不适宜装载重件和大件货物,不适宜长途运输,车辆运行中震动较大,易造成货损货差事故,且运输成本比铁路运输和水上运输高。

四、航空运输

(一)航空运输的含义与特征

航空运输是利用飞机运送进出口货物的一种现代化运输方式。它具有速度快,不受地形条件限制,货损率小,节省包装、保险和储存费用等特点。因此,某些急需物资,易损货物和体轻而贵重商品适用航空运输。

航空货运虽然起步较晚,但发展异常迅速,特别是受到现代化企业管理者的青睐,原因之一就在于它具有许多其他运输方式所不能比拟的优越性。概括起来,航空货物运输主要有以下特征:

1. 运送速度快

从航空业诞生之日起,航空运输就以快速而著称。快捷的交通工具大大缩短了货物在途时间,对于那些易腐烂、变质的鲜活商品,时效性、季节性强的报刊、节令性商品,抢险、救急品的运输,这一特点显得尤为突出。运送速度快,在途时间短,也使货物在途风险降低,因此许多贵重物品、精密仪器也往往采用航空运输的形式。

2. 不受地面条件影响

航空运输利用天空这一自然通道,不受地理条件的限制。对于地面条件恶劣、交通不便的内陆地区非常合适,有利于当地资源的出口,促进当地经济的发展。航空运输使本地

与世界相连,对外的辐射面广,而且航空运输相比较公路运输与铁路运输占用土地少,对寸土寸金、地域狭小的地区无疑是十分适合的。

3. 安全、准确

与其他运输方式比,航空运输的安全性较高。航空公司的运输管理制度也比较完善,货物的破损率较低,如果采用空运集装箱的方式运送货物,则更为安全。

4. 节约包装、保险、利息等费用

由于采用航空运输方式,货物在途时间短,周转速度快,企业存货可以相应减少。一方面有利于资金的回收,减少利息支出;另一方面企业仓储费用也可以降低。又因为航空货物运输安全、准确,货损、货差小,保险费用较低,与其他运输方式相比,航空运输的包装简单,包装成本减少,这些都构成企业隐性成本的下降,收益的增加。

当然,航空运输也有自己的局限性,主要表现在航空货运的运输费用较其他运输方式更高,不适合低价值货物;航空运载工具——飞机的舱容有限,对大件货物或大批量货物的运输有一定的限制;飞机飞行安全容易受恶劣气候影响等。

(二)航空运输方式

航空运输方式主要有班机运输,包机运输,集中托运和航空快递业务。

1. 班机运输

班机运输指具有固定开航时间、航线和停靠航站的飞机。通常为客货混合型飞机,货舱容量较小,运价较贵,但由于航期固定,有利于客户安排鲜活商品或急需商品的运送。

2. 包机运输

包机运输是指航空公司按照约定的条件和费率,将整架飞机租给一个或若干个包机人(包机人指发货人或航空货运代理公司),从一个或几个航空货站装运货物至指定目的地。包机运输适合于大宗货物运输,费率低于班机,但运送时间则比班机要长些。

3. 集中托运

集中托运可以采用班机或包机运输方式,是指航空货运代理公司将若干批单独发运的货物集中成一批向航空公司办理托运,填写一份总运单送至同一目的地,然后由其委托当地的代理人负责分发给各个实际收货人。这种托运方式,可降低运费,是航空货运代理的主要业务之一。

4. 航空快递业务

航空快递业务是由快递公司与航空公司合作,向货主提供的快递服务,其业务包括:由快速公司派专人从发货人处提取货物后以最快航班将货物出运,飞抵目的地后,由专人接机提货,办妥通关手续后直接送达收货人,称为"桌到桌运输"。这是一种最为快捷的运输方式,特别适合于各种急需物品和文件资料。

五、邮政运输

邮政运输又称邮包运输,是指通过邮局寄交进出口货物的一种运输方式。邮政运输比较简便,只要卖方根据买卖合同中双方约定的条件和邮局的有关规定,向邮局办理寄送包裹手续,付清邮费,取得收据,就能完成交货任务。各国邮政部门之间订有协定和公约,从而保证了邮件包裹传递的畅通无阻、四通八达,形成了全球性的邮政运输网,遂使国际邮政运输得以在国际贸易中被广泛使用。

国际邮政运输分为普通邮包和航空邮包两种,对每件邮包的重量和体积都有一定的限制。如一般规定每件长度不得超过 1 米,重量不得超过 20 千克,但各国规定也不完全相同,可随时向邮局查询。邮政运输一般适合于量轻体小的货物,如精密仪器、机械零配件、药品、样品和各种生产上急需的物品。

近年来,特快专递业务迅速发展。目前快递业务主要有国际特快专递(International Express Mail Service 简称 EMS)和 DHL 信使专递(DHL Courier Service)。

六、管道运输

管道运输是一种特殊的运输方式,是货物在管道内借助于高压气泵的压力推动向目的地输送的一种运输方式,主要适用于运输气体和液体货物。

管道运输有许多突出的优越性,具体表现在以下几方面:

（1）它是一种连续运输技术,每天 24 小时可连续不断运输,效率很高;

（2）管道一般埋在地下,不受地理、气象等外界条件限制,可以穿山越河,跨越沙漠大海,不怕炎热和冰冻;

（3）环境效益好,封闭式地下运输不排放废气、粉尘,不产生噪音,减少了环境污染。

但是,铺设管道的技术较为复杂、成本高,而且要求有长期稳定的货源。

七、内河运输

内河运输是水上运输的重要组成部分,具有成本低、运量大、投资少等特点,是连接内陆腹地与沿海地区的纽带,在运输和集散进出口货物中起着重要的作用。

目前,我国有着广阔的内河航运网,长江、珠江等一些主要河流的内河港口已经对外开放,我国同一些邻国还有国际河流相连通,这就为发展我国对外贸易内河运输提供了十分有利的条件。

八、集装箱运输

（一）集装箱简介

1. 集装箱的含义

所谓集装箱,是指具有一定强度、刚度和规格专供周转使用的大型装货容器。使用集装箱转运货物,可直接在发货人的仓库装货,运到收货人的仓库卸货,中途更换车、船时,无须将货物从箱内取出换装。

2. 集装箱的分类

（1）按所装货物种类分,有杂货集装箱、散货集装箱、液体货集装箱、冷藏箱集装箱等;

（2）按制造材料分,有木集装箱、钢集装箱、铝合金集装箱、玻璃钢集装箱、不锈钢集装箱等;

（3）按结构分,有折叠式集装箱、固定式集装箱等,在固定式集装箱中还可分密闭集装箱、开顶集装箱、板架集装箱等;

（4）按总重分,有 30 吨集装箱、20 吨集装箱、10 吨集装箱、5 吨集装箱、2.5 吨集装箱等。

3. 集装箱计算单位(Twenty-feet Equivalent Units,简称 TEU)

集装箱计算单位又称 20 英尺换算单位,是计算集装箱箱数的换算单位。目前各国大部分集装箱运输,都采用 20 英尺和 40 英尺长的两种集装箱。为使集装箱箱数计算统一化,把 20 英尺集装箱作为一个计算单位,40 英尺集装箱作为两个计算单位,以便统一计算集装箱的营运量。

（二）集装箱运输

1．集装箱运输的含义与特点

集装箱运输是以集装箱为运输单位进行运输的一种现代化的先进的运输方式，它可适用于各种运输方式的单独运输和不同运输方式的联合运输。集装箱运输的优点有加速货物装卸，提高港口吞吐能力，加速船舶周转，减少货损货差，节省包装材料，减少运杂费用，降低营运成本，简化货运手续和便利货物运输等。集装箱运输是运输方式上的一大革命，它的出现和广泛运用，对国际贸易产生了很大的影响。

2．集装箱货物装箱方式

根据集装箱货物装箱数量和方式可分为整箱和拼箱两种。

（1）整箱装（Full Container Load，FCL）。整箱装是指货方自行将货物装满整箱以后，以箱为单位托运的集装箱。这种情况通常在货主有足够货源装载一个或数个整箱时采用，除有些大的货主自己置备有集装箱外，一般都是向承运人或集装箱租赁公司租用一定的集装箱。空箱运到工厂或仓库后，在海关人员的监管下，货主把货装入箱内、加锁、铅封后交承运人并取得站场收据，最后凭收据换取提单或运单。

（2）拼箱装（Less Than Container Load，LCL）。拼箱装是指承运人（或代理人）接受货主托运的数量不足整箱的小票货运后，根据货物性质和目的地进行分类整理。把去同一目的地的货，集中到一定数量拼装入箱。由于一个箱内有不同货主的货拼装在一起，所以叫拼箱。这种情况在货主托运数量不足装满整箱时采用。拼箱货的分类、整理、集中、装箱（拆箱）、交货等工作均在承运人码头集装箱货运站或内陆集装箱转运站进行。

3．集装箱货物交接方式

如上所述，集装箱货运分为整箱和拼箱两种，因此在交接方式上也有所不同，纵观当前国际上的做法，大致有以下四类：

（1）整箱交，整箱接（FCL/FCL）。货主在工厂或仓库把装满货后的整箱交给承运人，收货人在目的地以同样整箱接货，换言之，承运人以整箱为单位负责交接。货物的装箱和拆箱均由货方负责。

（2）拼箱交，拆箱接（LCL/LCL）。货主将不足整箱的小票托运货物在集装箱货运站或内陆转运站交给承运人，由承运人负责拼箱和装箱，运到目的地货站或内陆转运站，由承运人负责拆箱，拆箱后，收货人凭单接货。货物的装箱和拆箱均由承运人负责。

（3）整箱交，拆箱接（FCL/LCL）。货主在工厂或仓库把装满货后的整箱交给承运人，在目的地的集装箱货运站或内陆转运站由承运人负责拆箱后，各收货人凭单接货。

（4）拼箱交，整箱接（LCL/FCL）。货主将不足整箱的小票托运货物在集装箱货运站或内陆转运站交给承运人。由承运人分类调整，把同一收货人的货集中拼装成整箱，运到目的地后，承运人以整箱交，收货人以整箱接。

上述各种交接方式中，以整箱交、整箱接效果最好，也最能发挥集装箱的优越性。

 **【小贴士】**

集装箱运费的计算

出口女式套头衫200件至墨尔本，销售单位是PC（件），包装单位是CARTON（箱），每箱 20 件,每箱毛重 13 KGS,每箱净重 11 KGS,每箱体积 0.14308 CBM。试计算以整箱和拼箱装的海运费分别是多少。

解答方法:

1. 计算毛重、体积

毛重的计算:包装箱数 ＝200÷20＝10(箱)。

总毛重 ＝ 每箱毛重 × 箱数 ＝13×10＝130 KGS＝0.13(TNE)。

体积的计算:总体积 ＝ 每箱体积 × 箱数 ＝0.14308×10＝1.4308(CBM)。

2. 根据毛重、体积计算海运费

(1)如果选择整箱。查到普通每 20′ 集装箱可装体积为 33 CBM,限重 25 TNE (25000 KGS),每 40′ 集装箱可装体积为 67 CBM,限重 29 TNE(29000 KGS),1 TNE＝ 1000 KGS,因为重量和体积都没超过 20′ 集装箱的容量,所以如果用整箱装,可选择 1 个 20′ 集装箱。查得 20′ 集装箱运费为 USD1199,因此如果按整箱装,则海运费为 USD1199。

(2)如果选择拼箱。查到普通拼箱按体积算的运费为 USD92,按重量算为 USD86。按体积算,海运费 A＝92×1.4308＝131.63(USD),按重量算:海运费 B＝86×0.13＝ 11.18(USD)。因为 A＞B,所以,海运费为 USD131.63。

4. 集装箱货物交接地点

集装箱货物的交接,根据贸易条件所规定的交接地点不同,一般分为:

(1)门到门(Door to Door):从发货人工厂或仓库至收货人工厂或仓库。

(2)门到场(Door to CY):从发货人工厂或仓库至目的地或卸箱港的集装箱堆场。

(3)门到站(Door to CFS):从发货人工厂或仓库至目的地或卸箱港的集装箱货运站。

(4)场到门(CY to Door):从起运地或装箱港的集装箱堆场至收货人工厂或仓库。

(5)场到场(CY to CY):从起运地或装箱港的堆场至目的地或卸箱港的集装箱堆场。

(6)场到站(CY to CFS):从起运地或装箱港的集装箱堆场至目的地或卸箱港的集装箱货运站。

(7)站到门(CFS to Door):从起运地或装箱港的集装箱货运站至收货人工厂或仓库。

(8)站到场(CFS to CY):从起运地或装箱港的集装箱货运站至目的地或卸箱港的集装箱堆场。

(9)站到站(CFS to CFS):从起运地或装箱港的集装箱货运站至目的地或卸箱港的集装箱货运站。

以上九种交接方式,进一步可归纳为以下四种方式:

(1)门到门:这种运输方式的特征是,在整个运输过程中,完全是集装箱运输,并无货物运输,故最适宜于整箱交,整箱接。

(2)门到场站:这种运输方式的特征是,由门到场站为集装箱运输,由场站到门是货物运输,故适宜于整箱交、拆箱接。

(3)场站到门:这种运输方式的特征是,由门至场站是货物运输,由场站至门是集装箱运输,故适宜于拼箱交、整箱接。

(4)场站到场站:这种运输方式的特征是,除中间一段为集装箱运输外、两端的内陆运输均为货物运输,故适宜于拼箱交、拆箱接。

按 CIF 条件成交的出口合同,应由出口企业为货物办理保险。在货物装船前,须及时向保险公司办理投保手续,投保时要防止漏保和错保,以免遭受不必要的损失。投保的一般程序是:首先,由出口企业填写投保单,根据信用证规定,逐项如实地表明货物名称、数量、险别、保额、起讫地点、保险期限、投保人名称等,然后交由保险公司签发正式保险单。货物投保后,在运输途中遇到不测风险,投保人即可按照保险单规定的权利和义务向保险公司提出索赔。该保险单既是索赔的主要依据,也是向银行议付货款必不可少的单据。

 【小贴士】

2019 年 9 月,东阳卓越贸易有限公司和日本 K 进出口有限公司签订了以 FOB 为价格条件的销售合同。两个月后卖方完成备货,在工厂将货物装箱并交给货运代理运往装运港。但在运往装运港的途中,由于下雨路滑再加上司机疲劳驾驶,集装箱车翻车,导致所载的部分货物损失。由于离装运期很近,来不及重新补齐货物,于是因短装卖方向买方支付了大笔违约金。

本案中,卖方在工厂仓库已经将货物交给货运代理,但自工厂仓库到装运货船上的风险和费用仍由卖方承担;如果采用 FCA 术语,卖方就可以在工厂完成交货,同时运输风险和费用随着货交承运人转移给买方,也就避免了卖方不可预期的各种风险。

九、国际多式联运

(一)国际多式联运的含义与特征

根据 1980 年《联合国国际货物多式联运公约》以及 1997 年我国交通部和铁道部(现称交通运输部)共同颁布的《国际集装箱多式联运管理规则》的定义,国际多式联运是指"按照多式联运合同,以至少两种不同的运输方式,由多式联运经营人将货物从一国境内接管货物的地点运至另一国境内指定地点交付的货物运输"。它是一种以实现货物整体运输的最优化效益为目标的联运组织形式。它通常是以集装箱为运输单元,将不同的运输方式有机地组合在一起,构成连续的、综合性的一体化货物运输。通过一次托运、一次计费、一份单证、一次保险,由各运输区段的承运人共同完成货物的全程运输,即将货物的全程运输作为一个完整的单一运输过程来安排。

根据该定义,结合国际上的实际做法,可以得出,构成国际多式联运必须具备以下特征或称基本条件:

(1)必须具有一份多式联运合同。该运输合同是多式联运经营人与托运人之间权利、义务、责任与豁免的合同关系和运输性质的确定,也是区别多式联运与一般货物运输方式的主要依据。

(2)必须使用一份全程多式联运单证。该单证应满足不同运输方式的需要,并按单一运费率计收全程运费。

(3)必须是至少两种不同运输方式的连续运输。

(4)必须是国际上的货物运输。这不仅是区别于国内货物运输,主要是涉及国际运输法规的适用问题。

（5）必须由一个多式联运经营人对货物运输的全程负责。该多式联运经营人不仅是订立多式联运合同的当事人，也是多式联运单证的签发人。当然，在多式联运经营人履行多式联运合同所规定的运输责任的同时，可将全部或部分运输委托他人（分承运人）完成，并订立分运合同。但分运合同的承运人与托运人之间不存在任何合同关系。

（二）国际多式联运的特点

国际多式联运是货物运输的一种较高级组织形式，它集中了各种运输方式的特点，扬长避短融汇一体，组成连贯运输，它比传统单一运输方式具有无可比拟的优越性，主要表现在：

（1）责任统一，手续简便；

（2）减少中间环节，缩短货运时间，降低货损货差，提高货运质量；

（3）降低运输成本，节省运杂费用，利于贸易开展；

（4）实现"门到门"运输的有效途径。

 **【小贴士】**

中国集装箱多式联运发展按下"快进键"

2018 年全球集装箱海运量为 2.01 亿 TEU，同比增长 4.46%；中国集装箱全年产量约 425 万 TEU，同比增长约 12%，创历史最高水平，在全球市场占有率约 96.1%。

"集装箱作为劳动密集型和资源密集型行业，其技术储备能力、智能化制造能力、新市场开发能力和服务创新能力是行业下一步竞争的分水岭。"中国集装箱行业协会副会长兼秘书长李牧原指出，企业需要关注集装箱生产发展的六大趋势：国际市场总体保持平稳、内贸销售市场继续增长、专业市场需求持续放大、集装箱箱型更加多元化、绿色生产趋势更加明显、智能生产水平不断提高。

2018 年，中国规模以上港口集装箱吞吐量 2.51 亿 TEU，增长 5.2%；铁路集装箱发送量 1375.1 万 TEU，增长 33.4%；铁路集装箱运量占铁路总运量由 5.46% 上升至 7.16%，但比重远远落后于欧美日等发达地区；中国规模以上港口完成集装箱铁水联运量 450 万 TEU，占规模以上港口集装箱吞吐量的 1.8%；中欧班列开行 6363 列，增长 73%。

"未来三年我国多式联运将大幅攀升。"李牧原表示，区域一体化带来更多政策红利、跨界合作平台型企业增加、技术装备创新不断涌现、枢纽与通道驱动下的规则与标准逐步建立等发展趋势正推动中国多式联运进入全面发展时期。

（资料来源：吕同舟、徐亦宁：《中国集装箱多式联运发展按下"快进键"——2019 集装箱多式联运亚洲展侧记》，中国远洋海运，2019 年第 6 期）

模块二 装 运 条 款

在国际货物买卖合同中，买卖双方必须对交货时间、装运地、目的地、分批装运、转运、装运通知、滞期、速遣条款等内容作出具体的规定。明确合理地规定装运条款，是保证装运合同顺利履行的重要条件。

一、装运时间

装运时间，又称装运期，即装运货物的时间。在实践中，习惯上以货物装运的时间，或运输单据的出单日期作为卖方履行交货的时间,于是就出现了把"装运"和"交货"两个概念等同起来的情形。但在采用实际交货贸易术语的合同中,"装运"和"交货"则是两个完全不同概念,装运期一般早于交货期,所以不能相互代替使用。

(一)装运时间的规定方法

在国际贸易中规定装运时间的方法,通常有以下几种。

(1)明确规定具体期限。在合同中订明某年某月装运或某年跨月装运,如5月装运,即在5月份任何一天均可装运;或某年某季度装运;或跨年度、跨季度装运等。装运时间一般不确定在某一个日期上,而是确定在一段时间内。

(2)规定在收到信用证后若干天装运。如在合同中订明:收到信用证后45天内装运(shipment within 45 days after receipt of L/C)并同时规定买方必须于某月某日前将信用证开到(the L/C must reach the seller not later than...),以便安排货船,并可防止客户不开证或不按期开证而给卖方造成损失。

(3)收到电汇、信汇或票汇后若干天装运。

(4)规定近期装运术语。如规定"立即装运""即期装运""尽速装运"等,由于这些词语解释难以统一,容易造成分歧,故应慎用。国际商会制订的《跟单信用证统一惯例》也明确规定不宜使用此类词,如果使用,银行将不予置理。

(二)规定装运时间的注意事项

1. 应考虑货源、运输和市场需求等实际情况

装运期规定近远,应和生产、库存情况相适应。如现货或加工需时较短,装运期可以规定近一些;加工费时较多,则远一些。在由我方负责租船订舱的条件下,对装运期的规定必须考虑有关的运输情况,还要注意市场的销售季节,装运时间如能赶在销售季节之前,将是我方争取好价格的因素之一。

2. 对装运期的规定要明确

在买卖合同中,应明确规定装运或交货的具体期限,凡"立即装运""即期装运"和"尽速装运"之类规定方法,应尽量避免使用。

3. 装运期限应适当,并考虑开信用证日期的规定是否合理

装运期规定过短或过长都是不适当的。过短将给船货安排带来一定的困难;过长不但势必占压买方资金(开证占压的资金),影响买方订购的积极性,而且往往使卖方出口商品不能赶上有利的销售时机,从而削弱卖方出口商品的竞争能力。装运期或交货期与开证日期是相互关联的,为了保证按期装运和及时交货,在规定装运期或交货期的同时,还应明确合理地规定开证日期,并使二者互相衔接起来。一般而言,信用证至少应在装运期或交货期开始前15天开到卖方,以便卖方有必要的时间安排船货。

4. 应综合考虑交货港、目的港的特殊季节因素

北欧、加拿大东海沿岸港口冬季易封冻结冰,故装运时间不宜订在冰冻时期。反之,热带某些地区,则不宜订在雨季装运。

二、装运港和目的港

(一)装运港和目的港的规定方法

装运港是指货物起始装运的港口。目的港是指最终卸货的港口。一笔交易达成必须确定装运港和目的港,主要是为了卖方安排装运,同时也为了买方接货。在进出口交易

中,装运港和目的港不仅是价格术语不可缺少的组成部分,构成商品价格的因素,同时也与买卖双方承担的运输责任有关。因此在买卖合同中合理确定装运港和目的港具有重要意义。

装运港和目的港的规定方法主要有:

(1)在一般情况下,装运港和目的港分别规定各为一个。

(2)有时按实际业务的需要,也可分别规定两个或两个以上。如,CIF 伦敦 / 汉堡 / 鹿特丹。

(3)采用选择港办法,在明确规定装运港或目的港有困难时,也可以采用这种办法。规定选择港有两种方式:

① 在两个或两个以上港口中选择一个,这种方式与第(2)种规定方法相同,如 CIF 伦敦选择港汉堡或鹿特丹,CIF 伦敦 / 汉堡 / 鹿特丹。

② 笼统规定某一航区为装运港或目的港,如"地中海主要港口""西欧主要港口",等等,但采用这种方法应格外谨慎。

(二)规定国外装运港和目的港应注意的问题

(1)对国外装运港或目的港的规定应力求具体明确。一般情况下,出口不能笼统地订为"欧洲主要港口""非洲主要港口"等。由于哪些是主要港并无统一解释,而且各港口距离远近不同,装卸条件、运费不一,极易发生纠纷。

但是在实际业务中,有时根据具体情况和需要,也可允许在同一航区规定两个或两个以上的邻近港口为装运港或目的港。例如,有些买方是中间商,他们在洽谈交易时明确指定具体目的港有困难,为了照顾买方的实际困难和促成交易起见,可允许买方在几个港口中任选其中一个港口作为目的港,但选择的目的港必须规定在同一航线。同时在合同中应明确规定:如所选目的港要增加运费、附加费应由买方负担;买方应在开信用证的同时宣布最后目的港。

(2)不能接受内陆城市为装运港或目的港的条件。

(3)必须注意国外装卸港的具体运输和装卸条件。例如,有无直达班轮航线、港口装卸设备、码头泊位的深度、冰冻期和对船舶国籍有无限制与港口的规章制度以及运费、附加费的水平等。

(4)应注意国外港口有无重名问题。例如,世界上维多利亚港就达 12 个之多,波特兰、波士顿、的黎波里等有数个。为了防止发生差错,如有重名港,在买卖合同中要注明装卸港所在国家或地区的名称。

 **【小贴士】**

有一加拿大商人欲以每公吨 800 加元 CIF 魁北克购买我国某商品。12 月装船,即期信用证付款。

想一想:此条件应该如何考虑并答复为佳?

(分析提示:魁北克是加拿大的东岸,属于季节封冻港口,对 12 月装船不能接受。且魁北克为加拿大的 OCP 地区,故我方最好的办法是让对方改报 CIF 温哥华 OCP 魁北克,然后视其反应如何而定。)

（三）规定国内装运港和目的港应注意的问题

（1）在出口业务中，对装运港的规定主要应考虑货源比较接近的港口，同时也应考虑港口和国内运输的条件和费用水平。对统一对外成交而分口岸交货的某些商品，由于成交时还不能最后确定装运港，也可规定为"中国口岸"，或两个以上具体港口为装运港，这样比较灵活主动。

（2）在进口业务中，对国内卸货港的规定，一般要选择接近用户或用货单位的港口为宜。但是为了避免港口拥挤产生堵塞现象，卸货港也可规定为"中国口岸"。

 【小贴士】

中国某公司曾按FOB条件从北欧进口一批大宗商品。双方约定的装运港原是一个比较偏僻的小港，大船不能直接进港装货。签约后，买方才了解该港条件，便要求变更装运港，但卖方不同意更改。买方只好租用小船，将货物运至汉堡集中，然后再装海洋巨轮运回国内，这不仅延误了时间，而且增加了运杂费用，给国家和企业造成了不该发生的经济损失。

想一想：导致本案损失的原因在哪里？

三、分批装运和转运

（一）分批装运

分批装运又称分期装运，是指一个合同项下的货物分若干批或若干期装运。买卖合同中做出这一规定时，称为分批装运条件。造成分批装运的原因是多方面的，如除了成交量较大外，运输工具的限制、目的港装卸条件差、船源紧张、市场销售的需要，一次备货有困难、期货成交后需逐批生产等。

国际上对分批装运的解释和运用有所不同。按有些国家的合同法规定，如合同对分批装运不作规定，买卖双方事先对此也没有特别约定或习惯做法，则卖方交货不得分批装运。国际商会制订的《跟单信用证统一惯例》规定，除非信用证另有规定，允许分批装运。

根据《跟单信用证统一惯例》规定："运输单据表面上注明货物是使用同一运输工具装运并经同一路线运输的，即使每套运输单据注明的装运日期不同及／或装运港、接受监管地不同，只要运输单据注明的目的地相同，也不视为分批装运。"

 【小贴士】

M总公司向N进口商出口1万吨大米，采用可转让信用证，且规定不得分批装运。M总公司将信用证全部转让给5家分公司。这5家分公司按照来证规定的装运期，在各自口岸通过同一条班轮按质按量装货，并在各自当地银行就地议付，取得了货款。但货到目的港后，因市场发生了变化，大米价格下跌，进口商不想接受货物。于是，进口商借口交货地点及装运期不同，认为货物进行了分批装运而拒付。M总公司认为没有违反信用证的要求。

想一想：出口商M总公司的做法是否构成分批装运？

如果合同和信用证中明确规定了分批数量，如"3～6月份4批每月平均装运"（shipment

during March/June in four equal monthly lots）以及类似的限批、限时、限量的条件,则卖方应严格履行约定的分批装运条款,只要其中任何一批没有按时、按量装运,就可作为违反合同论处。《跟单信用证统一惯例》规定:"其中任何一批未按规定装运,则此批及以后各批均告失效。"

【小贴士】

某 A 公司出口货物 200 吨,装运期 3~4 月,每月装运货物 100 吨,允许转运。A 公司在 3 月 30 日将第一批货物 100 吨装上货轮甲,又于 4 月 2 日将第二批货物 100 吨装上货轮乙,甲乙两货轮均在新加坡转船,A 公司发运的两批货物经转船后均装上货轮丙将货物运抵目的港。

想一想:A 公司的做法是否合理?

(二)转运

转运是指远洋货运中,货物装运后允许在中途港换装其他船舶转运至目的港。当在买卖合同中做出规定时,称为允许转运条款。货物需要转船的原因主要是目的港无直达船或无合适的船;目的港不在装载货物的班轮航线上;货物零星分散,班轮不愿挂靠目的港等。《跟单信用证统一惯例》规定:"除非信用证另有规定,可准许转运。"

分批装运和转运条款,直接关系到买卖双方的权益,因此能否分批装运和转运,应在合同中订明。一般来说,允许分批装运和转运对卖方比较主动。

【小贴士】

我出口企业收到的一份信用证规定:"……装运自重庆至汉堡,多式运输单据可接受。禁止转运。……"出口企业经审查认为信用证内容与买卖合同相符,遂按信用证规定委托重庆外运公司如期将货物在重庆装上火车经上海改装轮船至汉堡。由重庆外运公司于装车当日签发多式运输单据。议付行审单认可后即将单据寄开证行索偿。开证行提出如下不符点:"……信用证规定禁止转运,而提供的单据却表示'将转运',与信用证规定不符,因此不能付款。……"议付行收到电文后进行反驳,指出根据 UCP 的规定,在多式联合运输中,只要同一运输单据包括运输全程,即使信用证禁止转运,银行也将接受注明转运将发生或可能发生的运输单据。之后不久,开证行支付了款项。

想一想:在多式联合运输中,如何理解禁止转运?

四、装运通知

装运通知(Shipping Advice)是在采用租船运输大宗进出口货物的情况下,在合同中加以约定的条款。其目的在于明确买卖双方的责任,促使买卖双方相互配合、相互衔接。按照国际贸易的一般做法,在 FOB 条款下,卖方在约定装船期开始前,一般是 30 天或 45 天,向买方发出货物备妥准备装船的通知,买方接到卖方通知后应及时将船名、船期电告卖方准备装船。在按 CIF、CFR 条件成交时,卖方应于货物装船后立即将合同号、货物的品名、件数、重量、发票金额、船名及装运日期电告买方,以便买方准备接货、办理进口手续或投保。

【小贴士】━━━━━━━━━━━━━━━━━━━━━━━━

Shipping Advice from Seller（卖方装船通知）

Shanghai Yongjie Industrial Development Co., Ltd.

48, Nanjing Road, Shanghai 200072, China

Tel: 0086 021 62565759   Fax: 0086 021 62565758

Date: Oct.14, 2018

To: Miller Consultant (Fax: 001 713 65734626)

From: Zeng Leilei, Imp/Exp Division (Fax: 0086 021 62565758)

Attn: Manager Roberson Miller

Re: Shipping Advice for Weed Eradicator

Dear Sirs:

Thank you very much for your vessel notice dd Oct. 3, 2018 and we are taking the pleasure of advising you that shipment of the goods under P/C No.MCPC130926 is due to be effected tomorrow with the details as follows:

Commodity: "Rainbow" Weed Eradicator   Design No. WE910
Quantity: 2,000 wooden cases
Total Amount: USD46,000.00
Vessel & Voyage: "Seagull" V.205
On Board Date: Oct. 15, 2018   ETA: on or about Nov. 12, 2018
Port of Loading: Shanghai, China
Port of Destination: Huston, USA
Shipping Marks: M.C./HUSTON/C/NO. 1-2000
Gross Weight: 17,000 kg
Measurement: 21.3 CBM
Invoice No.   YJINV13183
B/L No.   JS2007

As the business is closed on D/P basis, the full set of original shipping documents will be presented to our bank here for collection of the proceeds and is to be released to you against your payment. Please make all the necessary preparations for taking delivery of the goods and making payment upon sight of our draft drawn on you.

We believe the goods will come to be entirely satisfactory to you and are expecting to have more opportunities to pay our most careful attention to your future orders.

Yours faithfully

3

五、装卸时间与装卸率

（一）装卸时间

装卸时间（Lay Time）是指允许完成装卸任务所约定的时间。由于装卸时间的长短和装卸效率的高低，直接关系到船方的利害得失，故船方出租船舶时，都要求在定程租船合同中规定装卸时间、装卸率，并规定延误装卸时间和提前完成装卸任务的罚款与奖励办法，以约束租船人。

（二）装卸率

装卸率就是装卸速度，即指每日装卸货物的数量，其高低关系到完成装卸任务的时间和运费水平。装卸率规定过高或过低都不合适，规定过高，完不成装卸任务，要承担滞期费（Demurrage）的损失；反之，规定过低，使船舶在港时间过长而增加运费，即使可能得到船方的速遣费（Dispatch Money），也会得不偿失。因此，装卸率的规定应当适当。

六、滞期与速遣条款

滞期费是指在约定的装卸时间内未能将货物装卸完，致使船舶在港内停泊时间延长，给船方造成经济损失，这种损失应由租船方补偿给船方，这项补偿金就被称为滞期费。反之，如按约定的装卸时间和装卸率，提前完成装卸任务，使船方节省了船舶在港的时间和费用开支，并使船舶所有人可以更早地将船舶投入下一次航次的营运，取得新的运费收入，船方将其获取的利益的一部分给租船人作为奖励，叫速遣费。速遣费和滞期费通常以每天若干金额计算，速遣费一般为滞期费的一半。

七、其他装运条款

装运条款涉及的面很广，除上述条款外，有时，根据需要订有其他与装运有关的条款。例如，OCP 条款就是其中的一种。

"OCP" 是 Overland Common Points 的缩写，意为"内陆地区"。这是同美国进行贸易时，货物最终目的地是 OCP 地区范围（以美国西部 9 个州为界，也就是以落基山脉为界以东地区）时，出口商不仅可享受美国内陆运输的优惠费率，而且也可以享受 OCP 海运的优惠费率。因此，对美交易中，采用 OCP 运输条款，对进出口双方均为有利，不过在采用时应注意下列问题：

（1）货物最终目的地必须属于 OCP 地区范围。

（2）货物必须经由美国西海岸港口中转。

（3）提单上必须标明 OCP 字样，并且在提单目的港一栏中除填明美国西部海岸港口名称外，还要加注内陆地区的城市名称。

 【小贴士】

装运条款实例

1. dispatch/shipment from Chinese port to...　从中国港口发送 / 装运往……

2. shipment must be effected not later than（ or on ）July 30，2023　货物应于或不得迟于 2023 年 7 月 30 日装运

3. shipment latest date...　最迟装运日期：……

4. evidencing shipment/dispatch on or before...　列明货物在××××年××月××日或在该日以前装运/发送

5. partial shipments are（not）permitted　（不）允许分运

6. partial shipments（are）allowed（prohibited）　准许（不准）分运

7. without transshipment　不允许转运

8. transshipment at Hong Kong allowed　允许在香港转船

模块三　主要运输单据

运输单据是承运人收到承运货物后,签发给出口商的证明文件,它是交接货物、处理索赔与理赔以及银行结算货款或进行收付的重要单据。在国际货物运输中,运输单据的种类很多,不同的运输方式有不同的运输单据,如海运提单、铁路运单、航空运单、邮包收据和多式联运单据等。其中最主要的是海运提单。

一、海运提单

（一）海运提单的概念

海运提单（Bill of Lading,B/L）简称提单,是货物的承运人或其代理人收到货物后,签发给托运人的用以证明货物已由承运人接管并装上船的凭证。它说明了货物运输有关当事人（如承运人、托运人和收货人）之间的权利与义务。其性质与作用主要表现为:

1. 货物收据

提单是承运人或其代理人签发的货物收据,证明已按提单所列内容收到货物,并保证按收据上所列内容交付货物。

2. 货物所有权的凭证

提单是货物所有权的凭证。提单上的收货人或合法持有人有权凭提单向承运人提取货物,并可在船舶到达目的港交货之前进行转让或凭此向银行办理抵押贷款。收货人在目的港提取货物时,必须提交正本提单（Original B/L）。

3. 运输契约的证明

提单是承运人与托运人之间运输契约的证明,承运人之所以为托运人承运有关货物,是因为承运人和托运人之间存在一定的权利义务关系,双方权利义务关系以提单作为运输契约的凭证。

【小贴士】

关于海运提单的重要国际公约

1.《海牙规则》（Hague Rules）

《海牙规则》于1924年在布鲁塞尔由欧美26个航运国家签订,全名为《统一提单的若干法律规则的国际公约》,于1931年6月正式生效。目前,有80多个国家接受了这个规则。这一规则对承运人的权利及负责范围的规定一直受到货主方面的批评和航运业不发达国家的反对。因为它有利于船主或承运人,如对由托运人自行装货等17种原因造成的货物损失或延迟交货,可以免除责任。

2.《海牙-维斯比规则》(Hague-Visby Rules)

该规则是对《海牙规则》的修改和补充,于1968年签署《布鲁塞尔议定书》,并于1977年6月23日生效的。它已扩大了《海牙规则》的适用范围。《海牙规则》只适用于缔约国所签发的提单,《海牙-维斯比规则》既适用于上述提单,也适用于"从一个缔约国港口起运"的提单,还增加了集装箱运输条款等。

3.《汉堡规则》(Hamburg Rules)

由于《海牙-维斯比规则》仅对《海牙规则》作了非本质的修改和补充,航运业不发达国家继续要求对《海牙规则》作全面的修改。联合国国际贸易法委员会经过数年工作后,于1976年5月拟定了海上货物运输公约草案,1978年3月在汉堡召开的有78个国家的代表参加的联合国海上货物运输会议上,正式通过了这个公约草案,定名为《1978年联合国海上货物运输公约》,简称《汉堡规则》。与《海牙规则》相比,这一规则增加了承运人的责任。

(二)海运提单的关系人

海运提单的关系人可有四种:承运人、托运人、收货人、被通知人。

1. 基本关系人

(1)承运人:负责运输货物的当事人,有时被称为船方。

(2)托运人:也被称为货方,可能是发货人(卖方)或者是收货人(买方)。

2. 其他关系人

(1)收货人:通常被称为提单的抬头人,可以是托运人本身,也可以是第三人。

(2)被通知人:不是提单的当事人,只是收货人的代理人,是被承运人通知人。

(三)海运提单的种类

按不同的分类标准,提单可以划分为许多种类。

1. 按提单收货人的抬头划分

(1)记名提单(Straight B/L)。记名提单又称收货人抬头提单,是指提单上的收货人栏内填明特定收货人名称,只能由该特定收货人提货,由于该提单不能背书转让,不能流通,故其在国际贸易中很少使用。

(2)指示提单(Order B/L)。指示提单是指提单上的收货人栏内填写"凭指定(To order)"或"凭某某人指定"(To order of...)字样。这种提单可背书转让,故在国际贸易中使用最为广泛。背书的方式又有"空白背书"和"记名背书"之分。目前在实际业务中使用最多的是"凭指定"并经空白背书的提单,习惯上称其为"空白抬头、空白背书"提单。

(3)不记名提单(Bearer B/L, or Open B/L, or Blank B/L)。不记名提单是指提单上的收货人栏内没有指明任何收货人,谁持有提单,谁就可以提货。此种提单无须背书转让,流通性极强、风险大,故其在国际贸易中很少使用。

2. 按货物是否已装船划分

(1)已装船提单(Shipped B/L, or On Board B/L)。已装船提单是指承运人已将货物装上指定船舶后所签发的提单,其特点是提单上必须以文字表明货物已装某某船上,并载装船日期,同时还应由船长或其代理人签字。在国际贸易中,一般都要求卖方提供已装船提单。

（2）收货待运提单（Received for Shipment B/L）。收货待运提单又称收讫待运提单，是指承运人已收到托运货物等待装运期间所签发的提单。

3. 按提单上有无批注划分

（1）清洁提单（Clean B/L）。清洁提单是指货物在装船时"表面状况良好"，承运人在提单上不带有明确宣称货物及／或包装有缺陷状况的文字或批注的提单。根据《跟单信用证统一惯例》规定，除非信用证中明确规定可以接受的条款或批注，银行只接受清洁提单。清洁提单也是提单转让时的必备条件。

（2）不清洁提单（Unclean B/L or Foul B/L）。不清洁提单是指承运人在提单上带有明确宣称货物及／或包装有缺陷状况的文字或批注的提单。例如，提单上批注"×件损坏"（...packages in damaged condition），"铁条松散"（Iron strap loose or missing）等。

4. 根据运输方式的不同划分

（1）直达提单（Direct B/L）。直达提单，又称直运提单，是指货物从装货港装船后，中途不经转船，直接运至目的港卸船交与收货人的提单。直达提单上不得标有"转船"或"在某港转船"的批注。凡信用证规定不准转船者，必须使用这种直达提单。如果提单背面条款印有承运人有权转船的"自由转船"条款者，则不影响该提单成为直达提单的性质。

（2）转船提单（Transshipment B/L）。转船提单是指货物从起运港装载的船舶不直接驶往目的港，需要在中途港口换装其他船舶转运至目的港卸货，承运人签发这种提单称为转船提单。在提单上注明"转运"或在"某某港转船"字样，转船提单往往由第一程船的承运人签发。

（3）联运提单（Through B/L）。联运提单是指货物运输需经两段或两段以上的运输方式来完成，如海陆、海空或海海等联合运输所使用的提单。船船（海海）联运在航运界也称为转运，包括海船将货物送到一个港口后再由驳船从港口经内河运往内河目的港。联运的范围超过了海上运输界限，货物由船舶经水域运送到一个港口，再经其他运输工具将货物送至目的港，先海运后陆运或空运，或者先空运、陆运后海运。当船舶承运由陆路或飞机运来的货物继续运至目的港时，货方一般选择使用船方所签发的联运提单。

（4）多式联运提单（Multimodal Transport B/L or Intermodal Transport B/L）。这种提单主要用于集装箱运输。是指一批货物需要经过两种以上不同运输方式，其中一种是海上运输方式，由一个承运人负责全程运输，负责将货物从接收地运至目的地交付收货人，并收取全程运费所签发的提单。提单内的项目不仅包括起运港和目的港，而且列明一程二程等运输路线，以及收货地和交货地。

 【小贴士】

H进出口公司向泰国巴伐利亚有限公司出口一批电器电料，国外开来信用证有关条款规定："电器电料100箱，从中国港口至曼谷。禁止分批装运和转运。全套清洁已装船提单，注明'运费已付'，发货人抬头背书K.T.银行，通知买方。"H公司审证无误后，即装集装箱运输。随后备妥各种单据向银行交单，要求付款，但却遭到开证行拒付。其理由是我方提交的是"联合运输单据"，不符合信用证不许转运的要求。

想一想：开证行拒付是否合理？

5. 按提单内容的简繁划分

（1）全式提单（Long Form B/L）。全式提单是指提单除正面印就的提单格式所记载的事项，背面列有关于承运人与托运人及收货人之间权利、义务等详细条款的提单。由于条款繁多，所以又称繁式提单。在海运的实际业务中大量使用的大都是这种全式提单。

（2）简式提单（Short Form B/L, or Simple B/L）。简式提单，又称短式提单、略式提单，是相对于全式提单而言的，是指提单背面没有关于承运人与托运人及收货人之间的权利义务等详细条款的提单。这种提单一般在正面印有"简式"（Short Form）字样，以示区别。

6. 按签发提单的时间划分

（1）倒签提单（Anti-dated B/L）。倒签提单是指承运人或其代理人应托运人的要求，在货物装船完毕后，以早于货物实际装船日期为签发日期的提单。当货物实际装船日期晚于信用证规定的装船日期，若仍按实际装船日期签发提单，托运人就无法结汇。为了使签发提单的日期与信用证规定的装运日期相符，以利结汇，承运人应托运人的要求，在提单上仍以信用证的装船日期填写签发日期，以免违约。签发这种提单，尤其当倒签时间过长时，有可能推断承运人没有使船舶尽快速遣，因而承担货物运输延误的责任。特别是市场上货价下跌时，收货人可以以"伪造提单"为借口拒绝收货，并向法院起诉要求赔偿。承运人签发这种提单是要承担一定风险的。但是为了贸易需要，在一定条件下，比如在该票货物已装船完毕，但所签日期是船舶已抵港并开始装货，而所签提单的这票货尚未装船，是尚未装船的某一天；或签单的货物是零星货物而不是数量很大的大宗货；或到签的时间与实际装船完毕时间的间隔不长等情况下，取得了托运人保证承担一切责任的保函后，才可以考虑签发。

 【小贴士】

我国某出口公司先后与伦敦 B 公司和瑞士 S 公司签订两个出售农产品合同，共计3500 长吨，价值 8.275 万英镑。装运期为当年 12 月至次年 1 月。但由于原定的装货船舶出故障，只能改装另一艘外轮，致使货物到 2 月 11 日才装船完毕。在我公司的请求下，外轮代理公司将提单的日期改为 1 月 31 日，货物到达鹿特丹后，买方对装货日期提出异议，要求我公司提供 1 月份装船证明。我公司坚持提单是正常的，无需提供证明。结果买方聘请律师上货船查阅船长的船行日志，证明提单日期是伪造的，立即凭律师拍摄的证据，向当地法院控告并由法院发出通知扣留该船。经过 4 个月的协商，最后，我方赔款 2.09 万英镑，买方方肯撤回上诉而结案。

想一想：此案例问题出在哪里？如何解决？

（2）预借提单（Advanced B/L）。预借提单是指货物尚未装船或尚未装船完毕的情况下，信用证规定的结汇期（即信用证的有效期）即将届满，托运人为了能及时结汇，而要求承运人或其代理人提前签发的已装船清洁提单，即托运人为了能及时结汇而从承运人那里借用的已装船清洁提单。

这种提单往往是当托运人未能及时备妥货物或船期延误，船舶不能按时到港接受货载，估计货物装船完毕的时间可能超过信用证规定的结汇期时，托运人采用从承运人那里借出提单用以结汇，当然必须出具保函。签发这种提单承运人要承担更大的风险，可能构成承、托双方合谋对善意的第三者收货人进行欺诈。

【小贴士】

2019 年 3 月,中国威能化工有限公司(简称 W 公司)与澳大利亚汉特公司(简称 H 公司)签订进口稀土抛光粉烘干设备的 CFR 合同,付款方式为信用证。信用证的到期日为 5 月 20 日。因为部分配件未如期到达,导致全套设备在 5 月 20 日前无法全部交给承运人装船。为了赶在信用证失效前取得提单,并及时交单议付,H 公司用提供保函的条件请求承运人签发了装船日期为 5 月 20 日前的已装船清洁提单(预签提单)。承运人同意并签发了装船日为 5 月 18 日的提单。H 公司因而顺利向开证行中国银行结汇。货物于 6 月 18 日到达天津港。W 公司提货时查了一下该船的航行记录,发现实际装船日为 5 月 30 日,已超过信用证有效期,属于提单欺诈行为,于是向法院提起诉讼,请求法院止付信用证并扣押船舶。法院准予了 W 公司的申请。随后买卖双方达成和解,卖方 H 公司同意给买方 W 公司赔偿,W 公司撤诉。

想一想:H 公司有哪些失误?

(3)过期提单(Stale B/L)。过期提单有两种含义,一是指出口商在装船后延滞过久才交到银行议付的提单;二是指提单晚于货物到达目的港,这种提单也称为过期提单。因此,近洋国家的贸易合同一般都规定有“过期提单也可接受”的条款(Stale B/L is acceptance)。

7. 按收费方式划分

(1)运费预付提单(Freight Prepaid B/L)。成交 CIF、CFR 价格条件为运费预付,按规定货物托运时,必须预付运费。在运费预付情况下出具的提单称为运费预付提单。这种提单正面载明“运费预付”字样,运费付后才能取得提单;付费后,若货物灭失,运费不退。

(2)运费到付提单(Freight to Collect B/L)。以 FOB 条件成交的货物,不论是买方订舱还是买方委托卖方订舱,运费均为到付(Freight Payable at destination),并在提单上载明“运费到付”字样,这种提单称为运费到付提单。货物运到目的港后,只有付清运费,收货人才能提货。

【小贴士】

我国某公司以 FOB 上海条件与新加坡某商人达成一笔出口交易,该商人开来信用证的金额和单价均按 FOB 上海计,要求货运日本横滨港,并在提单上标明“运费已付(Freight Prepaid)”字样。

想一想:该商人为什么要这样做?我方应如何处理。

(3)最低运费提单(Minimum B/L)。最低运费提单是指对每一提单上的货物按起码收费标准收取运费所签发的提单。如果托运人托运的货物批量过少,按其数量计算的运费额低于运价表规定的起码收费标准时,承运人均按起码收费标准收取运费,而为这批货物所签发的提单就是最低运费提单,也可称为起码收费提单。

(四)海运提单的背书转让

提单是货物的权利凭证,具有可以流通转让的功能。

1. 海运提单的形式

海运提单按照收货人的表示分为不可流通形式和可流通形式。

（1）不可流通形式提单。

不可流通形式提单多指不可流通的记名抬头人提单，又称直交提单。在收货人表格内载明托运给一个特定的收货人，只能由特定的收货人提货，不得转让流通，该收货人经证明其身份，即可提取货物。

（2）可流通形式提单。

可流通提单收货人抬头包括可流通的来人抬头提单、可流通的指示抬头提单、可流通的记名抬头提单三种。

其中，可流通的指示抬头提单的表示方法又可分为三种：① 以开证行的指定人作为抬头人（To Order of Issuing Bank）。② 以申请人的指定人作为抬头人（To Order of Applicant）。③ 以托运人的指定人作为抬头人（To Order of Shipper）

（3）可流通的记名抬头提单（Negotiable Named Consignee B/L）

可流通的记名抬头提单又可分为四种：① 出口商（XX X Co.）以发货人的身份作成空白背书。② 出口商（XX X Co.）以发货人的身份作成开证行的记名背书。③ 信用证规定提单收货人是议付行，在寄单前，议付行作成记名背书给开证行。④ 进口商付款赎单时，若提单抬头人或被背书人是开证行，由开证行背书给进口商。

2. 背书转让的方法

所谓背书转让是转让人在提单的背面写明受让人并签名的转让手续。按照背书的方法区分，可以分为记名背书、指示背书、选择不记名背书和空白背书（不记名背书）四种。

（1）记名背书。记名背书也称完全背书，是背书人（转让人）在提单背面写明被背书人（受让人）的姓名，并由背书人签名的背书形式。

（2）指示背书。指示背书是背书人在提单背面写明"指示"或"某某指示"字样，并不写明特定受让人，由背书人签名的背书形式。

（3）选择不记名背书。这种背书形式是背书人在提单背面，既特指某一受让人，同时又指明可以以提单持有人作为受让人，即以"某某或持有人"形式表示受让人，并由背书人签名的背书形式。

（4）空白背书（不记名背书）。空白背书是指在提单背书中不记载任何受让人，只由背书人签名的背书形式。在承运人签发的提单是指示提单的条件下，只要经过背书都可以转让。如果所签发的提单是托运人指示提单，则应以托运人为第一背书人；如果是记名指示提单，或选择指示提单，则第一背书人应是提单中指名的指示人，"某某指示"或"某某或指示"中的"某某"应为第一背书人。

空白背书不需要背书即可转让。转让时，背书人不需要在提单上写明受让人，只要在提单背面签字即可。采用完全背书的背书形式时，必须连续背书才能连续转让，而采用空白背书形式时，则不需要连续背书即可转让。

（五）海运提单的内容

海运提单的格式很多，每个船公司都有自己的提单格式，但基本内容大致相同，一般包括提单正面的记载事项和提单背面印就的运输条款。

1. 海运提单正面内容及填制注意事项

（1）托运人（Shipper）。托运人即委托运输的人，在进出口贸易中通常就是出口人。本栏目填写出口人的名称和地址。出口人一般为信用证的受益人、合同的卖方,也可以是第三方。

(2)收货人(Consignee)。收货人即提单的抬头人,应按信用证规定填写。

① 对于记名抬头,直接填写收货人名称和地址。如"To ABC Co"。

② 对于不记名抬头,填"To Bearer"。

③ 对于指示抬头,按L/C规定填写,如"To order""To order of×××"。

例1:来证规定"...made out to order and endorsed to ABC Bank...",则收货人栏填写:To order。提单背面由托运人作记名背书:Deliver to ABC Bank For DNO Co.×××(托运人签章)。

例2:来证规定:"...made out to our order and endorsed in blank..."假设开证行为ABC Bank,则收货人栏填写:To order of ABC Bank。提单背面由ABC银行作空白背书,即ABC银行签章即可。

提单的抬头决定了海运提单的性质和货权的归属。在进出口贸易中多使用指示式抬头,以便单据可以通过背书转让。

(3)被通知人(Notify Party)。被通知人按信用证规定填写,须注明被通知人的详细名称和地址。信用证方式下,应按信用证规定填写。例如来证规定:"Full set of B/L... notify applicant."应在本栏目中将开证申请人的全称及地址填上。如果信用证无规定时,正本提单可不留空填写,但随船的副本提单须填列开证申请人的详细名称和地址。

(4)前段运输(Per-carriage by)。前段运输填写联合运输过程中在装运港装船前的运输方式。例如,从石家庄用火车将货物运到新港,再由新港装船运至目的港,本栏可填"Wagon No.×××".或者填"By Train"。

(5)收货地点(Place of Receipt)。收货地点填写"前段运输"的接收货物的地点。例如上例,收货地点应填"石家庄"(Shijiazhuang)。

(6)海运船名(Ocean Vessel)和航次(Voyage No.)。海运船名和航次填写实际载货船舶的名称和本次航行的航次。例如:FengQing V.102。没有航次的可以不填航次。

(7)装运港(Port of Loading)。装运港即启运港,应按信用证规定填写。如信用证只是笼统规定"CHINA MAIN PORTS",则应填写实际装运港口的名称,如"Qingdao"。如果来证同时列明几个装货港的,例如"Xingang/Qinhuangdao/Tangshan/",提单只能填写其中一个实际装运的港口名称。

(8)卸货港(Port of Discharge)。卸货港即目的港,应按信用证规定填写。

除FOB价格条件外,卸货港不能填写笼统的名称,如"European main port",必须列出具体的港口名称。如国际上有重名港口的,还应加注国别名称。在转船情况下可以在卸货港名称之后加注转船港名称,如:"Rotterdam W/T at Hong Kong",或在货名栏下方的空白处加注转船港的说明。如果有转船港栏目,则直接填入转船港名称即可。

(9)交货地点(Place of Delivery)。交货地点填写最终目的地名称。如货物的目的地就是目的港的话,该栏可以留白,也可以填写目的港名称。

(10)提单号码(B/L No.)。提单上必须注明承运人及其代理人规定的提单编号,以便核查,否则提单无效。

(11)集装箱号码/铅封号(Container No./Seal No.)。提单上必须填写集装箱号码。铅封号是海关查验货物后作为封箱的铅制关封号,应如实注明。

3

（12）标记唛码（Marks & Nos.）。提单上必须按发票缮制标记唛码。

（13）件数和包装种类（Numbers and Kinds of Packages）。提单上必须按货物实际装运情况填写外包装的件数，如"100 bales""250 drums"，在栏目下面的空白处或大写栏内加注大写件数，如"SAY ONE HUNDRED BALES ONLY"。若是散装货可注明"In bulk"字样，无需列明大写件数。如有多种货物采用多种包装，则应分别列明各种货物的件数和包装种类并加列合计总件数。例如："100 cartons""50 bales""30 cases""180 packages""SAY ONE HUNDRED AND EIGHTY PACKAGES ONLY"，等等。

（14）货物描述（Description of Goods）。货物描述按信用证和发票货名填写，如发票名称过多或过细，提单可写货物的总称，但不能和发票货名相矛盾。

（15）毛重（Gross Weight）。以千克（kg）为单位填写装运货物的毛重，千克以下作四舍五入处理。

（16）尺码（Measurement）。以立方米（m^3）为单位填写货物的尺码，立方米以下保留小数点后三位数。

（17）总包装件数（Total Packages）。总包装件数由大写英文数字、包装单位和"ONLY"组成，如"SAY ONE HUNDRED CARTONS ONLY"。

（18）运费和费用（Freight and Charges）。除非有特别规定，本栏只填写运费的付费情况，如"Freight Prepaid"或"Freight to Collect"，不填写具体金额。

（19）运费支付地（Freight Payable at）。本栏填写实际支付运费的地点。

（20）正本提单份数（Nos. of Original Bs/L）。收货人凭正本提单提货。正本提单的份数应按信用证的要求，在本栏目内用大写（如 TWO，THREE 等）注明。每份正本提单的效力相同，凭其中一份提单提货后，其余各份提单失效。根据信用证规定填写，用英文大写注明，如"TWO"或"THREE"等。

（21）签单地点及日期（Place and Date of Issue）。签单地点通常为装运地点，签发日期即为装运日期。

2. 海运提单背面内容

在班轮提单的背面都是印就的条款，是处理承运人与托运人或收货人之间争议的依据，它主要包括：

（1）法律诉讼条款，注明适用的有关提单的国际公约；

（2）承运人责任条款；

（3）免责条款；

（4）有关改航、换装、改卸目的港、甲板货物、危险货物、冷藏货物、装货、卸货、交货、共同海损等条款；

（5）赔偿条款；

（6）运费条款；

（7）留置权条款，等等。

二、其他运输单据

（一）铁路运单

铁路运输可分为国际铁路联运和国内铁路运输两种方式，前者使用国际铁路货物联运运单，后者使用国内铁路运单。通过铁路对港、澳出口的货物，由于国内铁路运单不能作为对外结汇的凭证,故使用承运货物收据这种具有特定性质和格式的单据。

1. 国际铁路货物联运运单

国际铁路货物联运所使用的运单是铁路与货主间缔结的运输契约。该运单从始发站随同货物附送至终点站并交给收货人,它不仅是铁路承运货物出具的凭证,也是铁路同货主交接货物、核收运杂费和处理索赔与理赔的依据。该运单副本在铁路加盖承运日期戳记后发还给发货人作为卖方凭此向银行结算货款的主要证件之一。

2. 承运货物收据

承运货物收据是港澳联运中使用的一种结汇单据。由于内地铁路部门发往香港的货物不能只使用一张单据,因此铁路提供的货物运单不能作为结汇的凭证,改由中国外运公司凭铁路运单以运输承运人的身份另外签发给经深圳中转至香港货物的承运收据,交由出口企业凭之向银行或通过银行向收货人收汇。承运货物收据起到了类似海运提单或国际联运运单副本的作用,既代表货物的所有权,又是香港收货人的提货证明,也是货运双方的运输契约和承运人货物收据。承运货物收据有时还可以适用于公路、河运等其他运输方式。

（二）航空运单

1. 航空运单的性质、作用

航空运单与海运提单有很大不同,却与国际铁路运单相似。它是由承运人或其代理人签发的重要的货物运输单据,是承托双方的运输合同,其内容对双方均具有约束力。航空运单不可转让,持有航空运单并不能说明可以对货物要求所有权。

（1）航空运单是发货人与航空承运人之间的运输合同。与海运提单不同,航空运单不仅证明航空运输合同的存在,而且航空运单本身就是发货人与航空运输承运人之间缔结的货物运输合同,在双方共同签署后产生效力,并在货物到达目的地交付给运单上所记载的收货人之后失效。

（2）航空运单是承运人签发的已接收货物的证明。航空运单也是货物收据,在发货人将货物发运后,承运人或其代理人就会将其中一份交给发货人（即发货人联）,作为已经接收货物的证明。除非另外注明,它是承运人收到货物并在良好条件下装运的证明。

（3）航空运单是承运人据以核收运费的账单。航空运单分别记载着属于收货人负担的费用,属于应支付给承运人的费用和应支付给代理人的费用,并详细列明费用的种类、金额,因此可作为运费账单和发票。承运人往往也将其中的承运人联作为记账凭证。

（4）航空运单是报关单证之一。出口时航空运单是报关单证之一。在货物到达目的地机场进行进口报关时,航空运单也通常是海关查验放行的基本单证。

（5）航空运单同时可作为保险证书。如果承运人承办保险或发货人要求承运人代办保险,则航空运单也可用来作为保险证书。

（6）航空运单是承运人内部业务的依据。航空运单随货同行,证明了货物的身份。运单上载有有关该票货物发送、转运、交付的事项,承运人会据此对货物的运输做出相应安排。

航空运单的正本一式三份,每份都印有背面条款,其中一份交发货人,是承运人或其代理人接收货物的依据;第二份由承运人留存,作为记账凭证;最后一份随货同行,在货物到达目的地交付给收货人时,作为核收货物的依据。

2. 航空运单的分类

航空运单主要分为两大类。

（1）航空主运单（Master Air Waybill,MAWB）。凡由航空运输公司签发的航空运单称为主运单。它是航空运输公司据以办理货物运输和交付的依据,是航空公司和托运人订立的运输合同,每一批航空运输的货物都有自己相对应的航空主运单。

（2）航空分运单（House Air Waybill, HAWB）。集中托运人在办理集中托运业务时签发的航空运单被称作航空分运单。在集中托运的情况下,除了航空运输公司签发主运单外,集中托运人还要签发航空分运单。

在这中间,航空分运单作为集中托运人与托运人之间的货物运输合同,合同双方分别为货主A、B和集中托运人;而航空主运单作为航空运输公司与集中托运人之间的货物运输合同,当事人则为集中托运人和航空运输公司。货主与航空运输公司没有直接的契约关系。

不仅如此,由于在起运地货物由集中托运人将货物交付航空运输公司,在目的地由集中托运人或其代理从航空运输公司处提取货物,再转交给收货人,因而货主与航空运输公司也没有直接的货物交接关系。

（三）邮包收据

邮包收据（Parcel Post Receipt）是邮包运输的主要单据,它既是邮局收到寄件人的邮包后所签发的凭证,也是收件人凭此提取邮件的凭证,当邮包发生损坏或丢失时,它还可以作为索赔和理赔的依据,但它不是物权凭证。

（四）多式联运单据

多式联运单据（Multimodal Transport Documents）是为了适应集装箱运输的需要而出现的一种联运单据。它是由多式联运经营人签发给托运人的对运输全程负总责的一种单证。因此,它与联运提单的不同之处主要有两点:一是承运人的责任不同,前者对全程负责,后者是分段负责,签发提单人只对他所承运的第一段负责;二是运输方式的组合不同,多式联运单据既适用于包括海运在内的各种方式的联合运输,也适用于不包括海运的各种方式的联合运输,而联运提单只适用于海运同其他方式所组成的联合运输。

 【任务小结】

在进出口贸易中,货物由卖方交付给买方,都要经过一定的运输方式来完成。如何运输,要由合同的装运条款做出规定。装运条款通常要包括装运（或交货）时间、装运港（或装运地）、目的港（或目的地）、能否转运、能否分批装运、装运通知等有关内容。在签订合同时,买卖双方选择合适的运输方式,明确装运要求,才能保证合同的顺利履行。本项目主要涉及国际贸易的各种运输方式及特点,国际贸易买卖合同中涉及的装运条款以及运输中的各种单据。通过本项目的学习,我们可以了解各种运输方式的特点及适用范围、滞期费和速遣费的概念;掌握班轮运费的计算、装运条款的签订、海运等提单的内容、特点及提单的缮制。

 **【知识拓展】**

如何合理操作海运出口拼箱业务

出口拼箱业务即是将不同客户所托运的尺码或重量达不到整箱要求的小批量货物,按卸货港相同或相近、货物性质相同或相近的原则集拼成整箱,再以整箱货物向船公司托运,此业务也称为集拼（Consolidation），承接集拼业务者称为集拼商（Consolidator）。目前，在我国承接集拼业务的主要是无船承运人（Non-vessel of Common Carrier, NOVCC）。

出口拼箱业务操作流程如图3-4中的"出口方所在口岸"部分所示。具体操作步骤如下：

（1）不同的托运人向无船承运人递交拼箱托运申请；

（2）在接到托运人的托运单后，无船承运人本人以托运人的名义向船公司发出订舱申请；

（3）船公司向无船承运人回复确认，即发送订舱确认书；

（4）无船承运人根据船公司的订舱确认书，回复每一个托运人的托运申请，并通知托运人在规定的时间之前将其所托运的货物运送到指定的货运站，等待拼箱；

（5）不同托运人的货物集中到无船承运人指定的货运站（Container Freight Station, CFS）；

（6）无船承运人将所拼装的整箱货柜在"截港期"之前送往码头堆场（Container Yard, CY），等待装船；

（7）无船承运人收集齐全每个托运人的报关相关资料后再次向海关办理出口清关手续；

（8）码头根据海关出具的货物出口放行条将货物装到装货联单（Shipping Order, S/O）指定的船舶上；

（9）船公司与无船承运人结算完毕该票货物的所有相关费用后向其签发船公司提单（Master Bill of Lading, MB/L）；

（10）无船承运人与每一个托运人结算完相关运费后向其签发无船承运人提单，也称为子提单或仓至仓提单（House Bill of Lading, HB/L）；

（11）托运人凭子提单向银行交单结汇；

（12）发货港无船承运人与目的港无船承运人进行运输单据的转让交接。至此，出口拼箱业务基本告一段落。

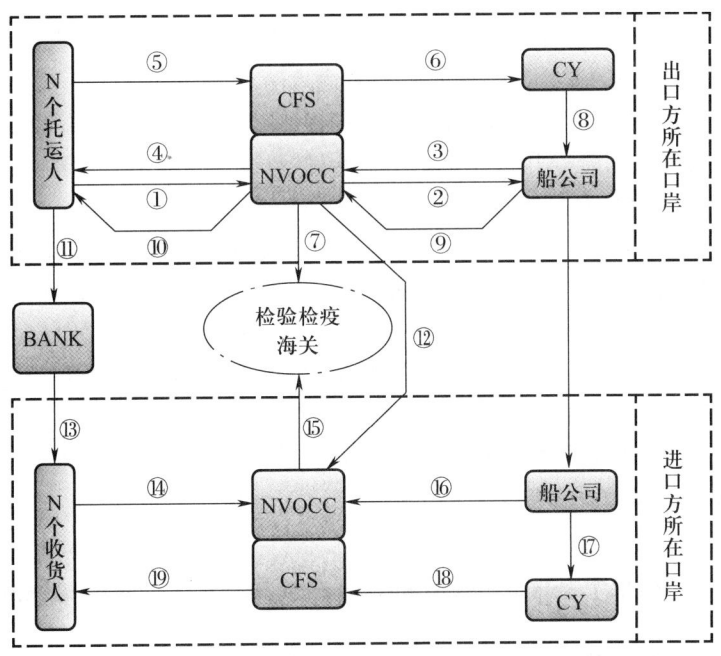

图3-4　出口方所在口岸无船承运人拼箱业务操作流程

【思考与练习】

1. 海洋运输有何特点？
2. 如何理解海运提单是物权凭证？
3. 何谓"空白抬头、空白背书"提单？
4. 买卖合同中的装运条款包括哪些内容？装运时间如何规定？
5. 国际多式联运应具备哪些条件？

 【案例分析】

1. 我国某公司向德国出口某冷冻商品 1500 箱，合同规定 1—5 月按合同等量装运，每月 300 箱，凭不可撤销即期信用证付款。客户按时开来信用证，我方公司 1—3 月份交货正常，顺利结汇，但在 4 月份时，由于船期延误，推迟到 5 月 6 日才装运出口，而海运提单则倒签为 4 月 30 日，并送银行议付，议付行也未发现问题。后来在 5 月 10 日，我方公司又同期装运 300 箱运往目的地，开具的提单为 5 月 10 日。进口商取单时发现问题，拒绝收货。（当然开证行也拒付）。

想一想：我方公司的失误在哪里？进口商为何拒收货物并拒付？

2. 2020 年 10 月，安徽进出口有限公司外贸业务员小刘通过"在线广交会平台"结识德国 Tukt Industries Inc. 经理 Henry，双方通过磋商订了羽绒夹克的销售合同，价值 20 万美元，采用 CIP Paris，France 贸易术语，运输方式为空运，支付方式为 D/P at sight。同年 11 月，该进出口公司空运货物出口后，备妥各种单据，委托中国银行安徽省分行向国外客户托收货款。但是客户拒绝付款。后经查询，货物早已被空运单上的收货人——Tukt Industries Inc. 提走。小刘与该公司多次联系，都没有回复。

想一想：

（1）请指出外贸业务员小刘在该业务操作中存在的问题并分析原因；

（2）作为外贸业务员该如何控制类似业务的风险。

3. 某公司接到国外开具的信用证，规定："约于 5 月 15 日装船。"该公司于 5 月 8 日装船，并向银行提交了一份 5 月 8 日签发的提单，但却遭到银行拒绝付款。

想一想：银行拒绝付款的原因是什么？

4. 上海 A 公司向阿联酋 B 公司出口 3 个集装箱的阿拉伯长袍，2019 年 4 月底前交货，不许分批，不许转运。2 月底，A 公司收到信用证，遂下单给江苏苏州和浙江宁波的两家工厂同时生产，并于 4 月 27 日在宁波港装上 1 个集装箱，船名"PILSENTOSA"，航次 92W；于 4 月 29 日在上海港装上 2 个集装箱，船名也是"PILSENTOSA"，航次 92W。2019 年 5 月 2 日，A 公司将两套提单和整套单据（3 个集装箱的货物）一起送至上海的通知行议付时，却遭到拒绝，理由是 A 公司将货物分批装运，与信用证不符。

想一想：A 公司交货是否属于分批装运？请说明理由。

 **【技能实训】**

1. 宁波某公司向英国商人出口一批箱装货，对外报价每箱 50 欧元 CFR 伦敦，英国商

人要求改报 FOBC 2% 宁波。

如果接受该要求,我方应报价多少?(已知:该货物每箱长 45 cm,宽 40 cm,高 25 cm,毛重 35 千克,运费计算标准为 W/M,每运费吨基本运价为 120 欧元,并加上燃油附加费 20%,港口附加费 10%。)

2. 上海某公司有一批打字机需要从上海出口到澳大利亚的悉尼,对外报价 CFR 悉尼 20 美元/台,客户要求改报 FOB 价。已知:货物用纸箱装运,每箱的尺码为 44 cm×44 cm×30 cm,每箱毛重是 35 千克,每箱装 4 台。共计 800 箱。计收标准 W/M,每运费吨 110 美元,货币附加费 10%。

试计算:该批货 FOB 悉尼价每台多少美元?出口总额是多少?

3. 我国深圳东方进出口公司向英国 ABC 公司出口玩具 6000 件,每件 6.5 美元 CFR 伦敦,玩具 12 件装一纸箱,每箱毛重 5.5 千克,箱的尺寸为 20 cm×30 cm×30 cm,唛头为:ABC/LONDON/NOS:500。货物于 2021 年 9 月 28 日在深圳盐田港装"大同"轮运往英国伦敦。

请根据上列条件填制一份"清洁、已装船、空白抬头"提单,要求通知买方并注明"运费已付"。

4. 天鑫公司向新加坡 Overseas Trading Co. 出口"跳鲤"漂布 100000 码,每码 2.50 美元 CFR 新加坡,Article No.4100,2021 年 12 月底前在大连港装船,目的港为新加坡,不允许分批装运和转船。要求天鑫公司装船后,将合同号码、品名、数量、船名、装船日期用电报通知新加坡公司。

请根据上述业务订立合同的装运条款。

5. 根据海运提单制作装船通知,其中,发票号码:GD03256,信用证号码:0011LC123456。

任务四　办理货物的保险

【知识目标】

识别货物在国际长途运输中遇到的各种风险、损失和费用,通晓中国保险条款的主要内容并能够结合相关案例进行正确分析。

【能力目标】

能够正确处理国际货运保险环节中遇到的各种问题;能够正确缮制保险单证,正确计算各项保险费用。

【案例视窗】

2019 年 6 月,山东临沂某陶瓷公司与荷兰某公司签订了一份出口 3000 套日用陶瓷的买卖合同,价格条件为 CIF 鹿特丹,装运港为青岛,交货期为 2019 年 9 月底前。2019 年 9 月 8 日,卖方以荷兰买方为被保险人向保险公司投保一切险,并将货物装上卡车运至青岛装船。由于驾驶员过失,一辆卡车翻车,致使其中 800 套出现破损。卖方与事故地公安局出具证明证实了上述货损事实。2019 年 12 月,卖方向保险公司提出索赔,但遭到保险公司拒赔,理由是卖方不是保险单的被保险人,因而不具有索赔权。之后,卖方又请买方凭保单索赔,保险公司以买方在保险事故发生时不具有保险利益为由同样拒绝赔偿。

案例分析：海洋运输货物保险一般以风险承担作为保险利益的来源，但风险承担并非保险利益的唯一来源，货物所有权、责任承担、期得利益等也构成海运货物保险利益的来源。因此，对于同一保险标的，在同一时间点，可能会产生同一当事人或不同当事人拥有不同性质的保险利益的情形。CIF合同是一种象征性交货的合同，卖方以交单代替交货，买方凭单付款，货物所有权转移与风险转移相分离。所以，CIF条件下的卖方和买方对合同项下的货物也会产生保险利益的重叠问题。

CIF条件下，一般由卖方按"仓至仓条款"投保海运保险，运输途中货物灭失或损坏的风险在装运港装上船时由卖方转移给买方。货物在运离卖方仓库后装上船以前，风险由卖方承担，因此，卖方具有基于风险承担而产生的保险利益。同时，由于此时卖方尚未完成交货，因此货物所有权仍归卖方，所以卖方也具有基于所有权而产生的保险利益。如果在此阶段货物遭遇保险事故，则卖方有权凭保险单向保险公司索赔。从理论上讲，卖方也可将保险单及提单背书转让给买方，从而赋予买方与卖方相同的索赔权利，由买方凭保险单索赔。但是，在这种情况下，基于自身利益以及索赔方便的考虑，买方通常不愿意受让单据，因而在此阶段的保险索赔主体通常为卖方。因此，对于案例中受损的800套陶瓷，由于卖方具有可保利益，本来卖方具有索赔权利，但是，由于卖方投保时以买方作为被保险人，使得卖方丧失了索赔资格，因而保险公司对卖方的索赔拒绝赔偿。而作为被保险人的买方在此阶段对货物不具有保险利益，所以买方也无权索赔。如果卖方以自己作为被保险人，则无论是自己凭保险单向保险公司索赔还是将保险单背书转让给买方，都能得到赔偿。

从法律角度看，保险是一种补偿性契约行为，即被保险人向保险人提供一定的保险费，保险人则对被保险人将来可能遭受的承保范围内的损失担负赔偿责任。保险种类很多，其中包括财产保险、责任保险、保证保险和人身保险，国际货物运输保险属于财产保险的范畴。国际货物运输保险是指被保险人（买方或卖方）向保险人（保险公司）按一定的金额投保一定的险别，并根据一定的保险费率交纳保险费，保险人承保后，对于被保险货物在运输途中发生的承保范围内的损失给予经济补偿。

由于国际货物采取的运输方式很多，包括海洋运输、陆上运输、航空运输和邮包运输等，因此，国际货物运输保险也相应地分为海运货物保险、陆运货物保险、航空货运保险和邮包运输保险。

模块一 海运货物保险承保的范围

海运货物保险承保的范围，包括海上风险、海上损失与费用以及外来原因所引起的风险和损失。国际保险市场对上述各种风险与损失都有特定的解释。正确理解海运货物承保的范围和各种风险与损失的含义，对合理选择投保险别和正确处理保险索赔，具有十分重要的现实意义。

一、海运货物保险保障的风险

海运保险是各类保险中发展最早的一种，这是由于货轮在海洋航行中风险大、海运事故频繁所致。在国际海运保险业务中,各国保险界对海上风险与海上损失,都有其特定的解释。因此,我们首先应对各种海上风险和海上损失的确切含义有所了解。

（一）海上风险

海上风险（Perils of Sea）又称海难,是指在海上、海上与陆地及内河或驳船相连接的水域内所发生的风险,一般包括自然灾害和意外事故。但对于经常发生的或必然性事件,例如海上的一般风浪并不包括在内。海上风险有其特定的含义,一方面它并不包括所有发生在海上的风险,另一方面它又并不局限于航海中所发生的风险,现代海上保险均将与海运相连的包括陆上、内河、驳船运输过程中的风险包括在海上风险之内予以承保。

1. 自然灾害

自然灾害（Natural Calamity）是仅指恶劣气候、雷电、海啸、地震、洪水、火山爆发以及其他人力所无法抗拒的自然灾害,而非泛指一切由于自然力量所造成的灾害。

中国的《海运货物保险条款》中把恶劣气候（Heavy Weather）、雷电（Lightning）、海啸（Tsunami）、地震（Earthquake）和洪水（Flood）作为可保的自然灾害;伦敦保险协会的《协会货物保险条款》中承保的自然灾害包括地震、雷电、火山爆发（Volcanic Eruption）、浪击落海（Washing Overboard）及海水、湖水或河水进入船舱、驳船、运输工具、集装箱、大型海运箱或储存处所。（Entry of sea, lake or river water into vessel, craft, conveyance, container, lift-van or place of storage.）

2. 意外事故

意外事故（Accident）是指由于外来的、偶然的、突然的、非意料中的原因所导致的事故。但在海上保险的业务中,它并不是泛指海上意外事故,而是仅指运输工具遭受搁浅、触礁、沉没、船舶与流冰或其他物体碰撞造成船货失踪、失火、爆炸等。

中国的《海运货物保险条款》中所承保的意外事故包括运输工具遭受的搁浅（Stranded）、触礁（Grounded）、沉没（Sunk）、倾覆（Capsized）、碰撞（Collision）、失火（Fire）和爆炸（Explosion）等;伦敦保险协会的《协会货物保险条款》中所承保的意外事故除了包含以上的风险,还包括了陆上运输工具的倾覆或出轨（Overturning or Derailment of Land Conveyance）以及抛弃（Jettison）等。

（二）外来风险

外来风险（Extraneous Risks）是指海上风险以外的其他外来原因的风险,货物运输保险中所指的外来风险必须是意外的、偶然的、事先难以预料的风险,而不是必然发生的外来因素所导致的。外来风险可分为一般外来风险和特殊外来风险。

1. 一般外来风险

是指一般外来原因造成的风险,通常包括偷窃（Theft, Pilferage）、短量（Short Delivery）、提货不着（Non-Delivery）、淡水雨淋（Fresh Water and Rain Damage）、混杂（Intermixture）、玷污（Contamination）、渗漏（Leakage）、碰损（Clash）、破碎（Breakage）、串味（Taint of Odor）、受潮受热（Sweating and Heating）、钩损（Hooking Damage）、包装破裂（Packing Breakage）和锈损（Rust）风险等。

2. 特殊外来风险

特殊外来风险是指除一般外来风险以外的其他外来因素所致的货物损失,它往往是与政治、军事、社会动荡以及国际行政措施、政策法令等有关的风险。常见的特殊外来风险主要有战争（War Risks）、罢工（Strike Risks）、进口国有关当局拒绝进口或没收（Rejection Risks）等。

二、海运货物保险保障的损失

海上损失简称海损，是指被保险货物在海运过程中，由于风险所造成的损坏或灭失。在国际海运保险业务中，各国保险界对海上损失有其特定的解释。根据国际保险市场的一般解释，在与海陆连接的陆运过程中所发生的损坏或灭失，也属于海损范围。按照损失的程度，海损可分为全部损失和部分损失两大类。

（一）全部损失

全部损失（Total Loss）简称全损，是指整批或不可分割的一批被保险货物全部灭失或可视同全部灭失的损失。全部损失可进一步分为实际全损和推定全损。

1. 实际全损

实际全损（Actual Total Loss）也称绝对全损（Absolute Total Loss），是指保险标的发生保险事故后全部灭失、完全变质或者不可能再归被保险人所有。

在保险业务中，构成实际全损一般有以下几种情况。

（1）保险标的灭失。例如：船舶与货物沉入海底无法打捞；保险货物被大火焚烧，全部烧成灰烬；船舱进水导致食盐、糖等易溶货物全部被海水溶解。

（2）保险标的受损严重，已完全丧失原有的性质和用途，原有的商业价值和使用价值已不复存在。例如：水泥被海水浸泡结成硬块而失去原有的属性和用途；茶叶遭海水浸湿后香味尽失。

（3）保险标的不能再归还被保险人所有，即被保险人无可弥补地失去对保险标的的实际占有、使用、受益和处分等权利。例如：船货被索马里海盗劫持；战时货物被敌对国捕捉并作为战利品分发。

（4）船舶失踪达到一定时期无音讯。关于船舶失踪的时间，各国法律有不同的规定，按现行国际惯例，一般为半年，我国规定是两个月。如已达规定时间仍无音讯，则可视为全损。

2. 推定全损

推定全损（Constructive Total Loss）指被保险标的物发生事故后，虽然没有完全毁灭，但实际全损已不可避免，或者为避免实际全损所需要支付的抢救费用、修理费用再加上继续将货物运抵目的地的费用之和超过保险价值。例如：船只由于海啸遭到颠覆，船上货物都漂在海上，而打捞后继续运至目的地的费用比丢弃货物还要昂贵。

在保险业务中，构成推定全损的情况一般有以下几种。

（1）保险货物受损后，修理费用估计要超过货物修复后的价值；

（2）保险货物受损后，整理和续运到目的地的费用，超过货物到达目的地的价值；

（3）保险标的实际全损已经无法避免，或者为了避免实际全损需要施救的花费，将超过获救后的标的价值；

（4）保险标的遭受保险责任范围内的事故，使被保险人失去标的所有权，而收回这一所有权所需的花费，将超过收回后的标的价值。

在发生推定全损时，被保险人可以要求保险公司按部分损失赔偿，也可要求全部损失赔偿。要想保险公司能按全损赔偿，必须经过委付。委付（Abandonment）是指被保险标的物在发生推定全损时，由被保险人将保险标的物的一切权利转让给保险人，而要求保险人按全损给予补偿。委付成立与否，要满足以下几个条件。

（1）委付通知书必须及时发出；

（2）委付必须经过保险人明示或默示的承诺才能生效；

（3）必须是对全部标的物进行委付；

（4）不能附带任何保留条件；

3. 实际全损和推定全损的区别

（1）损失的程度不同。实际全损是指保险标的遭受保险事故后，确实已经灭失、损毁或失去原有用途和使用价值，不能再恢复原样或不能再收回，强调全部损失已经出现，无法补救。推定全损则是指保险标的已经受损，但当时并未完全灭失，将来会出现全部损失，或是可以修复或收回保险标的，只是因此需要支出的费用将超过保险标的的价值，强调全部损失是将来的或不可补救的。

（2）办理索赔的手续不同。发生实际全损后，被保险人无需办理任何法律手续，即可向保险人要求按照保险金额赔付全部损失；但在推定全损情况下，被保险人在要求保险人按全损赔偿前，必须先发出委付通知，将保险标的委付给保险人。

 【小贴士】

1. 某公司出口茶叶一批，在海上运输途中，因碰撞事故茶叶被海水浸泡多时，茶叶完全失去了其特有的芳香，只能按照廉价的填充物处理。

2. 某公司出口一批服装，在海上运输途中，因船只触礁导致服装严重浸湿，若将服装漂洗后运至目的港所花的费用会超过服装的保险价值。

想一想：以上损失是实际全损还是推定全损？

（二）部分损失

凡保险标的物的损失没有达到全部损失的程度，即为部分损失（Partial Loss）。按照损失的性质，部分损失可分为共同海损和单独海损。

1. 共同海损

（1）共同海损的含义。

共同海损（General Average）是指在同一海上航程中，船舶、货物和其他财产遭遇共同危险，为了共同安全，有意地采取合理措施所直接造成的特殊牺牲、支付的费用。

共同海损行为是一种非常措施，这种措施在正常航行中是不会采用的。例如，正常航行中船方有保管货物的责任，应谨慎地使货物处于安全状态。然而，在特殊的危险状态中，例如，船舶搁浅，船长为了挽救船舶和全船货物，不得不下令将船上的部分货物抛入海中以减轻船重，使船舶浮起，转危为安。

（2）共同海损的成立条件。

① 危险必须是真实存在的且不可避免的，危及到船货共同安全。

② 所采取的挽救措施要合理。

③ 发生的损失和支出的费用是在特殊非正常情况下的。

④ 共同海损的挽救措施最后一定要有效。

 【小贴士】

某公司出口卡车 700 辆，该批货物均装于船面（国外买方同意接受舱面提单），航行途

中遇到大风浪,有20辆卡车被冲入海中。后该船又触礁,严重漏水,为了挽救船和其他货物,船长下令将余下的680辆卡车推入海中。

想一想:上述两种情况是否都属于共同海损?

（3）共同海损的构成。

① 共同海损的牺牲。共同海损的牺牲主要包括:抛弃、救火、自动搁浅、起浮脱险和货物、物料被当作燃料、切除镶嵌物以及避难港卸载、重装、倒移货物、燃料、物料和油料,还有割断锚链。此外,还有为了便于抛弃舱内货物,在船边或舱面开凿洞口,使船身或甲板受损。

② 共同海损的费用。共同海损的费用主要包括:救助费用、避难港费用、代替费用、船货共同海损的理算费用和检验费用等。

共同海损的基本赔偿原则是:以实际遭受的合理损失和额外支出费用为准,经过补偿后使遭受共同海损损失或支付共同海损费用的一方同没有遭受共同海损损失或没有支出费用的其他利害关系方处于均等的地位。即共同海损的损失和费用应由所有获益各方包括船方、货主、运费方按获救价值的比例共同分摊。

【小贴士】

有一载货船途中发生共同海损,货物共损失50万美元,其中货主甲、乙、丙、丁分别损失10万美元、20万美元、10万美元、10万美元;船舶损失25万美元;救助费用3万美元;运输损失1万美元。货主甲、乙、丙、丁的分摊价值分别为120万美元、140万美元、120万美元、100万美元,船舶的分摊费用价值500万美元,运费方的分摊价值20万美元。

想一想:有关各方应如何分摊费用?

2. 单独海损

（1）单独海损的含义。单独海损(Particular Average)是指除共同海损外的部分损失,即货物受损未达到全损程度,它仅涉及船舶或货物所有人单方面利益的损失。单独海损可能是船舶的单独海损,也可能是货物的单独海损,也可能是运费的单独海损。这种损失只能由被保险人单独承担。假如被保险人投保了相应的险种,且在保险单上载明保险人承担单独海损责任,那么不论是船舶、货物或运费,在受损后均可向保险人要求赔偿。

（2）单独海损与共同海损的比较。单独海损与共同海损之间往往有着密切的内在联系。一般来讲,单独海损发生进而引起共同海损,在采取共同海损措施之前的部分损失,一般可列入单独海损。单独海损和共同海损的区别,如表3-8所示。

表3-8 单独海损和共同海损的区别

比较项目	单独海损	共同海损
致损原因	承保风险直接导致的	为解除或减轻共同危险人为造成的
损失的内容	保险标的物	保险标的、特殊费用
损失的承担者	受损方自行承担	受益各方按比例分摊

【小贴士】

　　一艘载运出口货物的轮船在航行途中前舱起火,船长不得不下令浇水灭火,火被扑灭后,船长统计的损失情况如下:

　　(1)部分服装被烧毁;

　　(2)灭火时一部分布匹被水浇坏;

　　(3)为了灭火方便,船甲板被切开,损失一部分修理费;

　　(4)一部分纸张被水浸毁。

　　想一想:以上各种损失,哪些属于共同海损,哪些属于单独海损?为什么?

三、海运货物保险保障的费用

　　发生海上危险事故时,往往需要采取一定的措施以避免损失的发生或扩大,由此会引起费用的支出,对这些费用,保险人根据其性质规定了不同的赔付原则。在海运货物保险中,保险人负责赔偿的费用主要有以下几种。

(一)施救费用

　　施救费用(Sue and Labor Charges)是指保险货物遭遇保险责任范围内的事故时,被保险人或其代理人、雇佣人员和受让人为避免或减少损失而采取各种抢救、保护、整理措施而产生的合理费用。例如,船舶在航行中因意外触礁,致使海水从船底进入船舱,舱内服装部分被浸湿,船长下令将服装搬离该舱,并对已浸湿的服装进行整理和烘干,由此而支出的费用就是施救费用。

　　施救费用的构成必须符合三个条件:

　　(1)施救行为必须是由被保险人或其代理人、雇佣人或受让人所采取的。

　　(2)施救费用的支出受保险责任范围的限制,假如保险货物的损失不属于保险责任,被保险人为此而支出的抢救费用不能作为施救费用得到补偿。

　　(3)施救费用应该是必要合理的费用,假如施救行为不当,因此而支付的费用不能作为施救费用,保险人不予赔偿。

　　通过对保险货物进行施救,不仅可以减少国家物质财富的损失,还可以减少保险赔款的支付,所以保险人对这种行为是予以鼓励和支持的。根据《中华人民共和国海商法》(以下简称《海商法》)规定,被保险人为防止或减少根据合同可以得到赔偿的损失而支出的必要的合理费用,应当由保险人在保险标的的损失赔偿之外另行支付,保险人对上述费用的支付,以相当于保险金额的数额为限。此外,即使施救行为没有效果,保险人在支付保险标的赔款后,还应赔偿被保险人支付的合理的施救费用。

(二)救助费用

　　救助费用(Salvage Charges)是指当船舶碰到海难,虽经船上人员尽力采取办法亦不能使船舶脱离危险时,必须由他人来救助,由此支付的报酬就是救助费用。

　　确定救助报酬时,不仅要考虑救助效果,还要综合考虑救助工作的时间、危险程度、救助采取的技术措施和投入的工具、被救助财产的价值、救助的开支和所受的损失等事实,通过协商或由仲裁确定,但救助报酬最高不得超过获救财产的价值。

3

（三）额外费用

额外费用（Extra Charges）是指当保险标的受损后,对其进行查勘、公证、理算或拍卖等支付的费用以及运输在中途中止时所支付的货物卸下、存仓及续运至目的地的费用。假如保险标的遭遇保险责任范围内的事故,额外费用可由保险人负责赔偿;反之,假如保险标的损失的索赔不能成立,额外费用也不能获赔。

 【小贴士】

有关海洋货物运输保险的承保范围,如图 3-5 所示。

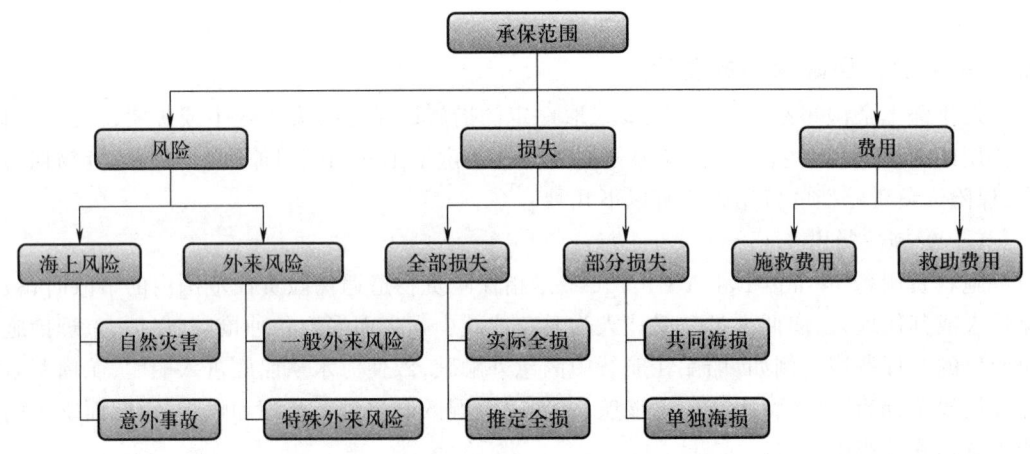

图 3-5　海洋货物运输保险的承保范围

模块二　我国海运货物保险的险别

我国现行的货物运输保险条款是中国人民保险公司 1981 年 1 月 1 日修订的《中国人民保险公司海洋运输货物保险条款》,简称"中国保险条款"（China Insurance Clause,CIC）,该条款是参照国际保险市场习惯做法,并结合中国保险工作的实际而制订的。中国保险条款的主要内容包括海运货物保险责任范围、除外责任、保险期限等内容。

一、海运货物保险的责任范围

（一）基本险的责任范围

我国《海运货物保险条款》包括基本险和附加险两部分。基本险又称主险,可以单独投保,被保险人必须投保基本险,才能获得保险保障。附加险则是不能单独投保的险别,它必须在投保基本险的基础上才可以投保。

基本险有平安险、水渍险和一切险三种。

1. 平安险

平安险（Free from Particular Average,FPA）也称单独海损不赔险,是基本险中承保范围最小的一种,其承保责任范围有以下六项:

（1）被保险货物在运输途中由于恶劣气候、雷电、海啸等自然灾难造成整批货物的全部损失和推定全损。

（2）由于运输工具遭受搁浅、触礁、沉没、互撞、失火、爆炸等意外事故造成的全部或部分损失。

（3）在运输工具已经发生搁浅、触礁等意外事故的情况下，货物在此前后又在海上遭受自然灾难所造成的部分损失。

（4）在装卸或转运时由于一件或整件货物落海造成的全部或部分损失。

（5）由于上述事故引起的共同海损的分摊以及为拯救受险货物和防止或减少货损而支付的合理费用。

（6）运输契约订有"船舶互撞责任"条款，根据该条款规定应由货方偿还船方的损失。

【小贴士】

1. 运输货物的船舶在运输途中触礁，海水涌进船舱，甲商人 5000 公吨货物受浸泡 2000 公吨。

2. 货物在运输途中遭遇恶劣天气，海水涌进船舱，乙商人 6000 公吨货物受浸泡 3000 公吨。

3. 货物运输途中遭遇恶劣天气，海水涌进船舱，丙商人 6000 公吨货物全部浸泡。

4. 货物运输途中遭遇恶劣天气，海水涌进船舱，丁商人 6000 公吨货物受浸泡 3000 公吨，之后又触礁，海水涌进船舱，货物又被浸泡了 1000 公吨。

5. 货物运输途中，自来水管破裂，戊商人的 8000 公吨货物受浸泡 3000 公吨。

想一想：上述五种情况若投保平安险，保险公司是否应当赔偿？

2. 水渍险

水渍险（With Particular Average，WPA），也称单独海损险。其承保责任范围与平安险基本一致，只是多了一部分责任，即对因为海上自然灾难导致货物的部分损失也给予赔偿。

【小贴士】

1. 某出口公司出口新闻纸 5000 令，按中国人民保险公司《海运货物保险条款》投保水渍险。货到目的港时，发现有 200 令新闻纸因水管漏水受到浸泡而出现水渍。

想一想：保险公司是否予以赔偿？

2. 某批货物投保了水渍险，载运该批货物的货轮在航行中遇到大雨，而致使货物遭受水渍损失。问题：① 被保险人能否向保险公司索赔？为什么？② 若另有一艘载货海轮在航行过程中遇到恶劣气候或者船舶触礁致使海水或海浪涌进船舱，使上述货物遭受水渍损失。

想一想：保险公司是否应给予赔偿？为什么？

3. 一切险

一切险（All Risks，AR），是基本险中承保范围最大的一种。在水渍险的基础上再加上货物在运途中由于一般外来风险所导致的全损或部分损失都可得到保险公司的赔偿。

值得注意的是,一切险并非对运输途中的一切风险和损失都负赔偿责任,对于发货人责任、货物的内在缺陷、自然损耗、运输延迟、市价跌落以及由于特殊外来原因(战争、罢工等)所引起的风险损失不负责任。

由此可以看出:水渍险包含平安险,一切险包含水渍险和平安险,一切险还包括了一般附加险的全部责任。因此,投保了一切险,就不用再投保平安险、水渍险或一般附加险了。

 【小贴士】

我国某公司与欧洲某进口商签订一份皮具出口合同,CIF 鹿特丹,向中国人民财产保险股份有限公司投保一切险。货物到达后,经检验全部货物表面湿、霉、玷污、变色,损失10万美元。据分析货损的主要原因是生产厂家未将皮具的湿度降低到合理的程度。

想一想:保险公司是否应负责赔偿?进口商是否要支付货款?出口商应如何处理?

(二)附加险的责任范围

附加险是基本险的扩展,它不能单独投保,而必须在投保主险的基础上加保,它承保的是外来风险引起的损失。按承保风险的不同,附加险可分为一般附加险和特殊附加险。

1. 一般附加险

一般附加险负责赔偿一般外来风险所导致的损失。在我国《海运货物保险条款》中,一般附加险有 11 种,其条款内容非常简单,一般只规定承保的责任范围。

(1)偷窃及提货不着险(Theft, Pilferage and Non-delivery Clause, T. P. N. D.),指在保险有效期内,保险货物被偷走或窃走,以及货物运抵目的地以后,整件未交的损失。

(2)淡水雨淋险(Fresh Water and/or Rain Damage Clause),指货物在运输途中,由于淡水、雨水以及雪溶所造成的损失。淡水包括船上淡水舱、水管漏水以及船汗等。

(3)短量险(Shortage Clause),指保险货物在运输途中数量和重量短少的损失,但不包括正常运输途中的自然损耗。

(4)混杂、玷污险(Intermixture & Contamination Clause),指保险货物在运输途中混进了杂质造成的损失。

(5)渗漏险(Leakage Clause),指流质、半流质的液体物质和油类物质,在运输过程中因为容器损坏而引起的渗漏损失。

(6)碰损及破碎险(Clash & Breakage Clause)。碰损主要指保险货物在运输途中因为受到震动、颠簸、挤压或搬运不慎等造成货物本身的凹瘪、脱瓷、脱漆、划痕等损失。破碎主要指保险货物在运输途中由于装卸粗鲁、运输工具的震颤等造成货物本身的断裂、破碎等损失。

(7)串味险(Taint of Odor Clause),指保险货物因为受到其他物品的气味影响所造成的串味损失。

(8)受潮受热险(Sweating & Heating Clause),指保险货物因受潮、受热而引起的损失。

(9)钩损险(Hook Damage Clause),指保险货物在装卸过程中因为使用手钩、吊钩等工具所造成的损失。

(10)包装破裂险(Breakage of Packing Clause),指保险货物在运输途中因装卸或搬运不慎而导致包装破裂造成物资的短少、玷污等损失。

（11）锈损险（Rust Clause），指保险货物在运输过程中因为生锈造成的损失。

2. 特殊附加险

特殊附加险所承保的风险大多与国家的行政措施、政策法令、航海贸易习惯等有关，其险别主要包括：

（1）交货不到险（Failure to Delivery Clause）。该险承保自被保险货物装上船舶时开始，在6个月内不能运到原定目的地交货的损失。不论何种原因造成交货不到，保险人都按全部损失予以赔偿。

（2）进口关税险（Import Duty Clause）。该险承保被保险货物受损后，仍得在目的港按完好货物交纳进口关税而造成的关税损失。

（3）舱面险（On Deck Clause）。该险承保装载于舱面（船舶甲板上）的货物被抛弃或海浪冲击落水所导致的损失。

（4）拒收险（Rejection Clause）。该险承保当被保险货物出于各种原因，在进口港被进口国政府或有关当局拒绝进口或没收而产生的损失。

（5）黄曲霉素险（Aflatoxin Clause）。该险承保被保险货物，主要是指花生、油菜籽、谷物等易产生黄曲霉素，在进口港或进口地经卫生当局检验证明，其所含黄曲霉素超过进口国限制标准，而被拒绝进口、没收或强制改变用途所造成的损失。

（6）出口货物到香港或澳门存仓火险责任扩展条款。这是一种扩展存仓火险责任的特别附加险。它对于被保险货物自内地出口运抵香港或澳门，卸离运输工具，直接存放于保险单载明的过户银行所指定的仓库期间发生火灾所受的损失，承担赔偿责任。

（7）战争险（War Risk）。战争险是特殊附加险的主要险别之一，保险人承保保险标的因海上发生的战争、类似战争行为、敌对行为、武装冲突、海盗行为，以及由此引起的捕获、拘留、禁制、扣押，并包括常规武器、水雷、鱼雷和炸弹所致损失，以及由此发生的共同海损牺牲、分摊和救助费用的保险。

（8）罢工险（Strikes Risk）。罢工险是保险人承保货物由于罢工者、被迫停工工人或参加工潮、暴动、民众斗争的人员的行为，或任何人的恶意行为所造成的直接损失，以及上述行动和行为引起的共同海损的牺牲分摊和救助费用。

【小贴士】

常用险别包括以下各种。

（1）一切险、偷窃提货不着险、串味险、交货不到险；

（2）平安险、一切险、受潮受热险、战争险、罢工险；

（3）水渍险、碰损破碎险；

（4）偷窃提货不着险、钩损险、战争险、罢工险。

想一想：我国某公司以CIF贸易术语对外发盘，如按上述险别作为保险条款，是否妥当？如有不妥，请予更正并说明理由。

二、海运货物保险的除外责任

根据我国《保险法》的有关规定，并不是任何原因造成的损失，保险公司都要负责赔偿,保险公司依法享有除外责任的保护。所谓除外责任是指保险公司明确规定不予承保的损失或费用,即使在保险有效期之内,保险公司也不予赔偿。

（一）基本险的除外责任

为了明确保险人承保海运保险的责任范围,中国人民保险公司《海洋运输货物保险条款》中对海运基本险的除外责任规定有下列五项:

（1）被保险人的故意行为或过失所造成的损失;

（2）属于发货人的责任所引起的损失;

（3）在保险责任开始前,被保险货物已经存在的品质不良或数量短差所造成的损失;

（4）被保险货物自然损耗、本质缺陷、市价跌落和运输延迟所引起的损失或费用;

（5）属于海洋运输货物战争险和罢工险条款规定的责任范围和除外责任。

（二）战争险的除外责任

对由于敌对行为使用原子或热核武器所致的损失和费用不负责任;对根据执政者、当权者或其他武器集团的扣押、拘留引起的承保航程的丧失和挫折而提出的索赔也不负责任。

（三）罢工险的除外责任

因罢工造成劳动力不足或无法使用劳动力而使货物无法正常运输、装卸导致损失,属于间接损失,保险人不负责任。

 【小贴士】

某公司以 CIF 条件出口大米 1000 包,共计 100 公吨。合同规定由卖方投保一切险加战争险,后应买方的要求加附罢工险,保险公司按"仓至仓"条款承保。货抵目的港卸至码头后,适遇码头工人罢工与警方发生冲突,工人将大米包垒成掩体进行对抗。罢工经历 15 天才结束。当收货人提货时发现这批大米损失达 80%,因而向保险公司索赔。

想一想:保险公司是否应当给予赔偿?为什么?

三、海运货物的保险期限

（一）基本险的保险期限

中国人民保险集团股份有限公司《海洋运输货物保险条款》规定,基本险承保责任起讫期限或称保险期限,采用国际保险业务中惯用的"仓至仓条款"（warehouse to warehouse,简称 W/W clause）,即保险责任自被保险货物运离保险单所载明的起运地仓库或储存处所开始运输时生效,包括正常运输过程中的海上、陆上、内河和驳船运输在内,直至该项货物到达保险单所载明目的地收货人的最后仓库或储存处所或被保险人用作分配、分派或非正常运输的其他储存处所为止。如未抵达上述仓库或储存处所,则以被保险货物在最后卸载港全部卸离海轮后满 60 天为止。如在上述 60 天内被保险货物需要转运至非保险单所载明的目的地时,则以该项货物开始转运时终止。

但是,在国际货物运输保险业务中,保险公司不是对所有保险合同都承担"仓至仓"责任的。因为,根据各国法律,投保人对保险标的应当具有保险利益（insurable interest）。保险利益又称可保利益,是指投保人对保险标的具有法律上承认的利益。就货物运输保险而言,反映在运输货物上的利益,主要是货物本身的价值,但也包括与此相关联的运费、保险费、关税、预期利润等。

海上保险也同其他保险一样,都要求被保险人必须对保险标的物具有保险利益,但海上保险不要求被保险人在订立保险合同时必须具有保险利益,而仅要求他在保险标的发生损失时必须具有保险利益。这种规定是与国际贸易的特点有关的。例如,在国际贸易活动中,买卖双方分处两国,以 FOB 和 CFR 术语订立的合同为例,货物风险转移以在装运港越过船舷为界。显然,货物在越过船舷、风险转移之前,仅卖方有保险利益,而买方并无保险利益。买方投保时取得的保险单尽管也载明适用“仓至仓”条款,但保险公司的实际保险责任仅从货物在装运港装上海轮或在发货地承运人接管货物时才开始。

【小贴士】

某公司以 CFR 上海从国外进口一批汽车零件,并据卖方提供的装船通知及时向中国人民保险公司投保了水渍险。假如海轮正常于 6 月 1 日抵达上海港并开始卸货,6 月 3 日全部卸在码头货棚中而未运往收货人的仓库。

想一想:保险公司的保险责任到哪一天终止?

(二)战争险的保险期限

战争险的责任起讫与基本险所采用的“仓至仓”条款不同,而是采用“水面”条款,以“水上危险”为限,是指保险人的承保责任自货物装上保险单所载明的起运港的海轮或驳船开始,到卸离保险单所载明的目的港的海轮或驳船为止。如果货物不卸离海轮或驳船,则从海轮到达目的港当日午夜起算满 15 天之后责任自行终止;如果中途转船,不论货物在当地卸货与否,保险责任以海轮到达该港可卸货地点的当日午夜起算满 15 天为止,等再装上续运海轮时,保险责任才继续有效。

【小贴士】

有关我国《海运货物保险条款》所包含的险种,如图 3-6 所示。

3

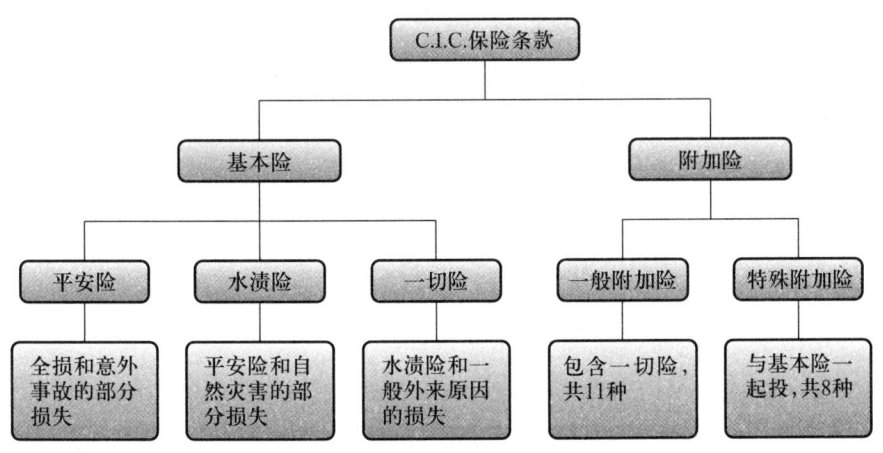

图 3-6　我国《海运货物保险条款》图

模块三　伦敦保险业协会海运货物保险条款

长期以来,在国际保险市场上,英国伦敦保险协会所制订的《协会货物保险条款》(Institute Cargo Clauses)对世界各国有着广泛的影响。目前,世界上许多国家或地区的保险公司在国际货物运输保险业务中直接采用该条款,或者在制订本国保险条款时参考或采用该条款的内容。目前采用的是 2009 年 1 月 1 日最新修订的版本。

一、ICC 保险险别

(一)协会货物保险条款的种类

协会货物保险条款主要有六种:

(1)协会货物条款(A)[Institute Cargo Clauses(A),ICC(A)]。

(2)协会货物条款(B)[Institute Cargo Clauses(B),ICC(B)]。

(3)协会货物条款(C)[Institute Cargo Clauses(C),ICC(C)]。

(4)协会战争险条款(货物)(Institute War Clauses-Cargo)。

(5)协会罢工险条款(货物)(Institute Strikes Clauses-Cargo)。

(6)恶意损害险条款(Malicious Damage Clauses)。

协会货物保险条款中前三者是主险,可单独投保,后三者是附加险,一般不能单独投保。在需要时,战争险、罢工险可独立投保。

(二)协会货物保险险别

1. ICC(A)险的承保风险与除外责任

ICC(A)险大体相当于中国人民保险公司所规定的一切险,其责任范围最广,协会货物条款采用承保"除外责任"之外的一切风险的规定办法,即"除外责任"项下所列风险不承保,除此之外,其他风险均予承保。

ICC(A)险的"除外责任"如下:

(1)一般除外责任。如被保险人故意的不法行为造成的损失或费用;保险标的内在缺陷或特征造成的损失和费用;直接由于延迟所引起的损失或费用;由于使用原子或热核武器造成的损失或费用等。

(2)不适航、不适货除外责任。主要指被保险人在保险标的装船时已知船舶不适航,以及船舶、运输工具、集装箱等的不适货。

(3)战争险除外责任。

(4)罢工险除外责任。

2. ICC(B)险的承保风险和除外责任

ICC(B)险承保风险是采用"列明风险"的方式,其承保风险如下:

(1)归因于火灾、爆炸所造成的灭失和损害;

(2)归因于船舶或驳船触礁、搁浅、沉没或倾覆所造成的灭失和损害;

(3)陆上运输工具倾覆或出轨;

(4)船舶、驳船或运输工具同水以外的任何外界物体碰撞;

(5)在避难港卸货所致损失;

(6)地震、火山爆发、雷达所致损失;

（7）共同海损的牺牲；

（8）抛货或浪击入海所致损失；

（9）海水、潮水或河水进入船舶、驳船、运输工具、集装箱、大型海运或储存处所；

（10）货物在装卸时落海或跌落造成整件的全损。

ICC（B）险的除外责任是 ICC（A）险的除外责任再加上 ICC（A）险承保的"海盗行为"与"恶意损害险"。

3．ICC（C）险的承保风险和除外责任

ICC（C）险的承保风险比 ICC（B）险小，它只承保"重大意外事故"的风险，而不承保 ICC（B）险中的自然灾害如地震、火山爆发、雷电等和非重大意外事故如装卸过程的整件灭失等。

具体来说，ICC（C）险承保保险标的的灭失或损害可合理归于下列原因：

（1）火灾、爆炸；

（2）船舶或驳船触礁、搁浅、沉没或倾覆；

（3）陆上运输工具倾覆或出轨；

（4）在避难港卸货；

（5）共同海损的牺牲；

（6）抛货。

ICC（C）险的除外责任与 ICC（B）险的除外责任完全相同。

4．协会货物战争险条款的承保风险与除外责任

协会战争险主要承保由于下列原因造成的保险标的的损失：

（1）战争、内战、革命、叛乱、造反或由此引起的内乱或交战国或针对交战国的任何敌对行为；

（2）捕捉、拘留、扣留、管制或扣押，以及这些行动的后果或这方面的企图；

（3）遗弃的水雷、鱼雷、炸弹或其他遗弃的战争武器；

（4）共同海损和救助费用。

与 ICC（A）险的"一般除外责任"和"不适航、不适货除外责任"的规定基本相同，但在一般除外责任中增加了"航程挫折"条款。另外对于原子或热核武器造成的损失不负赔偿责任。

5．协会罢工险条款的承保风险与除外责任

协会罢工险条款承保的风险如下：

（1）罢工者、被迫停工工人或参加工潮、暴动，或民众骚扰者所致的灭失或损害；

（2）任何恐怖主义者或任何出于政治动机采取行动的人所引起的灭失或损害；

（3）为避免或有效避免以上承保风险所造成的共同海损或救助费用。

与 ICC（A）险的"一般除外责任"和"不适航、不适货除外责任"的规定基本相同。协会罢工险只负责由于承保风险直接造成的损失，不包括由于上述原因引起的间接损失和费用。也不包括航程挫折引起的损失。

6．协会恶意损害险条款的承保风险与除外责任

协会恶意损害险承保的是被保险人以外的其他人（如船长、船员等）的故意破坏行为所致被保险货物的灭失或损害。但是，恶意损害如果是出于政治动机的人的行为，则不属于该险别的承保范围。

恶意损害的风险除了在 ICC（A）险中被列为承保风险外，在 ICC（B）险及 ICC（C）险中都列为除外责任。因此，在投保 ICC（B）险和 ICC（C）险时，假如被保险人需要取得这种风险的保障，就需另行加保恶意损害险。

【小贴士】

　　我国某外贸公司与德国某进口商达成一项皮具出口合同，价格条件为 CIF 汉堡，支付方式为不可撤销即期信用证，投保协会货物保险条款 ICC（A）险。生产厂家在生产的最后一道工序将皮具的湿度降低限度，然后用牛皮纸包好装入双层瓦楞纸箱后，再装入集装箱。货物到达目的港后，检验结果表明，全部货物湿、霉、玷污、变色，损失达 10 万美元。据分析，该批货物进出口地的气候环境均无异常，完全属于正常运输。

　　想一想：保险公司对该批货物是否应该负赔偿责任？为什么？

二、ICC 保险期限

　　协会海运货物保险期限与中国人民保险公司的"仓至仓"保险条款规定的保险期限基本相同，但作了以下补充规定：

　　第一，货物在运抵保险单上所载明目的地收货人仓库之前，被保险人假如要求将货物存储于其他地点，则该地应视为最后目的地点，保险责任在货物运抵该地点时即告终止。

　　第二，一批货物如需运往若干目的地，且货物在卸货港卸货之后，需先运往某一地点进行分配或分派，除非被保险人与保险人事先另有协议，则货物在运抵分配地点时，保险责任即告终止，货物在分配或分派期间以及其后的风险均不在保险人承保责任范围之内。

　　第三，假如被保险货物在卸离海轮 60 天以内，需转运到非保险单所载明目的地，则保险责任在该项货物开始转运时终止。

　　以上都要受到被保险货物卸离海轮 60 天的限制。

模块四　陆运、空运与邮包运输保险

　　陆运、空运与邮包运输保险是在海运货物保险的基础上发展起来的。由于陆运、空运与邮运同海运可能遭致货物损失的风险种类不同，所以陆运、空运、邮包运输保险与海上货运保险的险别及其承保责任范围也有所不同，现分别简要介绍如下。

一、陆上运输货物保险

　　当投保国内铁路或公路货物运输保险的货物遭受损失时，保险人按承保险别的责任范围负赔偿责任。陆上运输货物保险分为基本险和综合险两种。

　　（一）基本险

　　（1）因火灾、爆炸、雷电、冰雹、暴风、暴雨、洪水、地震、海啸、地陷、崖崩、滑坡、泥石流所造成的损失；

　　（2）由于运输工具发生碰撞、搁浅、触礁、倾覆、沉没、出轨或隧道、码头坍塌所造成的损失；

　　（3）在装货、卸货或转载时，因遭受不属于包装质量不善或装卸人员违反操作规程所

造成的损失;

（4）按国家规定或一般惯例应分摊的共同海损的费用;

（5）在发生上述灾害、事故时,因纷乱而造成货物的散失及因施救或保护货物所支付的直接合理的费用。

（二）综合险

本保险除包括基本险责任外,保险人还负责赔偿以下损失:

（1）因受震动、碰撞、挤压而造成破碎、弯曲、凹瘪、折断、开裂、包装破裂致使货物散失的损失;

（2）液体货物因受震动、碰撞或挤压致使所用容器（包括封口）损坏而渗漏的损失,或用液体保藏的货物因液体渗漏而造成保藏货物腐烂变质的损失;

（3）遭受盗窃或整件提货不着的损失;

（4）符合安全运输规定而遭受雨淋所致损失。

（三）陆上运输货物保险的除外责任

由于下列原因造成保险货物的损失,保险人不负赔偿责任。

（1）战争或军事行动;

（2）核事件或核爆炸;

（3）保险货物本身的缺陷或自然损耗,以及由于包装不善;

（4）被保险人的故意行为或过失;

（5）全程是公路货物运输的,盗窃和整件提货不着的损失;

（6）其他不属于保险责任范围内的损失。

（四）陆上运输货物保险的责任期限

陆上运输货物保险的保险责任起讫是自签发保险凭证和被保险货物离起运地发货人的最后一个仓库或储存处所时起,至该保险凭证上注明的目的地的收货人在当地的第一个仓库或储存处所时终止。但保险货物运抵目的地后,如果收货人未及时提货,则保险责任的终止期最多延长至以收货人接到《到货通知单》后的15天为限（以邮戳日期为准）。

二、航空运输货物保险

（一）航空运输货物保险的含义

航空运输货物保险是以航空运输过程中的各类货物为保险标的,当保险标的在运输过程中因保险责任造成损失时,由保险公司提供经济补偿的一种保险业务。

（二）航空运输货物保险的保险标的范围

（1）凡在中国境内经航空运输的货物均可为本保险的标的;

（2）下列货物非经投保人与保险人特别约定,并在保险单（凭证）上载明,不在保险标的范围以内:金银、珠宝、钻石、玉器、首饰、古币、古玩、古书、古画、邮票、艺术品、稀有金属等珍贵财物;

（3）下列货物不在航空货物保险标的范围以内:蔬菜、水果、活牲畜、禽鱼类和其他动物。

（三）航空运输货物保险责任

由于下列保险事故造成保险货物的损失,保险人应该负航空货物保险赔偿责任:

（1）火灾、爆炸、雷电、冰雹、暴风、暴雨、洪水、海啸、地陷、崖崩；

（2）因飞机遭受碰撞、倾覆、坠落、失踪（在三个月以上），在危难中发生卸载以及遭受恶劣气候或其他危难事故发生抛弃行为所造成的损失；

（3）因受震动、碰撞或压力而造成破碎、弯曲、凹瘪、折断、开裂的损失；

（4）因包装破裂致使货物散失的损失；

（5）凡属液体、半流体或者需要用液体保藏的保险货物，在运输途中因受震动、碰撞或压力致使所装容器（包括封口）损坏发生渗漏而造成的损失，或用液体保藏的货物因液体渗漏而致保藏货物腐烂的损失；

（6）遭受盗窃或者提不着货的损失；

（7）在装货、卸货时和港内地面运输过程中，因遭受不可抗力的意外事故及雨淋所造成的损失。

在发生航空运输保险责任范围内的灾害事故时，因施救或保护保险货物而支付的直接合理费用，但最高以不超过保险货物的保险金额为限。

（四）航空运输货物保险的期限

航空运输货物保险的保险责任是自保险货物经承运人收讫并签发保险单（凭证）时起，至该保险单（凭证）上的目的地的收货人在当地的第一个仓库或储存处所时终止。但保险货物运抵目的地后，如果收货人未及时提货，则保险责任的终止期最多延长至以收货人接到《到货通知单》以后的 15 天为限（以邮戳日期为准）。

（五）航空运输货物保险金额及保险费率

航空运输货物保险的保险价值按货价或货价加运杂费确定，保险金额按保险价值确定，也可以由保险双方协商确定。其他规定与国内水路陆路运输货物保险类似。

三、邮包运输保险

（一）邮包运输保险的含义

邮包运输保险是指承保邮包通过海、陆、空三种运输工具在运输途中由于自然灾害、意外事故或外来原因所造成的包裹内物件的损失。

邮包运输保险承保通过邮政局邮包寄递的货物在邮递过程中发生保险事故所致的损失。以邮包方式将货物发送到目的地可能通过海运，也可能通过陆上或航空运输，或者经过两种或两种以上的运输工具运送。无论通过何种运送工具，凡是以邮包方式将贸易货物运达目的地的保险均属于邮包运输保险。

（二）邮包运输保险的分类

邮包运输保险按其保险责任分为邮包险（parcel post risks）和邮包一切险（parcel post all risks）两种。邮包险与海运货物保险中的水渍险的责任相似，邮包一切险与海运货物保险一切险的责任基本相同。

1. 邮包险

邮包险负责赔偿被保险邮包在运输途中由于恶劣气候、雷电、海啸、地震、洪水等自然灾害或由于运输工具遭受搁浅、触礁、沉没、碰撞、倾覆、出轨、坠落、失踪，或由于失火、爆炸等意外事故所造成的全部或部分损失。此外，该保险还负责被保险人对遭受承保责任范围内危险的货物采用抢救、防止或减少损失的措施而支付的合理费用，但以不超过获救货物的保险金额为限。

２．邮包一切险

邮包一切险除包括邮包险的责任外,还负责被保险邮包在运输途中由于外来原因所致的全部或部分损失。

（三）邮包运输保险的责任范围

（１）被保险邮包在运输途中由于恶劣气候、雷电、海啸、地震、洪水自然灾害或由于运输工具遭受搁浅、触礁、沉没、碰撞、倾覆、出轨、坠落、失踪,或由于失火爆炸意外事故所造成的全部或部分损失。

（２）被保险人对遭受承保责任内危险的货物采取抢救,防止或减少货损的措施而支付的合理费用,但以不超过该批获救货物的保险金额为限。邮包一切险的责任除上述邮包险的各项责任外,还负责被保险邮包在运输途中由于外来原因所致的全部或部分损失。邮包运输货物保险的除外责任和被保险人的义务与海运货物保险相比较,其实质是一致的。其责任起讫为自被保险邮包离开保险单所载起运地点、寄件人的处所运往邮局时开始生效,直至该项邮包运达本保险单所载目的地邮局,自邮局签发到货通知书当日签发起算满15天终止。但是在此期限内邮包一经交至收件人的处所时,保险责任即行终止。

模块五　保险实务与合同中的保险条款

一、国际货运保险投保、索赔实务

（一）国际货物运输保险投保实务

１．选择投保险别

投保人在选择保险险别时,要根据货物运输的实际情况予以全面衡量,既要考虑能使货物得到充分保障,又要尽量节约保险费的支出,降低贸易成本。选择何种险别,一般应考虑下列因素。

（１）货物的性质和特点。不同种类的货物,由于其性质和特点不同,在运输时即使遭遇同一风险事故,所导致的损失和后果往往并不相同。因此,投保人在投保时应充分考虑货物的性质和特点,选择适当的险别。

（２）货物的包装。货物的包装方式会直接影响到货物的完好情况。散装货物,例如大宗的矿石,在装卸时容易发生短量损失;裸装货物,容易因碰撞或挤擦而出现损失;包装货物会因包装材料的不同而可能产生不同的损失。因此,投保人应根据不同包装方式的特点选择适当的保险险别。对于因货物包装不足或不当,以致不能适应国际货物运输的一般要求而使货物遭受损失,属于发货人的责任,保险人一般不予负责。

（３）货物的用途和价值。货物的用途不同,价值各有高低,对投保险别的选择也有较大影响。一般而言,食品、化妆品及药品等与人的身体、生命息息相关的商品,由于其用途的特殊性,一旦发生污染或变质损失,就会全部丧失其使用价值。因此,在投保时应尽量考虑能得到充分全面的保障。

（４）运输方式、运输工具、运输路线、运输季节和港口。选择何种险别还应考虑到货物的运输方式、运输工具、运输路线、运输季节和港口。

如何选择投保险种,可参照（如表3-9所示）的攻略。

【小贴士】

表 3-9　常见海运货物投保险别攻略

商品种类	易遭受的损失	可选择投保险别的组合
粮谷类	因水分蒸发而短量或受潮受热而霉变	水渍险加保短量险和受潮受热险
矿石、矿砂	短量	平安险/水渍险加保短量险
水泥	包装破裂、潮湿、水渍	水渍险加保包装破裂险和淡水雨淋险
玻璃、陶瓷类	破碎	一切险或平安险加保破碎险
机械设备类	破损、锈蚀	一切险或平安/水渍险加保锈损险
首饰类	偷窃	一切险或平安险加保偷窃及提货不着险
装饰材料	受潮霉变或受热自燃	一切险或平安险/水渍险加保受潮受热险

2. 确定投保金额

投保金额是保险人对保险标的承担的最高赔偿金额,也是保险人计算保险费的依据,投保人在投保时须按照保险货物的价值申报投保金额。在国际货运保险中,保险金额一般是以 CIF 或 CIP 的发票价格为基础确定的,除应包括商品的价值、运费和保险费,还应包括被保险人在贸易过程中支付的经营费用,例如开证费、电报费、借款利息、税款和分摊到本笔交易的日常管理费用等,以及在正常情况下可以获得的预期利润。如果按 CIF 或 CIP 术语成交,计算公式为:

$$投保金额＝CIF（CIP）价 ×（1＋ 保险加成率）$$

以 CIF 或 CIP 价作为保险金额的计算基础,这表明货物的国内成本、运费及保险费均应作为保险标的,共同加成投保,因此若出口商原先报的是 CFR 或 CPT 价,而对方要求改报 CIF 或 CIP 价,或合同中规定采用 CFR 或 CPT 价,进口商却要求出口商代为办理货运保险,此时均不能直接以 CFR 或 CPT 价为基础加成后作为保险金额,应先把 CFR 或 CPT 价折算成 CIF 或 CIP 价,再加成计算保险金额。计算公式为:

$$CIF（CIP）价 ＝CFR（CPT）价 ÷［1－ 保险费率 ×（1＋ 保险加成率）］$$

【小贴士】

保　险　加　成

保险加成的目的是弥补被保险人的各项经营费用及预期利润的损失,所以被保险人可以根据不同时间、不同交易的预期利润的不同及经营费用的高低,在买卖双方协商一致的基础上和保险人约定不同的加成率。

关于保险加成率，一般规定，最低保险金额为货物的 CIF 或 CIP 价加 10%，但不是说保险加成率必须是 10%。在我国出口业务中，与国际贸易的通常做法相一致，保险金额一般按 CIF 或 CIP 的价格加 10% 计算。国外进口商提出的保险加成率高于 10%，保险人在综合考虑货物在出口地和进口地的价格差以及进口商的资信后，如果认为确属客观业务需要，也符合当地实际，一般可以同意接受被保险人提出的加成率。

如果保险人认为可能会有较大道德风险或保险金额太高可能会导致骗赔现象时，可以拒绝接受过高的保险加成率，而只接受按 CIF 或 CIP 价加 10% 计算的金额作为保险金额。在具体业务中，如国外进口商要求很高的保险加成率，如超过 30%，出口商除应明确保险费差额由进口商承担之外，为防止被动，还应事先征求保险人意见，在保险人表示同意后才能在订立买卖合同时接受进口商的保险条件。

想一想：为什么投保要加成？

3. 填写投保单

（1）被保险人。当以 CIF 或 CIP 条件出口时，应由出口方以投保人的身份办理保险，为能使自身承担的货运途中的风险得到保障，出口方应以本人作为被保险人。当货物在装运港越过船舷或交付承运人接管之前发生损失时，风险由出口方承担，其可以向保险人索赔。一旦货物越过船舷或交承运人接管，出口方只需根据信用证或其他文件要求在保险单上签章背书，即可将保险单转让给进口方或指定的第三方如银行。

如果以 FOB、FCA、CFR、CPT 条件成交，由进口方自行办理国际货运保险，投保人和被保险人一般均为进口方。出口方承担的货物在装运港越过船舷或交付承运人接管之前发生损失的风险可通过办理国内短途货运险得到保障。

（2）发票号码和合同号码。按照我国目前的外贸实践，出口货物一般只需填写该批货物的发盘号码，进口货物时则填写贸易合同号码。

（3）包装数量。此栏需要写明包装方式、包装数量。

（4）货物名称，应填写保险货物的具体类别、名称。

（5）保险金额，出口交易应按照贸易合同或信用证规定的加成计算得出的保险金额填写，且其末位进位成相对整数。

（6）运输工具，填写具体船名，如需转船，且已知船名，应打上船名，否则，只需打上转船字样即可。

（7）开航日期，一般注明"按照提单（As Per B/L）"，或注明船舶的大致开航日期。

（8）运输路线，填写起始地和目的地名称，如需转运，应注明转运地名。

（9）承保险别，填写投保何种保险险别，包括主险和附加险，还要说明采用何种条款。

（10）赔款地，通常在目的地支付赔款。

（11）投保人签章，填写投保人名称、电话、地址等具体信息。

在我国进出口业务中，投保人投保货物运输保险时，需以书面方式做出投保要约，即认真、准确、真实地填写货物运输投保单。在填制投保单时，应注意以下问题：

第一，申报真实。保险是建立在最大诚信原则基础上的契约关系，保险人一般只能根据投保单列明的资料进行审核，决定是否承保，并据以计算保险费，签发保险单。被保险人有将有关被保险货物的标的情况及资料向保险人告知和正确陈述的义务，如所报情节不实或隐瞒，都会导致保险契约无效。

第二，投保单的内容应与进出口合同、信用证有关规定相一致，如货物名称、数量、装卸港口、投保险别等,均应符合合同或信用证规定,否则,保险人根据投保单签发的保险单可能遭到买方或银行的拒付。

第三,保险金额、投保险别、被保险货物的名称、数量、包装以及载货船舶、航程、启航日期等均系投保单的重要内容,对于保险人决定承保、计收保险费以及未来赔偿关系极大,被保险人须慎重对待,正确填写。

(二)国际货物运输保险索赔实务

1. 索赔程序

(1)明确索赔对象。索赔对象就是指要对索赔方承担损失赔偿等责任的当事人。在国际货物买卖过程中涉及许多当事人,如果出现残损或短缺以及灭失等现象,索赔的对象即责任方可能会涉及多个当事人,如买卖双方、承运人、保险公司等。只有事故原因在投保人的投保范围内,保险公司才会给予赔偿。

(2)发出损失通知。当明确索赔对象后,索赔人员便应立即向责任方发出损失通知,这是索赔人员进行索赔的必备手续。同时,也应向其申请货物检验,以确定具体导致损失的原因以及损失是否在运抵最后目的地仓库前,即在保险期内发生的。

(3)提交索赔单证。索赔人员在提出索赔时,除了要书面提出索赔申请外,还需提供下列文件:保险单或保险凭证正本,运输合同,发票,装箱单,重量单或磅码单,货损、货差证明,与索赔有关的文件和来往函电,货物残损检验报告,海事报告,施救、整理、残损检验费用收据,索赔单。

2. 被保险人在索赔时应履行的其他义务

(1)采取施救措施,防止或减少损失的扩大。对于已发生损失的货物,如果损失可能进一步扩大,被保险人应立即采取必要的措施防止损失扩大,不能因为货物已经办理保险而任其损失扩大。如果被保险人在收到保险人发出的有关采取防止或减少损失的合理措施的特别通知后不作为从而造成损失扩大,按照我国《海商法》的规定,保险人就该扩大的损失部分不负赔偿责任。

(2)向有关责任方索赔。被保险人或其代理人在提货时若发现货物整件短缺或外包装有明显的受损痕迹,或散装货物有残损,一方面应立即向保险人申请损失检验,另一方面应及时向有关方面索取货损货差证明,包括记录损失情况并由承运人签字的理货报告、由装卸部门签字的货运记录等。如果残损不明显,在提货后收货人才发现货物损失,也应立即将损失情况通知有关责任方,并向其追偿损失。

二、国际货运保险承保、理赔实务

(一)国际货运保险承保实务

1. 填写保险单

(1)发票号码及唛头。填写发票号码时,一般还应将发票上所标的唛头打上。如果唛头较复杂,可只填写发票号码"As Per Invoice No. ×××"。

(2)保险费,一般只填写"按照约定(As Arranged)",若信用证要求标明保费及费率,则应写上具体保费金额和保险费率。

(3)保险单签发日期,应不迟于运输单据日期,因为银行不接受迟于运输单据的保单。

其他诸如被保险人名称、投保金额、包装及数量、保险货物项目、运输工具名称、开航日期、运输起讫地、承保险别、赔款偿付地点等按照投保单内容填写。

【小贴士】

保险业务中的单据

1. 投保单

投保单是投保人向保险人发出的标准化的书面要约。投保单一般由保险人事先统一印制、列出保险条款主要内容、留下空白供投保人填写。投保单经投保人依自己的意思如实填写并交保险人,即成为投保人向保险人发出的要约。投保单在其填写完毕交付保险人签字盖章之前,它仅仅是要约;在经保险人签字盖章后,其内容就成了保险合同。

2. 保险单

保险单是保险人与投保人之间订立的正式书面保险合同凭证。它由保险人签发给投保人,完整地记载了合同双方当事人的权利和义务,是被保险人在保险标的因保险事故发生损失时向保险人提出索赔或给付的依据和凭证。保险单的内容与保险合同的基本条款大致相同,但两者还是有区别的。如果保险合同的主要条款已协商一致,保险合同即告成立,但此时保险单可能并未签发。因此,保险合同的成立与否并不取决于保险单的签发。

3. 保险凭证

保险凭证是一种简化了的保险单,是保险人签发给被保险人证明合同已订立的凭证。除对保险人和被保险人的权利、义务等方面的详细条款不予载明外,其余的内容与保险单相同,它与保险单具有同样的作用和效力。目前,我国在国内货物运输保险中普遍使用。但在信用证规定提交保险单时,一般不能仅以保险凭证提供。

4. 暂保单

暂保单是保险经纪人或代理人在正式保险单签发以前出具的给被保险人的一种临时保险凭证。它表示保险经纪人或代理人已按被保险人的要求及所列项目办理了保险手续,等待保险人出具正式保单。暂保单的内容比较简单,并于正式的保险单交付时自动失效。

想一想:以上保险单据的效力有什么不同?

2. 计算保险费

投保人按约定方式缴纳保险费是保险合同生效的条件。保险费率(premium rate)是由保险公司根据一定时期、不同种类的货物的赔付率,按不同险别和目的地确定的。保险费则根据保险费率表按保险金额计算,其计算公式是:

$$保险费 = 保险金额 × 保险费率$$

在我国出口业务中,CFR 和 CIF 是两种常用的术语。鉴于保险费是按 CIF 货值为基础的保险额计算的,两种术语价格应按下列方式换算。

由 CIF 换算成 CFR 价:

$$CFR = CIF × [1 - 保险费率 × (1 + 投保加成率)]$$

由 CFR 换算成 CIF 价:

$$CIF = \frac{CFR}{1 - 保险费率 × (1 + 投保加成率)}$$

在进出口业务中,按双方签订的预约保险合同承担,保险金额按进口货物的 CIF 货值计算,不另外加减,保险费率按"特约费率表"规定的平均费率计算;如果以 FOB 进口货物,则按平均运费率换算为 CFR 货值后再计算保险金额,其计算公式如下:

FOB 进口货物:

$$保险金额 = \frac{FOB \times (1+ 平均运费率)}{1- 平均保险费率}$$

CFR 进口货物:

$$保险金额 = \frac{CFR}{1- 平均保险费率}$$

 【小贴士】

我国某公司以 50 美元/袋 CIF 新加坡出口某种商品 1000 袋,货物出口前,由我方公司向中国人民保险公司投保水渍险、串味险及淡水雨淋险,水渍险、串味险及淡水雨淋险的保险费率分别为 0.5%、0.2% 和 0.3%,按发票金额 110% 投保。

算一算:该批货物的投保金额和保险费各是多少?

解:

保险金额 = CIF × (1+ 投保加成率) = 50 × 1000 × 110% = 55000(美元)

保险费 = 保险金额 × 保险费率 = 55000 × (0.5% + 0.2% + 0.3%) = 550(美元)

(二)国际货物运输保险理赔实务

1. 确定损失原因

(1)货物原残。所谓货物原残,是指货物因本身缺陷造成的损失,包括货物在生产、制造、加工、装卸、包装以及在起运、存放、转运过程中造成的损失或货物品质、包装、数量等不符合买卖合同规定或国际惯例、不适合长途运输所造成的损失。由于货物原残属于发货人责任所致,是保险除外责任,保险人不予负责。

(2)货物在运输中受损。主要包括水渍损失和短量、短少损失等。

(3)破损、破碎损失。包括货物破损、破碎造成的损失。

2. 审定保险责任

(1)险别责任。每一份保险单都明确规定所承保的险别及适用的保险条款,保险人应以保险条款为依据,确定损失是否属于承保责任。

(2)保险期限。对保险期限,主要审查保险事故是否发生在保险合同有效期内。首先,应查看保险单中被保险人的名称。其次,应审查货物的损失是否发生在正常运输过程中。再次,应注意保险单中的责任起讫地点。最后,还应注意保险责任的期限与索赔期限。

(3)被保险人义务。由于保险合同是最大诚信合同,所以被保险人应履行合同中规定的告知、保证义务,否则保险人可以拒赔甚至解除保险合同。

3. 计算赔偿金额

(1)全部损失。如果货物发生实际全损,或发生推定全损时被保险人进行委付,保险人也接受委付,只要保险金额不超过约定的保险价值,保险人按保险金额给予全额赔偿,而不管损失当时货物的完好市价如何。如果货物尚有残值,则归保险人所有。

（2）单独海损。

① 数量（重量）短少。

$$保险金额 = \frac{保险金额 \times 损失数量（重量）}{保险货物总数量（重量）}$$

【小贴士】

某公司出口大米共 1000 袋，每袋重 50 千克，已按中国《海运货物保险条款》投保海运一切险，保险金额为 2.5 万美元，运至目的地卸货时发现部分外包装破裂，还有数袋短少，共计短缺 1000 千克。

算一算：保险公司应赔付多少？

解：保险赔款额 ＝25000×1000÷（1000×50）＝500（美元）

② 质量损失。

$$保险赔款额 = \frac{保险金额 \times （货物完好价值 － 货物受损后价值）}{货物完好价值}$$

【小贴士】

某公司出口服装一批，按中国《海运货物保险条款》投保海运一切险，保险金额为 20 万美元，途中遇暴风雨，服装被水浸湿，途中降价出售，得货款 12 万美元，该批货物在当地的完好价为 24 万美元。

算一算：保险公司应赔付多少？

解：保险赔款额 ＝200000×（240000－120000）÷240000＝100000（美元）

③ 规定有免赔率时的货物损失。若保单中规定了免赔率，则保险公司采用绝对免赔率，即无论货物损失程度如何，对于免赔率额度内的损失，保险公司均不予赔偿。

【小贴士】

某公司出口散装花生仁一批，共 500 公吨，从上海运往香港，按中国《海洋运输货物保险条款》投保海运一切险，保险金额为 50 万美元，保险合同规定扣短量免赔率 2%，到目的地经检验发现花生仁短卸 12 公吨。

算一算：保险公司应如何赔付？

解：

受损率 ＝12÷500×100%＝2.4%

保险赔款 ＝500000×（2.4%－2%）＝2000（美元）

（3）共同海损。如果发生共同海损，无论投保何种险别，保险人对共同海损的牺牲和费用都负责赔偿。对保险货物的共同海损的牺牲，由保险人先按实际损失予以赔付，然后参与共同海损的分摊，摊回部分归保险人所有。被保险人可以提前得到保险赔偿，而且不受共同海损分摊价值的影响。

三、国际货物买卖合同的保险条款

在国际货物买卖合同中,为了明确交易双方在货运保险方面的责任,通常都订有保险条款,其内容主要包括:保险投保人、保险公司、保险险别、保险金额和保险单的约定等事项。例:Insurance to be covered by the seller for 110% of total invoice value against All Risks, War Risk and SRCC as per the relevant Ocean Cargo Clause of the People's Insurance Company of China dated Jan. 1, 1981.

（一）保险投保人

每笔交易的货运保险,究竟由买方抑或是卖方投保,完全取决于买卖双方约定的交货条件和所使用的贸易术语。由于每笔交易的交货条件和所使用的贸易术语不同,故对投保人的规定也相应有别。例如,按 FOB 或 CFR 条件成交时,在买卖合同的保险条款中,一般只订明"保险由买方自理"。如买方要求卖方代办保险,则应在合同保险条款中订明:"由买方委托卖方按发票金额 ××× 代为投保 ×× 险,保险费由买方负担。"按 DAF 或 DAP 条件成交时,在合同保险条款中,也可订明"保险由卖方自理"。凡按 CIF 或 CIP 条件成交时,由于货价中包括保险费,故在合同保险条款中,需要详细约定卖方负责办理货运保险的有关事项,如约定投保的险别、支付保险费和向买方提供有效的保险凭证等。

（二）保险公司

在按 CIF 或 CIP 条件成交时,保险公司的资信情况,与卖方关系不大,但与买方却有重大的利害关系。因此,买方一般要求在合同中限定保险公司和所采用的保险条款,以利日后保险索赔工作的顺利进行。例如,我国按 CIF 或 CIP 条件出口时,买卖双方在合同中,通常都订明:"由卖方向 PICC 投保,并按该公司的保险条款办理。"

（三）保险险别

按 CIF 或 CIP 条件成交时,运输途中的风险本应由买方承担,但一般保险费则约定由卖方承担,因货价中包含保险费,买卖双方约定的险别通常为平安险、水渍险、一切险三种基本险别中的一种。但有时也可根据货物特性和实际情况加保一种或若干种附加险。如约定采用英国伦敦保险协会货物保险条款,也应根据货物特性和实际需要约定该条款的具体险别。在双方未约定险别的情况下,按惯例,卖方可按最低的险别予以投保。

在 CIF 或 CIP 货价中,一般不包括加保战争险等特殊附加险的费用,因此,如买方要求加保战争险等特殊附加险时,其费用应由买方负担。如买卖双方约定,由卖方投保战争险并由其负担保险费时,卖方为了避免承担战争险的费率上涨的风险,也往往要求在合同中规定:"货物出运时,如保险公司增加战争险的费率,则其增加的部分保险费,应由买方负担。"

（四）保险金额

按 CIF 或 CIP 条件成交时,因保险金额关系到卖方的费用负担和卖方的切身利益,故买卖双方有必要将保险金额在合同中具体订明。根据保险市场的习惯做法,保险金额一般都是按 CIF 价或 CIP 价加成计算,即按发票金额再加一定的百分率。此项保险加成率,主要是作为买方的预期利润。按国际贸易惯例,预期利润一般按 CIF 价的 10% 估算,因此,如果买卖合同中未规定保险金额,习惯上是按 CIF 价或 CIP 价的 110% 投保。

PICC 承保出口货物的保险金额,一般也是按国际保险市场上通常的加成率,即按 CIF 或 CIP 发票金额的 110% 计算。由于不同货物、不同地区、不同时期的预期利润不一,因此,在洽商交易时,如买方要求保险加成超过 10% 时,卖方也可酌情接受。如买方要求保险加成率过高,则卖方应同有关保险公司商妥后方可接受。

（五）保险单

在买卖合同中,如约定由卖方投保,通常还规定卖方应向买方提供保险单,如被保险的货物在运输过程中发生承保范围内的风险损失,买方即可凭卖方提供的保险单向有关保险公司索赔。

【任务小结】

国际货物买卖中,买方或卖方为了转嫁货物在运输过程中的风险和损失,需要办理货物运输保险。在保险业务中,风险、损失、费用和险别之间有着紧密的联系。风险是造成损失和费用的起因,险别则是保险人对风险与损失承保的责任范围。

在保险业务中,各种险别的承保责任是通过不同的保险条款规定的。我国对外贸易所使用的保险条款,绝大部分是中国人民保险公司于1981年1月1日修订的《中国保险条款》。若买方要求使用2009年1月1日修订的《伦敦协会货物条款》办理保险,我方也可酌情接受。因此,作为国际贸易从业人员,应该熟悉掌握上述两种保险条款的内容。

在国际货物买卖合同中,为了明确交易双方在货运保险方面的责任,通常都订有保险条款,其内容主要包括:保险投保人、保险公司、保险险别、保险金额和保险单的约定等事项。

**【知识拓展】**

出口信用保险的作用

随着经济全球化的不断深入,越来越多的企业开始实施国际化战略,进行全球化发展布局。然而,中美贸易战以及各国政治经济等不确定性因素,也令很多从事跨境贸易的出口企业对于开辟新市场,拓展新业务等顾虑重重,从而严重影响和制约了出口企业规模的扩大和业务的稳定增长。在此形势下,可充分发挥作为《中华人民共和国对外贸易法》明确的三项促进出口的政策性金融工具之一的出口信用保险的作用,推动我国外贸平稳、健康发展。

某年1月,广州某出口企业A(以下简称A公司)与塔吉克斯坦某进口商B(以下简称B公司)签署了一批机器的销售合同,合同约定的付款方式为30%预付款,余下70%在收到货物后平均分6个月支付。为确保余款的安全收回,在合同正式签署之前,A公司已经就余款的付款方式向中国出口信用保险公司(以下简称中国信保)申请了短期出口信用保险,以OA-180天的方式获取了与余款总额相当的保险额度,中国信保给予的赔偿比例为90%。

合同签署后不久,B公司就按合同约定支付了30%的预付款给A公司,A公司也按约定时间完成了机器的生产,并于同年3月从广州出货,全部机器于同年4月20日安全抵达B公司,并收到B公司签署的收货证明。A公司也在第一时间提醒B公司需要在5月19日之前支付余款的第一笔1/6的款项。但是直至5月19日,A公司仍未收到B公司的应付款项,经过与B公司的沟通交流,A公司了解到B公司企业内部出现了严重问题,导致了B公司业务停滞、岌岌可危的状态。经过一番磋商,A公司最终同意了B公司延期付款的请求,余款的支付依次向后延迟2个月。但是,尽管B公司做出了新的承诺,等到7月

14 日时,A 公司仍旧没有收到任何款项。按照中国信保的规定,报损期为最初合同规定的应收账款日期之后的 60 天,即最迟报损日为 7 月 19 日。A 公司遂向中国信保汇报了相关情况,并向中国信保申请了延期报损。

此后直至 11 月,即使 A 公司不断催促,并由其欧洲子公司人员亲自前往 B 公司催讨货款,以及由公司律师派发律师函催款等各种方式,但仍旧无果,此时距离中国信保延期报损截止日期已时日不多,A 公司决定正式向中国信保提出索赔。中国信保在接到索赔申请后,展开了基本调查,并于次年 2 月启动塔吉克斯坦当地律师和当地追偿渠道,对债权进行了核实确认。到次年 4 月时,中国信保终于完成一系列的追偿和确认,正式进入核损和理赔阶段,并在 4 月 22 日正式批准理赔,向 A 公司发出"理赔通知书",按照 90% 的赔付比例赔偿了相应的款项。

 【思考与练习】

1. 进出口货物为什么要投保运输险?

2. 何谓实际全损? 何谓推定全损? 请用实例说明。

3. 何谓共同海损? 它与单独海损有何区别?

4. 在国际保险业务中所使用的 "W/W CLAUSE" 条款是什么意思?

5. 国际货物运输为什么要加保战争险? 中国人民保险公司关于战争险的保险期限是如何规定的?

6. CIC 条款与 ICC 条款的主要区别有哪些?

7. 买卖合同中的保险条款主要包括哪些内容? 规定此条款时应注意什么问题?

 【案例分析】

1. 有一份 FOB 合同,货物在装船后,卖方向买方发出装船通知,买方向保险公司投保了"仓至仓条款一切险"(All Risks with Warehouse to Warehouse Clause),但货物在从卖方仓库运往码头的途中,被暴风雨淋湿了 10% 的货物。事后卖方以保险单含有仓至仓条款为由,要求保险公司赔偿此项损失,但遭到保险公司拒绝。后来卖方又请求买方以投保人名义凭保险单向保险公司索赔,也遭到保险公司拒绝。

想一想:在上述情况下,保险公司能否拒赔? 为什么?

2. 我方公司按 CIF 条件向中东出口货物一批,根据合同规定投保水渍险附加偷窃提货不着险。海运途中因中东战争货船被扣。而后进口商因提货不着便向保险公司索赔。

想一想:保险公司是否会赔付,为什么?

3. 某货轮在航行途中因电线走火,第三舱内发生火灾,经灌水灭火后统计损失,被火烧毁货物价值 5000 美元,因灌水救火被水浸坏货物损失 6000 美元。船方宣布此番抢救为共同海损。

请根据上述案例分析回答下列问题:

(1)该货轮船长宣布共同海损是否合理?

(2)被火烧毁的货物损失 5000 美元,船方是否应负责赔偿,理由是什么?

(3)被水浸的货物损失 6000 美元属什么性质的损失? 应由谁负责?

4. 我国某公司出口花生糖一批,投保一切险。由于货轮陈旧,速度慢,加上沿途揽载,结果航行 3 个月才到达目的港。卸货后,花生糖因受热时间过长全部潮解,无法销售。

想一想:这种情况保险公司是否应当赔偿? 为什么?

 【技能实训】

1. 某公司出口货物一批,原报价 USD2000/mt CIFC3% Sydney,客户要求改报 CFR5% Sydney,按发票金额的 110% 投保一切险加保战争险。经查,一切险和战争险的保险费率分别为 0.8% 和 0.4%。试计算 CFR5% Sydney 的价格。

2. 我方以 50 美元/袋 CIF 新加坡出口某商品 1000 袋,货物出口前,由我方向中国人民保险公司投保水渍险、串味险及淡水雨淋险的保险费率分别为 0.6%、0.2% 和 0.3%,按发票金额 110% 投保。该批货物的投保金额和保险费各是多少?

3. 某货主在货物装船前,按发票金额的 110% 办理了货物投保手续,投保一切险加保战争险。该批货物以 CIF 成交的总价值为 20.75 万美元,一切险和战争险的保险费率合计为 0.6%。试计算:

（1）该货主应缴的保险费是多少?

（2）若发生了保险公司承保范围内的风险导致该批货物全部灭失,保险公司的最高赔偿金额是多少?

4. 某出口商品净重 100 公吨,装 5000 箱,每箱单价为 89 美元,加一成投保一切险,货到目的港后,买方发现除短少 5 箱外,还短量 380 千克,问保险公司负责赔偿的金额是多少?

5. 试分析下列贸易背景下应选择的险别。

（1）货物:花生;运输方式:海运;贸易术语:CIF;起运地:上海;目的地:纽约。

（2）货物:茶叶;运输方式:铁路联运;贸易术语:CIP;起运地:连云港;目的地:鹿特丹。

（3）货物:新闻纸;运输方式:海运;贸易术语:FOB;起运地:大阪;目的地:大连。

任务五 货款的收付

【知识目标】

理解汇票、本票和支票三种支付工具的含义、特点及区别,汇付、托收和信用证三种支付方式的含义、特点及区别,了解关于托收和信用证的国际贸易惯例。

【能力目标】

能够在国际结算业务过程中灵活运用各种支付方式;能够在合同中订立支付条款。

【案例视窗】

国内 A 公司与外商签订了一笔进口钢材的合同,货物价值为 504 万美元,合同规定以信用证方式结算。A 公司依约对外开出信用证后,在信用证装运期内,外商发来传真称货物已如期装运。不久开证行即收到议付行转来的全套单据,提单表明货物于某东欧港口装运,在西欧某港口转运至国内港口。单据经审核无不符合点,开证行对外承兑。A 公司等了一个多月,货物依然未到,深感蹊跷,遂向伦敦海事局进行查询,反馈回来的消息是：在所述的装船日未有属名船只在装运港装运钢材。此时信用证项下的单据已由开证行承兑，议付行亦已买断票据，将融资款支付给了受益人。开证行被迫在承兑到期日对外付款，A 公司损失惨重。

分析：这是一起典型的以伪造单据进行的信用证诈骗。核实提单的真实性是至关重要的，尤其是进口一些大宗商品。无论是在签订合同还是开立信用证时，均要求客户在装船之后一定时间（如 24 小时）内发送装船通知，如列明提单号码、装卸港、装船日期、货名、装运数量等内容，以便通过相应机构查询船踪，确定提单内容的真实性。当然这要花费一定费用，但花小钱避免大风险，还是值得的。一旦查得提单有诈，即可认真审单以合理拒付。即使单据不存在不符点，也可寻求司法救济，应用信用证欺诈例外原则，在开证行付款或承兑之前由法院止付信用证项下货款。

模块一 支付工具

随着国际贸易的发展，非现金结算方式（Non-cash Settlement）取代了现金结算。非现金结算是指不直接使用现金，而是使用代替现金的流通手段和支付手段的支付工具来结算国际债权债务的一种方法。利用支付工具通过相互抵消的办法进行结算，从而避免现金的往返运送，减少风险，节省费用，避免资金积压，促进国际贸易的发展。此种用以抵消国际债权债务的支付工具就是票据。

在现代国际结算中，票据是可以流通转让的债权凭证，是以无条件支付一定金额为目的的有价证券。为此，票据的款式、票据行为和权利的行使，都必须符合法律的规定。按照国际惯例和多数国家的法律办理，票据一般指汇票、本票和支票。在国际贸易结算中，以汇票为主，本票和支票次之。

一、汇票

（一）汇票的含义和基本内容

根据《英国票据法》中的定义，汇票（Bill of Exchange/Draft/Bill）是一种债券凭证，它是由一个人向另一个人签发的，要求对方立即或在将来某一时间向某人或其指定人或持票人支付一定金额的无条件书面支付命令。

我国于 1995 年 5 月 10 日公布的《中华人民共和国票据法》（以下简称《票据法》）（自 1996 年 1 月 1 日施行）第十九条规定：汇票是出票人签发的，委托付款人在见票时或者在指定日期无条件支付确定的金额给收款人或持票人的票据。汇票样式如图 3-7 所示。

各国票据法对汇票内容的规定不同，一般认为应包括下列基本内容。

（1）应载明"汇票"字样，以区别其他证券。

（2）无条件支付命令的文句。

（3）一定金额。

（4）付款期限，即付款人履行付款义务的日期。一般有四种规定方法：① 见票即付；② 见票后一定期限付；③ 出票后一定期限付；④ 指定日期付款。

（5）付款地点，一般为受票人所在地。

（6）受票人（Drawee）。受票人又称付款人（Payer），即接受支付命令付款的人。在进出口业务中，通常是进口人或其指定的银行。

（7）受款人（Payee）。受款人即受领汇票所规定金额的人，即汇票抬头。在进出口业务中，通常是出口人或其指定的银行。有三种写法：

① 限制性抬头。一般以"Pay × Co. only"或"Pay × × Co. not negotiable"字样来表示。这种抬头的汇票不能流通转让，只限 × × 收取货款。

② 指示性抬头。一般以"Pay × Co. by order"或"Pay to the order of × × Co."字样来表示。这种抬头的汇票，除 × × 公司可以收取票款外，也可以经过背书转让给第三者。

③ 持票人或来人抬头。一般以"付给来人"（Pay Bearer）字样来表示。这种抬头的汇票，无须由持票人背书，仅凭交付汇票即可转让。

（8）出票日期和地点。

（9）出票人（Drawer）签字。

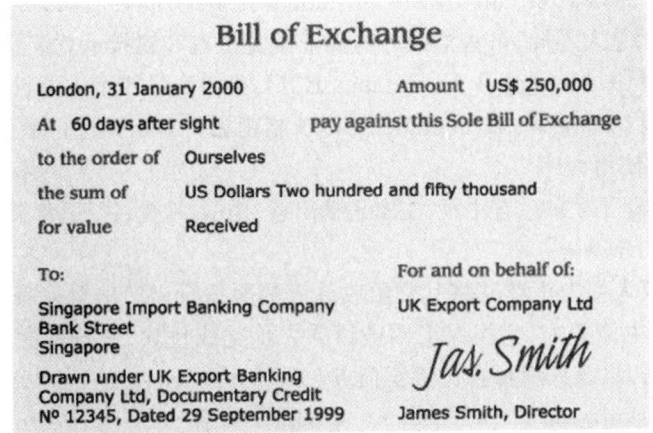

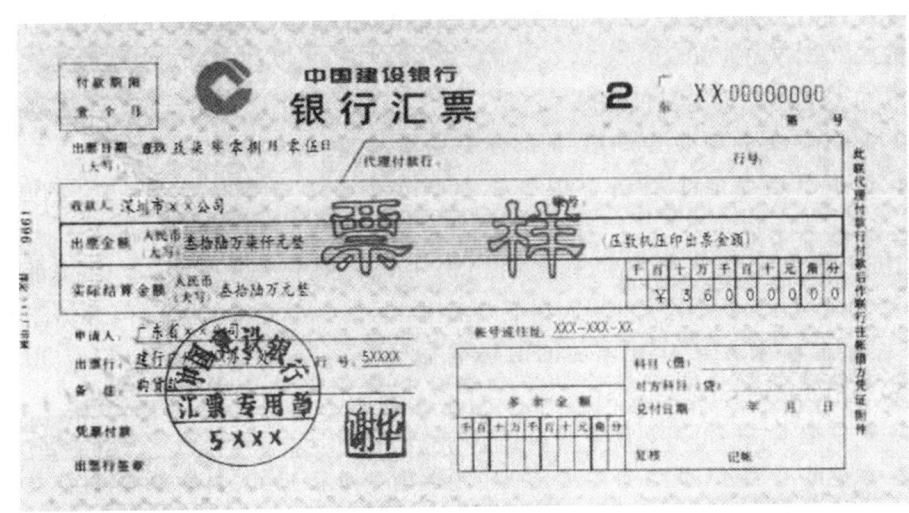

图 3-7　汇票票样

（二）汇票种类

（1）按出票人不同，可将汇票分为银行汇票和商业汇票。

银行汇票（Banker's Draft），指由银行开立，付款人也是银行的汇票。银行汇票主要用于代办汇款、银行资金调拨。

商业汇票（Commercial draft），指由商号或个人开立、而汇票付款人可以是商号、个人或者银行的汇票。商业汇票一般用于国际贸易货款结算。

（2）按是否随付商业单据，可将汇票分为光票和跟单汇票。

光票（Clean Bill），指一张汇票不附有任何提单、发票等货运商业单据。银行汇票多为光票。

跟单汇票（Documentary Bill），指一张汇票附有商业单据汇票，商业汇票多为跟单汇票。

（3）按付款时间不同，可将汇票分为即期汇票和远期汇票。

即期汇票（Sight Draft），指付款人受到提示或见票时立即付款的汇票。

远期汇票（Usance Draft），指付款人受到提示或见票后对汇票进行承兑，过一定时间再行付款的汇票。远期汇票的付款时间规定主要有以下几种：见票后若干天付款（At××days after sight）；出票后若干天付款（At××days after date）；提单签发日后若干天付款（At××days after date of Bill of Lading）；指定日期付款（Fixed Date）。

（4）按汇票承兑人不同，可将汇票分为商业承兑汇票和银行承兑汇票。

商业承兑汇票（Commercial Acceptance Bill），指由商号或个人进行承兑的汇票。

银行承兑汇票（Banker's Acceptance Bill），指由银行对汇票进行承兑的汇票。

（三）汇票的使用程序

汇票的使用就是汇票的处理手续，主要包括出票、提示、承兑、付款、背书、拒付与追索等。

1. 出票（To Draw）

出票是指出票人签发汇票并将其交给收款人的票据行为。出票人通过"出票"设立了债权，成了票据的主债务人，它担保汇票被付款人承兑或付款，倘若付款人拒付，持票人可向出票人追索票据，出票人就得自行清偿债务。

2. 提示（Presentation）

提示是持票人向付款人出示汇票要求承兑或付款的行为。付款人看到汇票，即为见票（Sight）。

提示可分为承兑提示和付款提示。承兑提示是持远期汇票要求付款人承诺到期付款的提示；付款提示是持即期汇票或到期的远期汇票要求付款人付款的提示。

不论是承兑提示还是付款提示，均应在规定的时效内进行，否则将丧失对其前手的追索权。

3. 承兑（Acceptance）

承兑是远期汇票付款人在持票人作承兑提示时，明确表示同意按出票人的指示付款的行为。

承兑包括两方面：一个是付款人在汇票上写"承兑（Accepted）"字样，并标注上日期和签名。例如，一张ABC公司承兑的汇票承兑时可写上："Accepted on May 30, 2018. ABC.CO.（SIGNATURE）"。

另一个是把承兑的汇票交还持票人或另制承兑通知书交给持票人。一般来说，付款人收到提示承兑的汇票之日起3日内承兑或拒绝承兑。如未注承兑日期，则以付款人收到汇票之日起的第三天为承兑日期。

远期汇票一经承兑，付款人成为承兑人，是汇票的主债务人，而出票人则退居为从债务人。持票人可将汇票在市场上背书转让，使其流通。

4. 付款（Payment）

付款是即期汇票的付款人和远期汇票的承兑人接到付款提示时，履行付款义务的行为。

持票人获得付款时,应在汇票上签收,并将汇票交给付款人存查。汇票一经付款,汇票上所有的债权债务即告结束。

5. 背书(Endorsement)

背书是转让票据权利的一种法定手续,即持票人在汇票背面签上自己的名字或再加上受让人的名字,并把汇票交给受让人的行为。背书后,原持票人成为背书人(Endorser),担保受让人所持汇票得到承兑和付款,否则,受让人有权向背书人追索清偿债务。与此同时,受让人成为被背书人(Endorsee),取得了汇票的所有权,可以再背书再转让,直到付款人付款把汇票收回为止。对于受让人来说,在他以前的所有背书人和出票人都是他的"前手";对于出让人来说,在他让与后的所有受让人都是他的"后手"。后手有向前手追索的权利。汇票转让次数越多,为汇票权利作担保的人也越多。

背书的方式主要有三种:

(1)限制性背书:限制性背书即不可转让背书。例如:Pay to Henry Brown only. William White(签字)。

(2)空白背书:空白背书也称不记名背书,票据背面只有背书人名称而无受让人签名。此类背书只凭交付即可转让。例如:William White(签字)。

(3)记名背书:记名背书指汇票背面既有背书人签名,又有被背书人签名。这种背书受让人可继续背书将汇票转让。例如:Pay to the order of Henry Brown. William White(签字)。

受让人在受让汇票时,要按照汇票的票面金额,扣除从转让日起到汇票付款日止的利息后,将票款付给出让人,这种行为称为"贴现"(Discount)。

6. 拒付与追索

拒付(Dishonor)是持票人提示汇票要求承兑或付款时遭到拒绝承兑或付款的行为,又称退票。破产、死亡、闭而不见,也属此范围。

持票人遭到拒付后有权通知其前手,直至通知到出票人,并由公证人作出证明拒付事实的文件,这个文件被称为拒绝证书(Protest)。该证书附在被拒付汇票之后,汇票上注明受票人见票时间和地点,说明受票人拒绝付款或承兑。如果要求提供拒付证明,会将受票人姓名公布于众,这对买卖双方今后的业务关系有很大伤害,也有损于出票人的信誉。但不能提供拒绝证书的,则丧失对其前手的追索权。

追索权(Right of Recourse)是汇票遭到拒付时,持票人对背书人、出票人及其他票据债务人行使请求偿还汇票金额、利息及费用的权利。

汇票的出票人或背书人为了避免承担被追索的责任,可以在背书时加注"不受追索(Without Recourse)"字样。凡列有这种批注的汇票,在市场上是很难转让流通的。

汇票的使用
程序

【小贴士】

某年3月1日,上海甲公司以香港乙公司为收款人,签发商业汇票一张,汇票金额为20万美元,汇票到期日为当年7月31日。香港乙公司在接到该商业汇票后将该汇票背书转让给美国丙公司。此后,美国丁公司通过背书转让方式取得了该商业汇票。同年7月1日,美国丁公司持该商业汇票向银行提示付款。银行在接到该商业汇票后经查实,确认上海甲公司在银行的存款不足以支付票据款而将商业汇票退回给美国丁公司。之后,美国丁

公司依法向其前手美国丙公司进行票据追索,美国丙公司在支付款项后又向香港乙公司进行再追索。香港乙公司支付了票据款项中的15万美元,上海甲公司向香港乙公司支付了票据款项中的5万美元。之后。丙公司依法向香港乙公司和上海甲公司就票据权利进行再追偿,但甲公司和乙公司拒绝偿付票据款项中的5万美元。

想一想:甲公司和乙公司拒付5万美元的行为是否正确?为什么?

二、本票

(一)本票的含义和内容

《中华人民共和国票据法》第七十三条规定:本票(Promissory Note)是出票人签发的,承诺自己在见票时无条件支付确定的金额给收款人或持票人的票据。

构成本票的必要项目包括无条件支付承诺,付款期限(未载明付款期限者,视为见票即付),出票人签字,受款人名称或来人抬头(图3-8)。有些国家的票据法还把写明"本票"字样、出票日期和地点、付款地点等列为本票要件。出票人和背书人因对本票签字而对本票的债务负责,是本票的当事人。但本票出票人始终是本票的主债务人,其责任类似汇票中的承兑人,因此,本票有"自付票据"之称。

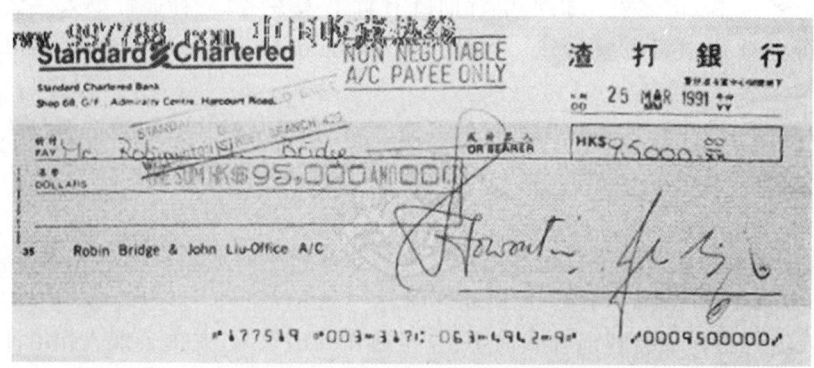

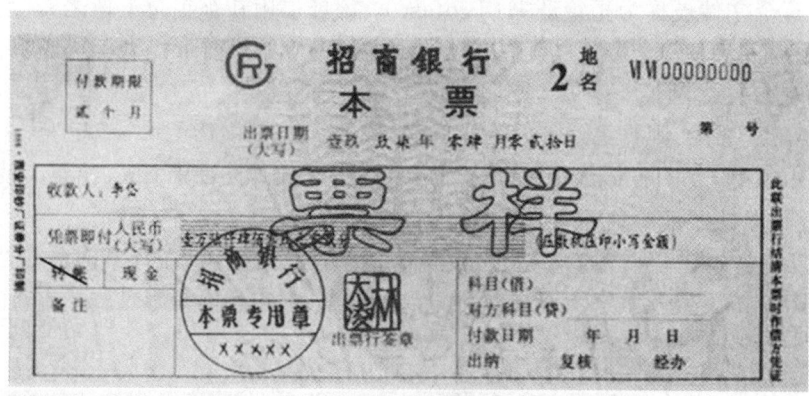

图 3-8　本票票样

(二)本票的种类

本票可分为商业本票和银行本票。由工商企业或个人签发的称为商业本票或一般本票。由银行签发的称为银行本票。商业本票有即期和远期之分,银行本票则都是即期的。在国际贸易结算中使用的本票,大都是银行本票。有的银行发行见票即付、不记载收款人的本票或是来人抬头的本票,它的流通性与纸币相似。

根据我国《票据法》的规定，银行本票仅限于由中国人民银行审定的银行或其他金融机构签发。

（三）本票和汇票的区别

本票与汇票的区别体现在四个方面。

1. 当事人

汇票是委托式票据，有三个当事人，即出票人、付款人、收款人。本票是承诺式票据，只有两个当事人，即出票人和收款人。

2. 份数

汇票可开成一式多份（银行汇票除外）。本票只能一式一份，不能多开。

3. 承兑

远期汇票需经付款人承兑。本票的出票人就是付款人，远期本票由他本人签发，就等于本人已承诺本票到期时付款，无需承兑。

4. 付款责任

汇票付款人承兑前，出票人负主要责任；承兑后，则由承兑人负主要责任。而本票的出票人始终承担第一性的付款责任。

三、支票

（一）支票的含义和种类

支票（Cheque，Check）由出票人签发，委托办理支票存款业务的银行或者其他金融机构在见票时无条件支付确定的金额给收款人或者持票人的票据。支票样式如图3-9所示。

我国《票据法》第八十四条规定，支票必须记载下列事项：

（1）表明"支票"字样；

（2）无条件支付的委托；

（3）确定的金额；

（4）付款人名称；

（5）出票日期；

（6）出票人签章。

支票上未记载上述规定事项之一的，支票无效。

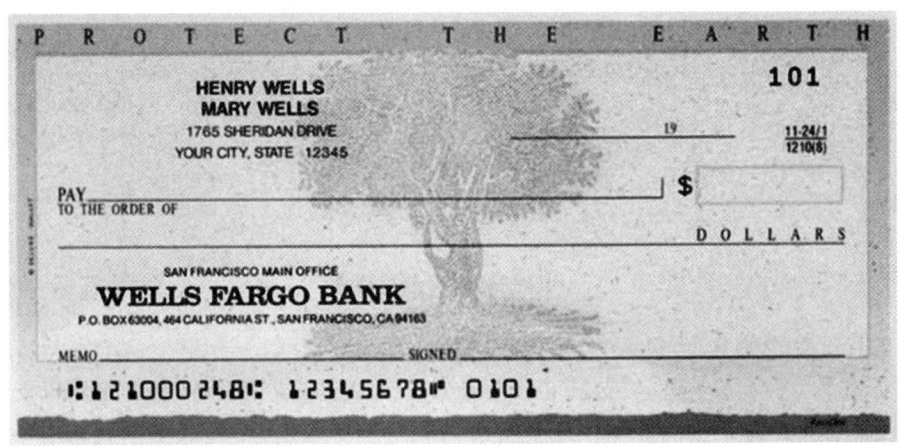

图3-9-a　支票票样1

加拿大支票样本

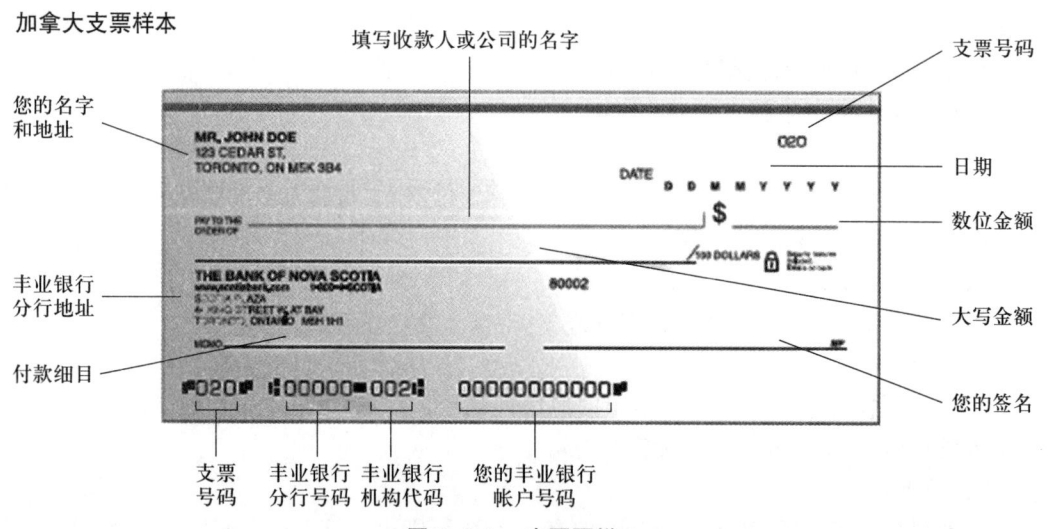

图 3-9-b　支票票样 2

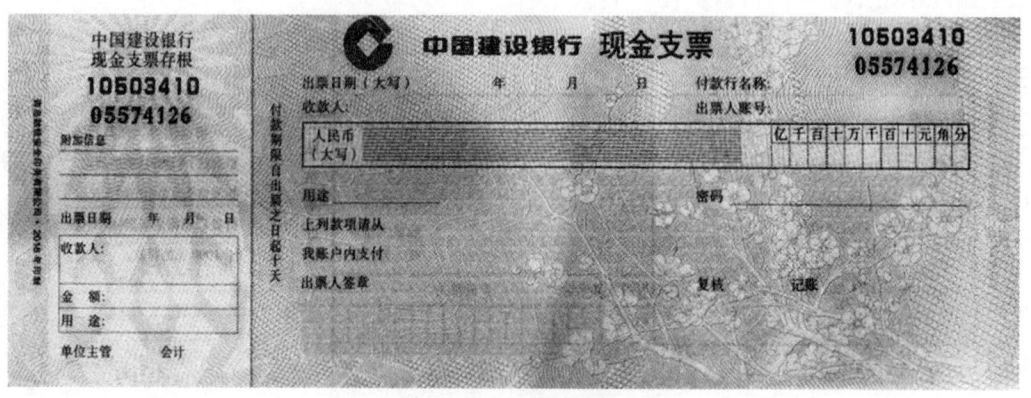

图 3-9-c　支票票样 3

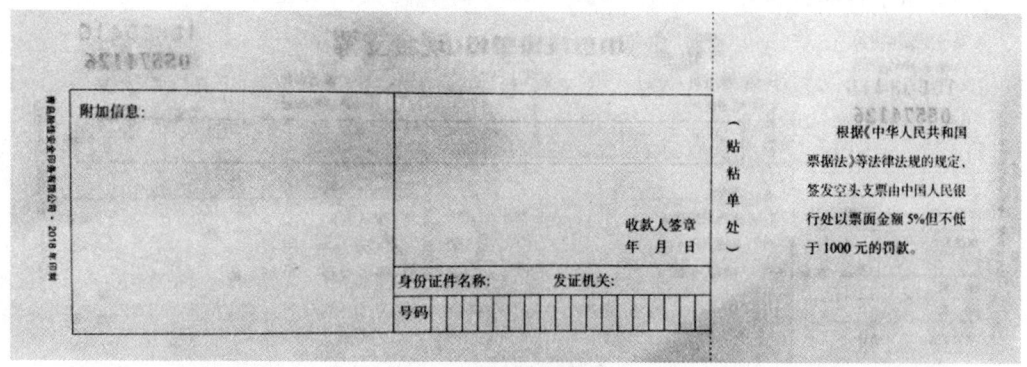

图 3-9-d　支票票样 4

（二）支票的种类

按照我国《票据法》规定,支票可分为现金支票和转账支票两种,并分别用以支取现金或是转账,但应在支票正面注明。现金支票只能用于支取现金;转账支票只能用于通过银行或其他金融机构转账结算。但其他许多国家,支取现金或是转账,通常可由持票人或收款人自主选择,但一经划线只能通过银行转账,而不能直接支取现金。因此,就有"划线支票"和"未划线支票"之分。划线支票通常都在其左上角划上两道平行线。视需要,支票既可由出票人,也可由收款人或代收银行划线。对于未划线支票,收款人既可通过自己的往来银行代向付款银行收款,存入自己的账户,也可径自到付款银行提取现金。但如果是划线支票,或原来未划线支票,经自己加上划线后,收款人就只能通过往来银行代为收款入账。

(三)支票和汇票的比较

1. 性质

支票是存款人对银行签发的无条件支付命令(《英国票据法》将支票定义为以银行为付款人的即期汇票);汇票是由出票人对付款人签发的无条件支付命令,付款人可以是银行或企业、个人。

2. 出票人与付款人的关系

支票中的两者必须先有资金关系,汇票则不必,一般是一种对价关系。

3. 承兑手续

支票无承兑手续,远期汇票有承兑手续。

4. 票据的应用

支票主要用于结算,汇票可以是结算,也可以是融资。

5. 票据的形式

支票可以划线,只能开出一张;汇票一般不能划线,可以开出一式二份或多份。

模块二　汇付与托收

国际货款的收付方式大致分为汇付、托收、信用证和银行保函。其中汇付和托收是商业信用,而信用证和银行保函则属于银行信用。支付方式从资金的流向与支付工具的传递方向,可以分为顺汇和逆汇两种方法。顺汇是指资金的流动方向与支付工具的传递方向相同。汇付方式采用的是顺汇方法。逆汇是指资金的流转方向与支付工具的传递方向相反。托收方式收取货款采用的是逆汇方法。

一、汇付

(一)汇付的含义和当事人

1. 汇付的含义

汇付(Remittance)又称汇款,指付款人主动通过银行或其他途径将款项汇交收款人。国际贸易货款的收付如采用汇付,一般是由买方按合同约定的条件(如收到单据或货物)和时间,将货款通过银行,汇交给卖方。

2. 汇付的当事人

汇付业务中,通常有四个当事人:

汇款人(Remitter)即汇出款项的人。在进出口交易中汇款人通常是进口人。

收款人(Payee)即收取款项的人。在进出口业务中通常是出口人。

汇出行(Remitting Bank)指受汇款人的委托,汇出款项的银行,通常是进口地的银行。

汇入行（Paying Bank）指受汇出行的委托解付汇款的银行，因此，又称解付行，通常是出口地的银行。

（二）汇付的种类

汇付可分为信汇、电汇和票汇三种。

1. 信汇（Mail Transfer，M/T）

信汇是指进口人将货款交给本地银行（汇出行），由该银行将信汇委托书（M/T Advice）、支付委托书（Payment Order）用信件方式邮寄给出口人所在地银行（汇入书行），委托其付款给出口人。

2. 电汇（Telegraphic Transfer，T/T）

电汇指进口人将货款交给汇出行，由汇出行拍发加押电报或电传给其在国外的分行或代理行，指示其解付一定金额给收款人。采用电汇费用较信汇费用高，但出口人可以较为迅速地收到货款。电汇流程如图 3-10 所示。

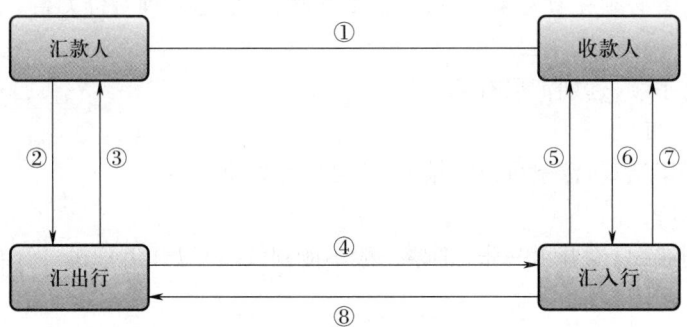

图 3-10 电汇流程图

（1）买卖双方订立合同，并规定采用信汇／电汇方式付款。

（2）汇款人向当地银行提交信／电汇申请书并交款付费。

（3）汇出行向汇款人签发回单。

（4）汇出行向汇入行发出信／电汇通知。

（5）汇入行通知收款人到银行取款。

（6）收款人到汇入行取款提交收据。

（7）汇入行向收款人付款。

（8）汇入行向汇出行发出付讫借记通知。

【小贴士】

国内 A 公司（卖方）与加拿大 B 公司（买方）经中间人介绍签订了一份金额为 10 万美元的贸易合同。合同规定：由买方开出即期不可撤销的信用证向卖方付款。但过了合同约定的开证日期仍未见买方开来信用证，经催问，对方称："证已开出，请速备货。"然而，临近约定的装运期前一周，卖方还未收到来证。卖方再次查询，对方才告知"因开证行与卖方银行并无业务代理关系，故此证已开往有代理关系的某地银行转交"。此时，船期已到，因合同规定货物需直接运抵加拿大，而此航线每月只有一班船，若错过这一次船期，则要推迟至下一个月才能装船，这样，将造成利息和费用的损失。这时，B 公司提出改用电汇方式把货款汇来,以促成该笔生意。卖方同意并要求对方提供汇款凭证传真件,确认后马上发货。次日,B公司传来了银行的汇款凭证,卖方财务人员持该汇款传真件到银行核对签字无误后以为款项已汇出,便放心地安排装船。但出运10多天后,卖方才发觉货款根本未到账,大呼上当。原来,B公司资信甚差,经营作风恶劣,瞄准卖方急于销货的心理,玩弄花样,先购买一张小额汇票,涂改后,再传真过来,冒充电汇凭证,蒙骗卖方,使其遭受重大的经济损失。

想一想:通过这个案例,我们可以获得哪些启示?

3. 票汇(Remittance by Banker's Demand Draft,D/D)

票汇是指汇出行应汇款人的申请,代汇款人开立以其分行或代理行为解付行的银行即期汇票(Banker's Demand Draft),支付一定金额给收款人的一种汇款方式,如图3-11所示。

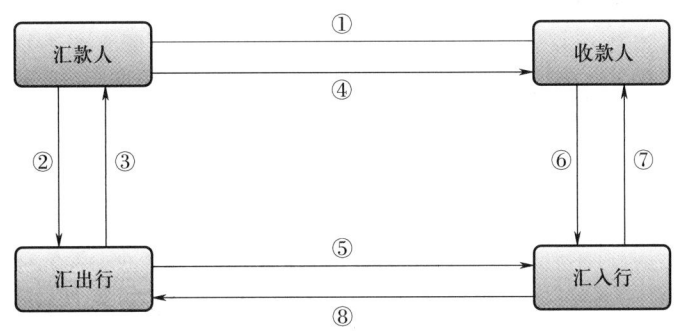

图3-11 票汇流程图

票汇与电汇、信汇的不同在于票汇的汇入行无须通知收款人取款,而由收款人持票登门取款;这种汇票除有限制转让和流通的规定外,经收款人背书,可以转让流通,而电汇、信汇的收款人则不能将收款权转让。

(1)买卖双方订立合同,并规定采用票汇方式付款。

(2)汇款人向当地银行提交汇票申请书并交款付费。

(3)汇出行签发银行即期汇票给汇款人。

(4)汇款人将银行汇票转交给收款人。

(5)汇出行签发汇票通知书给指定的付款行。

(6)收款人凭银行汇票主动到付款行取款。

(7)付款行核对通知书无误即付款给收款人。

(8)付款行向汇出行发出付讫借记通知。

(三)汇付的特点和使用

1. 汇付的特点

(1)汇付支付方式中,结算工具和货款流动方向一致,都是从买方流向卖方,所以习惯上称汇付为顺汇。

(2)商业信用。银行只提供服务不提供信用,即收款人能否收到款项取决于汇款人的信誉如何。

(3)风险大。对于货到付款的卖方或对于预付货款的买方来说,能否按时收汇或者能否按时收货,完全取决于对方的信用。如果对方信用不好,则可能钱货两空。

（4）手续简便,费用少。汇付的手续比较简单,银行的手续费用也较少。因此,在交易双方相互信任的情况下,或在跨国公司的各子公司之间的结算,可以采用汇付方式。

2. 汇付的使用

汇付的使用涉及的是付款时间的问题。在国际贸易中,何时付款关乎买卖双方的资金周转和风险分担,必须认真对待。根据付款时间的不同,汇付主要适用于货到付款和预付货款两种业务。

（1）预付货款（Payment in Advance）。这一般是指买方先将货款的全部或部分通过银行汇至卖方,卖方收款后,再根据合同规定立即或在一定时间内发运货物。先付款后发货这种方式自然对卖方有利,但对买方来讲,首先不利于资金周转,其次需承担卖方不交货或不按时交货的风险。在国际贸易中采用预付方式,主要是由于卖方资金短缺,要求买方预付部分款项以采购原料;或者买方信誉不佳或者信用情况不明,而产品为紧俏商品;或者货款数额小,双方关系良好,买方愿意预付货款。

（2）货到付款（Payment After Arrival of Goods）。它是指在卖方交货或交单后一段时间,买方才将货款通过银行汇交卖方。这种方法实际上是一种赊账业务（Open Account Transaction）。这种做法对买方极为有利,但对卖方来讲,则要承担不能收回或不能按时收回货款的风险。所以,除非买方信誉良好或在卖方所在地设有分公司或有其代理人,否则不宜采用。

（3）合同中的汇付条款。在业务中使用汇款方式支付货款时,交易双方应在买卖合同中规定汇款的金额、具体的汇付方式和汇款的时间等多项内容。例如:"买方应于2019年3月1日之前将全部货款通过合肥银行以票汇方式预付给卖方。"

"The Buyer shall pay 100% of this sales proceeds in advance by D/D through Bank of HEFEI to reach the seller not later than March 1st, 2019."

二、托收

（一）托收的含义和当事人

1. 托收的含义

托收（Collection）是指债权人（出口人）出具汇票委托银行向债务人（进口人）收取货款的一种支付方式。

托收一般是通过银行办理的,故又称银行托收。其基本做法是:由出口人根据发票金额开出以进口人为付款人的汇票,向出口地银行提出托收申请,委托出口地银行通过它在进口地的代理行或往来银行代向进口人收取货款。

2. 托收的当事人

（1）委托人（Principal）,就是债权人,通常为出口人。由于委托人一般需开具汇票委托银行向国外债务人收款,故又称出票人。

（2）付款人（Drawee, Payer）,就是债务人,也是汇票上的受票人,通常为进口人。

（3）托收银行（Remitting Bank）,就是债权人所在地的银行,又称寄单银行,即接受委托人委托代为收款的银行。

（4）代收银行（Collection Bank）,就是债务人所在地的银行,即接受托收银行委托向付款人收取票款的银行。代收银行通常是托收银行的国外分行或代理行。

（5）提示行（Presenting Bank）,向付款人提示汇票或单据的银行。

委托人与托收行之间、托收行与代收行之间都是代理关系,他们的权利和义务应受代理法一般原则的支配,特别是本人(委托人)应补偿代理人的开支,向其支付报酬;代理人应尽职尽责地完成代理事务,并不得越权。

在托收业务中,如发生拒付,委托人可指定付款地的代理人代为料理货物存仓、转售、运回等事宜,这个代理人叫做"需要时的代理"(Customer's Representative In Case Of Need)。委托人如指定需要时的代理人,必须在托收委托书上写明此代理人的权限。

（二）托收的种类

托收可分为光票托收和跟单托收两类。

1. 光票托收(Clean Collection)

光票托收是指金融单据不附有商业单据的托收,即提交金融单据委托银行代为收款。光票托收如以汇票作为收款凭证,则使用光票。在国际贸易中,光票托收主要用于小额交易、预付货款、分期付款以及收取贸易的从属费用等。

2. 跟单托收(Documentary Collection)

跟单托收是指金融单据附有商业单据或不附有金融单据的商业单据的托收。跟单托收如以汇票作为收款凭证,则使用跟单汇票。

国际贸易中货款的收取大多采用跟单托收。在跟单托收的情况下,按照向进口人交单条件的不同,又可分为付款交单和承兑交单两种。

（1）付款交单(Document Against Payment,D/P)。

付款交单指委托人通过托收行通知代收行进口方付款,以此作为向进口方交单的先决条件,即进口方只有在付清货款后才能取得有关进口货物单据。

根据付款时间不同,付款交单又可分为即期付款交单和远期付款交单。

即期付款交单(D/P at Sight):出口人发运货物后开具即期汇票连同有关货运单据,通过银行向进口人做出提示,进口人对汇票和单据审查确认无误后即行付款,才能取得有关单据以便提取货物,如图 3-12 所示。

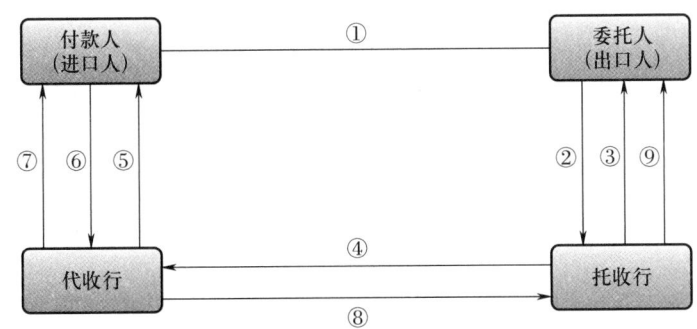

图 3-12　即期付款交单流程图

① 买卖双方订立合同,规定采用即期付款交单方式结算货款。

② 出口人交货后缮制托收申请书、即期汇票,连同货运单据交托收行。

③ 托收行审核申请书和单据无误后,开出回单给出口人。

④ 托收行按申请书的要求,缮制托收委托书,连同全套单据寄交代收行。

⑤ 代收行向进口人提示汇票和单据。

⑥ 进口人验单无误后付清货款。

⑦ 代收行将全套单据交给进口人。

⑧ 代收行通知托收行,款已收妥并贷记银行账户。

⑨ 托收行将货款付给出口人。

远期付款交单(D/P After Sight):出口人发运货物和开具远期汇票连同有关货运单据通过银行向进口人作出提示,进口人对汇票和单据审查确认无误后对汇票进行承兑,在汇票到期日再向银行付清款项取得有关单据提取货物,如图 3-13 所示。

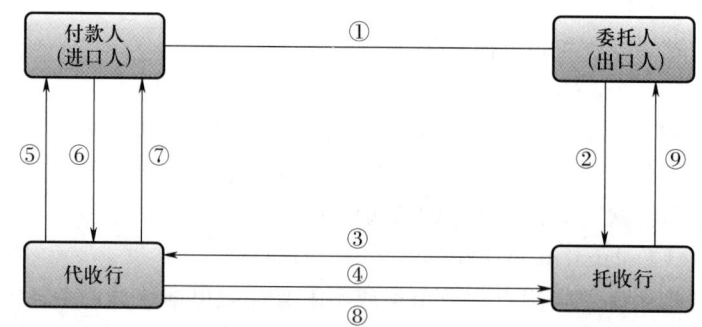

图 3-13 远期付款交单流程图

① 买卖双方订立合同,规定采用远期付款交单方式结算货款。

② 出口人交货后,缮制托收申请书、远期汇票,连同货运单据交托收行。

③ 托收行按申请书的要求缮制托收委托书,连同全套单据寄交代收行。

④ 代收行向托收行寄发收到单据的回单。

⑤ 代收行向进口人提示汇票和单据,进口人承兑汇票,代收行保留汇票和全部单据。

⑥ 汇票到期,进口人向代收行付清货款。

⑦ 代收行将全套货运单据提交进口人。

⑧ 代收行通知托收行货款已收妥,并贷记托收行账户。

⑨ 托收行将货款付给出口人。

在远期付款交单条件下,进口人为了抓住有利行市,不失时机地抛售货物,可与代收银行商量提前获得单据。在此,有两种可操作的方法,一是提前付款赎单,即托收出口押汇(Collection Bill Purchased),则扣除提前付款日至原付款日之间的利息,作为进口人享受的一种提前付款的现金折扣;二是与代收行商议,在汇票到期前借单提货,待到期时方才付清货款。代收银行对于资信较好的进口人,可同意其凭信托收据借取货运单据,先行提货。

所谓信托收据(Trust Receipt-T/R),就是进口人借单时提供的一种书面信用担保文件,用来表示愿意以代收银行的受托人身份代为提货、报关、存仓、保险,并承认货物的所有权仍属银行。这是代收银行自己向进口人提供的信用便利,与出口人无关。因此,如代收行借出单据后,汇票到期不能收到货款,则代收银行应负全部责任。但如果是出口人提示代收行借单,即所谓付款交单凭信托收据借单(D/P·T/R),那么进口人若日后汇票到期拒付,则与银行无关,应由出口人自己承担风险。这种做法的性质与承兑交单差不多,因此,使用这种方式一定要从严掌握。

【小贴士】

我国某公司出口一批货物,付款方式为 D/P30 天。汇票及货运单据通过托收银行寄抵国外代收行后,买方进行了承兑。货到目的地后,恰逢行情上涨,于是付款人向银行出具信托收据(T/R)借得单证。货物出售后买方倒闭。

想一想:我方公司于汇票到期时是否还能收回货款?

(2)承兑交单(Document Against Acceptance,D/A)。

承兑交单是指办理托收时委托人指示银行在进口人承兑汇票之后,即将货运单据交给进口人,进口人在汇票到期时方可履行付款义务。由于只有使用远期汇票时才涉及承兑问题,所以承兑交单不存在即期和远期之分。由于承兑交单是在进口人承兑汇票后,即可取得货运单据,并凭以提货,这对出口人来说,已交出了物权凭证,其收款的保障只能取决于进口人的信用,一旦进口人到期不付款,出口人就有可能蒙受货物与货款两空的损失。所以,如果采用承兑交单这种做法,必须从严掌握。承兑交单流程图如图 3-14 所示。

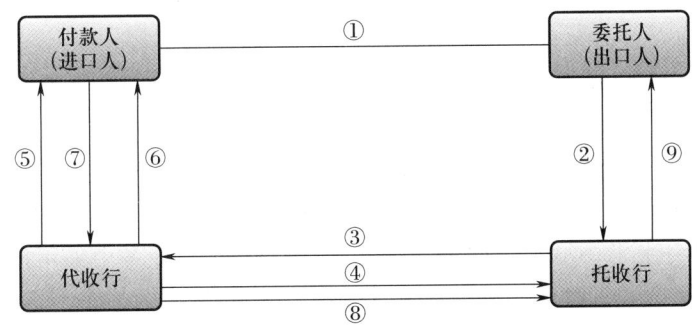

图 3-14　承兑交单流程图

① 买卖双方订立合同,规定采用承兑交单结算货款。

② 出口人交货后,缮制托收申请书、远期汇票,连同货运单据交托收行。

③ 托收行按申请书的要求,缮制托收委托书,连同全套单据寄交代收行。

④ 代收行向托收行寄发收到单据的回单。

⑤ 代收行向进口人提示汇票和单据,进口人承兑汇票,代收行收回并保留汇票。

⑥ 代收行将货运单据交给进口人。

⑦ 汇票到期后代收行向进口人收款,进口人付款。

⑧ 代收行通知托收行货款已收妥,并贷记托收行账户。

⑨ 托收行将货款付给出口人。

跟单托收流程

【小贴士】

广西某外贸公司(卖方)与国外客商(买方)在广交会上签订了出口 500 箱工艺品,金额为 25 万美元的合同。但在交易会过后 2 个月对方仍未开来信用证,而此时,我方公司已安排生产。后来,卖方去电询问对方原因,对方在获知我方公司已生产完毕后,一再解释目

前资金短缺,生意难做,要求我方公司予以照顾,把信用证付款改为 D/A 90 天付款。我方公司考虑到货已备好,若卖给其他客户,一时找不到销路,会引起积压,故不得不迁就对方,同意改为 D/A 90 天付款。随后我方将货物安排运往目的港,并提交有关单据委托当地 C 银行(托收行)通过国外 K 银行(代收行)托收货款。货到目的港后,买方凭已承兑汇票的单据,提取了货物。90 天期限已过,对方仍未付款。虽经我方银行多次去电催收,但对方公司总是借故推托,一会儿说商品销路不好卖不出去;一会儿又称货物质量太差,被客户退货,资金周转困难,无法还款,等等。如此一拖再拖,一直毫无结果。最终,我方公司不仅失去货物,而且货款追收无望,又要承担银行货款利息损失,赔了夫人又折兵。

想一想:D/A 付款方式有什么风险呢?

(三)托收的特点和利弊

托收方式是以进口人为付款人。委托人与银行之间是委托代理关系,银行不负责保证付款。因此,托收是商业信用。银行办理托收业务时,只是作为委托人的代理行事,既无检查装运单据是否齐全或正确的义务,也无承担付款的责任。如果付款人借故拒绝付款赎单提货,除非另有约定,银行也无义务代为保管货物。

托收方式是在出口商办理了交货义务之后才通过银行收款的,所以,对于出口商的资金周转不利。除此之外,出口商还面临着一定的风险。这表现在,若进口商破产或丧失支付能力,出口人则可能收不回或晚收到货款。如进口人拒不付款赎单,除非事先约定,银行没有义务代为保管货物,在货物抵达目的地时,还会产生在目的地存仓、转售或不得已运回出口地的费用和损失。在承兑交单的情况下,出口人的风险更大,因为进口人只要办理承兑,即可取得单据,提取货物。一旦到期不付款,出口人就会货款两空。但对于进口人来讲,情况则相反,托收方式费用低廉,而且有利于资金融通,如果采用远期托收,还可以不占用自用资金。由于托收方式对进口方比较有利,所以在出口业务中采用托收方式,有利于调动国外进口商的积极性,从而可以促进成交和扩大出口,因为许多出口商也把托收作为非价格竞争的一种手段。

鉴于托收方式对出口人具有一定的风险,我方在出口业务中,采用托收方式时,应注意以下问题。

(1)了解进口人的资金能力和信誉情况,成交金额不宜超过其信用程度,一般只接受 D/P;可要求买方预付一部分货款,作为跟单托收方式的条件。

(2)熟悉进口国家的贸易管制和外汇管制条例,以免货到目的地后,因不准进口或收不到外汇而造成损失。如芬兰、德国、希腊等国,要“货到付款”,而拉美一些国家,托收支付方式下的汇票付款人,不论即期或远期汇票,均要在货抵目的地后才能办理付款或承兑,甚至将付款交单按承兑交单处理;欧洲大陆国家为减少印花税负担,一般即期托收项下付款不用汇票,银行可接受办理。

(3)应争取按条款成交,由我方办理运输和保险。

(4)要健全管理制度,定期检查,及时催收,发现问题迅速采取合理措施,减少不必要的损失。

(四)托收的国际惯例——《跟单托收统一规则》

国际商会为了统一各国银行对托收业务的做法,减少银行和委托人之间可能发生的误解和纠纷,于 1967 年订立并公布了《商业单据托收规则》,1978 年修订并改名为《跟单托收统一规则》,简称 322 号出版物。现行的托收统一规则是 1995 年的修订本,即国际商会第 522 号出版物,简称 URC522。

URC522 除前言外共分 A、B、C、D、E、F、G 七个部分,共 26 条,其主要内容有以下几个方面。

(1)根据外国法律或惯例对银行规定的义务和责任,委托人应受其约束,并对银行承担这种义务和责任负赔偿的责任。

(2)银行必须核实所收到的单据在表面上与托收指示书所列一致,对于单据缺少或发现与托收指示书所列单据不一致时,必须毫不迟延地用电讯或其他快捷方式通知发出托收指示书的一方。

(3)除非事先征得银行同意,货物不应直接运交银行或以银行为收货人。否则,银行无义务提取货物,对此项货物的风险和责任由发货的一方承担。

(4)跟单托收中使用远期汇票时,有关托收指示书中必须明确指示在承兑后抑或在付款后将商业单据交给受票人。如无此说明,商业单据只能在受票人付款后方可交出,代收人对因迟交单据而产生的任何后果不负责任。

(5)汇票如被拒付,托收银行在收到此项通知后,须在合理时间内对代收银行做出进一步处理有关单据的指示。如在送出拒付通知 60 天内仍未接到该项指示时,代收银行可将单据退回托收银行,而不负任何责任。

《跟单托收统一规则》自实施以来,被各国银行采纳和应用。但是,这个规则只有在有关当事人,特别是银行间事先约定的情况下,才受到该惯例的约束。我国银行在进出口贸易中使用托收方式时,也参照这个规则的解释办理。

(五)买卖合同中的托收条款

1. 即期付款交单

"买方凭卖方开具的即期跟单汇票,于第一次见票时立即付款,付款后交单。"

"Upon first presentation the Buyers shall pay against documentary draft drawn by the Sellers at sight. The shipping documents are to be delivered against payment only."

2. 远期付款交单

"买方对卖方付款的跟单汇票,于第一次提示时即予承兑,并应于汇票到期日即予付款,付款后交单。"

"The Buyers shall duly accept the documentary draft drawn by the Sellers at …days sight upon first presentation and make payment on its maturity. The shipping documents are to be delivered against payment only."

"买方对卖方开具的见票后天付款的跟单汇票,于第一次提示时即予以承兑,并应于汇票到期日即予付款,承兑后交单。"

"The Buyers shall duly accept the documentary draft drawn by the Sellers at … days sight upon first presentation and make payment on its maturity. The shipping documents are to be delivered against acceptance."

模块三　信　用　证

古罗马法曾对商品的物权和债权作过规定:在商品和货币交换过程中可采用文字书写的信用证件,以示交换双方的商业信誉。19 世纪 80 年代,在英国信用证被首次作为国际贸易中清偿货款的支付手段。1920年初,纽约银行家商业信贷委员会通过并颁布"出口信用证应用准则"。1926年,初级委员会正式通过签署了RAECC修订意见,并于当年的7月1日生效。国际商会1927年2月拟议审议"出口商业信用证统一惯例"草案。1929年国际商会通过了"商业跟单信用证统一惯例和实务"(UCP74),于1930年5月15日实施,建议银行采用。1933至1993年,国际商会对"跟单信用证统一惯例"进行了多次修订。2006年10月ICC银行技术实务委员会通过"跟单信用证统一惯例2007年修订本",即国际商会第600号出版物《UCP600》,并于2007年7月1日正式生效。目前,《UCP600》是国际货物贸易信用证付款方式的使用依据。下列所述内容大多参照《UCP600》。

一、信用证的定义和当事人

(一)信用证的定义

信用证含义

《UCP600》第二条定义:"信用证意指一项约定,无论其如何命名或描述,该约定不可撤销并因此构成开证行对于相符提示予以兑付的确定承诺。"

【小贴士】

《UCP500》定义信用证:"信用证是指由银行(开证行)依照客户(申请人)的要求和指示或自己主动,在符合信用证条款的条件下,凭规定单据向第三者(受益人)或其指定方进行付款,或承兑和/或支付受益人开立的汇票;或授权另一银行进行该项付款,或承兑和支付汇票;或授权另一银行议付。"简言之,信用证是一种银行开立的有条件的承诺付款的书面文件。

想一想:《UCP600》和《UCP500》关于信用证的定义有何变化?

(二)信用证涉及的当事人

1. 开证申请人

开证申请人(Applicant)又称开证人(Opener),一般为进口人,是信用证交易的发起人。它要在规定的时间内开证,交开证押金并及时付款赎单。

2. 开证行

开证行(Opening Bank;Issuing Bank)是指开立信用证的银行,一般是进口地银行。开立信用证后,承担第一付款责任,无追索权。但也有例外:在凭索汇电报和偿付行仅凭汇票对外付款时,开证行有追索权。

3. 受益人

受益人(Beneficiary)是指有权使用信用证的人,一般为出口人。它拥有按时交货、提交符合信用证要求的单据、索取货款的权利和义务,又有对其之后的持票人保证汇票被承兑和付款的责任。

4. 通知行

通知行(Advising Bank;Notifying Bank)一般为出口人所在地的银行,通常是开证行的代理行。它应合理审慎地鉴别信用证的表面真实性,如果无法鉴别又想通知受益人,则应告诉受益人它未能鉴别该信用证的表面真实性。《UCP600》第九条C款规定,可以有第二通知行:"通知行可以利用另一家银行的服务(第二通知行,Second Advising Bank)向受益人通知信用证及其修改。通过通知信用证或修改,第二通知行即表明其认为所收到的通知的表面真实性得到满足,且通知准确地反映了所收到的信用证或修改的条款及条件。"

5. 议付行

议付行(Negotiating Bank)又称押汇银行、购票银行或贴现银行,是指根据开证行的授权买入或贴现受益人提交的符合信用证规定的票据的银行。如遭拒付,它有权向受益人追索垫款。《UCP600》第二条规定:"议付是指被指定银行在其应获得偿付的银行日或在此之前,通过向受益人预付或者同意向受益人预付款项的方式购买相符提示项下的汇票(汇票付款人为被指定银行以外的银行)及/或单据。"

6. 付款行

付款行(Paying Bank;Drawee Bank)又称受票银行,开证行一般兼为付款行。当使用第三国货币支付时,可委托代付行代为付款。

7. 偿付行

偿付行(Reimbursing Bank)作为信用证清算银行(Clearing Bank),是开证行的偿付代理人,有其存款账户。对代付行或议付行的索偿予以支付,不承担审核单证的义务,发现单证不符,可以追回付款。

8. 保兑行

保兑行(Confirming Bank)指应开证行请求在信用证上加具保兑的银行,承担必须付款或议付的责任,具有与开证行相同的责任和地位。它对受益人独立负责,在付款或议付后,无论开证行发生什么变化,都不能向受益人追索。业务中通常由通知行兼任,也可由其他银行加具保兑。"如开证行授权或要求另一家银行对信用证加具保兑,而该银行不准备照办时,它必须不延误地告知开证行并仍可通知此份未经加具保兑的信用证。"

 【小贴士】

我国某出口企业收到国外开来的不可撤销信用证,由设在我国境内的某外资银行通知并加以保兑。我方出口企业在货物装运后,正拟将有关单据交银行议付时,忽然接到该外资银行通知,开证银行已宣布破产,该行不承担对该信用证的议付或付款责任,但可接受我出口公司委托向买方直接收取货款的业务。

想一想:我方出口企业应如何处理?

9. 转让行

转让行(Transferring Bank)是指应受益人的委托,将信用证转让给信用证的受让人即第二受益人的银行。一般为通知行、议付行、付款行或保兑行。

 【小贴士】

议付行在议付后如因单据与信用证条款不符等原因不能向开证行索偿时,可以向受益人追索;付款行、开证行和保兑行一经付款,则再也无权向受款人追索。

想一想:开证行的付款是否在任何情况下都无追索权?

(三)当事人的之间的关系

(1)开证人和受益人关系,为买卖的关系,表现为双方签订的、规定采用信用证方式支付的买卖合同。买方承担向银行提出申请,向卖方开立信用证,收取货款的义务。卖方承担交付符合规定的货物并向开证行索取货款。

（2）开证行和开证人的关系。买方与开证行之间的法律关系表现为以开证申请书形式建立起来的合同关系。买方提交开证申请书,开证行如果接受此申请,即按此对受益人开出信用证,承担按照申请人在申请书中所提出的指示而行为的义务。

 【小贴士】

① 要求开证行按所列条件开立信用证的要求以及受益人的名称和地址、信用证的种类与到期日和到期地点。

② 要求开证行在信用证上列明要求受益人提交符合买卖合同的单据条款。开证人向开证行的保证与声明。

③ 承认在其付清货款前,开证行对单据及其所代表的货物拥有所有权。

④ 承认开证行有权接受"表面上合格"的单据。

⑤ 保证单据到达后如期付款赎单,否则开证行有权没收开证人所交付的押金。

⑥ 承认电讯传递中如有错误、遗漏或单据邮递遗失等,银行不负责任,等等。

想一想:开证申请书的性质是什么?

（3）开证行与受益人之间的法律关系表现为信用证。在信用证实务中,开证行与受益人之间的约束力完全以信用证本身为依据,开证行按照信用证规定对受益人付款,受益人必须按信用证规定向开证行提交单据以取得信用证项下的款项。

（4）通知行与开证行的关系,表现为委托代理关系,开证行委托通知行将信用证通知给受益人。通知行则将经过审核鉴定后的信用证通知受益人,与受益人之间无直接的合同关系。

（5）开证行与付款行、偿付行和议付行之间的关系,表现为银行之间的合同关系。另外受益人与付款行、偿付行之间的关系表现为一种债权和债务的关系,与议付行则表现为一种票据转让的关系。

二、信用证的内容和结算程序

（一）信用证的内容

1. 关于信用证本身的说明

信用证的当事人。应注明开证申请人、开证行、受益人、通知行等名称和地址,有的信用证还可指定议付行、付款行、偿付行、保兑行等。

信用证种类性质和编号。应注明是即期付款、延期付款、承兑,还是议付信用证,以及可否撤销、可否转让、是否经另一银行保兑等。

信用证金额,规定信用证应支付的最高金额及支付货币。

信用证开证日期、到期日和到期地点、交单期限。

2. 汇票条款

汇票条款包括汇票的种类、出票人、受票人、付款期限、出票条款及出票日期等。

3. 关于单据

通常要求提交的单据有:货物单据(商业发票、装箱单、重量单、产地证、检验证书等);

运输单据(海运提单、联合运输提单、简式运输单据等);保险单据(保险单)等。

4. 关于货物

应注明货物的名称、规格、数量、包装、价格等。

5. 关于运输

应注明装运港或启运地、卸货港或目的地、装运期限、可否分批装运、可否转运等。

6. 特殊条款

特殊条款视具体交易的需要各异。如要求通知行加保兑,限制由某银行议付,限装某船或不许装某船,不准在某港停靠或不准采取某条航线,俟具备某条件后信用证才开始生效。

7. 其他

除上述内容外,可能包括开证行对议付行的指示、背批议付金额条款、索汇方法和寄单方法、开证行付款保证、惯例适用条款、开证行签字等内容。

(二)信用证的结算程序

1. 开证

首先,买卖双方订立合同,双方在合同中对信用证的种类和开证时间做出明确规定;然后进口商向银行申请开立信用证,开立信用证要填写开证申请书并提供押金或担保,并要求银行向出口商开出信用证;开证行同意后,即开立信用证,开证行要按照开证申请书的规定开证,并将信用证邮寄,或用电讯方式通知出口地银行或受益人。有时客户以简电形式开出信用证,这种预通知信用证只供卖方备货、洽谈运输工具时参考,卖方不以简电信用证为依据出运货物,应以开证行发出生效通知书为准,因为简电是不能证明信用证的成立和生效的。

 **【小贴士】**

我国某公司与外商按 CIF 条件签订一笔大宗商品出口合同,合同规定装运期为8月份,但未规定具体开证日期。我方公司见装运期快到,从7月底开始,连续多次电催外商开证。8月5日,收到开证的简电通告,我方公司因怕耽误装运期,即按简电办理装运。8月28日,外方开来信用证正本,正本上对有关单据做了与合同不符的规定。我方公司审证时未予注意,交银行议付时,银行也未发现,开证行即以单证不符为由,拒付货款。

想一想:我方公司应从此事件中吸取哪些教训?

2. 通知

通知行收到信用证核对签字与密押后,将信用证通知或转递给出口商。

3. 交单付款

出口商收到信用证后,认真审核,如有差错,通知开证人(买方),请求改证,开证人如果同意,就向开证行提交申请,开证行据以做出修改,改证通知书函寄或电告通知行,并由其转交受益人。收到开证行改证后,审核无误即可发货,遂备齐规定的各种单据,提交出口商所在地银行议付。

出口地银行收到单据后,自其收到提示单据的翌日起算,应各自拥有最多不超过五个银行工作日的时间以决定与信用证是否相符,若相符即按汇票金额扣除从议付之日起到预计收款日为止的利息和手续费后,付给出口商。议付行议付后,根据信用证规定向开证行或其指定的银行索偿,即将单据连同汇票和索偿证明(证明单证相符)分次以航邮寄给开证行或其指定的付款行。

如信用证指定偿付行,开证行应向其发出偿付授权书,议付行一面将单据寄往开证行,一面向偿付行发出索偿书,说明该证单据已作议付,请按指定的方法进行偿付。偿付行收到索偿书后,只要索偿金额不超过授权金额,即向议付行付款。

凡信用证规定有电汇索偿条款的,议付行就可以用电报或电传向开证行、付款行或偿付行进行索偿。

4. 偿付

信用证中的偿付是指开证行或被指定的付款行或偿付行向议付行进行付款的行为。开证行或其指定的银行收到单据后,核验认定与证相符,即将票款偿付议付行。如有不符可以拒付,但应在不迟于收到单次日起五个银行日内通知议付行。

5. 付款、赎单和提货

开证行偿付后,立即通知进口商付款赎单。进口商如果发现单证不符也可拒绝赎单。如果审核无误,进口商付款或扣减开证押金后,即可取得全套货运单据凭以提货。信用证流程图如图 3-15 所示。

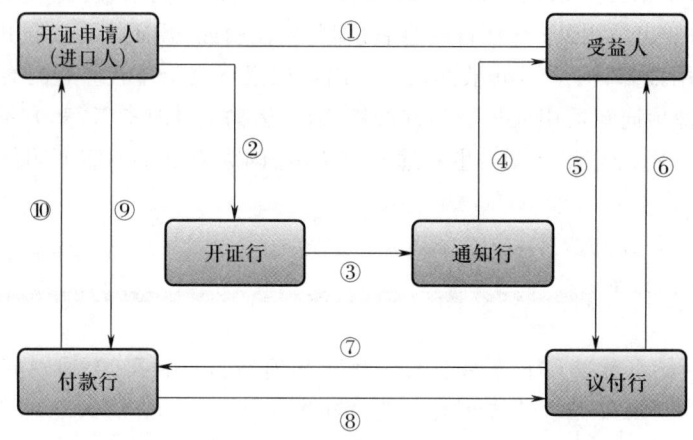

图 3-15 信用证流程图

(1)买卖双方订立买卖合同,规定采用即期跟单信用证方式支付货款。

(2)进口人向当地银行提出开证申请,并交纳押金或其他担保,要求开证行向受益人开出信用证。

(3)开证行开具信用证并寄给通知行(出口人所在地银行)。

(4)通知行核对印押无误后,将信用证转交受益人。

(5)受益人审证并认可后,即按规定条件交货,交货后制备信用证规定的各项单据,并在信用证有效期内送议付行议付。

(6)议付行按信用证条件审核单据无误后,按汇票金额扣除利息将垫款付给受益人。

(7)议付行将汇票和货运单据寄付款行进行索偿。

(8)付款行审核单据无误后,偿付货款给议付行。

(9)付款行通知进口人付款赎单,进口人验单无误后付款。

(10)付款行将单据交给进口人。

信用证结算
程序讲解

三、信用证的特点和作用

（一）信用证的特点

1. 开证行承担第一性的付款责任

《UCP600》第七条关于开证行的责任中讲到，自信用证开立之时起，开证行即不可撤销地受到兑付责任的约束，只要规定的单据被提交至指定银行或开证行并构成相符提示，开证行必须予以兑付。因而，开证行的付款责任不仅是首要的而且是绝对的，即使进口人事后失去偿付能力，只要出口人提交的单据符合信用证条款，开证行也要负责付款。

2. 信用证是一项自足的文件

《UCP600》第四条中规定："就性质而言，信用证与可能作为其依据的销售合同或其他合同，是相互独立的交易。即使信用证中提及该合同，银行亦与该合同完全无关，且不受其约束。"该条款还进一步规定"一家银行做出兑付、议付或履行信用证项下其他义务的承诺，并不受申请人与开证行之间或与受益人之间在已有关系下产生的索偿或抗辩的制约"。

【小贴士】

我方公司向中东某国出口素色绒，国外信用证上的产品误为"考花"，出口公司为了使单证相符，亦将错就错，所有单据上的品名均按"考花"制作。

想一想：我方公司这样办是否可行？

3. 信用证是纯单据的业务

《UCP600》规定"银行处理的是单据，而不是单据所涉及的货物、服务或其他行为"。在信用证业务中，只要受益人提交符合信用证条款的单据，开证行就应承担付款责任，进口商也应接受单据并向开证行付款赎单。如果进口人发现货物不符合买卖合同规定，可凭单据向有关责任方提出损害赔偿要求，而与银行无关。

【小贴士】

某年3月10日，我国某进出口公司与美国 M 公司签订了一份化工产品购销合同。合同总金额为50万美元，信用证付款。同年4月1日，买方 M 公司通过美国 S 银行开出了一份总金额为50万美元的不可撤销信用证。该信用证有下列条款：" Credit amount USD 500000, according to invoice value. 75% to be paid at sight, the remaining 25% to be paid at 45 days after shipment arrival." （信用证总额为50万美元，以发票数额为准结算，出口方交单时付75%的货款，其余25%的货款在货到后45天内付清。）我方公司在信用证有效期内，通过议付行向开证行提交了信用证项下的所有单据。经检验，单证相符，开证行便付了75%的货款，计37.5万美元。但是货到45天后，开证行以开证人声称我方出口的货物品质欠佳为由拒付其余25%的货款，由此引发诉讼。之后 S 银行败诉，支付了其余货款及迟延付款期间的利息。

想一想：开证行败诉的原因是什么？

（二）信用证的作用

信用证支付起到安全保证作用和资金融通作用，具体表现为：

3

对于卖方而言,只要提交符合信用证规定的单据,就可以得到货款,还可打包贷款;对于买方而言,只要申请开证,交少量押金,货款可在单据到达后支付,减少资金占用,还可凭信托收据借单;对于银行而言,贷出信用,掌握物权单据,收取一定手续费和利息,利用开证申请人交付的押金进行资金周转,带动其他业务。

更重要的是,信用证付款方式下,付款具有了银行保证的作用,只要卖方提交了符合信用证规定的单据,银行则必须付款,免去了买卖双方互不信任的顾虑。因此,在业务中被广泛采用,特别是初次交易的双方对此更为青睐。

四、信用证的种类

(一)跟单信用证和光票信用证

1. 跟单信用证(Documentary Credit)

它是开证行凭跟单汇票或仅凭单据付款的信用证。业务中使用的信用证绝大部分是跟单信用证。业务中相关的单据包括运输单据、商业发票、保险单据、商检证书、产地证书、包装单据等。

2. 光票信用证(Clean Credit)

它是开证行仅凭不附单据的汇票(光票)付款的信用证。常用于预付货款。

(二)不可撤销信用证和可撤销信用证

1. 可撤销信用证(Revocable L/C)

它是指信用证一经开出不必征得受益人或有关当事人的同意,开证行有权随时撤销的信用证。但也不是没有限制的。在受益人依信用证条款规定已得到了议付、承兑或延期付款保证时,该信用证就不能被撤销或修改。

2. 不可撤销信用证(Irrevocable L/C)

它是指信用证一经开出,在有效期内未经受益人及有关当事人的同意,开证行不得单方面修改和撤销。如果信用证未标明可否撤销,则视为不可撤销信用证。

 【小贴士】

《UCP400》:如果信用证没有注明其是否可撤销则被视为可撤销。

《UCP500》:如果信用证没有注明其是否可撤销则被视为不可撤销。

在《UCP600》的第二条中对"信用证"的定义以及第三条中的解释规则(A credit is irrevocable even if there is no indication to that effect.)均明确信用证是不可撤销的。

国际商会的明确立场:强化信用证不可撤销的属性,以加强对受益人的保护,从而维护信用证作为支付工具的功能。由于UCP的惯例地位,如果当事人愿意使用可撤销信用证,则应该在信用证中对此做出明确规定。

想一想:UCP关于"信用证是否可以撤销"的规定的变化对信用证主要当事人会产生什么样的影响?

(三)保兑信用证和非保兑信用证

1. 保兑信用证(Confirmed L/C)

它是指开出的信用证,由另一家银行保证对符合信用证条款规定的单据履行付款义务。保兑是指开证行以外的银行保证对信用证承担付款责任。

2. 非保兑信用证（Unconfirmed L/C）

它是指开出的信用证没有经过另一家银行保兑。

（四）即期信用证和远期信用证

1. 即期信用证（Sight L/C）

注明"即期付款兑现"（Available By Payment At Sight）的信用证称为即期付款信用证。此种信用证一般不需要汇票，也不需要领款收据，付款行或开证行只凭货运单据付款。证中一般列有"当受益人提交规定单据时，即行付款"的保证文句。即期付款信用证的付款行通常由指定通知行兼任。其到期日，一般也是以受益人向付款行交单要求付款的日期。

在即期信用证中，有时加列电汇索偿条款。即开证行授权议付行议付后，拍电报或通过通知开证行或指定付款行，说明提交的单据与信用证要求一致，开证行或指定付款行接到通知后，即用电汇将货款拨交议付行。

【小贴士】

（1）开证行允许议付行电报电传或 SWIFT 网络传递方式通知开证行或指定付款行，说明各种单据与信用证相符，开证行或指定付款行、偿付行应以电汇方式将款项拨交议付行。

（2）付款后，如发现收到的单据与信用证不符，开证行或付款行对议付行有追索权。

想一想：电汇索偿条款下开证行的责任有什么变化？

2. 远期信用证（Usance L/C，Time L/C）

它指开证行或付款行收到符合信用证规定的单据后，不立即付款，而是待信用证规定的到期日再付款的信用证。远期信用证可分为以下几种。

（1）承兑信用证（Acceptance L/C）。它是以开证行作为远期汇票付款人的信用证。出口商开立远期汇票连同单据交议付行，银行审单无误，将汇票、单据寄给其在进口地的代理行或分行，由其向开证行提示请求承兑或直接寄开证行要求承兑，开证行承兑后，将单据留下，把"承兑书"寄给议付行或将汇票退给议付行在进口地的代理行保存，待到期时再向开证行要求付款。承兑信用证用于远期付款的交易。如果出口商要求贴现汇票，议付行在进口地的代理可将承兑的汇票交贴现公司贴现，把扣除贴息后的净款交给议付行，转交出口商。汇票到期时，由贴现公司向开证行索汇。

（2）假远期信用证（Buyer's Usance L/C）。业务中还有一种信用证，虽然开立的是远期汇票，但信用证订明付款行可即期付款或同意贴现，所有贴现和承兑费用均由进口人负担。这种信用证表面上看是远期信用证，对出口人而言却可即期收款，因此，称为"假远期信用证"。对进口人来说，可以等到汇票到期时才向付款行支付货款，所以，人们把这种信用证又称为买方远期信用证。

【小贴士】

我方出口一批货物，合同规定买方开立不可撤销的即期信用证，但买方开来的却是一张 60 天的远期信用证，信用证中规定："Discount charges for payment at 60 days are born by buyers and payable at maturity in the scope of this credit."

想一想：此证是否为假远期信用证？我方可否接受？

（3）延期付款信用证（Deferred Payment L/C）。它是指受益人不用开具汇票，开证行保证货物装船后或收单后若干天付款的信用证。此种信用证项下出口商不能利用贴现市场资金，只能自行垫款或向银行借款。因此，延期付款信用证的货价比承兑信用证的货价高。这种信用证实际上是出口商向进口商提供资金融通。它与承兑信用证的区别在于卖方不能提前得到货款（不能贴现）。

（五）议付信用证

议付信用证（Negotiation L/C）是指开证行在信用证中，邀请其他银行买入汇票及／或单据的信用证。即允许受益人向某一指定银行或任何银行交单议付的信用证。通常在单据符合信用证条款的条件下，议付银行扣除利息和手续费后将票款付给受益人。议付信用证可分为以下两种。

1. 公开议付信用证

公开议付信用证（Open Negotiation Credit）又称自由议付信用证（freely negotiation credit），是指开证行对愿意办理议付的任何银行作公开议付邀请和普通付款承诺的信用证，即任何银行均可按信用证条款自由议付的信用证。

2. 限制议付信用证

限制议付信用证（Restricted Negotiation Credit）是指开证银行指定某一银行或开证行本身自己进行议付的信用证。在限制议付信用证中，通常有下列限制议付文句："本证限 ×× 银行议付。"

公开议付信用证和限制议付信用证的到期地点都在议付行所在地。这种信用证经议付后，如因故不能向开证行索得票款，议付行有权对受益人行使追索权。

（六）可转让信用证和不可转让信用证

1. 可转让信用证

可转让信用证（Transferable L/C）是指受益人（第一受益人）有权将信用证的全部或部分金额同时转让给一个第二受益人使用的信用证。倘若信用证允许分批支款或货物分批装运，信用证可以被部分地转让给一个以上的第二受益人。

（1）只能转让一次。《UCP600》规定："第二受益人不得要求将信用证转让给任何次序位居其后的其他受益人。第一受益人不属于此类其他受益人之列。"

（2）《UCP600》规定："如果信用证被转让给一个以上的第二受益人，其中一个或多个第二受益人拒绝接受某个信用证修改，并不影响其他第二受益人接受修改。对于接受修改的第二受益人而言，信用证已做相应的修改；对于拒绝接受修改的第二受益人而言，该转让信用证仍未被修改。"

（3）买卖合同并未转让，只是进口人同意由出口人指定的其他人（供货商）履行交货、交单义务。

（4）转让行可以是付款行、承兑行或议付行（自由议付须特别授权）。（第一受益人要求第二受益人向转让行交单，汇票、发票被替换）

（5）须明确注明"Transferable"。

可转让信用证具有一定的风险，具体表现为：

对买方而言，承担第一受益人和第二受益人的双重履约风险。

对第二受益人而言,首先收款无保障;其次,可能遭遇信用证第一受益人与开证申请人联手欺诈导致钱货两空;第三,第二受益人将很难得到出口资金融通,因为即使公开议付,第二受益人的往来银行也无权将"议付"后的汇票和其他票据寄送开证行索偿。

2. 不可转让信用证

不可转让信用证(Untransferable L/C)指受益人不能将信用证的权利转让给他人,并未注明"可转让"者,即为不可转让信用证。

(七) 循环信用证

循环信用证(Revolving L/C)是指信用证被全部或部分使用后,其金额又恢复到原金额,可再次使用,直至规定的次数或规定的总金额用完为止的信用证。循环信用证的使用可使买方免去多次开证的麻烦,节省开证费用,同时也简化了卖方审证、改证等手续,有利于合同的履行。这种信用证通常在分批均匀交货的情况下采用。循环信用证可分为自动循环、半自动循环和非循环信用证。

1. 自动循环信用证

自动循环信用证(Automatic Revolving)是受益人在规定时期内装运货物议付后,无需等开证行通知即可自动恢复到原金额再度使用的循环信用证。

2. 半自动循环信用证

半自动循环信用证(Semi-Automatic Revolving)是受益人在规定时期内装运货物议付后,在若干天内开证行未提出不能恢复原金额的通知,即可自动恢复到原金额再度使用的循环信用证。

3. 非自动循环信用证

非自动循环信用证(Non-Automatic Revolving)是受益人在规定时期内装运货物议付后,须开证行通知,才可恢复到原金额再度使用的循环信用证。

(八) 背对背信用证

背对背信用证(Back-to-Back L/C)是指原证受益人(中间商)要求原证的通知行或其他银行以原证为基础和担保,另开立的一张内容相似的新信用证,其装运期、到期日、金额和单价等可以较原证规定提前或减少,但货物的质量、数量必须与原证一致。

这种业务不仅能帮助中间商推动整个交易,获取利润,同时可以隔绝最终买方与实际供货人,避免他们从信用证条款或提交的单据中获知有关信息,从而有助于中间商保守商业秘密。

背对背信用证的内容除开证人、受益人、金额、单价、装运期限和有效期限等可有变动外,其他与原证相同,如需修改,应得到原证开证人的同意,修改比较困难。

(九) 对开信用证

对开信用证(Reciprocal L/C)是指两张信用证的开证申请人互以对方为受益人而开立的信用证。第一张信用证的受益人就是第二张信用证(回头证)的开证申请人。两证金额大致相等,此种信用证一般用于来料加工、补偿贸易和易货交易。信用证生效办法:一是两张同时生效,即第一张信用证的生效以第二张信用证的开出为条件。二是两张信用证分别生效,即第一张信用证开出后立即生效,第二张信用证以后再开;或者第一张信用证受益人交单议付时,附一份担保书,保证在一定期限内开出回头证。

(十) 预支信用证

预支信用证(Anticipatory L/C)是指允许受益人在货物装运交单前预支货款的信用

证,有全部预支和部分预支两种。在预支信用证项下,受益人预支的方式有两种:一种是向开证行预支,出口人在货物装运前开具以开证行为付款人的汇票光票,由议付行买下向开证行索偿;另一种是向议付行预支,即由出口地的议付行垫付货款,待货物装运后交单议付时,扣除垫款本息,将余额支付给出口人。如货未装运,由开证行负责偿还议付行的垫款和利息。为引人注目,这种预支货款的条款常用红字,故习称"红条款信用证"(Red Clause L/C)。但现在国际贸易实务中,信用证的预支条款并非都用红色表示,其效力相同。

五、关于《UCP600》

2006 年 10 月 ICC 银行技术实务委员会修订了《国际商会第 500 号出版物》并通过"跟单信用证统一惯例 2007 年修订本",国际商会第 600 号出版物《UCP600》,并于 2007 年 7 月 1 日正式生效。《UCP600》共有 39 个条款,比《UCP500》减少 10 条、但比《UCP500》更准确、清晰;更易读、易掌握、易操作。《UCP600》将一个环节涉及的问题归集在一个条款中,将 L/C 业务涉及的关系方及其重要行为进行了定义并纠正了《UCP500》造成的许多误解。下面就《UCP600》与《UCP500》相比的部分实质性变动进行简单的说明。

(一)把《UCP500》难懂的词语改变为简洁明了的语言

取消了易造成误解的条款,如"合理关注""合理时间"及"在其表面"等短语。有人说这一改变会减少昂贵的庭审,意指法律界人士丧失了为论证或反驳"合理""表面"等所收取的高额费用。

(二)取消了无实际意义的许多条款

如"可撤信用证""风帆动力批注""货运代理提单"及《UCP500》第五条"信用证完整明确要求"及第十二条有关"不完整不清楚指示"的内容,也从《UCP600》中消失。

(三)新概念描述极其清楚准确

如兑付(Honor)定义了开证行、保兑行、指定行在信用证项下,除议付以外的一切与支付相关的行为;议付(Negotiation),强调是对单据(汇票)的买入行为,明确可以垫付或同意垫付给受益人,按照这个定义,远期议付信用证就是合理的。另外还有"相符交单""申请人""银行日",等等。

(四)更换了一些定义

如对审单做出单证是否相符决定的天数,由"合理时间"变为"最多为收单翌日起第 5 个工作日"。又如信用证,《UCP600》仅强调其本质是"开证行一项不可撤销的明确承诺、即兑付相符的交单",再如开证行和保兑行对于指定行的偿付责任,强调是独立于其对受益人的承诺的。

(五)方便贸易和操作

1. 拒付后单据处理

增加"拒付后,如果开证行收到申请人放弃不符点的通知,则可以释放单据";增加拒付后单据处理的选择项,包括持单侯示、已退单、按预先指示行事,利于受益人申请人及相关银行操作。

2. 转让信用证

强调第二受益人的交单必须经转让行。但当其提交的单据与转让后的信用证一致,而第一受益人换单导致单据与原证出现不符时,又在第一次要求时不能做出修改的,转让行有权直接将第二受益人提交的单据寄开证行,以保护正当发货制单的第二受益人的利益。

3．单据在途中遗失

强调只要单证相符,即只要指定行确定单证相符、并已向开证行或保兑行寄单,不管指定行是兑付还是议付,开证行及保兑行均对丢失的单据负责。

六、合同中的信用证条款

在国际货物买卖合同中对信用证条款做出的规定,主要涉及开证时间、开证银行、受益人、信用证类别、信用证金额、信用证有效期和到期地点等方面。

（一）即期信用证支付条款

例如:"买方应通过卖方可接受的银行于装运月份前 30 天（或接到卖方通知后 30 天）开立不可撤销的即期信用证并送达卖方,有效期至装运月份后第 30 天在中国议付"

（二）远期信用证支付条款

例如:"买方应通过卖方可接受的银行于装运月份前 30 天开立并送达卖方不可撤销的见票后 30 天付款的信用证,有效期至装运月份后第 30 天在中国议付。"

模块四　银行保函和备用信用证

一、银行保函

（一）银行保函的定义和性质

银行开立的信用凭证,除信用证外,还有银行保证函。银行保证函（Letter of Guarantee,简称 L/G）又称银行保证书、银行保函,简称保函,是指银行或其他金融机构（保证人）应开证申请人（委托人）的请求向第三方（受益人）开立的一种书面信用担保凭证,保证申请人按规定履行合同义务,否则,由保证人承担经济赔偿责任。

银行保函与信用证同属银行信用,但与信用证又有明显区别,主要表现在以下几个方面。

1．银行承担责任不同

跟单信用证的开证行承担第一性付款责任,而银行保函的保证行大都是负第二性付款责任。

2．使用范围不同

跟单信用证通常都是为进口人开立的,而银行保函不仅可用于进口,也可用于其他场合,其形式、内容更为广泛。

3．付款条件不同

跟单信用证是以货运单据作为付款的条件。而银行保函是在被保证人未履行合同时负责付款或赔偿。

4．合同关系不同

处理信用证业务中,有关各方均凭信用证条款支付,与合同无关。而银行保函通常与基础合同联系在一起。

（二）银行保函的当事人及法律关系

银行保证函的当事人主要有:委托人、受益人、保证人。

（1）委托人（Principal）,又称申请人,是指要求银行开立保证函的当事人,即为被保证人。

3

（2）受益人（Beneficiary），是指凭银行保证函要求银行承担经济赔偿责任的当事人。

（3）保证人（Guarantor），也称担保人，是指开立保证函的银行。有时可能是其他金融机构，如信托投资公司、保险公司等。

除了以上当事人外，往往还有反担保人、通知行及保兑行等。这些当事人之间形成了一环扣一环的合同关系，它们之间的法律关系如下。

1. 委托人与受益人

委托人与受益人之间基于彼此签订的合同而产生债权债务关系或其他权利义务关系。此合同是它们之间权利和义务的依据，相对于保函协议书和保函而言是主合同，它是其他两个合同产生和存在的前提。如果此合同的内容不全面，会给银行的担保义务带来风险。因而银行在接受担保申请时，应要求委托人提供他与受益人之间签订的合同。

2. 委托人与银行

委托人与银行之间的法律关系是基于双方签订的《保函委托书》而产生的委托担保关系。《保函委托书》中应对担保债务的内容、数额、担保种类、保证金的交存、手续费的收取、银行开立保函的条件、时间、担保期间、双方违约责任、合同的变更、解除等内容予以详细约定，以明确委托人与银行的权利义务。《保函委托书》是银行向委托人收取手续费及履行保证责任后向其追偿的凭证。因此，银行在接到委托人的担保申请后，要对委托人的资信、债务及担保的内容和经营风险进行认真的评估审查，以最大限度降低自身风险。

3. 担保银行和受益人

担保银行和受益人之间的法律关系是基于保函而产生的保证关系。保函是一种担保合同，受益人可以以此享有要求银行偿付债务的权利。在大多数情况下，保函一经开立，银行就要直接承担保证责任。

（三）银行保函的主要内容

由于银行保函的用途不一，各种保证函的内容也不完全相同。但总的来说，基本内容还是一致的。主要内容应该包括以下几个方面。

（1）银行保函的名称和性质。银行保函因为用途不一，所以名称也不同。应该将银行保函的名称予以明确规定。

（2）银行保函的当事人。保函中应详列主要当事人，即申请人、受益人、担保人的名称和地址。保函如涉及通知或转开行，还应列明通知行或转开行的名称和地址。

（3）银行保函的编号、开立日期及有关合约号。

（4）工程项目名称或者标的物的名称。

（5）担保金额。担保金额由委托人和受益人约定，可以是合同总金额的5%～15%，也可以是合同总金额的100%，担保金额还可以不明确规定。

（6）银行保证责任条款。银行保证责任条款是银行承担的责任。银行承担的责任常常是委托人是否履约或以受益人是否履约为前提条件。银行保证责任条款是保证函的主要内容。

（7）索偿佐证文件。

（8）索偿期限和保证函的到期时间。保证函的索偿期限是从保证函生效日期起至失效日期为止。具体生效日期由当事人确定。

（9）保证函的退还。银行保证函的最后结尾部分都规定"保证函到期后，请将其退回或自行注销"的字样。

（四）银行保函的种类

银行保函在实际业务中的使用范围很广,它不仅适用于货物的买卖,而且广泛适用于其他国际经济合作的领域。

1. 还款保函

还款保函又称预付款保函或定金保函,是指担保人应合同一方当事人的申请,向合同另一方当事人开立的保函。如成套设备等合同采用分期或延期付款方式时,进口方银行往往要为进口人开立这种保函。

2. 履约保函

在一般货物进出口交易中,履约保函又可分为进口履约保函和出口履约保函。进口履约保函是指担保人应申请人(进口人)的申请开给受益人(出口人)的保证承诺;出口履约保函是指担保人应申请人(出口人)的申请开给受益人(进口人)的保证承诺。

3. 投标保函

投标保证须是投标人(委托人)通过银行(保证人)向招标人(受益人)所作出的投标保证。

4. 预付款保函

预付款保证函是指担保银行应卖方或承包人的请求,向买主或雇主开立的担保卖方或承包人履行合同的保证函。如果卖方或承包人不履约时,由担保银行负责偿还买方或雇主已预付款项的本息。

5. 借款保函

借款保证函是指在使用出口信贷时,担保银行应借款人(委托人)的请求开立给贷款人的保证函。如果借款人未能按借款合同规定向贷款人还本付息时,担保银行在接到贷款人的书面通知后,负责偿还借款人应付而未付的本金和利息。

除上述保函外,还可根据其他功能和用途的不同,分为其他种类的保函,如:投标保函、补偿贸易保函、来料加工保函、技术引进保函、维修保函、融资租赁保函,等等。

二、备用信用证

（一）备用信用证的含义

备用信用证(Standby Credit Letter)是一种特殊形式的信用证,是开证行对受益人承担一项义务的凭证。在备用信用证中,开证行保证,在开证申请人未能履行其应履行的义务时,受益人只要凭备用信用证的规定向开证行开具汇票,并随附开证申请人未履行义务的声明或证明文件,即可得到开证行偿付。

（二）备用信用证与跟单信用证的区别

（1）备用信用证往往备而不用,只有当开证人未履行规定义务时,受益人才行使信用证所规定的权利。而跟单信用证只要受益人履行了规定的义务,即可向开证行要求付款。

（2）备用信用证适用于各种场合的银行保证,而跟单信用证一般仅用于货物买卖的付款保证。

（3）备用信用证一般是凭说明开证人已经违约的证明文件进行付款,而跟单信用证一般是凭符合信用证规定的单据进行付款。

（三）备用信用证与保函的区别

（1）备用信用证操作程序比保函简单。

3

（2）备用信用证到期地点可在开证行所在地,也可在受益人所在地,保函只能在担保行所在地。

（3）备用信用证不受任何合约的约束,保函有独立担保和附属担保。

（4）备用信用证使用灵活多样,有单到付款、向开证行电索、主动借记和授权借记等多种索偿方式,还可由开证行以外的其他银行议付,使受益人获得融资;保函则只有一种方式,即单据到担保行审核无误后付款。

（5）在银行承担责任方面,银行保函的保证行处于次债务人地位,即承担第二性付款责任,而备用信用证和跟单信用证一样,开证行要承担第一性付款责任。

（四）备用信用证的适用

备用信用证是在有些国家禁止银行开立保函的情况下首先产生于美国、日本的。它是备用于开证申请人违约时受益人取得补偿的一种方式。一般用在投标、履约、还款、预付货款或赊销等业务中,有些国家也将其用于买卖合同项下货款的支付方式。

模块五　合理运用各种支付方式

一、信用证与汇付相结合

这是指部分货款用信用证支付,余数用汇付方式结算。例如,对于矿砂等初级产品的交易,双方约定:信用证规定凭装运单据先付发票金额若干成,余数待货到目的地后,根据检验的结果,按实际品质或重量计算出确切的金额,另用汇付方式支付。

二、信用证与托收相结合

这是指一笔交易的货款,部分用信用证方式支付,余额用托收方式结算。这种结合形式的具体做法通常是:信用证规定受益人开立两张汇票,属于信用证项下的部分货款凭光票支付,而其余额则将货运单据附在托收的汇票项下,按即期或远期付款交单方式托收。

这种做法,出口人收汇较为安全,进口人可减少垫金,易为双方接受。但信用证必须订明信用证的种类和支付金额以及托收方式的种类,也必须订明“在全部付清发票金额后方可交单”的条款。

在合同中,对于信用证与托收结合方式的条款通常可作如下规定:“买方通过卖方可接受的银行于装运月份前 ×× 天开立并送达卖方不可撤销的即期信用证,规定发票金额的 ××％ 凭即期光票支付,余下 ××％ 用托收方式即期付款交单。发票金额100％的全套货运单据随附托收项下,于买方付清发票的全部金额后交出。如买方未付清全部发票金额,则货运单据须由开证行掌握凭卖方指示处理。”

三、汇付和银行保函相结合

一些成套设备和大型产品,如船舶、飞机等业务由于成交金额大,生产周期长,由买方根据制造、交货过程,按进度分期付款,一般采用汇款与保证函相结合的方式。在进口业务中,国外出口人往往要求我们以汇款方式预付全部价款的 5％～10％,其余金额由我方银行出具保证函再分期付款或延期付款。

（一）分期付款

分期付款（Payment By Installments）,是指进口人根据购买货物的生产进度和交货程序分期付清货款,其具体分期次数和每次付款金额可根据交货时间长短和对出口人的约束程度来确定。在分期付款条件下,最后一批货款一般是在出口人全部完成其承担责任,经检验合格后再付清。

（二）延期付款

在成套设备和大宗交易的情况下,由于成交金额较大,买方一时难以付清全部货款,可采用延期付款（Deferred Payment）的办法。其做法是,买卖双方签订合同后,买方一般要预付一小部分货款作为订金。有的合同还规定,按照工程进度和交货进度分期支付部分货款,但大部分货款是在交货后若干年内分期摊付,即采用远期信用证支付。延期支付的那部分货款,实际上是一种赊销,等于是卖方给买方提供的商业信贷,因此,买方应承担延期付款的利息。在延期付款的条件下,货物所有权一般在交货时转移。

（三）分期付款和延期付款的区别

第一,分期付款是进口人按照约定的方法分若干次付款,但在出口人完成交货任务时,进口人已付清或基本付清货款,所以称为付现即期交易;延期付款是大部分货款于交货之后,较长的期限内摊还,所以是出口人给进口人的一种出口信贷。对进口人来说是赊购,利用出口人资金的一种方式,但进口人要承担延期付款的利息。

第二,分期付款是进口人在付清最后一期货款后,才取得货物的所有权;延期付款是在出口人履行交货后,进口人即取得货物的所有权。

【任务小结】

汇票、本票和支票是国际贸易结算中经常使用的结算工具,其中汇票的使用最为广泛。由于在国际贸易中,买卖双方属于不同的国家或地区,因此国际货物贸易的结算通过汇付、托收、信用证和银行保函等方式进行。其中汇付和托收是商业信用,信用证和银行保函是银行信用。汇付和托收因买卖双方资金和风险分担不均衡,因此常用于小额交易、佣金折扣结算及老客户交易等。信用证支付方式尽管较为安全,但对买方而言资金负担较重,而且手续繁琐。因此,在国际贸易中,应将几种支付方式结合起来灵活运用。

【知识拓展】

信用证项下议付和出口押汇的区别

出口押汇主要是东亚地区的习惯做法,与议付有一定联系和区别。从我国银行的实践看,银行为了押汇和议付的安全性,通常将押汇银行和议付行的地位统一起来,不做区别,押汇的完成即议付行法律地位取得的标志。两者的关联性表现为:首先,都发生在信用证支付期之前;其次,受益人从银行所得融资都是扣除一定利息和手续费的款项;再次,在单证一致情况下,银行的垫付款可从开证行、保兑行或偿付行得到偿付。但二者之间也有如下的不同点。

（一）法律性质不同

出口押汇是一种质押与担保相结合的融资手段,其法律关系是质押关系和借贷关系。这种借贷是以信用证受益人（卖方）提供的出口货物全部单据作质押担保为基础的,因此借贷和质押担保构成了出口押汇的法律关系。如果信用证受益人（卖方）不能如期偿还银行提供的贷款,则银行对信用证受益人(卖方)可以根据质押关系对银行控制的质押物主张优先权。而议付其本质是一种购买单据行为,即所有权转让行为,且议付是信用证法律关系中的一个环节,根本不存在任何的质押贷款法律关系。

(二)对出口单据要求不同

出口押汇既可应用于跟单信用证,也可应用于跟单托收。押汇行所要求的质押标的是作为权利证书的单据,因此申请人只需有提单及其他出口押汇单据等凭证即可,并不一定要求有跟单汇票。议付的应用场合却不同,议付行做对价交易买入的是金融票据,因而它多适用于有汇票要求的出口贸易融资。国际商会《UCP600》规定,议付信用证项下,汇票应作成以议付银行为受票人,这使得议付这种方式在议付信用证结算中得到最为广泛的应用。

(三)融资额度评估和核放标准不同

出口押汇的融资额主要取决于出口商品的类别、品位以及其市场价格,所以它有相当大的伸缩性。例如对于市场稳定、变现性良好的出口商品的单据,银行可考虑给予占其货价总值较高比例的押汇融资。银行通过宽严有别的弹性尺度衡量标准来控制其出口贸易融资风险。但议付只取决于受让汇票票面记载的金额及其付款期限。相比之下,出口押汇的额度在很大程度上与押汇行的主观判断和风险控制要求有关。而议付银行在融资额度上没有多少可松动、可优惠或可竞争的余地。

(四)银行对票据享有的权利不同

在出口押汇关系中,押汇申请人是将全套单据质押给银行,银行享有的是债权和质押权。提供出口押汇的银行是以包括提单在内的全套单据作为质押物,要求信用证受益人(卖方)签订质押书,凭此向信用证受益人(卖方)提供出口押汇融资。而议付法律关系中,银行支付了对价买入了单据,银行对单据享有所有权,议付的性质相当于贴现受让的金融票据。这显然不同于出口押汇中的质押权担保方式,在权利质押项下,质权人并不享有对质押标的物的所有权,只有当违约行为发生时它才具有对质押品的主张权。

(五)信用证单据遭拒付后银行的救济手段不同

在我国银行的实践中,出口押汇项下银行往往都要求保留对押汇款的追索权,即银行并不因获取了对信用证和单据的权利就放弃了对押汇款的追索权;出口押汇项下信用证遭拒付后银行可以根据押汇协议主张合同上的债权及附属的担保物权,并对单据项下的货物享有优先受偿权。在议付法律关系中银行的救济权利首先取决于议付信用证是否为有追索权的议付信用证。若是无追索权的议付信用证,则银行在遭拒付后自然无法行使追索权;若是有追索权的议付信用证,银行在遭拒付后既有权向开证行、保兑行追索,也有权向受益人行使票据上的追索权,同时还可自行处置信用证项下的货物。

【思考与练习】

1. 请比较汇票、本票和支票的异同。
2. 简述汇票的使用过程。
3. D/A 与 D/P·T/R 有何异同?
4. 信用证的主要内容有哪些?
5. 简述信用证与买卖合同的关系。

6. 按金额循环的循环信用证的循环方式有哪几种？

7. 采用托收时应注意哪些问题？

8. 信用证的主要类型及其含义。

9. 什么是银行保函？见索即付银行保函与有条件保函的区别是什么？

 【案例分析】

1. 一家银行为从某港装运的货物给发货人开立了一份不可撤销信用证，列明按《UCP600》办理。该信用证以后被修改，要求增加由开证申请人指定的检验机构签发的商检证书。遭到受益人拒绝后，开证行宣称，如提单的单据不包括该商检证书将拒不付款，继而又申明：如开证人收到货物与信用证条款相符，可以照付。货到达目的地后，经检验，收到货物仅为发票所列数量的80%，因此遭到拒付。为此，受益人起诉开证行违反信用证承诺。

想一想：你对此案如何评论？

2. 某公司接到一份经B银行保兑的不可撤销信用证。该公司按信用证规定办完装运手续后，向B银行提交符合信用证各项要求的单据要求付款。B银行却声称：该公司应先要求开证行付款，如果开证行无力偿付时，则由其保证付款。

想一想：B银行的要求对不对？请说出你的理由。

3. 某出口公司收到一份国外开来的L/C，出口公司按L/C规定将货物装出，但在其将单据送交当地银行议付之前，突然接到开证行通知，称开证申请人公司已经倒闭，因此开证行不再承担付款责任。

想一想：出口公司该如何应对？

 **【技能实训】**

1. 分别用中英文订立一个"前T/T和信用证相结合"与"前TT和后T/T相结合"的条款。

2. 根据下列业务背景写出货款收付流程。

出口商：合肥金世博进出口公司　　往来银行：中国建设银行合肥分行

进口商：美国U&N贸易公司　　往来银行：美国花旗银行

支付方式：全部交易金额以银行汇票付款

3. 根据以下信用证示例，说明该信用证的主要当事人及信用证的类别。

信用证示例

SEQUENCE OF TOTAL.　1/1

FORM OF DOC. CREDIT.　IRREVOCABLE

DOC. CREDIT NUMBER.　DBS 268330

DATE OF ISSUE.　170202

EXPIRY.　DATE 170402 PLACE IN COUNTRY OF BENEFICIARY

APPLICANT.　ABDULLAH SALEM AND CO.,

P.O.BOX 3472, DUBAI, U.A.E.

3

BENEFICIARY. ZHEJIANG LIGHT INDUSTRIAL PRODUCTS IMPORT AND EXPPORT CORP., 191 BAOCHU ROAD, HANGZHOU, CHINA

CURRENCY AMOUNT. USD AMOUNT 7,600,00

POS./NEG. TOL. (％) 05/05

AVAILABLE WITH/BY. ANY BANK BY NEGOTIATION

DRAFT AT. AT SIGHT

PARTIAL SHIPMENT. ALLOWED

TRANSSHIPMENT. NOT ALLOWED

LOADING IN CHARGE. SHANGHAI

FOR TRANSPORT TO. DUBAI

LATEST DATE OF SHIP. 170321

DESCRIPT OF GOODS. ART. NO. S821/29099, 4500PCS, USD9.60 PER PC.
ART. NO. F807/22199, 2500PCS, USD9.60 PER PC.
AS PER S/C NO. 98HM23600256 DATED NOV. 10, 2016.
CFR DUBAI

DOCUMENTS REQUIRED.

+ SIGNED COMMERCIAL INVOICE IN THREE COPIES SHOWING INDENT NO. GG/NSN/17/07.

+ FULL SET OF ORIGINAL CLEAN ON BOARD MARINE BILL OF LADING MADE OUT TO ORDER, BLANK ENDORSED, MARKED FREIGHT PREPAID, NOTIFY GARGERN NASAMN CO., P. O. BOX 2926, DUBAI, U. A. E. TEL: 2-284321.

+ SHIPPING COMPANY'S CERTIFICATE CERTIFYING THAT THE CARRYING VESSEL DOES NOT CALL AT ANY ISRAELI PORT NOR ISRAELI NATIONALITY DURING HIS VOYAGE TO DUBAI U.A.E.

+ COPY OF FAX SENT BY BENEFICIARY TO DUBAI INSURANCE COMPANY ON FAX ON: 02-571334 SHOWING GARGERN NASAMN CO.'S OPEN POLICY NO., GG/04/325, EVIDENCING THAT THE DESCRIPTION OF GOODS, QUANTITY AND NUMBER OF KINDS PACKAGE, NAME OF VESSEL AND VOYAGE NUMBER, PORT OF LADING AND E. T. D., PORT OF DESTINATION AND E. T. A. TWO DAYS BEFORE SHIPMENT. THE RELEVANT FAX REPORT WILL BE PRESENTED FOR NEGOTIATION.

+ BENEFICIARY CERTIFICATE CERTIFYING THAT COPIES OF INVICE, BILL OF LADING AND PACKING LIST HAVE BEEN FAXED TO APPLICANT ON FAX NO. 02-384364 WITHIN 3 DAYS OF BILL OF LADING DATE. THE RELEVANT FAX

REPORT WILL BE PRESENTED FOR NEGOTIATION.

ADDITIONAL COND.

+ A DISCREPANCY HANDLING FEE OF USD 60.00 SHOULD BE DEDUCTED AND INDICATED ON THE BILL SCHEDULE FOR EACH PRESENTATION OF DISCREPANT DOCUMENTS UNDER THIS CREDIT.

+ EXCEPT SO FAR AS OTHERWISE EXPRESSLY STATE, THIS DOCUMENTARY CREDIT IS SUBJECT TO UNIFORM CUSTOMS AND PRACTICE FOR DOCUMENTARY CREDIT ICC PUBLICATION NO. 600.

+ 2 PCT OF INVOICE VALUE WILL BE REMITTED TO M/S. ABDULLAH SALEM AND CO. AS AGENTS COMMISSION AT THE TIME OF NEGOTIATION BY US.

PRESENTATION PERIOD. WHTHIN 12 DAYS AFTER THE DATE OF B/L BUT WITHIN THE VALIDITY OF THIS CREDIT. CONFIRMATION ALL BANK CHARGES OUTSIDE DUBAI, U.A.E. ARE FOR THE ACCORNT OF BNEFICIARY.

任务六　货物的检验、索赔、不可抗力与调解仲裁

【知识目标】

了解进出口商品检验的重要性,学会在合同中订立商品检验条款;能认识到贸易争议发生后,受损方可通过索赔维护自身权益,学会在合同中订立索赔条款;能够认识不可抗力的起因和法律后果,理解不可抗力的构成条件,能够订立合同中的不可抗力条款;能够掌握仲裁的特点和仲裁协议的作用,熟悉仲裁的程序,能够订立合同中的仲裁条款。

【能力目标】

能够正确制订货物检验、索赔、不可抗力与仲裁条款;能够运用所学知识处理相关实际问题。

3

【案例视窗】

我国某公司于某年11月9日与澳大利亚某公司签订一份出口化工产品的合同。合同规定的品质规格是:TiO2含量最低为98%。检验条款规定:"商品的品质以中国进出口商品检验证书或卖方出具的证明书为最后依据。"我方收到信用证后,按要求出运货物并提交了单据,其中商检证由我国某省进出口商品检验局出具,检验结果为TiO2含量为98.53%,其他各项也符合规定。

次年3月,澳方公司来电反映我方所交货物质量有问题,并提出索赔。5月2日,澳方公司再次提出索赔,并将澳大利亚商检部门SGS出具的抽样与化验报告副本传真给我方公司。SGS检验报告称根据抽样调查,货物颜色有点发黄,有可见的杂质,TiO2的含量是92.95%。6月我方公司对澳方公司的索赔作了答复,指出货物完全符合合同规定,我方公司有合同规定的商检机构出具的商检证书。但澳方公司认为,我方

公司货物未能达到合同规定的标准,理由是:① 经用户和SGS的化验,证明货物与合同规定"完全不符"。② 出口商出具的检验证书不是合同规定的商检机构出具的,并且检验结果与实际所交货物不符。后来,本案经我国驻悉尼领事馆商务室及贸促会驻澳代表处从中协调,由我方公司向澳方公司赔偿相当一部分损失后结案。

分析:本案是涉及国际贸易商品检验问题的典型案例。"以中国进出口商品检验局证书……为最后依据",根据该规定,我方公司出具的某省进出口商检局检验证书不符合合同规定,没有法律效力,视为我方公司未提供商检证明。根据国际贸易惯例,买方有权行使复验权,并以复验结果作为货物品质规格的依据,根据澳大利亚SGS出具的商检报告,我方公司交货确实与合同不符,所以应当承担违约责任,赔偿澳方公司损失。

模块一   商 品 检 验

商品检验(Commodity Inspection)是指进出口商品检验检疫机构对进出口货物的品质、数量、包装、卫生、安全等方面的内容进行检验检疫,以确定商品的实际情况是否符合合同规定,或对装运技术条件或在进出口商品发生残损、短缺时进行检验或鉴定,以确定事故起因及责任归属。

在国际贸易中,对进出口商品进行检验检疫具有非常重要的作用。从出口方来说,商品检验是提高商品的信誉,提高企业的信用和国家的声誉,保证本国出口商品的质量,加强在国际市场上的竞争力的重要手段;从进口方角度来说,对进口商品进行检验检疫,可以保护国内市场和国内消费者的利益。

一、商品检验机构

在国际货物买卖中,交易双方除了可自行对货物进行必要的检验外,通常还要委托独立于买卖双方之外的第三方对货物进行检验。有时,虽然买卖双方未要求对所交易的商品进行检验,但根据有关法律或法规的规定,必须由某机构进行检验,经检验合格后方可出境或入境。这种根据客户的委托或有关法律、法规的规定对出入境商品进行检验、鉴定和管理的机构就是商品检验机构,简称检验机构或商检机构。

(一)国际商品检验机构

国际上的商品检验机构名称各异,又称公证行(Authentic Surveyor)、宣誓衡量人(Sworn measurer)、实验室(Laboratory)等。国际商品检验机构虽然种类繁多,但按其性质划分,可分为以下几类。

1. 官方检验机构

官方检验机构是指由国家或地方政府投资,按照国家有关法律法规对出入境商品实施强制性检验、检疫和监督管理的机构。如美国食品药物管理局、美国粮谷检验署、法国国家实验室检测中心等。

2. 半官方检验机构

半官方检验机构是指一些有一定权威的,由国家政府授权,代表政府行使某项商品检验或某一方面检验管理工作的民间机构。例如,根据美国政府的规定,凡是进口与防盗信号、化学危险品以及电器、供暖、防水等有关的产品,必须经美国担保人实验室这一半官方检验机构检验认证合格,并贴上该实验室的英文缩写标志"UL",方可进入美国市场。

3. 非官方(民间)检验机构

非官方(民间)检验机构是指由私人创办,具有专业检验、鉴定技术能力的公证行或检验公司。这类机构中有些历史比较悠久,在国际上具有较高的权威性,如英国埃劳氏公证行;还有些检验机构已经发展成为规模庞大、具有垄断性的全球性机构,如瑞士通用公证行等。

【小贴士】

瑞士通用公证行(SGS)

SGS 是全球领先的检验、鉴定、测试和认证机构,是全球公认的质量和诚信基准。SGS 通标标准技术服务有限公司是瑞士 SGS 集团和隶属于原国家质量技术监督局的中国标准技术开发公司共同建成于 1991 年的合资公司,取"通用公证行"和"标准计量局"首字之意,在中国设立了 50 多个分支机构和几十间实验室,拥有 12000 多名训练有素的专业人员。

SGS 是一个综合性的检验机构,可进行各种物理、化学和冶金分析,包括进行破坏性和非破坏性试验,向委托人提供一套完整的数量和质量检验以及有关的技术服务,提供装运前的检验服务,提供各种与国际贸易有关的诸如商品技术、运输、仓储等方面的服务,监督跟购销、贸易、原材料、工业设备、消费品迁移有关联的全部或任何一部分的商业贸易暨操作过程。在 SGS 内部,按照商品分类,设立了农业服务部、矿物化工和冶金服务部、非破坏性试验科、国家政府合同服务部、运输和仓库部、工业工程产品服务科、风险和保险服务部等部门。根据 SGS 介绍,其核心服务可以分为以下四类。

检验:SGS 提供世界领先的全方位检测和验证服务,例如转运时检查贸易商品的状况和重量,帮助控制数量和质量,满足不同地区和市场的所有相关监管要求。

测试:SGS 拥有全球测试设施网络配备知识渊博、经验丰富的人员,能够帮助您降低风险、缩短上市时间并根据相关的健康、安全和规范标准对您产品的质量、安全和性能进行测试。

认证:通过认证,SGS 能够向您证明您的产品、流程、系统或服务是否符合国内和国际标准及规范或客户定义的标准。

鉴定:SGS 确保产品与服务遵守全球标准与当地法规。通过将全球覆盖率与几乎包括各个行业的当地知识、无与伦比的经验和专业知识相结合,SGS 涵盖了从原材料到最终消费的整条供应链。

想一想:作为一家非官方检验机构,你认为 SGS 成为国际公认的检验、鉴定、测试和认证机构靠的是什么?

(二)我国的商品检验机构

在我国,长期主管全国出入境商品检验、检疫、鉴定和管理工作的原是中华人民共和国国家出入境检验检疫局及其设在各地的分支机构。在国务院机构改革中,出入境检验检疫局作为政府的一个执行部门,在 2018 年 4 月,出入境检验检疫管理职责和队伍划入海关总署,自 2018 年 4 月 20 日起以海关名义对外开展工作,一线旅检、查验和窗口岗位要统一上岗、统一着海关制服、统一佩戴关衔。其以保护国家整体利益和社会利益为衡量标准,以法律、行政法规、国际惯例或进口国的法规要求为准则,对出入境货物、交通运输工具、人员及事项进行检验检疫、管理及认证,并提供官方检验检疫证明、居间公证和鉴定证明的全部活动。

二、商品检验证书

检验检疫机构对进出口商品检验检疫或鉴定后,根据不同的检验结果或鉴定项目签发的各种检验证书、鉴定证书和其他证明书,统称为检验证书(inspection certificate)。

(一)检验证书的作用

1. 作为买卖双方交接货物的依据

国际货物买卖中,卖方有义务保证所提供货物的质量、数(重)量、包装等与合同规定相符。因此,合同或信用证中往往规定卖方交货时须提交商检机构出具的检验证书,以证明所交货物与合同规定相符。

2. 作为索赔和理赔的依据

如果合同中规定在进口国检验,或规定买方有复验权,那么货物到买方经检验后发现货物与合同规定不符,买方可凭指定检验机构出具的检验证书,向卖方提出异议和索赔。

3. 作为买卖双方结算货款的依据

在信用证支付方式下,信用证规定卖方须提交的单据中往往包括商检证书,并对检验证书名称、内容等做出了明确规定。当卖方向银行交单要求付款、承兑或议付货款时,必须提交符合信用证要求的商检证书。

4. 作为海关通关放行的凭证

凡属于法定检验的商品,在办理进出口清关手续时,必须提交检验机构出具的合格检验证书,海关才准予办理通关手续。

(二)检验证书的种类

在进出口贸易中,由于商品的种类、特性或各国贸易习惯、政府有关法令的不同,检验证书的种类也有差别。目前,我国检验检疫机构签发的检验证书的种类主要有以下各项。

1. 品质检验证书

它是证明进出口商品的品质、规格、等级等实际情况的证明文件,具体证明进出口商品的质量、规格是否符合买卖合同或有关规定。

2. 重量或数量检验证书

它是证明进出口商品重量或数量的证书,证明有关商品的重量或数量是否符合买卖合同的规定。

3. 包装检验证书

它是用于证明进出口商品包装及标志情况的证书。

4. 兽医检验证书

它是证明出口动物产品或食品经过检疫合格的证书。适用于冻畜肉、冻禽、禽畜罐头、冻兔、皮张、毛类、绒类、猪鬃、肠衣等出口商品。

5. 卫生／健康证书

它是证明可供人类食用的出口动物产品、食品等经过卫生检验或检疫合格的证书。该证书适用于肠衣、罐头、冻鱼、冻虾、食品、蛋品、乳制品、蜂蜜等食品和动物产品。

6. 消毒检验证书

它是证明出口动物产品经过消毒处理,保证安全卫生的证书。该证书适用于猪鬃、马尾、皮张、山羊毛、羽毛、人发等商品。

7. 熏蒸证书

它是证明出口粮谷、油籽、豆类、皮张等商品,以及包装用木材与植物性填充物等,已经过熏蒸灭虫的证书。该证书主要证明使用的药物、熏蒸的时间等情况。

8. 温度检验证书

它是证明出口冷冻商品温度的证书。如国外仅需证明货物温度,不一定要单独的温度检验证书,可将测温结果列入品质检验证书。

9. 残损检验证书

它是证明进口商品残损情况的证书。适用于进口商品发生残、短、渍、毁等情况,可作为收货人向发货人或承运人或保险人等有关责任方索赔的有效证件。

10. 船舱检验证书

它是证明承运出口商品的船舱清洁、牢固、冷藏效能及其他技术条件是否符合保护承载商品的质量和数量完整与安全要求的证书。可作为承运人履行租船契约适载义务,进出口贸易关系方进行货物交接和处理货损事故的依据。

11. 货载衡量检验证书

它是证明进出口商品的重量、体积吨位的证书,可作为计算运费和制订配载计划的依据。

12. 价值证明书

它主要用于证明发票所列商品的价格真实正确,作为进口国管理外汇和征收关税的凭证。在发票上签盖商检机构的价值证明章与价值证明书具有同等效力。

13. 产地证明书

它是证明出口商品原产地的证书,是各国执行贸易管制、差别关税、进口配额制度和海关统计所必需的证书,出口商品在进口国通关输入和享受减免关税优惠待遇和证明商品产地的凭证。

在实际业务中,买卖双方应根据成交货物的种类、性质、有关国家的法律和行政法规、政府的涉外经济贸易政策和贸易习惯等来确定卖方应提供何种检验证书,并在买卖合同中予以明确。

【小贴士】

进口方委托银行开出的信用证上规定:卖方须提交"商品净重检验证书"。进口商在收到货物后,发现除质量不符外,卖方仅提供了重量单。进口商立即委托开证行向议付行提出拒付,但货款已经押出。事后,议付行向开证行催付货款,并解释卖方所附的重量单即为净重检验证书。

想一想:

1. 重量单与净重检验证书一样吗?

2. 该例中开证行能否拒付货款给议付行?

三、检验的时间和地点

商品检验的时间和地点是指在什么时间、什么地点行使对货物的检验权。一般来说，谁享有对货物的检验权，谁就拥有对货物的品质、数量、包装等内容进行最后评定的权利，因此如何规定检验的时间和地点，直接关系到买卖双方的切身利益。

根据国际上的习惯做法和我国的业务实践，关于买卖合同中检验时间和地点的规定方法，主要有以下几种。

（一）在出口国检验

这种检验方法又包括产地（工厂）检验和装运港（地）检验两种。

1. 产地（工厂）检验

产地（工厂）检验即货物离开生产地点（如工厂、农场、矿山等）之前，由产地或工厂的检验部门或买方的验收人员对货物进行检验和验收，并由合同中规定的检验机构出具的检验证书作为卖方交货的最后依据。卖方只承担货物离开产地或工厂前的责任，货物在运输途中可能发生的一切问题，卖方概不负责。

2. 装运港（地）检验

装运港（地）检验又称"离岸品质、离岸重量（或数量）（Shipping Quality and Shipping Weight or Quantity）"，是指货物在装运港或装运地装运前或装运时由双方约定的检验机构对货物进行检验，并以该机构出具的检验证书作为卖方交货的品质、重量或数量等的最后依据。按照这种做法，货物抵达目的港或目的地时，买方若对货物进行复检，即使发现了问题，也无权再对卖方表示拒收或提出异议和索赔。

（二）在进口国检验

这种检验方法包括目的港（地）检验和在买方营业处所或最终用户所在地检验。

1. 目的港（地）检验

目的港（地）检验又称"到岸质量、到岸重量（Landed Quality and Landed Weight or Quantity）"，是指货物运抵目的港或目的地卸货后的一定时间内，由双方约定的目的港（地）的检验机构对商品进行检验并出具检验证书作为卖方交货的最后依据。若检验证书证明货物与合同规定不符且责任归属于卖方时，买方可向卖方提出索赔、退货等要求。

2. 买方营业处所或最终用户所在地检验

买方营业处所（最终用户所在地）检验，是指货物运抵目的港（地）买方营业处所或最终用户所在地后的一定时间内，由双方约定的检验机构对货物进行品质、数量、包装等内容的检验，并以其出具的检验证书作为卖方交货的最后依据。这种检验方法主要适用于那些需要安装调试进行检验的成套设备、机电仪表产品以及在口岸开件检验后难以恢复原包装的商品。

按照上述两种检验方法，卖方必须承担到货品质、数量的责任。若买方在目的港、目的地或买方营业处所或最终用户所在地经商检机构检验，其出具的检验证书证明货物与合同有不符点且属于卖方责任所致，则买方有权凭检验证书向卖方提出索赔，卖方不得拒绝。可见，这两种做法对卖方较为不利。

（三）出口国检验、进口国复验

出口国检验、进口国复验是指货物在装运前，由双方约定的检验机构检验货物，其出具的检验证书作为卖方要求买方支付货款或要求银行支付、承兑或议付时提交的单据之一；货物运抵目的港或目的地卸货后的一定时间内,买方有权复检,由双方约定的检验机构对货物进行复检。此时,若发现货物与合同规定不符,且确属于卖方责任,而不属于承运人或保险公司的责任范围的时候,买方可在规定时间内凭复检证书向卖方提出异议和索赔。

由于这种做法兼顾了买卖双方的利益,公平合理,它既承认卖方所提供的检验证书是有效的文件,作为双方交接货物和结算货款的依据之一,同时也给予买方复验权,因此在国际货物买卖中已被大多数当事人所接受,成为国际贸易中最常见的一种规定检验时间和地点的方法。我国的进出口贸易基本上也都采用这一做法。

（四）装运港检验重量、目的港检验品质

也称"离岸重量、到岸品质(Shipping Weight and Landed Quality)"。它是指货物的重量以装运港或装运地的检验机构验货后出具的重量检验证书,作为卖方交货重量的最后依据;而目的港或目的地的检验机构验货后出具的品质检验证书,作为卖方交货品质的最后依据。这种做法多用于国际大宗商品交易中,目的是调和买卖双方在商品检验上的矛盾,才将商品的重量和品质检验分别进行。货物到达目的港或目的地后,若经检验货物在品质方面与合同规定不符,且此责任可归属于卖方,则买方可凭质量检验证书,向卖方提出异议和索赔,此时买方无权对货物的重量向卖方提出异议。

近年来,在检验的时间、地点及具体做法上,国际上也出现了一些新的做法和变化。例如,在出口国装运前预检验,在进口国最终检验,即在买卖合同中规定货物在出口国装运前由买方派员自行或委托检验机构人员对货物进行预检验,货物运抵目的港/地后,买方有最终检验权和索赔权。采用这一做法,有的还伴以允许买方或其指定的检验机构人员在产地或装运港或装运地实施监造或监装。对进口商品实施装运前预检验,这是当前国际贸易中较普遍采用的一种行之有效的质量保证措施。在我国进口交易中,对关系到国计民生、价值较高、技术又复杂的重要进口商品和大型成套设备,必要时也应采用这一做法,以保障我方的利益。

商品的检验时间与地点讲解

【小贴士】

某合同商品检验条款中规定以装船地商检报告为准。但在目的港交付货物时,买方委托的检验机构经检验发现货物品质与约定规格不符,于是买方凭借当地商检机构出具的检验证书向卖方索赔,卖方拒赔。

想一想:卖方拒赔是否合理? 为什么?

四、买卖合同中的检验条款

（一）合同检验条款的内容

国际货物买卖合同中的货物检验条款一般包括以下内容:有关检验权的规定、检验或复验的时间和地点、检验机构、检验项目和检验证书等。

（二）检验条款的举例

例1:买卖双方同意以装运港(地)中国出入境检验检疫局签发的质量和重量(数量)检验证书作为信用证项下议付提交的单据的一部分,买方有权对货物的质量和重量(数量)进行复验,复验费由买方负担。但若发现质量和/或重量(数量)与合同规定不符时,

买方有权向卖方索赔,并提供经卖方同意的公证机构出具的检验报告。索赔期限为货物到达目的港或地后 ×× 天内。

例2:在交货前制造商应就订货的质量、规格、数量、性能做出准确全面的检验,并出具货物与本合同相符的检验证书。该证书为议付货款时向银行提交单据的一部分,但不得作为货物质量、规格、数量、性能的最后依据,制造商应将记载检验细节的书面报告附在品质检验书内。

(三)拟定商品检验条款应注意的问题

1. 明确规定商品检验的时间和地点

在国际货物买卖合同中一般采用出口国检验、进口国复验,因为买方只有在复验期限内复验并取得检验证书,才能作为索赔的依据,所以,在合同条款中要对复验的期限予以明确。

2. 明确规定检验的标准和方法

在我国,合同没有规定或规定不明确的,按国家标准检验;没有固定标准的按照部颁标准;没有部颁标准的,按照企业标准。

3. 检验条款应明确具体

避免与信用证的规定和合同中其他条款相冲突。

模块二 异议与索赔

国际货物买卖合同签订后,任何一方当事人都必须按照合同的约定履行合同,但在合同的实际履行过程中经常出现当事人的违约现象。一方当事人违约可能会给另一方当事人造成损害,受害方为了维护自身的合法权益,便会向违约方提出索赔。

一、索赔条款

(一)索赔的含义

索赔(claim)是指合同中遭受损害的一方在争议发生后向违约的一方提出损害赔偿的要求。违约方对受损方所提出的赔偿要求予以受理并进行处理,称为理赔(Settlement of Claim)。可见,索赔与理赔是一个问题的两个方面。对受损方而言是索赔,对违约方而言则是理赔。

 【小贴士】

常见违约情形

短交:指货物包装良好,但买方在收到货物后,经开箱检验,将实际货物与装箱单核对,发现货件短少。

短卸:指运输工具到达目的地后,所卸货物的数量与提单或运单所列明的数量不相符。这种情况多是运输公司将货物误卸其他口岸,或因疏忽短卸,甚至有的故意短卸。

短失:指发票、装箱单和提单等单证均证明货物已经全部装到运输工具上,或已交承运人,但货到后,发现货物短少。出现这种情况的原因有几种:可能是运输公司将货物误卸在其他口岸,或因疏忽或故意短卸;也可能是在运输途中货物被盗或遗失,特别是陆运,货物被盗和遗失的可能性较大。

货物散失：货物到达目的地或目的港后，发现包装已经破裂，货物散失，而提单中却没有注明。导致这种情况的原因有：一是卖方没有针对货物的特性和运输状况进行包装；二是卖方对货物进行良好包装，在运输途中，由于搬运或堆积操作不当造成的包装破损与货物散失，如钩损等。另外，如果货物在运输途中遇上自然灾害或意外事故等造成包装破损、货物损害，如海水浸入纸箱，则属于保险公司的承保范围，应向保险公司提出索赔。

品质规格与合同不符：这是指所交货物全部或部分，经商检部门检验后认为品质或规格与合同不相符合。出现这种情况，有的是卖方交货品质低劣，有的是货物本身原因造成的，有的是运输原因造成的。

想一想：如果履行合同过程中出现以上情形，应向哪些责任方索赔？

（二）合同中索赔条款的基本内容

为了便于处理合同履行中出现的争议与索赔问题，买卖双方在合同中一般都订立索赔条款。合同中索赔条款的基本内容包括索赔的依据、索赔的期限、索赔的方法等。

1. 索赔的依据

当事人在向对方索赔时，必须要有充分的依据，若证据不全或不清，出证机构不符合要求，都可能遭到对方拒赔。索赔依据包括法律依据和事实依据两个方面。法律依据如销售合同、运输合同、保险单据等；事实依据如证明对方违约事实的书面材料，主要是由双方约定的出证机构出具的各种检验证书。

2. 索赔期限

索赔期限是指受害方向违约方提出索赔的有效期限。逾期索赔，违约方可不予受理。索赔期限的规定应当根据不同商品的特性、运输、检验的情况而定。对于食品、农产品等易腐商品的索赔期可规定得短一些；对于一般货物的索赔期限，通常为货到目的港后30～45天；对于机器设备的索赔期限可就数量和品质作不同的规定：有关数量方面的索赔期一般为货物到目的港后60天，有关规格、性能等品质方面的索赔期一般为一年或一年以上。

在规定索赔期限时，还应该对索赔期限的起算时间做出具体规定。通常有以下几种规定方法：

1）货物到达目的港后××天算起。

2）货物到达目的港卸离海轮后××天算起。

3）货物到达买方营业处所或用户所在地后××天算起。

4）货物经检验后××天算起。

 **【小贴士】**

某年11月，我国某公司A与国外某公司B签订了一个进口香烟生产线合同。设备是二手货，共18条生产线，价值100多万美元。合同规定，出售商保证设备在拆卸之前均能正常运转，否则更换或退货。设备运抵目的地后发现，这些设备在拆运前早已停止使用，在目的地装配后也因设备损坏、缺件根本无法马上投产使用。但是，由于合同规定如要索赔需商检部门在"货到现场后14天内"出证，而实际上货物运抵工厂并进行装配就已经超过14天，无法在这个期限内向外商索赔。这样，工厂只能依靠自己的力量进行加工维修。经过半年多时间，花了大量人力物力，也只开出了4套生产线。

想一想:我们从该例中可以得到哪些启示?

3. 索赔的方法

索赔条款对合同双方当事人都有约束力,不论哪一方违约,受害方都有权提出索赔。但在实践活动中,索赔可能发生在不同的环节,很难在合同中把它们全部列入,因此,在合同中有时只做笼统规定,如整修、换货、退货、还款等。所以在处理索赔时应分清责任,并区别不同情况,有理有据地提出索赔。

 【小贴士】

有一份 CIF 合同,出售 100 公吨大米,单价为每公吨 500 美元,总值 50000 美元,事后卖方只交货 5 公吨。

想一想:在此情况下,买方可主张何种权利?如果卖方交货 90 公吨,买方可主张何种权利?为什么?

（三）约定索赔条款的注意事项

1. 明确索赔的对象

根据损失的原因和责任的不同,索赔可分为三种情况:凡属于合同当事人的责任造成的损失,可向责任方提出索赔;如果属于承保范围内的货物损失,应向保险公司索赔;如果属于承运人的责任造成的货物损失,则应向承运人索赔。

2. 索赔期限的确定要适当

按照法律和国际惯例,受害方只能在索赔的期限内提出索赔,如果超过了索赔的期限,即丧失了索赔的权利。索赔的期限有约定期限和法定期限两种,约定期限一般根据商品的实际需要,比法定期限要短一些。例如,《联合国国际货物销售合同公约》规定:买方向卖方提出索赔的期限是自买方实际收到货物之日起两年之内。

3. 备齐索赔的单据

备齐如提单、保险单、装箱单、商检证书以及索赔清单等单据。

二、违约金条款

（一）违约金的概念

违约金是双方当事人在合同中约定或根据有关法律规定,一方违约时应支付给对方一定数额的违约金。在发生违约时,该条款是保证索赔顺利进行的有效手段,也是对违约方承担责任的一个限制。违约金条款一般适用于卖方延期交货或者买方延迟开立信用证、延期接运货物、拖欠货款等情况。在合同中规定罚金条款,是促使合同当事人履行合同义务的重要措施,能起到避免和减少违约行为发生的预防作用,在发生违约行为的情况下,能对违约方起到一定的惩罚作用,对受损方的损失起到补偿性作用。

（二）违约金条款的内容

违约金条款一般包括罚金的数额和罚金起算日的计算方法两项内容。罚金的数额大小,根据违约时间的长短,由买卖双方商定,并规定出最高限额。

1. 确定违约金数额

在一方违约没有给对方造成损失的情况下,按照约定的违约金支付。在当事人约定了违约金的情况下,一方违约的同时给对方造成了损失,确定违约金数额的参考标准就是损失的数额。违反合同的一方当事人支付违约金后,还应当继续履行合同义务。

2. 计算违约金起算日

计算违约金起算日期的方法有两种:一种是以约定的交货期或开证期终止后立即起算;另一种是规定一个优惠期,即在约定的交货期或开证期终止后再宽限一段时期即优惠期,在此优惠期内可免于罚款,待优惠期届满后再开始计算罚金。

除非由本合同第 ×× 条规定的不可抗力造成,如果延迟交货,每延迟一周,卖方应向买方支付延迟交货货物总价值的 0.5% 的罚款。一周内的任何不足部分将被视为一个完整的星期。但是,罚款总额不得超过延迟交货货物的总价值的 5%,并应从付款银行在议付时应向卖方支付的金额,或买方在付款时直接支付的金额。如果延迟时间超过合同规定的装运时间后十周,买方有权终止本合同,但卖方不得因此免于支付违约金。

【小贴士】

中国某进出口公司与新加坡某公司签订了 1 千万条沙包袋出口合同,交货期限为合同成立后的 2 个月内,价格条款为 1 美元 CIF 新加坡,违约金条款为:如合同一方在合同履行期内未能履行合同规定的义务,则必须向另一方支付合同总价 3.5% 的违约金。中方公司急于扩大出口,赚取外汇,只看到合同利润可观,未实际估计自己是否有能力履行合同,便与外商签订了合同。而实际上中方公司并没有在 2 个月内加工 1 千万条该类沙包袋的能力。合同期满,能够向对方交付的沙包袋数量距 1 千万条相差很远。中方无奈,只能将已有的沙包袋向外方交付并与之交涉合同延期,但外方态度强硬,以数量不符合同规定拒收,并以中方公司违约而要求支付违约金。双方协商未果,最后中方某进出口公司只得向对方支付违约金 200 多万美元,损失巨大。

想一想:从案例中我们应该吸取什么样的教训?

模块三　不可抗力

国际货物买卖合同签订后,有时可能会发生当事人无法预料又不能控制的意外事故,致使遭受意外事故的一方不能履行合同或不能如期履行合同。为了保证合同的顺利进行,可以在合同中订立不可抗力条款,这样做既可以避免因发生不可抗力而引起的不必要的纠纷,也可以防止合同当事人任意解释不可抗力事件的性质和范围,或提出不合理的要求。

一、不可抗力

(一)不可抗力的含义

不可抗力(Force Majeure)又称人力不可抗拒,是指买卖合同签订后,不是由于合同当事人的过失或疏忽,而是由于发生了合同当事人无法预见、无法预防、无法避免又无法控制的意外事故,以致于当事人不能履行或不能如期履行合同,遭受意外事故的一方可以免除履行合同的责任或延期履行合同。因此,不可抗力是一项免责条款。这种免责是指遭遇意外事故的一方当事人免除损害赔偿的责任,而另一方当事人仍然拥有除要求损害赔偿之外的其他任何权利,包括履约、减价和宣告合同无效等。

3

（二）不可抗力事件的构成要件

当然，并不是任何一种意外事故都可以作为不可抗力事件。双方当事人要认真分析事件性质，看其是否属于不可抗力事件，以防止有些当事人故意扩大不可抗力事件的范围，以不可抗力为借口免除履行合同的责任。一般来说，不可抗力事件的认定要符合以下几点：

第一，意外事故必须是发生在合同签订以后；

第二，不是由于合同当事人双方自身的过失或疏忽而导致的；

第三，意外事故是当事人双方所不能控制的、无能为力的。

（三）不可抗力事件的起因

不可抗力事件的范围很广，但从起因的角度讲，可以分为自然灾害和政治或社会原因。自然灾害原因是指合同订立后，发生地震、洪水、海啸、火灾等导致合同不能履行；政治原因是指合同订立以后，政府当局颁布新的法律、政策、行政措施而致使合同不能履行；社会原因主要是指一些偶发的事件阻碍合同的履行，如罢工、骚乱等，这些事件是一些人为的行为，但对于合同当事人来说，在订约时是不可预见的，因此也可以称为不可抗力事件。

（四）不可抗力事件的后果

不可抗力事件所造成的后果一般有两种，一种是解除合同，另一种是变更合同。所谓变更合同是指由一方当事人提出并经另一方当事人同意，对合同内容作适当修改，包括：延期履行、分期履行、替代履行和减少履行等，其中延期履行是较常见的一种变更合同方式。至于在什么情况下可以解除合同，在什么情况下只能变更合同，则要视所发生事故的原因、性质、规模和对履行合同所造成的实际影响程度而定，或由买卖双方在合同中做出具体规定。如果合同中没有明确的规定，一般的解释是如果不可抗力事件使合同履行成为不可能，致使无法实现合同目的。例如：特定标的物的整体灭失，或事故影响非常严重，短期内不能恢复原样，则受害方可要求解除合同；如果不可抗力事件的发生只是部分地、暂时地阻碍了合同的履行，则受害方只能要求延迟履行合同，待事故影响消除后，继续履行合同。因此，在不可抗力条款中，应规定在哪些情况下可免除履约的责任；在哪些情况下，只能延迟履约。另外，我国《民法典》（合同编）规定，一方当事人在延迟履行合同后又发生了不可抗力的，则不能免除责任。

 【小贴士】

我国进口商向巴西木材出口商订购一批木材，合同规定"如受到政府干预，合同应当延长，以至取消"。签约后适逢巴西热带雨林破坏加速，巴西政府对木材出口进行限制，致使巴西出口商在合同规定期内难以履行合同，并以不可抗力为由要求我方延迟合同执行或者解除合同，我方不同意对方要求，并提出索赔。

想一想：我方的索赔要求是否合理？

（五）不可抗力的通知和证明

我国法律规定，当不可抗力发生后，当事人一方因不能按规定履行合同，要取得免责权利，必须及时通知另一方，并在合理时间内提供必要的证明文件，以减轻可能给另一方造成的损失。《联合国国际货物销售合同公约》规定，如果当事人一方未及时通知而给对方造成损害的,仍应负赔偿责任。在实践中,为防止争议发生,不可抗力条款中应明确规定具体的通知和提交证明文件的期限和方式,另一方当事人收到不可抗力的通知及证明文件后,无论同意与否,都应及时回复。出具不可抗力事件证明的机构,大多为当地商会。在我国,由中国国际贸易促进委员出具该证明。

首份"疫情不可抗力证明"堪称及时雨

二、合同中不可抗力条款的规定方法

(一)概括式规定

概括式规定是指合同中不具体规定哪些事件属于不可抗力事件,而只是笼统地规定。

例:如果由于不可抗力的原因导致卖方不能履行合同规定的义务时,卖方不负责任,但卖方应立即电报通知买方,并须向买方提交证明发生此类事件的有效证明书。

这种规定方法过于笼统,双方会因为解释上的差异而产生纠纷,在实际业务中一般不宜采用。

(二)列举式规定

列举式规定是指在合同中对不可抗力事件一一详细列明,凡在合同中没有订明的,均不能作为不可抗力事件加以援引。

例:如果由于战争、洪水、火灾、地震、雪灾、暴风等原因致使卖方不能按时履行义务时,卖方可以推迟这些义务的履行时间,或者撤销部分或全部合同。

这种规定方法虽然明确,但灵活性较差,很容易造成遗漏。一旦发生了列举范围外的事故,受损方就会丧失援引不可抗力条款以免除责任的权利,故在实际业务中应尽量避免采用。

(三)综合式规定

综合式规定是将概括式和列举式两种规定方法综合起来,先列举出双方当事人达成共识的一些常见的不可抗力事故,然后再加上"其他不可抗力事故",并由双方当事人共同磋商确定是否作为不可抗力事故。

例:如果因战争或其他人力不可控制的原因,买卖双方不能在规定的时间内履行合同,如此种行为或原因,在合同有效期后继续三个月,则本合同的未交货部分即视为取消,买卖双方的任何一方,不负任何责任。

这种方法既明确具体,又具有一定的灵活性,是一种可取的办法,在国际上被广泛采用。我国进出口业务中,也大多采取这种规定办法。

3

【小贴士】

我国某进出口公司与英国某公司以FOB价签订了进口合同,装货港为伦敦。合同签订后不久,英方通知我方公司货已备妥,要求我方公司按时派船接货。然而,在我方公司安排的船舶前往英港途中,突然爆发中东战争,苏伊士运河被封锁,禁止一切船舶通行,我方公司船舶只好改变航线绕道好望角航行,增加航程近万公里,到达装运港时已过装运期。这时,国际上的汇率发生变化,合同中的计价货币英镑贬值,英方便以我方公司未按时派船接货为由,要求提高货物价格,并要求我方公司赔偿由于延期接货而产生的仓储费。对此,我方公司表示不能接受,双方遂发生争议。

想一想:如果你是我方公司派出的代表,将如何处理此问题?

模块四　调解与仲裁

一、调解的概述

（一）调解的含义

调解（Conciliation）是指当事人自愿将争议提交给一个第三者，在澄清事实的基础上分清责任，以促进当事人之间达成和解。调解是在双方自愿接受调解的前提下进行的，对当事人没有任何强迫。采用调解方式解决争议快捷灵活，调解书对当事人有约束力，调解可以与仲裁或诉讼结合起来，从而使争议的解决更灵活、更具有自主性。

（二）调解的效率

根据《纽约公约》，在法院诉讼程序或仲裁以外达成调解后，和解的当事方通常只能以合约方式执行和解。如发生和解违约，可能需要涉及取得法院的违约判决以及在司法管辖区执行该违约判决，期间可能面临冗长的和成本较高的法律程序。

《新加坡调解公约》将允许执行和解协议的一方直接诉诸寻求强制执行的缔约国一方的法院，不用首先取得法院的违约判决，该法院届时必须根据该缔约国的程序规则以及《新加坡调解公约》中规定的条件执行和解协议。

根据《新加坡调解公约》的规定，调解也具有了终局性，只要争议双方达成了调解协议，如不能够执行，可向法院申请强制执行。

 【小贴士】

解读《新加坡调解公约》

国际商事调解在国际法治建设中发挥着越来越重要的作用。2019 年 8 月 7 日，包括中国、美国、印度等国在内的 46 个国家正式签署了《联合国关于调解所产生的国际和解协议公约》（下称《新加坡调解公约》）。

一、调解的适用范围扩大

与《纽约公约》强调仲裁所在地不同，《新加坡调解公约》的适用范围，不以国际调解程序所在地作为适用标准，只要调解和解协议的主体、或者调解协议涉及的商事关系具有国际性，均可以适用。不同于《关于我国加入〈承认及执行外国仲裁裁决公约〉的决定》中商事保留，即不包括外国投资者与东道国政府之间的争端，《新加坡调解公约》项下的"商事"，包括国家基础建设、国家自然资源开采或特许协议关系事项。

国际商事调解作为一种更加灵活且高效的争议解决方式，为国际商事主体间争议解决提供了另一种选择。此外，根据《新加坡调解公约》的程序，通过调解和解消除纠纷，既能维持双方继续合作的长远关系，又能保证和解协议的执行效力。再者，加入《新加坡调解公约》，对交易对手而言，在商业交易条件相同的情况下，可以执行公约调解协议一方所引发的交易成本较低，将增加同等情况下的交易可能性边界。也就是说，本国企业的交易机会增加，不仅为企业也为政府层面赢得积极的信用评价。

二、简化执行程序

不同于《纽约公约》承认与执行并行制度，在《新加坡调解公约》生效之后，当事人达成《新加坡调解公约》项下有效的和解协议，和解协议便拥有了可跨国执行力，而无须再通过将和解协议转化成仲裁裁决方式获得域外可执行性。但同时,我国将面临国内法修改的问题,需要修改民事诉讼法的相关规定以保持与该公约的一致性。

《新加坡调解公约》作为第一部国际商事调解领域的公约,将对国际争议解决产生深远的影响,也将为多元化纠纷解决机制的建设提供更有力的保障。且部分国家存在司法环境滞后、投资环境多变、政治和经济因素对投资影响大,传统的诉讼与仲裁并不能很好地适应发展需求。由于调解的特殊角色,我们有理由相信随着《新加坡调解公约》在国际司法实践中的不断深化,调解可以承担起越来越重要的国际商事争端解决责任。

截至 2019 年 8 月 7 日加入公约的国家有:新加坡、阿富汗、白俄罗斯、文莱、布基纳法索、智利、中国、哥伦比亚、刚果共和国、刚果民主共和国、斯威士兰、斐济、格鲁吉亚、格林纳达、海地、洪都拉斯、印度、伊朗、以色列、牙买加、约旦、哈萨克斯坦、老挝、马来西亚、马尔代夫、毛里求斯、黑山共和国、尼日利亚、北马其顿、帕劳、巴拉圭、菲律宾、卡塔尔、韩国、萨摩亚、沙特阿拉伯、塞尔维亚、塞拉利昂、斯里兰卡、东帝汶、土耳其、乌干达、乌克兰、美国、乌拉圭、委内瑞拉。

想一想:加入《新加坡调解公约》对中国的对外经济活动会产生哪些影响?

二、仲裁的概述

(一)仲裁的含义

仲裁(Arbitration),是国际商事关系的双方当事人在争议发生之前或之后,依据仲裁条款或仲裁协议,自愿将争议提交某一临时仲裁机构或某一国际常设仲裁机构审理,由其根据有关法律或公平合理原则做出裁决(Award),从而解决争议的一种方式。仲裁机构做出的裁决是终局的(Final),对双方都有约束力,双方必须遵照执行。

(二)仲裁的特点

仲裁相比诉讼等其他解决争议的方式,有如下特点。

(1)仲裁是以双方自愿为基础。即当事人之间的纠纷是否提交仲裁,交与谁仲裁,仲裁庭如何组成,由谁组成,仲裁的审理方式及开庭形式等都是在当事人自愿的基础上,由双方当事人协商确定的。当事人的自愿性是仲裁最突出的特点,因而仲裁是最能充分体现当事人意思自治原则的争议解决方式。

(2)仲裁程序较简单,费用较诉讼费低。另外仲裁员一般都是熟悉业务的专家,处理问题比较迅速。仲裁就交易中发生的争议寻求公正而权威的人士协调解决,比通过诉讼对当事人之间的感情产生的影响更小,有利于当事人今后的交易继续进行。

(3)仲裁一般实行一裁终局制,仲裁裁决一经仲裁庭做出即发生法律效力,对双方当事人均有约束力,当事人双方必须执行裁决,使当事人之间的纠纷得以迅速解决。

【小贴士】

贸易争议的解决方法

协商是指争议的双方当事人以口头或书面的方式直接交涉来解决争议。双方对某一问题发生争议,通过协商的方式解决,可以不拘形式和程序,不求助于第三者的介入。协商方式解决争议的速度快、保密性强、气氛平和,有助于保持甚至促进当事人之间的友好合作关系,协商不妨碍当事人采取其他方式解决争议。

调解是指当事人自愿将争议提交给一个第三者,在澄清事实的基础上分清责任,以促进当事人之间达成和解。调解是在双方自愿接受调解的前提下进行的,对当事人没有任何强迫。采用调解方式解决争议快捷灵活,调解书对当事人有约束力,调解可以与仲裁或诉讼结合起来,从而使争议的解决更灵活、更具有自主性。

诉讼就是打官司,一方当事人向法院起诉,控告另一方有违法违约行为,要求法院依法给予救济或惩处另一方当事人。基于合同关系而产生的争议案件,在诉讼时,一方当事人一般要求另一方当事人以赔偿经济损失或支付违约金的方式承担违约的责任。诉讼虽然容易解决问题,但很伤害双方当事人的感情。

想一想:与仲裁相比,以上方法有哪些优缺点?

(三)仲裁协议

仲裁协议是指双方当事人在自愿、协商、平等互利的基础之上将他们之间已经发生或者可能发生的争议提交仲裁解决的书面文件。当事人向仲裁机构申请裁决,必须提交书面仲裁协议。通常仲裁协议有合同中的仲裁条款与仲裁协议书两种形式。

仲裁条款是指双方当事人在合同中订立的,将今后可能因该合同所发生的争议提交仲裁的条款。这种仲裁协议的特点是当事人就他们将来可能发生的争议约定提交仲裁解决,而且是在合同中用一个条款来约定。该条款作为合同的一项内容订立于合同中,是合同的组成部分。仲裁条款是仲裁实践中最常见的仲裁协议的形式。

仲裁协议书是指当事人之间订立的,一致表示愿意将他们之间已经发生或可能发生的争议提交仲裁解决的单独的协议。这种仲裁协议的特点是,它是单独的仲裁协议,是在合同中没有规定仲裁条款的情况下,双方当事人为了专门约定仲裁内容而单独订立的一种协议。而且,当事人可以在争议发生之前,也可以在争议发生之后订立。

买卖双方有了仲裁协议,就可以约束双方当事人只能以仲裁方式解决争议,不能向法院起诉。同时,排除法院对有关案件的管辖权。如果当事人一方违背仲裁协议,自行向法院起诉,另一方可根据仲裁协议做出抗辩,要求法院不予受理,并将争议案件退交仲裁庭裁断。还可以使仲裁机构取得对有关争议案件的管辖权。日后如一方当事人将争议案件提交仲裁,而另一方在规定的时限内未出庭应诉,则仲裁机构有权进行缺席审理和做出缺席裁决。

 【小贴士】

我国某公司向外商出口货物一批,合同规定凡发生争议,双方应通过友好协商解决;如协商不成,将争议提交中国国际经济贸易仲裁委员会,在北京仲裁。后来在履约中双方就货物品质发生争议,对方在其所在地法院起诉我方公司,法院也发了传票传我方公司出庭应诉。

想一想:我方公司应如何处理?

(四)仲裁程序

1. 提出仲裁申请

这是仲裁程序的首要手续。申诉人向仲裁委员提交仲裁申请书时,应附具本人要求所依据的事实的证明文件,指定一名仲裁员,预缴一定数额的仲裁费。如果委托代理人办理仲裁事项或参与仲裁的,应提交书面委托书。

2. 组织仲裁庭

根据我国仲裁规则的规定,申诉人和被申诉人各自在仲裁委员会仲裁员名册中指定一名仲裁员,并由仲裁委员会主席指定一名仲裁员为首仲裁员,共同组成仲裁庭审理案件。双方当事人亦可在仲裁委员名册共同指定或委托仲裁委员会主席指定一名仲裁员为独任仲裁员,成立仲裁庭,单独审理案件。

3. 审理案件

仲裁庭审理案件的形式有两种。

(1)不开庭审理。这种审理一般是经当事人申请,或由仲裁庭征得双方当事人同意,只依据书面文件进行审理并做出裁决。

(2)开庭审理。开庭审理是仲裁审理的主要方式,是指在仲裁庭的主持下,在双方当事人和其他仲裁参与人的参加下,按照法定程序,对案件进行审理并作出裁决的方式。

4. 做出裁决

裁决是仲裁程序的最后一个环节。裁决做出后,审理案件的程序即告终结,因而这种裁决被称为最终裁决。根据我国仲裁规则,仲裁裁决必须于案件审理终结之日起45天内以书面形式做出,仲裁裁决除由于调解达成和解而做出的裁决书外,应说明裁决所依据的理由,并写明裁决是终局的和做出裁决书的日期地点以及仲裁员的署名等。

三、合同中的仲裁条款

合同中的仲裁条款的具体内容一般包括:仲裁地点、仲裁机构、仲裁规则、仲裁裁决的效力、仲裁费用的负担等。

(一)约定仲裁地点

仲裁地点通常是指在什么地方进行仲裁。在商定仲裁地点时,买卖双方一般都希望在本国进行仲裁,这主要是因为,按照许多国家法律的解释,凡属程序方面的问题,除非仲裁协议另有规定,基本上都适用审批地的法律,即在哪个国家仲裁就适用哪个国家的法律,而当事人对本国的仲裁机构和仲裁规则比较熟悉,所以都希望在本国仲裁。

我国进出口合同中的仲裁地点,有下列三种规定方法:

(1)力争规定在我国仲裁。

(2)可以规定在被告所在国仲裁。

(3)规定在双方同意的第三国仲裁。

(二)约定仲裁机构

仲裁机构是指受理仲裁案件并做出裁决的机构。一般应在合同中明确规定由哪个仲裁机构仲裁,但也可在发生争议后由双方协议商定。仲裁机构的形式一般有两种。

1. 常设的仲裁机构

国际性或区域性的仲裁组织,如总部在巴黎的国际商会仲裁院。

全国性的仲裁机构,如英国伦敦仲裁院、瑞典斯德哥尔摩商会仲裁院、瑞士苏黎世商会仲裁院、日本国际商事仲裁协会和中国贸促会的对外经贸仲裁委员会。

设在行业内的专业性仲裁机构,如伦敦油籽协会常设仲裁机构,专门有一套相对稳定的仲裁人员班子,受理各种仲裁事件。

2. 临时仲裁庭

临时仲裁庭一般是为了解决特定的贸易争议而临时组成的仲裁庭,无固定人员,争议处理完毕即自动解散。

【小贴士】

国际商会仲裁院

国际商会仲裁院成立于1923年,总部和秘书局设在法国巴黎,是附属于国际商会的一个国际性常设调解与仲裁机构。作为一个国家间的商会,成立国际商会的目的是促进国际商事活动的进行,仲裁院的成立也是旨在促进和维护国际商事活动,处理国际性商事争议,促进国际上的经济贸易的合作与发展。在国际商事仲裁领域,国际商会仲裁院无疑是最具影响力的仲裁机构。

国际商会仲裁院是国际性民间组织,与任何国家没有关系,具有很大的独立性,尽管它是根据法国法律设立的。国际商会仲裁院的委员来自40多个国家,他们都具有法律背景和国际商事法律及争议解决的专业经验。国际商会仲裁的一个主要特点是可以在世界的任何一个地方进行仲裁程序。国际商会仲裁院秘书局的工作人员也来自不同的国家,能够使用多种语言进行工作。不可否认的是,国际商会仲裁院无疑深受欧洲法律和文化的影响。

想一想:国际商会仲裁院在国际贸易领域发挥了什么样的作用?

（三）约定仲裁规则

仲裁机构一般都有自己的仲裁程序规则。在仲裁条款中,一般都规定采用哪个仲裁机构的仲裁规则。按照国际仲裁的一般做法,原则上采用仲裁所在地的仲裁规则,但也允许当事人自由选用其他仲裁规则。

（四）仲裁裁决的效力

仲裁裁决的效力主要是指由仲裁庭做出的裁决,对双方当事人是否具有约束力,是否为决定性的,能否向法院起诉要求变更裁决。

仲裁的裁决是终局性的,当事人不能再向法院上诉,即使有一方依法上诉,法院也只是审查仲裁裁决在法律手续上是否完备,而不审查裁决是否正确。只有在发现仲裁员未按仲裁程序规则审理案件时,法院才可以撤销裁决。仲裁裁决做出后,如果败诉方拒不履行仲裁裁决,而仲裁机构又不具有强制执行的权利,胜诉方可以向法院提出申请,要求法院强制执行。

【小贴士】

我国某出口企业按 FCA Shanghai Airport 条件向印度 A 进口商出口手表一批,货价5万美元,规定交货期为8月份,自上海空运至孟买;支付条件:买方由孟买 X 银行转交的航空公司空运到货通知即期全额电汇付款。我方出口企业于8月31日将该批手表运到上海虹桥机场交由航空公司收货并出具航空运单。我方公司随即向印商用电传发出装运通知。航空公司于9月2日将该批手表运到孟买,并将到货通知连同有关发票和航运单送孟买 X 银行。该银行立即通知印商前来收取上述到货通知等单据并电汇付款。此时,国际市场手表价下跌,印商以我方公司交货延期为由拒绝付款提货。我方公司则坚持对方必须立即付款提货。双方争执不下,遂提交仲裁机构仲裁。

想一想:假如你是仲裁员,你认为应如何处理?请陈述理由。

（五）仲裁费用的负担

通常在仲裁条款中明确规定仲裁费用由谁负担。一般规定由败诉方承担仲裁费用,也有的规定是由仲裁庭酌情决定。

 【任务小结】

商品检验是进出口中不可缺少的环节,货物检验的内容主要包括商品的品质、重量、卫生、包装、残损等,货物的检验可以在出口国进行也可以在进口国进行。检验机构检验合格后签发商检证书,商检证书可以作为通关、征税、解决争议的依据。

在合同履行的过程中,有时会发生当事人违约的现象,一方违约给另一方当事人造成损害,受害方可向违约方提出索赔,在索赔时应注意索赔的依据、索赔的期限、索赔的方法和金额等。在履行合同的过程中,如果一方当事人遭遇了不可抗力,使其不能履行合同,受害方可以要求解除合同或变更合同,但遭受意外事故的一方应及时通知对方,并出具不可抗力证明书。

如果当事人有违约行为,发生了争议,双方可以协商解决,如果协商不成可以提请仲裁机构进行仲裁,但双方必须有仲裁协议,仲裁协议排除了法院对案件的管辖权。合同中仲裁条款一般包括仲裁机构、仲裁地点、仲裁规则、仲裁裁决的效力、仲裁费用的负担等。

 **【知识拓展】**

"关检合一"改革落地 "新海关"迈入新时代

2018年3月17日,第十三届全国人民代表大会第一次会议通过《关于国务院机构改革方案的决定》,明确将出入境检验检疫管理职责和队伍划入海关总署。此次改革对建设中国特色社会主义新海关,完善我国跨境贸易营商环境,营造更便利和更安全的国际贸易氛围,实现通关更高效、监管更严密及服务更优质等目标具有重要意义。

9月23日,广深港高铁香港段正式通车运营。西九龙站海关设立在香港西九龙站,是机构改革后全国海关首个新设开放的海关。开关至今,日均监管进出境客运列车约150列、旅客约6万人次,有力促进了口岸通关再提速,有效增强了香港市民的获得感和归属感,为保持香港长期繁荣稳定,支持"一带一路"建设,促进粤港澳大湾区发展发挥了积极作用。

一、改革的历史脉络

新中国成立后,中国海关结束了近代受不平等条约束缚的历史,进入了崭新的发展时期。同时,中央人民政府在贸易部国外贸易司设立商品检验处,统一领导全国商检工作。改革开放初期,历经几次调整,我国形成了原国家进出口商品检验局、原农业部出入境动植物检疫局和原卫生部卫生检疫局的"三检"格局。

1998年,为解决口岸查验政出多门、重复管理、重复检验检疫、重复收费、通关效率低、企业负担重等问题,实现"一次报建、一次取(采)样、一次检验检疫、一次卫生除害处理、一次收费、一次发证放行",我国将原国家进出口商品检验局、原农业部动植物检疫局和原卫生部卫生检疫局合并组建国家出入境检验检疫局,由海关总署管理。这是改革开放以来,海关与出入境检验检疫的首次机构整合。海关总署管理出入境检验检疫期间,在整合

3

原"三检"各项单证的基础上,设计出台了出入境货物通关单,并于2000年1月1日起建立新的检验检疫货物通关制度,实施"先报检,后报关"的"串联"通关模式。但是,海关与出入境检验检疫的这次调整采取的是分立、并行的整合模式,因此并未真正实现机构整合与业务融合。

2001年,在中国即将加入WTO的大背景下,为解决中国入世多边谈判进程中存在的"两个检验机构、双重标准、重复收费、重复认证"问题,国务院决定将当时的国家出入境检验检疫局从海关总署分离,与原国家质量技术监督局合并。此次机构调整标志着中国建立了统一的质检体制,但也中断了进出境领域报关单与通关单、出入境检验检疫制度与海关通关管理制度进一步融合的进程。

加入WTO后,我国进出口货物贸易迅猛发展,报关、报检分离问题日益突出。2007年底,为提高口岸通关效率,推进无纸化通关改革,海关总署和国家质检总局联合发布公告,决定实施"通关单联网核查",即:出入境检验检疫机构根据相关法律法规的规定对法检商品签发通关单,实时将通关单电子数据传输至海关,海关凭此验放法检商品,办结海关手续后将通关单使用情况反馈给国家质检总局。2012年,海关与出入境检验检疫合作的"一次申报、一次查验、一次放行"("三个一"改革)开始在广东试点,并随后在全国各口岸分步实行。"三个一"改革进一步加快了海关与出入境检验检疫的合作步伐。

2018年,国务院要求将出入境检验检疫管理职责和队伍并入海关总署,并明确管理机构和管理职责应深度融合、有机融合、合二为一。海关总署整合出入境检验检疫,应按照国务院的职能配置、机构设置和人员编制要求,整合工作、建立职能清单,合理分工、权责一致,依法定权、优化流程。

二、改革的现实意义

(1)符合国际通行做法。通关单制度是我国为适应"三检"合一和确保进出口贸易商品安全的一种适应性措施。近年来,我国对外贸易持续繁荣,进出口商品品质不断提升,关检分离模式已不能适应国际贸易发展需要。从世界范围看,欧美等国的进出口货物通关模式中也未采用通关单制度。欧盟指令或美国联邦法律法规若涉及进出口货物技术标准,口岸通关也不需要通关单,而是将相关技术性贸易措施纳入许可证件监管或贸易管制措施。欧盟规定,一旦边境管理机构发现自第三方入境商品对公共健康、安全、环境及其他公共利益存在重大风险时,或入境商品没有符合欧盟法律规定的必要文件或标记时,或以错误或误导方式使用CE标记时,都可以暂停入境货物放行,并应立即通知市场监管部门。因此,本次机构改革后海关总署发布公告,宣布自2018年6月1日起全面取消出入境货物通关单,且进口商品可通过"单一窗口"报关报检合一界面向海关一次申报。

(2)提高口岸通关效率。改革前,海关和出入境检验检疫都是进出口货物边境查验机构,两个部门都有对进出口货物进行开箱查验或其他作业的职责和权限。据调查,虽然实际操作中,出口货物开箱重叠的情况几乎没有,但对进口货物而言,由于贸易基数较大,即使开箱重叠的比例较低,但绝对数还是不容忽视。海关开箱查验目的是确定数量、品名、规格及是否存在夹藏等涉及安全准入或非法贸易等问题,而出入境检验检疫则是进行抽样、熏蒸、消毒等处理。因此,改革后两个部门的查验工作可以合二为一,将在一定程度上降低企业通关成本、提高口岸通关效率。

(3)营造更便利的贸易环境。中国加入WTO近20年的时间里,积极推动贸易便利化进程。2015年,中国成为接受《贸易便利化协定》议定书的第16个世贸组织成员国。

2016年,中国完成《贸易便利化协定》的国内批准程序并建立贸易便利化工作联席会议制度,积极推动贸易便利化相关工作。无论是《贸易便利化协定》还是世界海关组织的《全球贸易安全与便利标准框架》,都要求成员国应推动边境管理机构的相互合作与协调行动。此次海关整合出入境检验检疫,是海关近年来第一次真正意义上触及组织结构的改革,并首次对海关职能进行了延伸。海关将统一负责进出口货物、物品的监管与查验,改变了原先条块分割的管理模式,有助于深化全国通关一体化改革和完善跨境贸易营商环境。

三、改革的未来走向

机构改革后,海关职能更宽广,队伍更壮大,海关事业将进入建设中国特色社会主义新海关的崭新阶段。

首先,新海关要优化职能配置,提高通关效率,对标国际最高标准,打造先进的、最具国际竞争力的海关监管体制机制。海关应在全面推进全国通关一体化改革基础上,切实深化海关与出入境检验检疫的机构整合和业务融合,进一步优化通关作业流程,加强与国际通行经贸规则对接并积极参与国际规则制订,营造更加公平透明、法治化和高效的跨境贸易营商环境。

其次,海关是进出境货物、物品和运输工具的监管部门,必须认真履行"把好国门"这一根本职责。因此,在口岸通关提速的同时,如何把风险挡在国门之外一直是海关执法的重点。海关整合出入境检验检疫后,要在原有安全准入(出)和风险防控基础上,增加卫生检疫、动植物检疫、商品检验、进出口食品安全监管等职责,推行全链条式管理,强化智能监管、精准监管,以更好地贯彻落实总体国家安全观。

最后,面对复杂多变的国际贸易环境和国际形势,海关要与其他政府部门协同合作,建立高效、严密的监管体系。欧美在发展过程中逐步建立了统一的市场监管体制和一体化的口岸管理体制,并在口岸管理部门与市场监管部门之间建立了相对完善的监管协调机制。海关可在目前与国家税务总局、国家外汇管理局开展联合监管合作的基础上,与市场监管部门和国家移民管理局通过信息交换、技术保障和执法合作等方式,保障国家公共利益,确保贸易安全和促进合法国际贸易。

【思考与练习】

1. 货物检验在国际贸易中有何作用?
2. 我方向对方索赔应注意什么问题?
3. 什么是不可抗力?不可抗力事件是如何认定的?
4. 什么是仲裁?仲裁协议的作用有哪些?
5. 合同中仲裁条款主要包括哪些内容?

【案例分析】

1. 我方向某国出口一批冷冻食品,到货后买方在合同规定的索赔有效期内向我方提出品质索赔,索赔额达数10万元人民币。买方附来的证件有:(1)法定商品检验证,注明该商品有变质现象,但未注明货物的详细批号,也未注明变质货物的数量或比例。(2)官方化验机构根据当地某食品零售商店送验食品而做出的变质证明书。我方未经详细研究就函复对方,既未否认品质变质问题,只是含糊其词地要求对方减少索赔金额。对方不应允,双方函件往来一年没有结果,对方遂派代表来京当面交涉,并称如得不到解决,将提交仲裁。

想一想:对此索赔案我方是否应该受理?试问双方各有何漏洞?我方应如何本着实事求是精神和公平合理原则来处理此案?

2. 某国公司以 CIF 鹿特丹出口食品 1000 箱,即期信用证付款。货物装运后,凭已装船清洁提单和已投保一切险及战争险的保险单,向银行托收货款。货到目的港后经进口方复验发现下列情况:① 该批货物共有 10 个批号,抽查 20 箱,发现其中 2 个批号涉及 200 箱内含沙门氏细菌超过进口国标准;② 收货人实收 998 箱,短少 2 箱;③ 有 15 箱货物外表情况良好,但箱内货物共短少 60 千克。

想一想:进口商应分别向谁索赔?请说明理由。

3. 我国某出口企业以 CIF 纽约条件与美国某公司订立了 200 套家具的出口合同。合同规定 2018 年 12 月交货。11 月底,我方企业出口商品仓库发生雷击火灾,致使一半左右的出口家具烧毁。我方企业以发生了不可抗力事故为由,要求免除交货责任,美方不同意,坚持要求我方企业按时交货。我方企业无奈经多次努力,于 2019 年 1 月初交货,美方要求索赔。

想一想:

(1)我方企业要求免除交货责任的要求是否合理?为什么?

(2)美方的索赔要求是否合理?为什么?

4. 我国某公司与新加坡一家公司以 CIF 新加坡的条件出口一批产品,订约时,我国公司已知道该批货物要转销美国。该货物到新加坡后,立即转运美国。其后新加坡的买主凭美国商检机构签发的在美国检验的证明书,向我国公司提出索赔。

想一想:我国公司应如何对待美国的检验证书?为什么?

5. W 国公司与 X 国商人签订一份食品出口合同,并按 X 国商人要求将该批食品运至某港通知 Y 国商人。货到目的港后,经 Y 国卫生检疫部门抽样化验发现霉菌含量超过该国标准,决定禁止在 Y 国销售并建议就地销毁。Y 国商人电告 X 国商人并经许可将货物就地销毁。随后,Y 国商人凭 Y 国卫生检疫部门出具的证书及有关单据向 X 国商人提出索赔。X 国商人理赔后,又凭 Y 国商人出具的索赔依据向 W 国公司索赔。

想一想:你认为 W 国公司应如何处理?为什么?

6. 我国 A 外贸公司从国外 B 公司进口普通豆饼 2 万公吨,8 月份交货。在 4 月份,B 商豆饼收购地发生洪灾,收购计划落空。B 公司致电 A 公司要求按不可抗力事件处理,免除其交货责任。

想一想:这一要求是否合理?为什么?

 【技能实训】

请指出下列合同条款错误或不合理的地方。

1. 品质异议须于货到目的地口岸之日起 30 天内提出,数量异议须于货到目的地口岸之日起 15 天内提出,买方仅需提供当地检验机构的检验证明。卖方将根据具体情况解决异议。由自然原因或船方、保险商责任造成的损失,卖方将不予考虑任何索赔。信用证未在合同指定日期到达卖方,在 FOB 条款下,买方未按时派船到指定港口,或信用证与合同条款不符,买方未在接到卖方通知所规定的期限内电改有关条款时,卖方有权提出索赔,但无权撤销合同或延迟交货。

2. 卖方如不能按合同规定如期交货,并同意支付罚金,买方可同意延期交货,付款银行相应减少议定的支付金额,但罚款不得超过迟交货物总额的 150%。卖方如逾期 10 个星期仍不能交货,买方有权撤销本合同。尽管合同已撤销,但卖方仍应如期支付上述罚金。

3. If the shipment of the contracted goods is prevented or delayed in whole or in part by reason of Force Majeure such as war, earthquake, fire, flood or heavy snow, the Sellers shall not be liable for non-shipment or late shipment of the goods of this contract. The Sellers should furnish the letter immediately by registered airmail with a certificate attesting such event or events.

4. All disputes arising from the execution or in connection with this contract, shall be settled amicably through friendly negotiation. In case no settlement can be reached through negotiation, the case shall then be submitted for arbitration. The arbitral award is not final. The arbitration fee shall be borne by the losing party unless otherwise awarded by the arbitration court.

3

项目四　合同的履行

【项目目标】

　　掌握进出口合同履行的各环节的内容和做法,通晓主要结汇单据的缮制和处理,协调好各环节所涉及的相关部门的业务工作,并能够正确履行进出口合同,把握好每一个环节,正确缮制各种结汇单据。

【思政目标】

　　外贸从业人员应当树立诚信合规意识,严格按照买卖双方签订的合同要求,履行国际贸易合同,在履约的过程中,做到爱岗敬业、诚实守信、严谨细致、精益求精,形成守信践诺的良好风尚,为诚信中国崛起助力。

任务一　出口合同的履行

【知识目标】

掌握出口合同履行的各环节的内容和做法,协调好各环节所涉及的相关部门的业务工作。

【能力目标】

能够正确履行出口合同,把握好每一个环节。

【案例视窗】

某 A 公司在 2016 年 11 月与阿联酋迪拜某 B 公司签订了一份出口合同,货物为 1×20 集装箱一次性打火机。不久 B 公司即开来一份不可撤销即期信用证,来证规定装船期限为 2017 年 1 月 31 日,要求提供 "Full set original clean on board ocean Bill of Lading"(全套正本清洁已装船海运提单)。由于装船期太紧,A 公司便要求 B 公司展期,装船期限改为 2017 年 3 月 31 日。B 公司接受了 A 公司的要求修改了信用证。收到信用证并经全面审查后未发现问题,A 公司在 3 月 30 日办理了货物装船,4 月 13 日向议付行交单议付。

4 月 27 日 A 公司收到议付行转来的开证行的拒付通知:"你方第××××号信用证项下的单据经我行审查,发现如下不符点:提单上缺少'已装船'批注。以上不符点已经与申请人联系,亦不同意接受。单据暂代保管,听候你方的处理意见。"

A 公司的有关人员立即复查了提单,同时与议付行一起翻阅与研究了《跟单信用证统一惯例》600 号出版物(以下简称《UCP600》)的有关规定,证实了开证行的拒付是合理的。A 公司立即电洽申请人,提单缺少"已装船"批注是我方业务人员的疏忽所致,货物确实是被如期装船的,而且货物将在 5 月 3 日左右如期到达目的港,我方公司同意其在收到目的港船代的提货通知书后再向开证行付款赎单。B 公司回复由于当地市场上一次性打火机的售价大幅下降,只有在我方降价 30% 后方可向开证行赎单。我方公司考虑到自己理亏在先,同时通过国内同行与其他客户又了解到,进口国当地市场价格确实已大幅下降,我方处于十分被动地位,只好同意降价 30%,了结此案。

案例分析:此案的案情并不复杂,却给我方带来巨大的损失,不得不引起人们的深思。我们应该从中吸取以下教训。

(1)应尽早办理装运。A 公司虽然在信用证规定的装船期限内办理了装运,满足了信用证的要求,但距 B 公司开证时已 4 个多月了。在这段时间内,由于货物本身的消费特征以及国际市场供求情况的变化,货物的当地市场价格有可能大幅下降,为避免价格下降给我方公司带来的损失,我方公司应尽快办理装运。在此案中,B 公司曾多次来电要求我方公司尽早装运,但我方公司认为装运期仍未到,没有很合理地安排生产进度,以致在装船期即将临近时才办理装运,货物到港时已距 B 公司开证时 5 个多月,又恰逢当地市场价格下降,其实已为客户拒付货款埋下了伏笔。

(2)应严格按照信用证与《UCP600》的要求制作与审核单据。信用证要求提供"已装船"提单,我方公司应提供相应的提单,以便做到"单证相符"。根据《UCP600》

4

的规定,除非信用证另有规定,提单应注明货物已装船或已装具名船只,可由提单上印就的"货物已装上具名船只"或"货物已装运具名船只"的词语来表示,在此情况下,提单的出具日期即视为装船日期与装运日期。在所有其他情况下,装上具名船只,必须以提单上注明货物装船日期的批注来证实,在此情况下,装船批注日期即视为装运日期。案中的提单(提单上没有印就上述词语)则属于后一种情况,只要在提单上注明货物装船日期的批注就行了。如果我方业务人员能按照信用证的要求制作托运单(在托运单上注明要求提供"已装船"提单),承运人或其代理能根据托运单内容与《UCP600》的规定制作并签发提单,银行能根据信用证与《UCP600》来审核 A 公司交来的议付单据,那么上述案例也许就不会发生了。

　　因此,本案例的拒付带给我们的启示是,应在信用证的装船期内尽快办理装运,严格按照信用证与《UCP600》的要求制作与审核单据。

　　本任务可分解为九个工作程序:备货、报验、催证、审证、改证、办理货运、报关、投保、制单结汇。

　　出口销售合同一旦成立,出口方就应立即履行合同规定的义务,以期顺利取得货款。履约的全部过程,由于环节多,涉及的部门多,单据多,手续也较复杂,很容易产生这样那样的问题。这就要求出口方不仅要有强烈的责任心,也要加强同各有关部门的协作和配合,十分细致地处理每一个环节,尽量避免工作脱节、延误装运期限以及影响安全收汇等事件的发生,以保证履约过程的顺利推进。

　　目前,我国的出口交易大多采用 CIF 或 CFR 贸易术语,并且凭信用证支付方式付款。履行这类合同时的主要环节包括备货、报验、催证、审证、改证、办理货运、报关、投保(CFR 条件下省略此环节)、制单结汇等。概括起来就是货(备货、报验)、证(催证、审证和改证)、船(办理货运手续、报关、投保)、款(制单结汇)四个环节。在这一错综复杂的过程中,还要及时解决履约中所发生的各种问题,若处理不当,就会造成违约行为,进而造成经济上的重大损失。因此,卖方应做好出口合同的科学管理,力争各环节环环相扣,以提高履约率和经济效益。

　　下面以按 CIF 成交、凭信用证方式付款的合同为例,从货、证、船、款四个环节,将出口合同履行所涉及的各项工作程序列举如下。

模块一　备　货

　　出口合同的履行,备货是关键。所谓备货,是指根据出口合同所规定的商品品质、规格、数量、重量、花色品种、包装等要求,按时保质保量准备好货物。其主要内容包括:及时向供货部门或生产企业进行逐一的交代、检查和督促,核实应交货物的品质、规格、数量和交运时间,并进行必要的包装以及刷制唛头等多项工作。为了使履约的各个环节有条不紊,在获得信用证之后,应立即根据出口贸易合同和来证的各项规定,向生产、加工、仓储等部门填发预先印制好的加工通知单(也称要货合同、工作联系单等),该通知单上的各栏目必须填写清楚,做到各栏内容与信用证和合同条款完全一致,作为确保各有关备货交运部门严格执行的共同依据。在备货交运过程中,应注意以下几点:

（1）对所备货物的品质、规格、花色品种要严格核对，使所交运的货物完全符合合同和信用证的规定。对于那些不符合要求的货物必须重新加工或调换。

（2）备货数量可适当有余，以备不测，在短缺时可以补足，避免短交。

（3）所备货物的包装必须符合出口合同规定，包括内外包装的方式方法、用料、重量等。由于运输公司按重量或体积计算运费，出口企业应尽量选择重量轻的小体积包装，以节省运输费用。随着技术进步，自动仓储环境处理的货物越来越多，货物在运输和仓储过程中，通常由传送带根据条形码自动扫描分拣。因此，应注意根据仓储要求，严格按统一尺寸对货物进行包装或将货物放置在标准尺寸的牢固托盘上，并预先正确印制和贴放条形码。

（4）运输包装的刷唛，要按买卖双方约定的式样，要求图形和文字清晰、醒目，位置适当，涂料不易脱落和防止错刷。唛头式样一般由卖方自行制订，并及时通知买方，或在合同上加以说明，以便及时刷唛和货到时提货无误。如果在合同上仅规定由买方决定，则要求买方在开出的信用证上注明或发运前10～15天通知卖方，否则卖方可自行决定，并在货物运往装运港前刷唛完毕。

（5）货物备妥的时间应结合信用证规定的装运期限和船期安排，做到船货相衔接。

模块二　报　　验

在出口货物备齐后，要根据合同或信用证要求向中国进出口商品检验检疫局申请检验，领取出口商品检验证书。报验的方法可根据商品的不同情况采取送样检验和邀请到产地或仓库检验。商品检验的主要内容有：商品的外观和内在质量，如包装、数量、重量、安全性能、卫生等。

申请报验的手续是：凡需要法定检验出口的货物，应填制"出口检验申请单"，向商检局办理申请报验手续。申请报验后，如出口公司发现"申请单"内容填写有误，或因国外进口人修改信用证以致货物规格有变动时，应提出更改申请，并提交更改申请单，说明更改事项和更改原因。

货物经检验合格，即由商检局发给检验证书，进出口公司应在检验证书规定的有效期内将货物出运。如超过有效期装运出口，应向商检局申请展期，并由商检局进行复验，经复验合格货物才能出口。对于一个合同分批装运的商品，一般要分批报验。若商品品质均匀划一，可进行一次性报验，经检验合格后分批装运。在取得商检证书后，随同报关单送交海关，海关凭以放行。经检验不合格的货物，一般不得出口。

模块三　催　　证

催证是指买方不按合同规定及时开立信用证，卖方以书面或口头形式向买方催促开证的情况。在通常情况下，国外客户能按时开证，但如果国外行市发生变化或进口商资金发生短缺，往往会拖延开证或不开证，甚至故意不开证。这对我方极为不利。鉴于此，我们应催促对方迅速办理开证手续。催证可在以下情况下进行：

（1）在合同规定的开证期之前催证，以提醒客户注意开证时间即将来临。

（2）在客户未按时开证的情况下催证或连续催证，以示必须立即开证，否则将延误装运期。

4

（3）在装运期已到，客户仍不开证的情况下催证。在这种情况下，如果经催证客户开来了信用证，则应在来证符合合同规定的条件下予以接受，但应注意装运期和信用证有效期必须以我方能接受为条件。

【小贴士】

我国某纺织品进出口公司与国外 H 公司按 CFR 条件签订一份棉织品出口合同，合同规定装运期为 10 月份，但未规定具体开证日期。外商拖延开证，我方公司见装运期快到，从 9 月底开始连续多次电催外商开证。10 月 5 日，收到开证的简电通知书（详情后告），我方公司因怕耽误装运期，即按简电办理装运。10 月 28 日，外商开来信用证正本，正本上对有关单据作了与合同不符的规定。我方公司审证时未予注意，交银行议付时，银行也未发现，开证行即以单证不符为由，拒付货款。

想一想：我方公司应从此事件中吸取哪些教训？

模块四 审 证

审证是指收到国外客户开来的信用证之后，对来证的各项条款逐一核对和审查，这是信用证业务中极其重要的一个环节。从理论上讲，信用证是依据买卖合同开立的，其内容应与合同条款保持一致。但在实际业务中，由于种种原因，如工作的疏忽、电文传递的错误、贸易习惯的不同、市场行情的变化或买方有意利用开证的主动权加列对其有利的条款等，往往会出现合同条款与信用证不符。若在审证中发现"不符点"，应立即要求开证人进行修改。否则会影响到出口方收汇的安全。

在实际业务中，银行（指通知行）和出口企业共同承担审核信用证的任务，但其分工不同。就银行而言，侧重于政策性及信用证真实性的审核，如开证银行的政治背景、资信能力、付款责任和索汇路线等方面的内容。出口企业则侧重于信用证条款的审核。审证要点如下。

一、来证性质

如果来证加注限制性条款或保留条款，受益人对此必须特别注意，不能轻易受理。对于合同上规定"保兑的"信用证，信用证上必须有"保兑"字样，否则，不能接受。因为之所以在合同上规定保兑，说明开证银行资信存在问题，需要有另一个银行进行保证付款。

【小贴士】

我国某轻工业进出口公司向国外客户出口某商品一批，合同中规定以即期不可撤销信用证为付款方式，信用证的到期地点规定在我国。为保证款项的收回，应议付行的要求，我方公司商请香港某银行对中东某行（开证行）开立的信用证加以保兑。在合同规定的开证时间内，我方收到通知银行（即议付行）转来的一张即期不可撤销保兑信用证。我方出口公司在货物装运后，将有关单据交议付银行议付。不久接保兑行通知："由于开证行已破产，我行将不承担该信用证的付款责任。"

想一想：

（1）保兑行的做法是否正确？为什么？

（2）对此情况，我方公司应如何处理？

二、开证银行的付款责任

为了保证收汇安全，对于开来的不可撤销信用证，应注明开证行保证付款的责任文句。如果来证中对开证银行保证付款责任方面加列了限制或保留条件，如"以领到进口许可证后通知卖方方能生效"；"在付款人拒付货款时，不承担付款责任"或类似加注，则不予接受。

三、信用证条款

来证所列条款必须符合出口合同的各项条款，要特别注意品名、规格、数量、包装、计价货币、单价及价格术语、总金额、装运期、目的港、险别等必须与出口合同规定相符。在成交数量方面，有的商品有进出口"配额"，应注意配额使用情况。

四、信用证金额和支付货币

来证中的金额和支付货币应与合同规定相一致。单价与总值要填写正确，大、小写并用。如合同订有溢短装条款，信用证中也应包括溢短装部分的金额。此外还必须注意信用证中所采用的支付货币与合同的规定是否相同。如果两者规定不一致，则应按国家外汇管理部门公布的人民币外汇牌价，将来证中的支付货币折算成合同货币，在不低于或相当于合同货币金额时方可接受。

五、信用证装运期、有效期、到期地点、交单期

信用证应注明装运期，且装运期必须与合同规定一致。如国外来证晚，无法按期装运，应及时电请国外买方延展装运期限。

信用证的有效期与装运期之间有一定的合理间隔，一般规定在装运期限后15天，以便在装运货物后有足够时间办理制单结汇工作，从而保证如期安全收汇。

关于信用证的到期地点，通常规定在中国境内到期，如信用证将到期地点规定在国外，一般不宜轻易接受。因为出口方到议付行提示单据议付货款后，银行寄单到开证行需要较长一段时间，若单据不能及时到达开证行，超过了信用证规定的时效，则被视为"逾期"，就会遭到拒付。同时也很难知道开证行何时收到单据，故货款得不到保障。因此，信用证到期地点必须在中国，如：信用证付款……交货后15天内在中国议付为有效（Payment be effected by L/C...valid for negotiation in China until 15 days after shipment），以保证按时收汇。

通常情况下，信用证还须规定一个在装运日后若干天必须向银行提交单据的特定期限，即交单期。信用证的受益人应至少有21天的交单时间。如果信用证中未规定交单期，必须在不迟于提单签发日期的21天内，同时不超过信用证到期日，向银行提交单据，否则，银行有权拒付货款。如果信用证规定的交单期过短，以致无法在规定的期限内交单，必须及时提出修改。

六、信用证规定的单据

对于来证中要求提供的单据种类、份数及填制方法等，要进行仔细审核，如发现有不正常规定，例如要求产地证书、检验证书或其他任何单据必须由国外第三者签证，则不能接受。在实际业务中，客户往往规定商品检验证书由买方出具，这就失去了检验商品和发运的主动权。对于这种要求，要力争摆脱，争取卖方的主动权。有的信用证还规定在提单上的目的港后面加上指定的卸货码头，这就难以控制能否卸货或及时卸货，故须慎重对待。

七、当事人的名称

对于当事人的名称。如开证人、付款人、开证行、通知行、议付行、受益人等，必须逐一查核，不能有错，一字之差，名称就改变了，对货、款两个方面均会带来极大的影响或损失。

八、特殊条款

国外来证往往受到开证行所在国的政策和法律的限制，规定一些出口合同上未规定的条款，如指定船公司、船籍、船龄、船级等条款，或不准在某个港口转船等。对此我方出口公司一般不应轻易接受。但若对我方出口公司无关紧要，而且也可办到，则也可酌情灵活掌握。

模块五　改　　证

在对信用证进行全面细致的审核以后，如果发现问题，应区别问题的性质，分别同银行、运输、保险、商检等有关部门联系，做出恰当妥善处理。凡是不影响收汇的，可给予通融，不必修改信用证；凡是间接或直接影响交货和收汇的，应由受益人立即要求开证申请人，通过原开证行对已开出的信用证进行必要的书面修改，或解释或删除。如开证申请人同意修改，通常先直接通知受益人，然后由原开证行通过原通知行转递正式信用证修改书。当受益人接受修改内容以后，修改书即成为原信用证不可分割的组成部分，信用证就此生效，当事人必须坚决执行。

在办理改证工作中，凡需要修改的各项内容，应做到一次性向国外客户提出，尽量避免由于我方考虑不周而多次提出修改要求，否则，不仅会增加双方的手续和费用，而且会导致拖延交货。如遇收到的信用证修改书中仍有不能接受之处，可以再次或多次要求修改，直到完全接受为止。但要注意：多次修改势必有多张修改书，这时要注意修改书的编号，不能出现漏号，凡是对修改书的再修改，必须将原修改书在三个工作日内退回银行，超过三个工作日则视为接受。退回修改书的意思是对整个修改书表示不接受，不能只要求再修改其中的某一个问题。

关于信用证和合同之间存在的"不符点"，必须修改的，坚决要求修改；可改可不改的或对我方公司有利的，可不要求修改。例如，合同规定同意转船，而信用证规定禁止转船，如果可以订到直达船的舱位，则不要求修改；又如合同规定"不同意分批装运"，而信用证规定"同意分批装运"，这对我方公司有利，可以不要求修改。但要防止望文生义。例如信用证的金额为 100000 英镑，而合同金额只有 10000 英镑，明明是疏忽造成的错误，却认为对我方公司有利，可以多出口，多收汇，即发运 100000 英镑的货物。曾有类似事例发生，结果造成被动,在经济上受到很大损失,信誉上也受到一些影响。

此外,对来证不符合合同规定的各种情况,还需要做出具体分析,只要来证内容不违反政策原则并能保证我方公司安全迅速收汇,我们也可灵活掌握,不一定坚持要求对方办理改证手续。

总之,对国外来证的审核和修改,是保证顺利履行合同和安全迅速收汇的重要前提,我们必须给予足够的重视,认真做好审证工作。

模块六 办 理 货 运

在实际业务中,出口企业往往在备齐货物并审核信用证无误后,即开始着手办理租船或订舱、报关和投保等事宜。下面我们仍以 CIF 为例,了解出口企业办理出口货物托运的程序。

出口企业在履行 CIF 出口合同时,对于数量大需要整船装运的货物,可办理租船手续;对于数量小的零散货物,则洽订班轮舱位。办理出口货物班轮的基本程序是:

（1）查看船期表,填写出口货物托运单。

（2）船舶公司或其代理人签发装货单。

（3）在取得出口许可证后,提货装船,获取大副收据。

（4）缴纳运费,换取提单。

（5）向进口方发装运通知。

办理货物发运手续前,出口企业应了解和掌握装运港的情况,如港口是否拥挤等,密切注意国际运输的动向。在整个发运过程中,要与外运公司经常取得联系,密切配合,发现问题,共同研究解决,保证如期装船。外运公司定期编制的船期表上载有船名、航线、国籍、抵港日期、截止收单期(简称截单期)、受载日期、停挂港口等内容,是船、货衔接的依据,可以作为参考。如果出口货物具有自身的特点(如易腐、易燃、易爆),需要租用特种舱位或船舶,应在托运单上加以表明,以便使货物安全装运。

模块七 报 关

报关是指出口货物出运前,由发货人或其代理在规定的期限内向海关交验有关单证,办理出口货物申报手续的法律行为。按照我国《海关法》规定:凡是进出国境的货物,必须通过设有海关的港口、车站、国际航空站进出,接受海关的监管,经过海关查验、放行后,货物才可提取或者装运出口。

目前,我国的出口企业在办理报关时,可以自行办理报关手续,也可以通过专业的报关经纪行或国际货运代理公司来办理。无论是自行报关,还是由报关行来办理,都必须填写出口货物报关单,必要时,还需提供出口合同副本、发票、装箱单或重量单、商品检验证书及其他有关证件,向海关申报出口。办理出口货物报关一般需经过以下程序。

一、申报

出口企业按照实际出口的货物,根据"外销出仓通知单"填写"出口货物报关单",一式三份,其中两份连同出口许可证、出口合同副本、发票、装货单、装箱单、出口收汇核销单、商品检验证及其他有关证件,一并向装运口岸海关申报出口。

二、查验

海关对各种申报单据进行核实,必要时要拆箱(包)查验货物种类、品质、数量、包装等项目。查验时货物所有人或其他代理人必须在场,以便及时处理发现的问题。经核查确定,出口货物符合国家有关法令,海关在有关货运单据上签署放行。

三、纳税

纳税指出口货物的发货人或其代理人在规定的期限内向海关缴纳税款。按照我国《海关法》的规定,发货人应在海关填发"税款缴纳证"次日起的14日内缴纳税款;逾期缴纳的由海关征收滞纳金。超过3个月未缴纳的,海关可以责令担保人缴纳税款,或者将货物变价抵缴;必要时通知银行在担保人或者发货人存款内扣缴。

四、放行

放行指海关经审核单证和查验货物未发现问题,在应纳税货物完成出口纳税或提供担保后,由海关在有关报关单证和查验货物记录上签章,并在装货单加盖放行印章,准予货物出境。海关放行后,出口企业或其代理即可提取和发运货物。

模块八　投　　保

按CIF条件成交的出口合同,应由出口企业为货物办理保险。在货物装船前,须及时向保险公司办理投保手续,投保时要防止漏保和错保,以免遭受不必要的损失。投保的一般程序是:首先,由出口企业填写投保单,根据信用证规定,逐项如实地表明货物名称、数量、险别、保额、起讫地点、保险期限、投保人名称等,然后交由保险公司签发正式保险单。货物投保后,在运输途中遇到不测风险,投保人即可按照保险单规定的权利和义务向保险公司提出索赔。该保险单既是索赔的主要依据,也是向银行议付货款必不可少的单据。

模块九　信用证项下制单结汇

出口企业在货物装运后,应立即按照信用证的要求,正确缮制各种单据,并在信用证规定的有效期和交单期内,将单据及有关证件送交银行,通过银行收取外汇,并将所得外汇出售给银行换取人民币的过程即为出口结汇。结汇在不同的支付方式下,其程序有所差异。信用证支付方式下的结汇,出口企业只需将符合信用证要求的所有单证交给议付行,后续工作均由银行负责。目前,我国银行采取的出口结汇方式有三种。

一、收妥结汇

收妥结汇又称"先收后付",是指议付行收到出口企业的出口单据后,经审查无误,将单据寄交国外付款行索取货款,待收到付款行将货款拨入议付行账户通知书时,即按当时外汇牌价,折成人民币拨给出口企业。

二、定期结汇

定期结汇是指议付行根据向国外付款行索偿所需时间，预先确定一个固定的结汇期限（7至14天不等），到期后主动将票款金额折成人民币付给出口企业。

三、出口押汇

出口押汇也称"买单结汇"或"议付"，是指议付行在审单无误的情况下，按信用证条款买入受益人（出口企业）的汇票和单据，从票面金额中扣除从议付日到估计收到票款之日的利息，将余款按议付日牌价，折成人民币拨给出口公司。议付行向受益人垫付资金，买入跟单汇票后，即成为汇票持有人，可凭票向付款行索取票款。银行同意做出口押汇，是为了对出口公司提供资金融通，有利于出口公司的资金周转。

出口押汇方式下，出口地银行买入跟单汇票后，面临开证行自身的原因或对单据的挑剔而拒付的风险。因此，目前我国银行只对符合以下条件的出口信用证业务作押汇：开证行资信良好；单证相符的单据；可由议付行执行议付、付款或承兑的信用证；开证行不属于外汇短缺或有严重政治经济危机的国家和地区。

在信用证项下的制单结汇中，议付银行要求"单、证表面严格相符"。但是在实际业务中，由于种种原因，单证不符情况时常发生。如果信用证的交单期允许，应及时修改单据，使之与信用证的规定一致。如果不能及时改证，进出口企业应视具体情况，选择如下处理方法。

（一）表提

表提又称为"表盖提出"，即信用证受益人在提交单据时，如存在单证不符，向议付行主动书面提出单、证不符点。通常，议付行要求受益人出具担保书，担保如日后遭到开证行拒付，由受益人承担一切后果。在这种情况下，议付行为受益人议付货款。因此，这种做法也被称为"凭保议付"。表提的情况一般是单证不符情况并不严重，或虽然是实质性不符，但事先已经开证人（进口商）确认可以接受。

（二）电提

电提又称为"电报提出"，即在单、证不符的情况下，议付行先向国外开证行拍发电报或电传，列明单、证不符点，待开证行复电同意再将单据寄出。电提的情况一般是单、证不符属实质性问题，金额较大。用电提方式可以在较短的时间内由开证行征求开证申请人的意见。如获同意，则可以立即寄单收汇；如果不获同意，受益人可以及时采取必要措施对运输中的货物进行处理。

（三）跟单托收

如出现单、证不符，议付行不愿用表提或电提方式征询开证行的意见的情况，信用证就会彻底失效。出口企业只能采用托收方式，委托银行寄单代收货款。这里要指出的是，无论是采用"表提""电提"，还是"跟单托收"方式，信用证受益人都失去了开证行在信用证中所作的付款保证，从而使出口收汇从银行信用变成了商业信用。

 【任务小结】

国际货物买卖合同成立后，双方就各自享有合同所规定的权利和承担约定的义务。我国的出口交易多以 CIF 或 CFR 价格条件为主。在此条件下，出口合同的履行环节主要包括货（备货、报验）、证（催证、审证和改证）、船（办理货运手续、报关、投保）、款（制单结汇）四个环节。

【知识拓展】

27 项措施提升跨境贸易便利化

随着一系列硬招实招的出台，我国口岸营商环境持续优化，跨境贸易便利化水平逐年提升，在世界银行跨境贸易指标的全球排名已经从 2017 年的第 97 位大幅提高到了 2019 年的第 56 位。但仍有一些"堵点""痛点"和"难点"，亟须统筹推动解决。国务院常务会议对进一步深化跨境贸易便利化改革提出了新的要求。

2021 年 7 月 29 日，国新办举行国务院政策例行吹风会，海关总署党委委员、国家口岸管理办公室主任黄冠胜表示，海关总署会同国家发展改革委、财政部、交通运输部、商务部、卫生健康委、人民银行等相关部门通过深入研究和措施细化，推出五个方面二十七项具体内容，进一步优化通关全链条全流程，清理规范收费，高效利企便民，推进智享联通，打造更加科学高效的货物通关模式。具体内容包括：支持海外仓建设，完善跨境电商出口退货政策；进一步降低进出口环节费用，巩固清理规范口岸收费成果，不断提高口岸收费的规范化、透明化水平，修订《港口收费计费办法》，加大督查检查力度，依法依规查处口岸经营活动中的涉嫌垄断行为。优化完善"经过认证的经营者"（AEO）制度，为认证企业提供更多便利化措施。

黄冠胜指出，要强化科技赋能，进一步提升口岸综合服务能力。深化国际贸易"单一窗口"功能，推进口岸建设智慧转型，推动集装箱设备交接单、装箱单、提货单等口岸物流单证无纸化，推动船公司统一海运电子提单标准，加强自动化码头建设，推广智能卡口、无人集卡等新技术，扩大智能审图应用，提升口岸基础设施和监管智能化水平。

作为国家为广大进出口企业搭建的公共信息平台，国际贸易"单一窗口"建设取得了怎样的成效？未来发展方向是什么？海关总署国家口岸管理办公室副主任王可表示，国际贸易"单一窗口"自 2016 年建设以来，目前已对接了口岸和外贸领域 25 个部委系统，提供 739 项对外服务，累计注册用户已经达 443 万余家，日申报业务量达 1200 万票。它的主要功能是"三大"，即大通关、大物流、大外贸；它的主要特点是"三跨"，跨地区、跨行业、跨部门。企业足不出户，就可向海关、外汇、税务等部门一次性提交相关申请资料，一窗通办相关部门业务。实现了口岸各部门间的信息共享和业务协同，进出口环节 38 种监管证件全部通过"单一窗口"实现联网核查、无纸通关。

除了执法类的业务之外，"单一窗口"利用数据聚集优势，与金融保险机构合作，创新推出"外贸 + 金融"模式，有效解决了中小微外贸企业融资难、融资贵的问题，惠及企业 20 余万家。"单一窗口"还大力推进与港口、铁路、民航、公路等物流节点的对接和信息双向交互试点，创新"通关 + 物流"模式，降低物流成本，提高物流效率。

王可强调，"单一窗口"将向便利化、智能化、国际化的"三化"方向发展，海关总署将会同相关部门不断拓展"单一窗口"更多新的功能，为我国外贸更高质量发展提供基础平台支撑。

【思考与练习】

1. 采用 CIF 条件和信用证支付方式的出口合同履行过程中一般包括哪些环节？

2. 出口企业在备货过程中应注意哪些事项？

3. 当前我国出口结汇有哪几种方式？

 【案例分析】

1. 某出口商通过中国银行××分行收到新加坡某银行电开信用证一份，金额为100万美元，购买我方花岗岩石块，目的港为巴基斯坦卡拉奇。证中有下述条款：

（1）检验证书于货物装运前开立并由开证申请人授权的签字人签字，该签字必须由开证行检验；

（2）货物只能待开证申请人指定船只并由开证行给通知行加押电通知后装运，而该加押电必须随同正本单据提交议付。

想一想：该信用证可不可以接受？为什么？

（分析提示：从两项条款对受益人是否有利的角度来分析。）

2. 某公司与越南某客商凭样品成交达成一笔出口镰刀的交易。合同中规定复验有效期为货物到达目的港后60天。货物到达目的港经越商复验后，未提出任何异议。但时隔半年，越商来电称：镰刀全部生锈，只能降价出售，要求按成交价的40%赔偿其损失。我方公司接电后，立即查看留存的复样，也发现类似情况。

想一想：我方公司是否应当同意对方的要求？为什么？

 **【技能实训】**

请以浙江义乌工贸进出口公司业务员的身份描述出如下所述出口交易的完整流程。

出口商：浙江义乌工贸进出口公司　　往来银行：中国银行义乌分行

进口商：英国得力贸易公司　　往来银行：德意志银行伦敦分行

合同主要内容：

签约日：2018年2月19日

标的物：打火机（需要办理出口许可证）

合同金额：USD47250.00

装运条款：装运期为2019年6月，装运港为浙江温州港口。

支付条款：不可撤销远期承兑信用证，签约后30天内开到卖方，见票后45天付款，15天内交单。

任务二　进口合同的履行

【知识目标】

掌握进口合同履行的各环节的内容和做法，协调好各环节所涉及的相关部门的业务工作。

【能力目标】

能够正确履行进口合同，把握好每一个环节。

4

【案例视窗】

国内进口商与新加坡公司的贸易纠纷案

2016 年下半年，新加坡某公司与国内某进出口 A 公司签订一笔进口货物合同，合同约定：成交价格为 FOB 每吨 2000 美元；A 公司负责租船，海运费每吨 6 美元，滞期费计算方法；货物质量检验标准以装货港港口 SGS 检验为准；A 公司向国内一家银行申请，开出以新加坡公司为受益人的可转让不可撤销信用证；发生纠纷适用新加坡法律，由新加坡仲裁机构仲裁等。随后 A 公司将信用证开出，新加坡公司收到信用证后通过新加坡一家银行转让给印尼公司，由 A 公司租船至印尼某港口接货。2017 年 10 月，新加坡公司的银行（转让行）将信用证要求的单据寄至国内 A 公司的银行（开证行），要求付款。

第一役：信用证项下单据之争

信用证单据到开证行后，开证行提出以下不符点并拒付：全套正本提单少 1 份；汇票金额与其他单据不符。新加坡公司经研究认证，开证行提出的不符点是成立的。但问题是，在装货港装船时，国内实业公司与 A 公司亲自到港共同查验，知道货物实际质量，为什么还要拒付？后在协商中获知，是买方租船及滞期费过高，预期货物将在国内涨价未果。由于买方要求降价幅度太大，新加坡公司无法接受，在开证行拒付的第二日通过其银行要求开证行立即退单。买方原以为新加坡公司只有降价的份，但没想到退单，由于开证行已发出"拒付，等待指示"的电文，无奈只有退回单据。但此时买方已支付海运费、滞期费约 300 万美元，这为以后的纠纷埋下了伏笔。

第二役：海关仓位之争

单据退回后，转让行又将单据退回印尼公司的银行，印尼公司经与新加坡公司协调后，决定将单据交由新加坡公司处理，由新加坡公司到中国港口接货。此时，A 公司利用曾接触过信用证项下单据的机会，将单据都作了影印。由于预报关对提供的单据审查不严，且一般机构也无法辨别原件、复印件（例如提单），A 公司将其影印的单据交由在卸货港的货代，由货代向海关以进口人为 A 公司名义提出预报关，目的在于占领该批进口货物的海关仓位，逼新加坡公司就范。

之后新加坡公司向中国海关及货代提出严正声明，告知由于该批货物买方没有付款，新加坡公司是货物所有权单据合法持有人。后迫于压力，货代撤回了预报关，保货初步告捷。

第三役：意外事件

正当新加坡公司欲与船公司谈判海运费时，发生了意外情况。该批货物的实际进口人国内实业公司在当地中级人民法院起诉新加坡公司，并对货物进行诉讼保全。由于新加坡公司与国内实业公司并没有直接的合同关系，按国际贸易实践及中国法律相关规定，国内实业公司是没有资格起诉新加坡公司的，且该地中级人民法院对未通关的货物进行保全的做法也值得商榷。

国内实业公司的目的很明显：拖垮新加坡公司（货物未报关将产生巨额报关滞报金、堆存费等），迫使其回到谈判桌上。新加坡公司与印尼公司联手通过其大使馆向中国最高人民法院提起申诉，后国内实业公司撤回了诉讼。事后得知，国内实业公司是篡改了 A 公司与新加坡公司的国际贸易合同文件，将合同上买方改为自己公司并去掉仲裁条款而提起诉讼的。

第四役:提货单(小提单)之争

据该船公司在目的港港口代理称:A公司的海运费分文未付,且产生巨额的滞期费,要获得小提单必须支付全额费用。后在与船公司代表谈判中获知,A公司与船公司订立的海运费、滞期费标准远远高于买卖合同中的条款,船公司认为没有协商余地。

考虑到相关费用差距太大,船公司与国内A公司、实业公司又联手,并且根据海运实践经验看,船公司在出船运输到目的港卸货应该已收取相关费用的70%~80%,因此新加坡公司放弃了谈判。后在海事法院申请了海事强制令,在提供了足额担保后,新加坡公司取得了该批货物项下的小提单。

第五役:通关销售

取得小提单后,新加坡公司联系国内一家新的可靠的外贸公司,与其签订了新的外贸进出口合同,并以这家外贸公司的名义办理了进口报关。同时积极联系实际买家,由于该批货物滞留港口时间太长,除了原有的关税、装卸费、堆存费、货代费用之外,还产生了巨额的滞报金、后续堆存费等,新加坡公司已无力缴纳,先让实际买家垫付了上述费用后得以最终成交。至此,本案基本结束。

案后语:本案是一起较为特别的国际贸易纠纷。因为在FOB成交条件下信用证被开证行拒付,进口方又不愿付款赎单,出口方如将货物退回,海运费与货物价值几乎同等,退运无价值,更困难的是,出口方又无法调动船公司,因为船是进口方找的。在这种情形下,进出口双方都面临着非常尴尬的境地。进口方虽未付款,但已支付或将支付海运费、滞期费(如有);出口方仍占有货物,而且面临复杂的局面:船公司漫天要价、重新寻找买家、原来买家的阻挠、对异国进口相关规则的陌生等。因此在FOB成交条件下信用证出现不符点被银行拒付时,进出口双方应尽量协商,寻找双方都能接受的条件,找到利益平衡点,谨慎考虑后果。

本任务可分解为七个工作程序:开立信用证、派船接运货物、投保货运险、审单和付汇、报关、纳税、验收和拨交货物。

进口合同经双方签字成立以后,即构成法律性文件,交易双方均受其制约。任何一方若有违约行为发生,都必须承担由此而造成的全部直接损失。因此进口合同签字后,买方应履行合同条款所规定的义务,及时开证,卖方应按合同规定履行交货义务。

在我国的进口业务中,一般按FOB价格条件成交的情况较多,如果是采用即期信用证支付方式成交,履行这类进口合同的一般程序是:开立信用证、派船接运货物、投保货运险、审单和付汇、报关、纳税、验收和拨交。这些环节的工作,是由进出口公司、运输部门、商检部门、银行、保险公司以及用货部门等各有关方面分工负责、紧密配合而共同完成的。现将履行进口合同的主要环节分别介绍和说明如下。

模块一 开立信用证

进口合同签订后,根据合同规定办理开证手续。首先填写开证申请书(Application for Letter of Credit),向银行办理开证手续。进口商申请开立信用证,应向开证银行交付一定比率的押金（Margin）或抵押品，同时按规定向开证银行支付开证手续费。

申请开立信用证的注意事项如下：

一、有充足的、可使用的外汇是进口方向银行申请开立信用证的前提

进口方在合同约定的时间向开证行申请开证，开证行收到申请后，就按照申请开立信用证。银行在开证的过程中，有权要求进口方交出一定金额的资金，或以其他形式的财产作为银行开证的担保。按照规定，企业拥有的外汇，一般都要存入银行，企业需要使用跟单信用证进口货物，银行应该把等于信用证金额的资金冻结成开证保证金。如果进口方在开证行没有账户，银行可要求进口方在开证前将相当于信用证总额的资金存入银行。

二、申请开证的时间要符合合同规定

信用证的开证时间，应按合同规定办理，如合同规定由卖方确定交货期，买方应在接到卖方交货期通知后开证；如合同规定卖方获得出口许可证或提交履约保证金后开证，则买方应在收到卖方已领到许可证的通知，或银行转知保证金已照收后开证。

由于信用证的开证时间会影响装运期（有时甚至直接影响出口方的加工生产），出口方只有在收到信用证后才可以放心地安排生产和装运。进口方一定要在规定的装运期前开出信用证，以便出口方有足够的时间安排货物出运。

三、信用证的措辞和内容要与合同规定相符

信用证应以合同为依据。信用证的内容，例如品质、规格、数量、价格、交货期、装运条件及装运单据等，应与合同条款一致。有些信用证为了准确地表述合同的内容，在信用证上写明"参阅 ×× 合同"，这种做法是不科学的。因为这样容易造成合同和信用证的细微差别，从而使出口方无所适从。

四、开证行开立信用证的主要做法

（一）不开立可转让信用证

一般情况下，开证行无法对第二受益人的情况进行调查，尤其是对于跨地区或国家的转让活动更难了解和掌握。在这种情况下，一旦信用证被转让出去，开证行就很难控制。在实际业务中，如果存在大额货物涉及多家出口商时，我国银行可以在所开立的信用证中表明"汇票和单据若由某厂商提供可以接受"或"第三者出具的装运单据可以接受"，以表明厂商可以作为本证的受益人。

（二）接受由开证人或出口方指定通知行的信用证

信用证中的通知行是开证行在国外业务的延伸，两家银行合作是信用证安全运行的基础。因此，一般银行在其他国家都有其相对固定的合作银行。中国银行在为国内进口企业开立信用证时，就规定通知行由中国银行指定。如果国外出口方执意指定通知行，中国银行也接受进口企业在开证申请书上注明"该银行在中国银行选择通知行时供参考"。

（三）不开立载有 T/T 偿付条款的信用证

T/T 偿付条款是指在该条款下，出口地的议付行在收到出口方提交的与信用证条款一致的单据后，即可直接向开证行发电索汇。在这种信用证中，出口方比一般信用证早十多天就可以取得货款，有利于其资金周转。但对于开证行来说，如果在议付后审单过程中

4

发现不符再向议付行交涉、追讨货款时,就会面临许多困难。因此,我国银行不接受开立该条款的信用证。

信用证开出后,若卖方对信用证提出修改意见,应视其具体情况,考虑是否应给予修改。最常见的修改内容有:延长装运期和信用证有效期、变更装运港口等。

模块二　派船接运货物

国外装船后,卖方应及时向买方发出装船通知,以便买方及时办理保险和做好接货等项工作。在FOB术语下的派船接货活动主要包括以下过程。

(1)进口方必须在合同规定的装运期以前向船公司提出租船订舱的申请,并告知船公司预计的装船期和装运港。如果船公司可以接受该笔货物的运输业务,进口方就可与其签订租船合同。在办好租船订舱手续后,进口方向出口方提供船名、船期等信息,以便出口方就备货及装船方面的情况与船方保持联系。

根据《国际贸易术语解释通则2020》对FOB术语的解释,进口方必须在合同规定的装运期内订妥船只,并派船接货。如果由于进口方租船订舱不及时或所订船只不适航、不适载等问题造成出口方在装货方面的损失,均由进口方承担。因此,进口方按合同规定租船订舱非常重要。

(2)为了保证进口方所派船只与出口方的备货活动衔接,在FOB合同中通常会规定,出口方须在装运期前、备好货后向进口方发出货物备妥通知,以便进口方通知船公司在最短时间内前往装运港装货。

 【小贴士】

某年某月中国某地粮油进出口公司A与东南亚某国一商业机构B签订进口大米若干吨的合同。该合同规定:水分最高为20%,杂质最高为1%,以中国商品检验局的检验证明为最后依据;单价为每公吨××美元,FOB东南亚某港口,麻袋装,每袋净重××公斤,买方须于××××年××月派船只接运货物。因船期紧张,A公司并没有按期派船前去接运,其一直延误了数月才派船接货,当大米运到中国后,A公司发现大米生虫。于是委托当地检验机构进行了检验,并签发了虫害证明,A公司据此向B公司提出索赔20%货款的损失赔偿。当B公司接到对方的索赔后,不仅拒赔,而且要求对方A公司支付延误时期B公司支付的大米仓储保管费及其他费用。

想一想:

(1)B公司要求A公司支付延误时期的大米仓储保管费及其他费用能否成立,为什么?

(2)A公司的索赔要求能否成立,为什么?

(3)如果进口方在出口国设有办事处或代办处,进口方还会要求在合同中规定,由进口方派人到装运港验货、监装。这时,进口方可通过其代理在装运港履行监督的职责,以维护自身权益。

(4)在装运过程中,进口方需要与船公司和出口方随时保持联系,以掌握装船的进度。当货物完成装货时,进口方可以及时向保险公司投保。因为有时会发生出口方在货物上船以后,没有及时发运通知而造成货物漏保或迟保的现象。

模块三　投保货运险

FOB 或 CFR 交货条件下的进口合同,保险由买方办理。进口商(或收货人)在向保险公司办理进口运输货物保险时,有两种做法:一种是逐笔投保方式,另一种预约保险方式。

逐笔投保方式是收货人在接到国外出口商发来的装船通知后,直接向保险公司填写投保单,办理投保手续。保险公司出具保险单,投保人缴付保险费后,保险单随即生效。

预约保险方式是进口商或收货人同保险公司签订预约保险合同,其中对各种货物应投保的险别作了具体规定,故投保手续比较简单。按照预约保险合同的规定,所有预约保险合同项下的按 FOB 及 CFR 条件进口货物保险,都由该保险公司承保。因此,每批进口货物,在收到国外装船通知后,即直接将装船通知寄到保险公司或填制国际运输预约保险启运通知书,将船名、提单号、开船日期、商品名称、数量、装运港、目的港等多项内容通知保险公司,即作为已办妥保险手续,保险公司则对该批货物负自动承保责任,一旦发生承保范围内的损失,由保险公司负责赔偿。

【小贴士】

某年 1 月份我国某一进口商与东南亚某国以 CIF 条件签订合同进口香米,由于考虑到海上运输距离较近,且运输时间段海上一般风平浪静,于是卖方在没有办理海上货运保险的情况下将货物运至我国某一目的港口,适逢国内香米价格下跌,我国进口商便以出口方没有办理货运保险,卖方提交的单据不全为由,拒收货物和拒付货款。

想一想:我国进口商的要求是否合理?

分析提示:我国进口商的要求是合理的。尽管我国进口商的动机是由于市场行情发生了对其不利的变化,但是由于是 CIF 贸易方式,要求卖方凭借完全合格的单证完成交货义务。本案中卖方没有办理货运保险,提交的单据少了保险单,即使货物安全到达目的港,也不能认为其完成了交货义务。

模块四　审单和付汇

在信用证支付方式下,进口方在确认对方已完成发货义务后,将凭出口方提交的符合信用证规定的单据进行付款。

在我国,一般情况下出口方提供的全套单据会通过信用证的开证行——中国银行转让给进口方,由进口方负责对单据进行全面的审核。进口方在审核单据时一定要把单据与信用证逐字逐句地进行核对。

一、审核的单据

出口方在完成出口义务之后缮制并提交的单据就是进口方需要审核的单据。审单的内容主要包括:单据是否齐全;单据的名称、份数、内容等与信用证是否一致;各单据之间是否矛盾;各种单据签发的日期之间是否存在矛盾(比如装运期早于货物检验日期)等。

二、审单的时间限制

根据《跟单信用证统一惯例》(UCP600)第十四条的规定:"开证行如果要拒绝单据,它必须毫不延迟地以电讯方式就此发出通知,如不可能,就以其他快捷方式发出通知,时间不得迟于收到单据的次日起的第七个银行工作日。"即开证行和进口方进行的审单活动不得超过《跟单信用证统一惯例》所规定的时间。如果超过了时间限制,则认为开证行已接受了所有单据,开证行必须无条件付款。因此,我国的进口企业在得到单据后一定要抓紧时间审单,以免超过审单期限而被动。

三、审单的结果

在信用证支付方式下,进口方审单是一项非常重要的工作。进口方审单的目的是要保证"单单相符、单证相符"。只有做到这点,才能基本保证出口方提交的货物符合合同和信用证的需要,符合进口方的进货要求。

进口方的审单可能出现两种结果:

(1)进口方把出口方提交的单据与信用证条款进行严格对比,发现单据正确无误后,进口方即可通知开证行对外付款。

(2)进口方通过审单,发现单据和信用证规定存在不符。如果不符点对货物交付没有严重影响,进口方可以通知开证行暂时拒绝付款,并要求出口方进行修改;如果进口方发现不符点影响到合同履行的核心内容,如货物规格、数量、品质等重要条款与信用证不符,则进口方可拒绝付款提货,并可对由此造成的损失向对方提出索赔。

银行收到国外寄来的汇票及单据后,对照信用证的规定,核对单据的份数和内容。如内容无误,即由银行对国外付款。同时进出口公司按照国家规定的有关外汇牌价向银行买汇赎单。进出口公司凭银行出具的"付款通知书"向用货部门进行结算。若审核国外单据时发现单、证不符,应做出适当处理。如停止对外付款;相符部分付款、不符部分拒付;货到检验合格后再付款;凭卖方或议付行出具的担保付款;要求国外改正单据;在付款的同时,提出保留索赔权等。

模块五　报　　关

进口货物到港后,应及时向海关填送"进口货物报关单",并提交合同副本、正本提单、发票及其他有关单据,办理报关手续。若属于许可证管理的进口商品,还应递交有关进口许可证。若进口货物为"来料加工"或"进料加工"则无须提交进口许可证,但要办理免税手续,海关根据提交的各类单据对照进口货物,查验无误后放行。报关手续一般由外贸进出口公司委托国际货运代理公司代为办理。海关放行后,则根据委托人的要求,将货转运至收货人。一切费用均由国际货运代理公司向外贸公司结算,再由外贸公司与用户办理最终结算手续。有时也可经外贸公司提出证明,由用户自提货物。

模块六　纳　　税

海关按照《中华人民共和国海关进口税则》的规定,对进口货物计征进口税。货物在进口环节由海关征收(包括代征)的税种有:关税、增值税、消费税、进口调节税等。它们的计算方法如下。

一、关税

进口关税是货物在进口环节由海关征收的一个基本税种。进口关税的计算是以 CIF 价为基数计算。如果是 FOB 价格进口，应加上国外运费和保险费。其公式为：

$$进口关税税额＝CIF 价格 × 关税税率$$

二、增值税和消费税

增值税是指以企业生产的产品中新增加的价值额或劳务中的增值额为课税对象征收的一种税。消费税是指以消费品或消费行为的流转额为课税对象的税种。消费税的计算公式为：

$$消费税 ＝（进口商品完税价格 ＋ 关税）× 消费税税率 ÷（1 － 消费税税率）$$

对于不征消费税的商品，增值税计算公式为：

$$增值税 ＝（进口商品完税价格 ＋ 关税）× 增值税税率$$

对于征收消费税的商品，增值税计算公式为：

$$增值税 ＝（进口商品完税价格 ＋ 关税 ＋ 消费税）× 增值税税率$$

三、进口调节税

进口调节税是国家对限制进口的商品或其他原因加征的税种。其计算公式为：

$$进口调节税＝CIF 价格 × 进口调节税税率$$

模块七　验收和拨交货物

一、验收货物

进口货物运达港口卸货时，港务局要进行卸货核对。如发现短缺，应及时填制"短卸报告"交由船方签认，并根据短缺情况向船方提出保留索赔权的书面声明。卸货时如发现残损，货物应存放于海关指定仓库，待保险公司同商检机构检验后作出处理。对于法定检验的进口货物，必须向卸货地或到达地的商检机构报验，未经检验的货物不准投产、销售和使用。如进口货物经商检机构检验，发现有残损短缺，应凭商检机构出具的证书对外索赔。对于合同规定的卸货港检验的货物，或已发现残损短缺有异状的货物，或合同规定的索赔期将届满的货物等，都需要在港口进行检验。

一旦发生索赔，有关的单证，如国外发票、装箱单、重量明细单、品质证明书、使用说明书、产品图纸等技术资料、理货残损单、溢短单、商务记录等都可以作为重要的参考依据。

二、办理拨交手续

在办完上述手续后，如订货或用货单位在卸货港所在地，则就近转交货物；如订货或用货单位不在卸货地区，则委托货运代理将货物转运内地并转交给订货或用货单位。关于进口关税和运往内地的费用，由货运代理向进出口公司结算后，进出口公司再向订货部门结算。

【任务小结】

我国进口交易多以 FOB 价格术语、即期信用证支付方式成交为主,其履行程序是:开立信用证、派船接运货物、投保货运险、办理保险、审单和付汇、报关、纳税、验收和拨交等。

【知识拓展】

RCEP 生效一周年、"一带一路"倡议十周年,我国进出口成绩如何?

据海关统计,2022 年我国对 RCEP 其他 14 个成员国进出口 12.95 万亿元,增长 7.5%,占我国外贸进出口总值的 30.8%,与"一带一路"沿线国家进出口贸易 13.83 万亿元,比上年增长 19.4%,规模创历史新高,占我国外贸总值的比重达到 32.9%。

我国对 RCEP 其他成员国进出口占同期进出口总值的三成。

2023 年 1 月 1 日,《区域全面经济伙伴关系协定》(以下简称"RCEP")正式生效实施一周年。在国务院新闻办 1 月 13 日召开的新闻发布会上,海关总署新闻发言人吕大良介绍,随着 RCEP 政策红利持续释放,对区域内贸易的促进作用持续显现。一到四季度,我国对 RCEP 其他成员国进出口占同期我国进出口总值的比重分别为 30.4%、30.5%、30.7% 和 31.4%。

2022 年,我国对 RCEP 其他成员国进出口增速超过两位数的达到了 8 个,其中对印度尼西亚、新加坡、缅甸、柬埔寨、老挝进出口增速均超过了 20%。对韩国的进出口规模位居我国与 RCEP 其他成员国进出口的首位,达到 2.41 亿万亿元,增长 3.2%。

2022 年,我国对 RCEP 其他成员国进出口中间产品 8.7 万亿元,增长 8.5%,占同期我国对其他成员国进出口总值的 67.2%,从主要商品看,我国对 RCEP 其他成员国出口机电产品、劳动密集型产品分别增长 13.2% 和 20.7%,其中电子元件、蓄电池、汽车分别增长 15%、50.3% 和 71.6%。我国自 RCEP 其他成员国进口机电产品、金属矿及矿砂、消费品也分别占 46.2%、10.4% 和 10.2%;原油、天然气等能源产品的进口值增长较快。

2022 年民营企业对 RCEP 其他成员国进出口达 6.56 万亿元,增长 17.4%,占同期我国对 RCEP 其他成员国进出口总值的 50.6%,比重较上年提升 4.3 个百分点。

2022 年我国与"一带一路"沿线国家进出口贸易增长 19.4%。

2023 年还是共建"一带一路"倡议提出的十周年。倡议提出以来,我国与"一带一路"沿线国家的贸易往来日益紧密。2013 年至 2022 年,我国与沿线国家的进出口年均增长 8.6%,2022 年我国与沿线国家贸易继续保持了快速增长,进出口 13.83 万亿元,比上年增长 19.4%,高出整体增速 11.7 个百分点。其中,出口 7.89 万亿元,增长 20%;进口 5.94 万亿元,增长 18.7%。

2022 年,我国与沿线国家的进出口规模创历史新高,占我国外贸总值的比重达到 32.9%,较上年提升了 3.2 个百分点,较共建"一带一路"倡议提出的 2013 年提升了 7.9 个百分点。

我国对中亚 5 国、阿联酋和沙特阿拉伯等进出口分别增长 45.4%、42.1% 和 37.2%,同期对东盟进出口 6.52 万亿元,增长 15%,占我国对沿线国家进出口总值的 47.1%。

我国对沿线国家出口中间产品 4.44 万亿元,增长 23.9%,占同期我国对沿线国家出口总值的 56.3%。其中纺织品、电子元件、基本有机化学品和汽车零配件出口分别增长

14.5%、21.1%、31.3%和24.6%。同期,进口能源产品、农产品稳定增长,分别进口2.46万亿元和3704.1亿元,增速分别为58.8%和13.4%。产业链供应链互补性增强。

民营企业对沿线国家进出口7.85万亿元,增长26.7%,占同期我国与沿线国家进出口总值的56.8%,比重较上年提升3.3个百分点。

2022年,海关总署还积极扩大"一带一路"沿线国家优质农产品和食品的进口。累计与共建"一带一路"国家签署海关检验检疫合作文件73份,推动60种农产品食品检疫准入或实现贸易。以共建"一带一路"国家为重点,大力推广"经认证的经营者"(AEO)国际互认合作和国际贸易"单一窗口"合作交流,提升贸易便利化水平。大力促进中欧班列通关便利,中国和哈萨克斯坦"关铁通"项目于2022年初在中哈边境阿拉山口和霍尔果斯铁路口岸启动了试运行,与白俄罗斯的"关铁通"项目也在加快推进,促进贸易畅通。

 【思考与练习】

1. 进口商申请开立信用证时,应注意哪些问题?
2. 如何理解逐笔投保和预约保险方式?
3. 根据《跟单信用证统一惯例》(UCP600),开证行审单有何时间限制?

 【案例分析】

1. 某公司从国外某商行进口一批钢材,货物分两批装运,支付方式为不可撤销即期信用证,每批分别由中国银行开立一份信用证。第一批货物装运后,卖方在有效期内向银行交单议付,议付行审单后,即向该商行议付货款,随后,中国银行对议付行作了偿付。我方在收到第一批货物后,发现货物品质与合同不符,因而要求开证行对第二份信用证项下的单据拒绝付款,但遭开证行拒绝。

想一想:开证行这样做是否合理?为什么?

2. 中方某外贸公司与香港某公司达成了一笔1019公吨镀锡铁皮和镀锌薄板金额约20万美元的交易。支付条件为即期信用证,货运期为2月和3月。合同签订以后,中国银行广州分行很快开出了信用证,规定了商品的名称和规格、数量、重量和装运期等。中国船公司应托运人请求,向其发运了48个集装箱,供其装货和加封。3月24日,承运人签发了"已装船"清洁提单,3月25日,香港方寄单至中国银行,同时香港的中国船运公司"海星"号轮到达黄埔。集装箱明显完好,封条未动。但启封以后,发现箱内只有充满脏水的旧铁桶,没有镀锡铁皮和镀锌薄板。3月30日,收货人立即将该欺诈行为通知了中国银行,并要求通知指定的议付银行,但中国银行收到香港打来电话,说已于提示汇票和单据时支付了货款。同时,外贸公司发现商业发票与提单不符,即信用证内的商品为50厘米,而提单内规格为50毫米。

想一想:中方应如何处理此事?

 **【技能实训】**

请绘制进口合同履行图,贸易条件为FOB条件和即期信用证付款。

任务三　主要进出口单据的缮制

【知识目标】

掌握主要进出口单据的格式和缮制内容。

【能力目标】

能够缮制报验单、报关单、投保单、货物托运单、大副收据、出口收汇核销单、汇票、发票、海运提单、保险单、产地证明书、普惠制单据、装箱单和重量单、检验证书等主要进出口单据。

【案例视窗】

发票与原产地证内容不一致致损案

我国某橡胶出口企业 A 与泰国某进口贸易有限公司 B 达成了一笔 L/C 交易，证中有关单据的条款规定："正本提单一份，商业发票一式三份，以及由商检局出具的普惠制原产地证书 From A，所有单据除发票外不得表示发货人或受益人的地址。"A 公司按 L/C 要求进行装运后，便向当地商检机构申请出具普惠制原产地证书 From A，但商检机构却要求在普惠制原产地证书 From A 上发货人地址栏不得留空。这样，A 公司不得不电告 B 公司："由于我国商检机构强制规定普惠制原产地证书上的发货人栏必须表明发货人的名称和详细地址，请立即将原 L/C 中的条款改为'所有单据除发票、普惠制原产地证书以外，不得表示发货人或受益人地址'。"不久，B 公司即回电称："该普惠制原产地证书系我方提供给另外的客户，并非我方所需要，所以难以改正。如果你方不在原产地证书中表示你方的真实详细地址，而是虚构一个地址，则我方可考虑修改 L/C。"接电后，A 公司考虑到货物已发运，如果拒绝接受 B 方的要求和建议，将会承担运费的损失。另外也以为虚构原产地证书中的发货人的地址，不会影响最终的结汇。于是，A 公司便接受了 B 公司的要求，同时，B 公司也如约将原 L/C 中的单据条款改为："除发票、普惠制原产地证书外，所有单据不得表示发货人或受益人的地址。"

一切似乎进展顺利，A 公司将制好的全套单据交议付行又寄至开证行。但开证行当即提出了单据中的不符点："你第×××号 L/C 项下的单据经审核发现发票上受益人的地址与原产地证书中发货人的地址不符，故而构成单单不符，我行无法付款，请速告单据处理意见。"A 公司得到消息后，才意识到原来公司里的单证员习惯了按固定的发票格式制单，忽略了将发票发货人真实详细的地址改为虚构的地址，而此时想再置换发票已为时过晚。最终，A 公司不得不与 B 公司商议降价处理此笔货物，才了结了此案。

案情分析：

本案的外贸单证员犯了一个十分幼稚的错误。单单一致是 L/C 业务的基本要求，制单时一定要十分细致地处理。本案给我们提供的教训是：

1. 在不熟悉法规和规定的情况下不能贸然操作

案例中的 A 公司审证时，未对 L/C 中规定的"原产地证书不能标明发货人或受益人地址"条款给予足够的注意和重视。在此情况下，如果对我国商检机构出证的规定

4

不熟悉,单证人员应事先就此问题向我国的商检机构详细询问和调查,以确保出口单证能够满足 B 公司 L/C 的要求。

2. 修改出口单证时不能顾此失彼

本案中 B 公司要求 A 方不在除发票以外的单据中表示受益人地址,是因为除发票以外的所有单据必须由 B 公司交给其另外的客户,而发票则可以由 B 公司自留。相对而言,发票对 B 公司来说是次要的,但当 L/C 修改后增加了普惠制原产地证书并虚构发货人地址后,A 公司单证员却忽略了发票与原产地证书发货人地址的一致,忘记将发票中的真实地址修改为虚构地址,这就为以后的单证不符埋下了隐患,为 B 公司胁迫 A 公司降价处理货物留下了口实。

3. 慎重对待进口商虚构地址的要求

制单工作是维护贸易各方权利和义务的重要环节,不仅要符合国际商业惯例,也要符合国际贸易中的有关法律和法规。因此,单证工作必须做到正确、完整、及时、整洁,而不应当接受任何一方违背事实、弄虚作假的要求。如果途中作假,将极易造成单证不符,给出口合同的履行带来不必要的麻烦,甚至会引起意想不到的重大损失。商业发票是货物单据中的核心单据,其他单据是以其为中心填制的。如果产地证中有关发货人地址与商业发票中的同一栏地址不一样,肯定属于单单不符,在 L/C 条件下,是很难保证正常结汇的。案中 A 公司虽然使其单据虚构发货人的地址符合 L/C 的要求,但却不可能与实际情况及其买卖合同的内容相符,最终存在着不良隐患。

随着电子计算机在外贸业务中的广泛应用,外贸企业运用外贸业务信息管理系统已极为普遍。其中出口合同及单证的计算机管理大大提高了工作效率。要避免上述单单不一致的现象发生,只要在该系统中运用单证制作模块就行了。该模块可以根据外销合同、L/C、产品情况等信息输入基础数据,加入相应的单证条款就可直接生成所有的单据。由于使用该模块生成的单证具有可编辑性,用户可以直接在生成的单证上进行编辑,所以要避免出现上述失误并不困难,关键是要以认真、细致的工作态度对待制单工作。

本任务可分解为十四个工作程序:报验单、报关单、投保单、货物托运单、大副收据、出口收汇核销单、汇票、发票、海运提单、保险单、产地证明书、普惠制单据、装箱单和重量单、检验证书。

凡是采用信用证支付的合同,结汇单据必须按照信用证规定的单据种类及份数严肃认真地进行缮制。开证行只有在审核单据与信用证表面完全相符后,才承担付款的责任。开证行如发现出口商所提交的单据与信用证有任何不符,均有可能出现拒付货款的情况。因此,结汇单据的缮制是否正确完备与安全迅速收汇有着十分重要的关系。对于结汇单据,一般都要本着"正确、完整、及时、简明、整洁"的原则来制作和审核。

一、正确

制作单据只有做到内容正确,才能保证及时收汇,单据应做到两个一致,即"单证一致"(指单据与信用证一致);"单单一致"(指单据与单据一致)。此外,还应注意单据对货物的描述与实际装运货物相一致。这样,单据才能真实地代表货物,以免发生错装错运事故。

二、完整

单据的完整是指信用证规定的各项单据必须齐全,不能短缺,单据的份数和单据本身的项目等都必须完整。

三、及时

制作单据必须及时,并应在信用证规定的交单期或《UCP600》规定的交单有效期内将各项单据送交指定的银行办理议付、付款或承兑手续。如有可能,最好在货物装运前,先将有关单据送交银行预审,以便有较充裕的时间来检查单据,及早发现其中的差错并进行改正。如有必要,也可及早联系国外买方办理修改信用证,以免在货物出运后不能收汇。

四、简明

单据内容应按信用证规定和有关的国际惯例填写,力求简单明了,切勿加列不必要的内容,以免弄巧成拙。

五、整洁

单据的布局要美观大方,缮写或打印的字迹要清楚,单据表面要整洁,更改的地方要加盖校对图章。有些单据,如提单、汇票以及其他一些重要单据的主要项目,如金额、件数、数量、重量等,不宜更改。

现将各种单据的缮制要点列举如下。

模块一　报　验　单

报验单也称检验申请单,是指根据我国《商检法》规定,针对法定检验的进出口货物向指定商检机关填制和申报货物检验的申请单,其内容一般包括:品名、规格、数量(或重量)、包装、产地等项。如需有外文译文时,应注意使中、外文内容一致。

在填制和提交"出口检验申请单"时,要注意按一种商品、一次出运、一个收货人为一批,填写一张出口检验申请单。一般还应附上合同和信用证副本等有关凭据,供商检局检验和发证时参考。

在填写和提交"进口检验申请单"时,国内外贸企业一般应随附货物买卖合同、国外发票、提单、装箱单、重量明细单、质量保证书和国外检验证书等资料。

模块二　报　关　单

报关单是进出口企业在货物装运前向海关申报货物进出口的单据,是海关征收关税的主要凭证,由我国海关总署统一印制,经过进出口地海关审核、签发以后生效。根据货物进出口的情况,又分为《出口货物报关单》和《进口货物报关单》。其主要填写项目为:经营单位、贸易性质、贸易国别(地区)、原产国别(地区)、货名、规格及货号、成交价格、数量等。

在提交进出口货物报关单时,一般还须按规定随附如下文件或单证:进出口许可证或批准文件、进出口货物提货单、装货单或运单；进出口货物发票、进出口货物装箱单、减税免税或免验的证明文件，必要时还须附上货物买卖合同、产地证明等有关单证。

模块三   投保单

投保单是进出口企业向保险公司对运输货物进行投保的申请书，也是保险公司据以开立保险单的凭证，保险公司在收到投保单后缮制保险单。

投保单一般是在逐笔投保方式下采用的做法。进出口企业在投保单中要填制的内容包括货物名称、运输标志、包装及数量、保险金额、保险险别、运输工具、开航日期、提单号等。

模块四   货物托运单

货物托运单是指托运人根据买卖合同或信用证条款内容填写的向承运人办理货物托运的单证。不同运输方式或运输工具使用不同格式的托运单，现分别介绍如下。

一、海运托运单

出口企业填写托运单（booking note），作为向船方申请租船订舱的依据。承运人根据托运单内容，并结合船舶的航线挂靠港，船期和舱位等条件考虑，认为合适后，即接受这一托运，并在托运单上签章。留存一份，退回托运人一份。至此，订舱手续即告完成，运输合同即告成立。货运服务机构、船公司或其代理人在接受托运人的托运单证后，即发给托运人装货单（shipping order）。

海洋运输按运输工具不同有两种运输方式：一种是传统的散货运输，另一种是现代化的集装箱运输，海运托运单又根据这两种不同运输方式分为以下两种：

（1）散货运输托运单，是在装货单（Shipping Order）和大副收据（Mate's Receipt）基础上发展而成的一种多功能单据，一套十二联。其内容包括目的港、运输标志、件数和包装式样、货名、运费到付或运费预付、重量、尺码、可否转船、可否分批、装运期和有效期等。

（2）集装箱货物托运单，是指集装箱运输专用出口单证。标准格式一套共十二联，性质与散装运输托运单相同。此套单据的核心是装货单和场站收据（Dock Receipt），其内容与散装运输托运单基本相同。

二、陆运托运单

陆运托运单指陆上火车运输，主要分沪港联运和国际联运。两者都纳入货运代理人，如外运公司的货运代理业务范围。为简化工作，各出口单位一般以发票代托运单，但发票上必须加注必要的项目，如编号、装运期、有效期、可否分批等，并随附出口报关单、出口收汇核销单、出仓（提货）单等报关的有关单证。

三、空运托运单

中国民用航空局制订有统一的国际货物托运书（Shipper's Letter of Instruction），其内容与海运托运单大同小异，也与陆运托运单类似。

模块五　大　副　收　据

大副收据是指货物装船后,由船长或大副签发给托运人的,表示已收到货物并已装船的临时收据,又称为收货单。托运人凭收货单向外轮代理公司交付运费并换取正式提单。收货单上如有大副批注,则在换取提单时,将该项大副批注转注在提单上。

模块六　出口收汇核销单

我国实施出口收汇核销制度,即对出口货物实行"跟踪结汇"。出口收汇核销单是"跟踪结汇"的管理手段。进出口企业在货物出口前应事先向当地外汇管理局申请领取出口收汇核销单。出口企业在办理出口货物报关时,必须向海关出示填妥内容的核销单,凭填有核销单编号的报关单办理手续。经逐票核对并查验货物无误后,海关在核销单和有核销单编号的报关单上加盖"验讫章"并签注日期,然后将它们交还出口企业。由出口单位将核销单存根随附发票等单据送当地外汇管理部门备案。

出口企业在货物报关后,到银行办理货款的结算,将注有核销单编号的发票随同单据交受托行。若为信用证或托收项下的出口,出口企业在向受托行交单、要求议付或托收时,必须提供一联注明核销单编号的发票交银行查存,盖有海关"验讫章"的核销单由出口企业保存。若为汇付方式出口,出口企业应事先向国外进口商告知该批出口货物的核销单编号。当货款汇至银行后,银行将款项解付给出口企业。对一票出口多笔收汇者或多票出口一笔收汇者,应将对应的核销单编号全部填上。如为自行寄单索汇的,由出口企业在结汇后将核销单编号填入结汇水单或收账通知,然后向外汇管理部门办理核销。外汇管理部门按规定办理核销后,在核销单上加盖"已核销"章,并将其中的出口退税专用联交出口企业办理出口退税之用。

模块七　汇　　票

汇票是出口商凭以向进口商要求付款的收款工具,是各种结汇方式中都使用的主要单据之一。一般开具一式两份,两份具有同等效力,在使用中通常注明"付一不付二"或"付二不付一"字样,即其中一份付讫,另一份自动失效。

由于汇票是一种要式的有价证券,所以对其缮制要求不得有误和涂改,否则汇票将无效,从而会影响到安全收汇。出口商开具汇票时,首先要明确如下事项。

一、出票依据或出票条款

信用证项下包括开证行名称、地点、信用证号码及开证日期;托收项下留空不填或填写"For Collection"。

二、出票地点及出票日期

出票地点为出口方所在地,出票日期为交单议付期,一般出口方向银行交单时由银行填写。

三、汇票编号

填发票号码或其他有利于识别的号码。

四、汇票金额

汇票金额填写在汇票上的灰色区域,分为小写和大写两部分。小写部分填货币代号和阿拉伯数字,大写部分由小写金额翻译而成。

五、收款人(Payee)

除个别情况另有规定外,无论是信用证付款方式,还是其他付款方式,如托收,汇票的收款人一般做成"凭指示抬头(Pay to Order)",由收款银行指示将货款打入出口公司的银行账号。

六、付款人(Payer)

信用证项下为开证行或指定的付款行,托收项下为进口商。

七、出票人

出票人即签发汇票的人,应写明出口人名称,并由负责人签字,否则无效。

模块八 发 票

发票是进出口贸易结算中使用的最主要的单据之一。我国进出口贸易中使用的单据主要有商业发票、海关发票、形式发票、领事发票及厂商发票等。

商业发票(Commercial Invoice)是出口商对所装运货物的情况进行的详细描述,并凭以向买方收取货款的一种价目总清单,是全套进出口单据的核心。通过发票,进口商对货物的品名、规格、单价、数量、总价等能够有较全面的了解,并凭以对货物进行验收与核对。同时,商业发票也是出口商记账、收付汇、进出口报关及海关统计的依据。在不需要出具汇票时,它还可以作为买方支付货款的依据。

海关发票(Customs Invoice)是根据某些国家(地区)海关的规定,由出口商填制的供进口商凭以报关使用的特定格式的发票,同时也供进口国海关核定货物原产地国,以采取不同的国别政策。

形式发票(Proforma Invoice)是出口商向进口商发出的有关货物名称、规格、单价等内容的非正式的参考性发票,供进口商申请进口批汇用。它只能算是一种简式合同,不能用于托收和议付。

领事发票(Consular Invoice)是拉美、菲律宾等国为了解进口货物的原产地、有无倾销行为等情况而规定的,由进口国驻出口国领事签证的发票,作为征收进口关税的依据,同时签证费用也是领事馆的经费来源之一。

厂商发票(Manufacture's Invoice)是进口国为确定出口商有无倾销行为以及为了进行海关估价、核税和征收反倾销税,而由出口货物的制造厂商所出具的、以本国货币计算的,用来证明出口国国内市场出厂价的发票。

现就商业发票的基本内容及制单要点介绍如下。

一、抬头人

在商业发票的抬头人一栏内,一般为开证申请人。有时信用证规定了特定的抬头人,则应在抬头人栏内填上特定人的名称。

二、对货物的名称、规格、数量、单价、包装等项内容的填制

凡属信用证方式,必须与来证所列各项要求完全相符,不能有任何遗漏或改动。若外文少了或多了,或错了一个字母,银行都不予接受。即使信用证记载的英文品名,有拼错的地方,如将 Bicycle 误为 "Bicicle",发票上也只能将错就错;若品名作了改动或价格条件按习惯进行简化,都是不能允许的。例如:信用证记载 "Chinese leather shoes",不能改为 "Footwear",又如:信用证记载 "CIF London including 3% Commission" 不能简化为 "CIFC 3 London"。如来证内没有定详细品质或规格,必要时可按合同加注一些说明,但不能与来证的内容有抵触,以防国外银行挑剔而遭到拖延或拒付货款。

三、日期

商业发票一般不能迟于汇票日期,如果在信用证项下不用汇票索取货款时,应在发票上加注开证行名称、证号和开证日期。

四、金额

填写发票金额要正确,发票金额一般不能超过信用证规定的最高金额。按照银行惯例的解释,开证银行可以拒绝接受超过信用证所许可金额的商业发票。在货物允许分批装运的情况下,每批发货的商业发票金额,应与发货量成相应比例。

五、其他

(1)来证和合同规定的单价含有"佣金"(Commission)的情况,在发票处理上应照样填写,不能以"折扣"字样代替。如来证和合同规定有"现金折扣"(Cash Discount)的字样,在发票上也应填写全名,不能只写"折扣"或"贸易折扣"(Trade Discount)等字样。

(2)由于各国法令或习惯不同,有的来证要求在发票上加注"证明所列内容真实无误"(或称"证实发票" Certified Invoice),"货款已经收讫"(或称"收妥发票" Receipt Invoice),或加注有关出口企业国籍、原产地等证明文句,出口商应在不违背我国方针、政策和法令的情况下,酌情办理。出具"证实发票"时,应将发票的下端通常印有的"有错当查"(E.&.O.E)字样删去。

模块九　海运提单

海运提单是承运人确认已收到托运人的货物,已装船或待装船,从而签发给托运人的货物收据。由于它由承运人单方面签发,所以也是承运人与托运人之间的运输合同的证明,具有物权凭证的作用,卖方可以通过掌握海运提单来控制货物。

海运提单的制单要点如下。

4

一、承运人

提单上必须表明以轮船公司身份注册的承运人,以防欺诈,否则银行不予接受。

二、托运人

托运人即发货人。除信用证另有规定外,托运人一般为受益人;托收方式下为托收的委托人。

三、收货人

提单的种类较多,其收货人(即抬头人)的填制内容,必须根据信用证的规定。在实务中绝大多数制成指示性提单,即在收货人栏内制成"凭指定"和"凭托运人指定"。凡指示性提单需进行背书才能有效转让。

四、被通知人

被通知人在信用证方式下按规定填写。该栏必须要有详细的名称和地址。

五、商品名称

提单上的货名,可以简单表明,不必表明其详细规格。例如:信用证或合同上规定为"Chinese mild steel I—Beams 10 or 12 meters length",可以概括为"mild steel I—Beams"即可。但不能把"Chinese Leather Shoes"统称为"Shoes"。因为这样统称改变了商品的特性。

六、提单签发份数

提单一般由船公司签发一式两份正本,如托运人请求,也可超过两份,具有同等效力。当其中一份提货生效时,其他各份立即失效。信用证上要求的所谓"全套提单"是指要求的正本份数,需要多少副本,除按信用证规定外,托运人可根据需要而定。

七、提单签发日期

提单的日期不得迟于信用证规定的装运期限,亦不得早于开证日期。

八、提单形式

提单有全式提单和简式提单两种。应采用哪一种形式的提单,除信用证另有规定外,可自行选择。

九、毛重和体积

若信用证无特别规定,则只填总毛重和总体积。若为集装箱货,毛重包括货物的毛重和集装箱的皮重,体积则按集装箱计。

十、运费

提单上的运费支付问题,要根据合同或信用证规定的价格条款而定。以FOB成交的运费,应注明"运费到付(Freight Collect)";以 CFR、CIF 成交的运费,应注明"运费预付(Freight Prepaid)"。

十一、修改或更正

凡是在需要修改或更正的地方,必须由船公司或其代理人在更改处签字。

十二、承运人签章

提单必须由船公司或其代理人签字才有效。若信用证要求手签,也须照办。

模块十　保　险　单

保险单俗称大保单,是一种正规的保险合同。它如同指示性的海运提单一样,也可由投保人按照信用证规定或由被保险人背书后随物权的转移而转让。目前国内保险公司均出具保险单作为出口贸易的保险凭证。

保险单也是议付货款不可缺少的装运单据之一。在填制保险单时,应注意以下问题。

一、险别

投保险别必须按照合同或信用证规定填列。

二、保险金额

保险金额一般按发票金额的 110% 核定,又不得低于 CIF 总金额。大小写金额必须一致。如果买方临时提出加保其他附加险,或提高保险金额,如将上述百分比提高到120% 或 130%,只能在保险公司同意后,可予以接受,但增加的超额保险费用不得列入发票金额,应另行由买方汇付给卖方。

三、船名、起讫港、开航日期等

船名、起讫港、开航日期等必须与提单记载一致。

四、货物名称、数量等

货物名称、数量等应与提单、商业发票以及其他单据相符。

五、币别

投保和赔付货币币种应与货物计价货币币种相同。

六、赔款地点

赔款地点一般按信用证规定地点填列;以托收方式支付货款的,应以目的口岸或邻近地作为赔款地点。

七、份数

保险单一般一式两份,如信用证另有规定者,则按信用证规定份数填列,并注明需要副

4

本若干份。

八、背书

保险单应由投保人作一次性的背书。

模块十一　产地证明书

产地证明书是应进口人的要求,由出口国有关政府部门——商检局、国际贸易促进委员会,或按信用证指定的部门签发的证明书,以证明出口货物的原产地。作为装运单据的一种,有的进口国把该证书作为海关按互惠约定征税的依据,有的进口国因国别政策或限制性政策的需要,规定进口人提供产地证明书。缮制产地证明书时应注意以下问题。

（1）收货人的名称及地址,必须无误地按信用证记载填列。

（2）品名、品质、数量、价格等必须与其他有关单证完全一致。

（3）要以醒目的字样表示商品的原产地。例如:兹证明该货的原产地为中华人民共和国。(This is to certify that the origin of the goods is the People's Republic of China.)

（4）签发日期不得迟于有关货物的提单日期。

（5）所需份数应与信用证规定相符。

模块十二　装箱单和重量单

装箱单又称花色码单,列明每批货物的逐件花色搭配;重量单则列明每件货物的毛、净重。装箱单和重量单又称包装单,用以证明装运货物的详细情况。它们与商业发票有密切的关系。商业发票上货物的数量和重量可以是笼统的,而装箱单、重量单上的数量和重量要详细具体。这两种单据是用来补充商业发票内容的不足,既是交接运输货物的凭证,又是计算运费、海关验货、商检、索赔的依据。

缮制包装单时应注意以下问题。

一、编号

装箱单和重量单的编号可以与有关商业发票号一致,并注明"Relating to Invoice No."字样。一般不再另行编号。

二、日期

制单日期要与商业发票日期相符。

三、商品说明

商品名称、规格、数量、包装等必须与出口合同和信用证规定相一致,不能从简。

四、唛头和件数

唛头必须是买卖双方商量的,不能任意改变,更不能错刷或漏刷;发运货物的件数必须有连续编号,例如:"C/S Nos 1—50 "。如果在发现漏装或刷唛后发现漏编号,或其中有一件或数件发生问题,须经退关而不能装船时,应在本单和提单上的件数编号前同时注明"Ex",以表示有缺号。

五、包装类型

货物的包装必须根据合同和信用证规定如实填列,并与实际包装相符。

六、签署

单据应由发货人签署。

模块十三　检验证书

商品检验证书是由中国出入境检验检疫局以国家行政机构的身份,对进出口商品进行检验和鉴定后对外签发的、具有法律效力的证书。它是证明卖方所交货物与合同规定是否相符的依据,也是报关验放的有效凭证。

我国对进出口商品的检验有法定检验和鉴定业务两类。对于需要检验的商品,均要在出口报关前到商检机构申请商品检验。否则,凡属法定检验的商品,若报关单上没有"商品检验放行章",海关将不接受申报,而非法定检验但必须经商品检验并出具证明的商品,若未经商检机构检验和发证的,有关银行将不予以结汇。

商检证书有品质检验证书、重量或数量检验证书、兽医检验证、卫生证、熏蒸消毒证等,分别用以证明货物的品质、数量、重量和卫生条件等,应注意证书的名称及所列项目或检验结果,应与合同及信用证规定相同。

以上有关单据样式见附件。

【任务小结】

凡是采用信用证支付的合同,结汇单据必须按照信用证规定的单据种类及份数严肃认真地进行缮制。对所有的议付单据,要求做到正确、完整、及时、简明和整洁。通常需要缮制的单据有:报验单、报关单、投保单、货物托运单、大副收据、出口收汇核销单、汇票、发票、海运提单、保险单、产地证明书、普惠制单据、装箱单和重量单、检验证书等。

【知识拓展】

4000万元货物抵港后"不翼而飞",又一起罕见提单伪造诈骗案!

提单号、船号、时间、进出港口全部一致,但在提货时却发现,货物不是自己的,这是怎么回事呢。

2019年2月,从事平行汽车进口业务的深圳市赤湾东方供应链管理有限公司(以下简称东方供应链)遭遇了这样一桩怪事,在已向卖家交付货款的情况下,其购买的70辆路虎汽车却"离奇失踪",货款也打了水漂。

9月25日,东方供应链总经理赵力:"卖家给我的海运提单经过了4家银行的验证,货物信息在承运人中远海运的官网上也可随时查询,但我们在提货时却被告知单货不符,后来我们才发现提单系伪造。"

这又是一单罕见的伪造提单诈骗事件：为保护货主隐私，提单号在承运人官网只能查询到物流的进出港口和时间等信息，无法查询货物种类和收货人姓名。而交付提单的银行也只对提单进行形式上的审查，货主仅仅依靠肉眼很难辨别提单真伪，这就给了欺诈行为存在的空间。

4000万元货物不翼而飞，供应方"跑路"。

2月28日，东方供应链工作人员登上天津新港码头，准备提取一批早已购买好的路虎汽车。这批路虎汽车是中进国际贸易（天津）有限责任公司（以下简称中进公司）一年前委托东方供应链及关联公司向德国AUTOMANO GMBH公司预定的，货物为70辆路虎汽车，价值4000万元人民币。但当工作人员来到港口时，惊讶地发现自己所持的提单内容与承运人系统登记的舱单信息不符，提货遭拒。

通过查阅海运提单扫描件发现，该提单与正常提单看起来并无不同，其标注的货物、收货人均为东方供应链，中远海运官网上通过该提单号查询到的装卸港与装卸时间也和提单一致，但在提货遭到拒绝后，中远海运方面表示，该提单号下属的货物已经有人取走，东方供应链拿到的提单系伪造。

事件发生后，供应方AUTOMANO GMBH公司也"人去楼空"，该德国公司的官网已经无法登录，联系人电话也无法打通。

东方供应链总经理赵力："按照其与中进公司签订的《代理进口协议》，因中进公司指定的供货商疑似提交伪造单据导致东方供应链及关联公司在办理押汇（垫付货款）后无法提货，构成违约，相应责任由中进公司承担，但中进公司拒绝予以赔付，东方供应链由此将中进公司告上法庭。"

正本提单信息如何泄露成疑。

东方供应链总经理赵力："在提货遭拒后，其将原提单递交给中远海运上海总部进行了核验，之后收到了一则书面证明，称提单系伪造，但对于具体的伪造手法，中远海运称此为商业机密，不便透露。"

9月25日，中远海运方面表示，该提单单号下的货物已被提走，"提单本身没有问题，出现此类事件可能是提单单号遭到了冒用"。而当赵力试图联系提单的"真正"主人时，中远海运表示为了保护雇主的信息，该单号的收货人身份不宜透露。

有从事平行汽车进出口业务的人士表示，在这一案例中，大概率是国外供应商冒用了正本提单的数据，但最值得琢磨的是，供应商是如何知晓正本提单数据的？而且通过了银行验证意味着供应商不只渗透到了承运人数据，也"骗过"了银行。

东方供应链总经理赵力认为："在这单交易中，东方供应链通过中国银行、民生银行、建设银行申请开立了国际信用证，国外供应商则通过德国汉堡当地德国商业银行交付了包括海运提单在内的单证。提单是经过银行验证的，但由于银行有免责条款，只对单据形式做审核，因此我们也不清楚最终要如何追究银行的责任。"

相比国内的一些骗子，这些"洋骗子"往往"业务素质"更高，对贸易、法律、运输、金融等知识融会贯通，手段多样、隐蔽性强，让出口企业防不胜防。下面盘点一下国际贸易中的各类骗术。

（一）伪装成知名买家的代理人

经常从事外贸的员工都知道，所谓的"中间商"大致分为两种，一种是作为代理人身份存在,不需要承担付款责任;另一种自行采购,需要独立承担付款责任。一些不良的中间商在自行采购的过程中,会把自己说成是某知名买方的代理人,误导企业以为合同是和知名买方签订,付款责任落在知名买方身上。企业等事后被知名买方"拖欠"货款并经追偿才明白,知名买方根本不是自己的买方,也无付款责任,自己的买方其实就是中间商,而这时中间商早已逃之夭夭。

（二）冒名顶替知名买方

相比上一种"洋骗子",有些恶劣的骗子更直接——他们直接冒充其他买方下单。这种行骗手段越来越普遍,而且很容易得逞。原因在于国际贸易中,合同基本以签字为主,不需盖章,造假成本很低。至于假公司如何去提货? 除记名提单外,其他提单一般都可以转让,通过在提单上简单的背书,假公司便可以自己名义直接去提货了。

（三）勾结货代无单放货

控制提单是企业控制收汇风险比较常用手段,比如采用"见提单复印件付款"的方式。但是提单在手,货物已经被买方提走的情况已是屡见不鲜。货物怎么会被无单放货的呢? 那是因为出口企业拿到的可能不是船公司签发的提单,而是货代签发的提单;特别是在FOB情况下,货代由买方指定,一些小货代跟买方有业务往来,往往会听从买方指示。这些货代不怕被告吗? 在国内要告这些货代很困难,很多货代在中国根本没有注册和营业机构;即使在中国有营业机构,其规模也大多很小,可追偿性很低。

（四）采用无法控制货权的运输单据

信用证和D/P控制风险的一个前提是,信用证出现不符点或者D/P被拒收后,单证还会退回来,货物还可以控制住。但是许多国际运输单据(包括一些提单)并不代表物权凭证,控制单证,并不能控制物权。在这些情况下,运输公司往往并未违背国际操作惯例,起诉运输公司也未必能赢。一些狡猾的骗子会利用这些单据不能控制货权的特点,在信用证项下、D/P项下指定要求提交这些运输单证,然后一边拒收单证,一边又提走货物。

（五）利用特殊海关政策的漏洞

一些国家(地区)对货物退运有着特殊规定,货物被拒收后,出口企业如果想拉回来或者转第三国,必须要获得原买方同意退货的书面声明。如果不能得到买方的配合,或通过其他途径证明货物权属,货物就会在一定时间后被海关拍卖。这些国家(地区)的一些骗子就利用这一海关特殊规定,诈骗中国企业。一般这些骗子不会直接拒收货物,而找各种理由拖延付款,目的就是尽量拖到拍卖时间。随着拍卖时间的临近,这些骗子的真面目就会暴露出来,要求以极低的价格卖给他。

（六）网络黑客诈骗

一些不良分子,抓住现代国际贸易采用电子邮件交往越来越频繁的特点,利用现代信息技术手段进行诈骗。一般是国外买方在收到货物之后、支付货款之前,接到要求变更收款账号的邮件指示(实际上,邮件由"网络黑客"操纵,通过入侵单方或双方的邮件系统,使买方产生出口企业要求其变更汇款路径的错觉,从而达到骗取货款的犯罪目的)。一旦买方根据指示付款后,货款很快被转移或被提取。出口企业因迟迟未收到货款与买方核对时,双方才发现货款被骗。

（七）利用银行的违规操作

信用证和D/P,在一定条件下都是相对比较安全的支付方式,但是一些金融落后的国家(地区)的银行,存在银行不按国际规则操作的情况,比如进口国银行在D/P项下未获得买方付款、或L/C项下未获得买方付款和承兑情况下放单给买方。骗子利用银行的这种不规范操作,骗取出口企业的货物。

4

（八）冒名银行工作人员

在一些通过银行结算的支付方式中，比如通过银行托收，通常由我国银行根据国外指示的地址通过国际邮递寄送全套单证，进口国银行收到单证后，提示买方付款或承兑赎单。一些"洋骗子"冒充进口国银行的工作人员，给出错误的国外银行地址并冒名顶替接收邮递，并不需要付款或承兑即可轻松通过骗取提单提货。

【思考与练习】

1. 当前我国出口结汇有哪几种方式？
2. 制单结汇过程中应做到哪几点？
3. 出口单据主要有哪些种类？
4. 请说明报关用商业发票和结汇用商业发票在制作上的不同。

【案例分析】

1. 2013年湖南A公司与日本B企业签订出口大米合同，合同规定出口数量1500公吨，单价160美元/公吨，允许10%的数量增减。B企业如期开来了信用证，证中规定：总金额240000美元，数量1500公吨。A公司出货1560公吨，提交249600美元的单据提交银行。议付行审单时指出：单据金额已超出信用证总金额，要求A公司更改单据，发票数量改为1500公吨，金额240000美元，保证信用证项下的金额能安全收汇。A公司按议付行的要求更改单据，多出的60公吨货物，价值9600美元改为D/P收汇。最后249600美元货款均安全收回。

想一想：银行要求改单，是否必要？为什么？

2. 2012年6月，浙江F出口公司与印度Y进口商达成一笔总金额为6万多美元的羊绒纱出口合同，合同中规定的贸易条件为"CFR NEW DELHI BY AIR"。支付方式为100%不可撤销即期信用证，装运期为当年8月间自上海空运至新德里。合同订立后，进口方按时通过印度一家商业银行开来信用证，通知行和议付行均为国内某银行，信用证中的价格术语为"CNF NEW DELHI"，出口方收到信用证后，按规定发运了货物，将信用证要求的各种单据备妥交单，并办理了议付手续。然而，国内议付行在将有关单据寄到印度开证行不久即收到开证行的拒付通知书，拒绝理由为单证不符：商业发票上的价格术语为"CFR NEW DELHI"与信用证中的"CNF NEW DELHI"不一致。得知这一消息后，出口方立即与进口方联系要求对方付款赎款单；同时通过国内议付行向开证行发出电传，申明该不符点不成立，要求对方按照《UCP600》的规定及时履行偿付义务。但进口方和开证行对此都置之不理，在此情况下，出口方立即与货物承运人联系，其在新德里的货运代理告知该批货物早已被收货人提走。在如此被动的局面下，出口方最终不得不同意降价20%了结此案。

想一想：通过此案，我们可以得到什么启示？

【技能实训】

提供某笔外贸业务的合同和信用证内容，据此缮制全套结汇单据。

附件　部分单据实样

1. 汇票

BILL OF EXCHANGE

凭   信用证或购买证

Drawn under_____L/C　or　A/P No._____

日期   年   月   日 支取 按   年   息   付   款

Dated_____Payable with interest @_____% Per annum

号码   汇票金额   中国,合肥   年   月   日

No._____Exchange for_____ Hefei, China_____

见票   日后（本汇票之副本未付）付

At_____ sight of this FIRST of Exchange

(Second of the same tenor and date unpaid) pay to the order of _____

金额

the sum of_____

此致

To_____

安徽省进出口有限公司

ANHUI PROVINCE IMP. & EXP. Co., Ltd.

2. 发票

SANXIN TRADING CO., LTD.

NO. 126 HONGXING ROAD YANTAI SHANDONG

Commercial Invoice

To：   Date：

                                      Invoice No：

                                      Contract No：

From：   to：   Letter of credit No：

Issued by :

Marks & Numbers	Quantities and Descriptions	Unit Price	Amount

SANXIN TRADING CO., LTD.

3. 海运提单

BILL OF LADING	
SHIPPER	B/L NO.
	CARRIER:
CONSIGNEE	COSCO
	中国远洋运输（集团）总公司
NOTIFY PARTY	CHINA OCEAN SHIPPING（GROUP）CO.
	ORIGINAL

MARKS NOS. & KINGS OF PKGS. DESCRIPTION OF GOODS G.W. MEAS（M3）

PLACE OF RECEIPT	OCEAN VESSEL	
VOYAGE NO.	PORT OF LOADING	COMBINED TRANSPORT BILL OF LADING
PORT OF DISCHARGE	PLACE OF DELIVERY	

TOTAL NUMBER OF CONTAINERS
OR PACKAGES（IN WORDS）

FREIGHT & CHARGES	REVENUE TONS	RATE	PER	PREPAID	COLLECT
PREPAID AT	PAYABLE AT			PLACE AND DATE OF ISSUE	
TOTAL PREPAID	NUMBER OF ORIGINAL B（S）L				
LOADING ON BOARD THE VESSEL DATE BY					

4. 出口运输险投保单

中国人民保险公司上海分公司
出口运输险投保单

编号：＿＿＿＿＿＿＿＿＿＿

兹将我处出口物资依照信用证规定拟向你处投保国外运输险计开：

被保险人（中文）（英文）		过户	
标记或发票号码	件数	物资名称	保险金额
运输工具（及转载工具）		约于　年　月　日启运	赔款偿付地点
运输路程	自　　　　经　　　　到	转载地点	
投保险别	投保单位签章		

5. 保险单

中 国 人 民 保 险 公 司

THE PEOPLE'S INSURANCE COMPANY OF CHINA

总公司设于北京　　　　　　1949 年创立

Head office：BEIJING　　　　Established in 1949

发票号码　　　　　　　　　　　　　　　　　　　　保　险　单

保险单号次

INVOICE　NO.　　　　　　　　　　　　　　INSURANCE POLICY

POLICY NO.

　中国人民保险公司(以下简称本公司)根据＿＿＿＿＿＿＿＿＿＿＿＿＿(以下简称为被保险人)的要求由被保险人向本公司缴付约定的保险费,按照本保险单承保险别和背后所载条款与下列条款承保下述货物运输保险,特立本保险单。

THIS POLICY OF INSURANCE WITNESSES THAT THE PEOPLE'S INSURANCE COMPANY OF CHINA (HEREINAFTER CALLED "THE COMPANY") AT THE REQUEST OF (HEREINAFTER CALLED "THE INSURED") AND IN CONSIDERATION OF THE AGREED PREMIUM BEING TO THE COMPANY BY THE INSURED, UNDERTAKES TO INSURE THE UNDERMENTIONED GOODS IN TRANSPORTATION SUBJECT TO THE CONDITIONS OF THE POLICY AS PER THE CLAUSES PRINTED OVERLEAF AND OTHER SPECIAL CLAUSES ATTACHED HEREON.

标　记 MARKS & NOS.	包装及数量 QUANTITY	保险货物项目 DESCRIPTION	保险金额 AMOUNT INSURED

总保险金额

TOTAL AMOUNT INSURED：

保费　　　　　　　　　　费率　　　　　　　　　　　装载工具

PREMIUM AS ARRANGED　　RATE AS ARRANGED　　　PER CONVEYANCE S.S.

开航日期　　　　　　　　　　　　　　自　　　　　　至

SLG. ON OR ABT.＿＿＿＿＿＿＿＿＿＿　FROM＿＿＿＿＿＿　TO＿＿＿＿＿

承保险别

CONDITIONS：

　所保货物,如遇风险,本公司凭本保险单及其有关证件给付赔款。所保货物,如发生保险单项下负责赔偿的损失或事故,应立即通知本公司下述代理人查勘。

CLAIMS, IF ANY PAYABLE OF SURRENDER OF THIS POLICY TOGETHER WITH OTHER RELEVANT DOCUMENTS. IN THE EVENT OF ACCIDENT WHEREBY LOSS OR DAMAGE MAY RESSULT IN A CLAIM UNDER THIS POLICY IMMEDIATE NOTICE APPLYING FOR SURVEY MUST BE GIVEN TO THE COMPANY'S AGENT AS MENTIONED HEREUNDER：

　　　　　　　　　　　　　　　　　中国人民保险公司

　　　　　　　　　　　　　　THE PEOPLE'S INSURANCE CO. OF CHINA

赔款偿付地点＿＿＿＿＿＿＿＿＿＿＿＿＿＿＿＿＿＿＿＿＿＿＿＿＿＿＿＿

CLAIM PAYABLE AT/IN＿＿＿＿＿＿＿＿＿＿＿＿＿＿＿＿GENERAL MANAGER

出单公司地址　　　　　　　　　　　　　　　　　　　　日期

ADDRESS OF ISSUING OFFICE＿＿＿＿＿＿＿＿＿＿＿＿＿＿＿DATE＿＿＿＿

6. 产地证明书

ORIGINAL				
Exporter（full name and address）	Certificate No. CERTIFICATE OF ORIGIN OF THE PEOPLE'S REPUBLIC OF CHINA			
Consignee（full name, address, country）				
Means of transport and route	For certifying authority use only			
Destination port				
Marks and Numbers of package	Description of goods: number and kind of package	H.S. Code	Quantity or weight	Number and date of invoice
Declaration by the exporter The undersigned hereby declares that the above details and statements are correct; that all the goods were produced in China and that they comply with the Rules of Origin of the People's Republic of China.	Certification It is hereby certified that the declaration by the exporter is correct.			
Place and date. Signature and stamp of authorized signatory	Place and date, signature and stamp of certifying authority			

7. 装箱单

YITIAN TRADING CO., LTD.

NO. 233 DANGSHAN ROAD HEFEI ANHUI

PACKING LIST

Date：

Invoice No.：

Contract No.：

Marks & Numbers	Descriptions	Quantity	Weight		Measurement
			Net	Gross	

YITIAN TRADING CO., LTD.

8. 检验证书

中华人民共和国南京出入境检验检疫局

NANJING IMPORT & EXPORT COMMODITY INSPECTION BUREAU 正本

OF THE PEOPLE'S REPUBLIC OF CHINA ORIGINAL

No.（ 13051 ）

日期 Date：

地址：南京市中山东一路13号

Address：No. 13, Zhongshan Road

（E.I.），NANJING

电报：南京 2914

Cable：2914, NANJING

电话：Tel：63211285

检 验 证 书

INSPECTTON CERTIFICATE

OF QUALITY

发货人：

Consignor：＿＿＿＿＿＿＿＿＿＿＿＿＿＿＿＿＿＿＿

受货人：

Consignee：＿＿＿＿＿＿＿＿＿＿＿＿＿＿＿＿＿＿

品名： 标记及号码：

Commodity＿＿＿＿＿＿＿＿＿＿＿＿＿ Marks & No.

报验数量 / 重量：

Quantity/Weight

Declared ＿＿＿＿＿＿＿＿＿＿＿＿＿＿＿＿＿＿

检验结果：

RESULTS OF INSPECTION：

主任检验员

Chief Inspector

主要参考文献

[1] 黎孝先,王健.国际贸易实务[M].7版.北京:对外经济贸易大学出版社,2020.

[2] 安徽.国际贸易实务教程案例与习题集[M].3版.北京:北京大学出版社,2010.

[3] 广银芳.进出口单证实训教程[M].3版.南京:东南大学出版社,2020.

[4] 石玉川.国际贸易实务[M].7版.北京:对外经济贸易大学出版社,2020.

[5] 杨静.国际商务跟单理论与实务[M].3版.北京:清华大学出版社,2022.

[6] 杨频,仇荣国.国际贸易实务[M].北京:大学出版社,2006.

[7] 吴安南.国际贸易实务[M].大连:大连理工出版社,2006.

[8] 余世明.外贸跟单基础理论与实务[M].广州:暨南大学出版社,2011.

[9] 刘伟奇,丁辉君.国际贸易单证理论与实务[M].上海:同济大学出版社,2007.

[10] 刘文广,张晓明.国际贸易实务[M].5版.北京:高等教育出版社,2019.

[11] 张晓明,汪荣.国际贸易实务[M].3版.北京:清华大学出版社,2022.

[12] 余心之.进出口贸易实务[M].4版.大连:东北财经大学出版社,2019.

[13] 丁萍,王媛媛.国际贸易理论与实务[M].北京:北京交通大学出版社,2008.

[14] 姜宏.国际贸易实务与综合模拟实训[M].北京:清华大学出版社,2008.

[15] 武义海.一单代理进料转成品出口业务分析[J].对外经贸实务,2008,No.233(06):69-71.

[16] 全国国际商务单证培训认证考试办公室.全国国际商务单证培训认证考试指导用书[M].北京:中国商务出版社,2008.

[17] 刘秀玲.国际贸易实务与案例[M].2版.北京:清华大学出版社,2014.

[18] 韩晶玉,李辉.国际贸易实务实训教程[M].5版.大连:东北财经大学出版社,2022.

[19] 王正华,杨杰.国际贸易实务操作教程[M].2版.北京:中国经济出版社,2011.

[20] 李金林.国际贸易实务[M].北京:对外经贸大学出版社,2011.

[21] 王沅沅.国际贸易实务[M].2版.北京:高等教育出版社,2009.

[22] 田运银.国际贸易实务精讲[M].5版.北京:中国海关出版社,2018.

[23] 张志,杨丽.国际贸易实务实训教程[M].天津:天津大学出版社,2010.

[24] 孙海梅,袁晖.国际贸易实务实训[M].北京:高等教育出版社,2010.

[25] 黄海东.国际贸易实务[M].4版.大连:东北财经大学出版社,2022.

高等教育出版社　　**教学资源服务指南**

感谢您使用本书。为方便教学，我社为教师提供资源下载、样书申请等服务，如贵校已选用本书，您只要关注微信公众号"高职财经教学研究"，或加入下列教师交流QQ群即可免费获得相关服务。

"高职财经教学研究"公众号

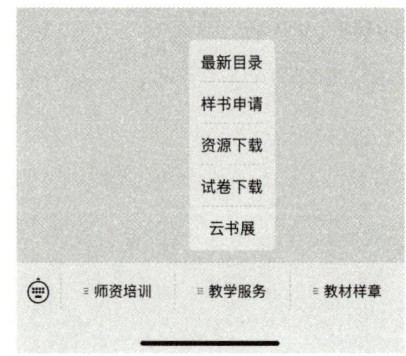

资源下载：点击"**教学服务**"—"**资源下载**"，或直接在浏览器中输入网址（http://101.35.126.6/），注册登录后可搜索相应的资源并下载。（建议用电脑浏览器操作）

样书申请：点击"**教学服务**"—"**样书申请**"，填写相关信息即可申请样书。

试卷下载：点击"**教学服务**"—"**试卷下载**"，填写相关信息即可下载试卷。

样章下载：点击"**教材样章**"，即可下载在供教材的前言、目录和样章。

师资培训：点击"**师资培训**"，获取最新会议信息、直播回放和往期师资培训视频。

◎ **联系方式**

高职国际商务教师交流QQ群：374014299

联系电话：（021）56961310　　电子邮箱：3076198581@qq.com